W0058918

Philipp VANDENBERG

Der Schatz des Priamos

Wie Heinrich Schliemann sein Troja erfand

BASTEI LÜBBE TASCHENBUCH
Band 61423

1. Auflage: Februar 1999
2. Auflage: Juli 2001
3. Auflage: Mai 2007

Vollständige Taschenbuchausgabe der im
Gustav Lübbe Verlag erschienenen Hardcoverausgabe

Bastei Lübbe Taschenbücher und Gustav Lübbe Verlag
in der Verlagsgruppe Lübbe

© 1995 by Verlagsgruppe Lübbe GmbH & Co. KG,
Bergisch Gladbach
Lektorat: Diethelm Kaiser, Bonn
Einbandgestaltung: CCG, Köln
Titelbilder: Archiv für Kunst und Geschichte, Berlin
Satz: Siebel, Lindlar
Druck und Verarbeitung: Ebner & Spiegel, Ulm
Printed in Germany
ISBN 978-3-404-61423-3

Sie finden uns im Internet unter
www.luebbe.de

Der Preis dieses Bandes versteht sich einschließlich
der gesetzlichen Mehrwertsteuer.

INHALT

MAKEDONIEN

EPIRUS

KERKYRA

THESSALIEN

IONISCHES MEER

LEUKAS

Thermopylen ■

Orchomenos ■

KEPHALLENIA

Theben ●

ITHAKA

Eleusis ■

Olympia ■

Mykene ■

SALAMIS

Argos ●

Tiryns ■

PELOPONNES

Pylos ■

Sparta ●

KYTHERA

Griechenland und Kleinasien

UNSER VERHÄLTNIS ZU HOMER
IST EIN STÜCK MENSCHLICHER KULTURGESCHICHTE

ERNST CURTIUS

VORWORT

Über ihn zu schreiben bedeutet weglassen. Von kaum einem Menschen des 19. Jahrhunderts sind so viele Dokumente seines Lebens erhalten wie von Heinrich Schliemann: 60 000 – manche sagen 80 000 – Briefe, 18 Tagebücher, 10 Bücher, darunter eine Selbstbiographie, und zahllose Zeitungsartikel in deutschen, englischen, amerikanischen, französischen, italienischen und griechischen Gazetten. Das machte die Recherchen zu diesem Buch nicht gerade einfach.

Es begann vor 18 Jahren. Damals schrieb ich zum ersten Mal über Schliemann. Das Buch »Auf den Spuren unserer Vergangenheit« hatte »die größten Abenteuer der Archäologie« zum Thema und folgte dem traditionellen Schliemann-Bild. Sieben Jahre später hatte ich mit diesem Mann die zweite literarische Begegnung. In meinem Buch »Das versunkene Hellas« spielte Schliemann eine tragende Rolle, und entsprechend akribisch wurden meine Recherchen.

Damals, 1984, fiel mir auf, daß Schliemann ein ganz anderer war, gewesen sein mußte, als Generationen von Autoren uns weismachen wollten. Diese hatten allesamt Schliemanns eigene Lebensbeschreibung und jene, die die Witwe Sophia Schliemann Ende der zwanziger Jahre bei dem deutschen Schriftsteller Emil Ludwig in Auftrag gab, zur unbezweifelten Grundlage ihrer Veröffentlichungen genommen.

Schliemann selbst log bisweilen wie gedruckt. Ganze Passagen seines Lebens sind frei erfunden. Etwa die Jugendliebe zu Minna Meincke. Die so »Geadelte« konnte nur mit Mühe davon abgehalten werden, deshalb gegen Schliemann zu prozessieren. Und Emil Ludwig brachte nur das zu Papier, was die Witwe veröffentlicht wissen wollte. Zum Beispiel die Legende, *sie* habe den »Schatz des Priamos« aus Troja geschmuggelt. Dabei vergaß sie allerdings jene

Briefe zu verbrennen, die beweisen, daß sie sich zu dieser Zeit gar nicht in Troja aufhielt.

Neunundneunzig Prozent aller Briefe, die Schliemann schrieb, kopierte oder kopieren ließ, sind im Hinblick auf eine spätere Veröffentlichung geschrieben. Sie zeigen den geschönten Heinrich, jenen Schliemann, der er sein wollte. Nur ein Prozent sind wahrhaft privater Natur und ehrlich, und nur sie enthüllen den wahren, unbekannten Schliemann. Diese Dokumente auszusondern war keine leichte Aufgabe.

Was Schliemanns angelesenen Schreibstil betrifft, so entsprach er der Unbeholfenheit eines Möchtegernautors und der Schwülstigkeit des 19. Jahrhunderts. Ich habe deshalb aus Gründen der Lesbarkeit viele Zitate geglättet, grammatikalische Fehler beseitigt und endlose Passagen gekürzt. Das gilt auch für die Reiseberichte aus dem Amerikanischen, die Briefe aus dem Französischen sowie für griechische und lateinische Texte antiker Autoren, die ich zum Teil neu übersetzt habe. Belassen habe ich hingegen die herrlich altmodische Übertragung der »Ilias« von Johann Heinrich Voss.

Szenische Schilderungen und Dialoge in diesem Buch sind keineswegs frei erfunden. Sie stammen oft im Wortlaut aus Briefen Schliemanns oder aus Zeitungsberichten über bestimmte Ereignisse und dürften so oder ähnlich stattgefunden haben. Die ausgewiesenen Zitate sind durch ein Quellenverzeichnis am Ende des Buches belegt.

Der »Schatz des Priamos«, den es in Wirklichkeit nie gab, ist das Lebenssymbol des Heinrich Schliemann, eines nur 157 Zentimeter großen Mannes, der Berge versetzte und der besessen war von einer Idee. Er war ein rastloser Workaholic, der zehn Leben lebte, aber zeit seines Lebens einsam blieb, ein Einzelgänger, Außenseiter, Sonderling. Und so schwanken meine Gefühle für diesen Mann zwischen höchster Bewunderung und tiefer Verachtung. Aber das sind Widersprüche, aus denen Bücher geboren werden.

Philipp Vandenberg

I
MAI 1945: BERLIN BRENNT

Ihr Deutschen habt eure Kunstschätze, diese herrlichen Schätze der Weltkultur, wirklich schlecht behütet, und ihr seid schuld daran, daß sie so gefährdet wurden. Es wird aber der Tag kommen, an dem wir alle diese Kunstwerke dorthin zurückbringen, wo sie hingehören; denn das sowjetische Volk betrachtet Kunstschätze nicht als Kriegsbeute.

Oberst S. I. Tjulpanow,
Leiter der Propagandaabteilung der Sowjetischen
Militäradministration in Deutschland

Es mag wie einst in Troja gewesen sein. Es war Frühling, aber keiner bemerkte es. Es gab keine Vögel mehr, keine Blätter und keine Blüten. Seit dem furchtbaren Luftangriff am 3. Februar 1945 glich die Berliner Innenstadt einer brennenden Wüste. Im Tiergarten klafften tiefe Krater. Bomben hatten die gepflegten Anlagen von einst in eine Mondlandschaft verwandelt. Dazwischen abgebrannte, entlaubte Bäume mit verkohlten Ästen, die wie schwarze Hände hilfesuchend in den Himmel ragten.

Der Hochbunker am Zoo hatte allen Angriffen getrotzt, ein klotziges, siebenstöckiges Bauwerk mit fünf Meter dicken Mauern aus Beton, fünfzig Meter im Quadrat, mit vier Flaktürmen auf dem flachen Betondach. Berlins größtes Museum und Lazarett. Niemand vermochte zu sagen, wie viele Menschen sich überhaupt in den düsteren, stickigen Stockwerken aufhielten. Fünfzehntausend fanden Platz – im Notfall. Es stank bestialisch. Die Ausdünstungen von Schweiß, Blut und Angst mischten sich mit dem penetranten Geruch von gekochtem Gemüse, in der Hauptsache Rüben, aus der überlasteten Küche im Erdgeschoß.

Nur wenigen war bekannt, was sich hinter den Türen 10 und 11 im ersten Stock des Bunkers verbarg. Und der hagere Mann, der bisweilen im Zwielicht aus der Türe trat, hatte nichts Ungewöhnliches an sich: Er war groß, und seine Magerkeit fiel nicht weiter auf. Alle waren unterernährt in diesen Kriegstagen. Der Mann hieß Professor Dr. Wilhelm Unverzagt, er trug eine Nickelbrille und einen dunklen Anzug und war sorgsam darauf bedacht, die Tür hinter sich abzuschließen, sobald er den Raum verließ.

Der Professor lebte seit zwei Monaten in dem bombensicheren Bunker am Zoo. Mit zwei Koffern, die seine gesamte Habe enthielten, war er am 13. Februar hier aufgetaucht, nachdem er fünfmal ausgebombt worden war – so nannte man das damals, wenn einer vor der brennenden Ruine seines Hauses oder seiner Wohnung stand. Geblieben waren ihm jene zwei Koffer mit Habseligkeiten, ein Mantel und der dunkle Anzug, den er am Leibe trug – ein Schicksal von Millionen, nicht ungewöhnlich in diesen Tagen.

Ungewöhnlich waren nur die Umstände, die den Professor in diesen Bunker geführt hatten; denn Unverzagt konnte weder auf eine Verwundung verweisen, noch gehörte er zu dem vielköpfigen Sanitätspersonal oder der Wachmannschaft, die die Verteidigung des Bollwerks am Rande des Tiergartens übernehmen sollte. Unverzagt war Museumsdirektor, der Leiter des Staatlichen Museums für Vor- und Frühgeschichte in der Prinz-Albrecht-Straße, und verantwortlich für einen der kostbarsten Schätze der Menschheit, den Schatz des Priamos.

Sein Entdecker Heinrich Schliemann hatte den Schatz testamentarisch »dem deutschen Volke« vermacht und sich persönlich an der Ausstellung in dem Berliner Museum beteiligt. Der Schatz hatte schadlos den Ersten Weltkrieg überstanden und war von den anschließenden Reparationsforderungen verschont geblieben. Er galt als Weltwunder und archäologische Sensation wie die erst vor zwanzig Jahren entdeckte Goldmaske des Tut-ench-Amun.

Jetzt befand sich der Schatz des Priamos in drei 60 x 85 x 50 Zentimeter großen Holzkisten mit der Aufschrift MVF in Raum 10 des Flakturms Zoo. Unverzagt hatte die Goldschätze schon am 26. August 1939, wenige Tage vor Beginn des Krieges, in Kisten verpackt, als Hitlers Pläne für die Invasion Polens bekannt wurden. Die Kisten waren zunächst im Tresorraum im Keller des Museums untergebracht, 1941 dann, als die Lage brenzlig wurde, schaffte Unverzagt sie in die Preußische Staatsbank. Ende desselben Jahres gelangten sie zusammen mit anderen wertvollen Sammlungsstücken in den Bunker am Zoo.

Unverzagt, seit 1926 Direktor des Museums für Vor- und Frühgeschichte und seit 1938 auch Mitglied der NSDAP, hatte zunächst eigenmächtig gehandelt und einen Dringlichkeitsplan für die 150 000 katalogisierten Objekte seines Museums erstellt. Der Plan erwies sich keineswegs als voreilig. Das Museum in der Prinz-Albrecht-Straße, in der sich auch das Gestapo-Hauptquartier befand, wurde bis auf die Grundmauern zerstört.

KUNSTSCHÄTZE IM BERGWERKSSTOLLEN

Jetzt saß Professor Unverzagt auf drei Kisten Gold, fünf Tragekisten mit kostbaren Bronzen, Waffen, Gläsern und Perlen (25 weitere hatte er in die Saline Grasleben verfrachtet), einem halben Dutzend Kisten kleinerer Museumsstücke von erheblichem Wert, ebensovielen Kisten mit prähistorischen Skeletten und 25 Kisten unterschiedlichen Inhalts, die in aller Eile in den Atempausen zwischen den Luftangriffen der Alliierten hierher gebracht worden waren.

Insgesamt war das nur ein kleiner Teil des Museums, wenn auch der wertvollste. Den größeren Teil von Ausstellungsobjekten, viele hundert Kisten mit der Aufschrift MVF, hatte Unverzagt auf verschiedene Verstecke verteilt: den Keller des Berliner Stadtschlosses, das Rittergut Peruschen in Schlesien, den Schacht »Graf Moltke« des Kalibergwerkes Schönebeck an der Elbe, die Museumsaußenstelle Schloß Lebus an der Oder und einen Salzstollen der Saline Grasleben.

Drei Wochen nach der völligen Zerstörung Dresdens durch einen Luftangriff, der 60 000 Menschen das Leben kostete, hatte Hitler am 6. März 1945 seinen Staatssekretär Hans Heinrich Lammers von der Reichskanzlei beauftragt, alle wertvollen Kunstschätze aus Berlin fortzuschaffen. Lammers gab den Führerbefehl unter Aktenzeichen Rk. 1126 A am selben Tag weiter mit dem Hinweis: »Die nunmehr vorliegende bestimmte Anordnung des Führers verpflichtet alle für die Mitwirkung in Frage kommenden Dienststellen, die Angelegenheit mit allen zu Gebote stehenden Mitteln zum schleunigen Abschluß zu bringen.«

Der Führerbefehl erreichte Unverzagt am selben Tag, als US-Truppen bei Remagen den Rhein in Richtung Osten überquerten, und löste unter den Verantwortlichen für die Berliner Museen große Hektik aus. Der Bunker am Zoo, in erster Linie Lazarett, war bis in die oberen Stockwerke vollgestopft mit Kunstwerken und Sammlungsstücken aus den Museen der Stadt. Im dritten Stock lagerten die tonnenschweren Reliefs des Pergamon-Altares, auch die Büste der Nofretete befand sich dort. Jetzt fehlte es an Hilfskräften für den Abtransport.

Der »totale Krieg«, den Goebbels am 24. August 1944 verkündet hatte, verpflichtete alle Männer zwischen sechzehn und sechzig, die nicht für den Kampf ums Vaterland taugten, für den »Volkssturm«. Frauen bis fünfzig wurden zum Einsatz in der Rüstungsindustrie herangezogen, die dadurch freiwerdenden Männer mußten an die Front. Es gab kaum noch Arbeitskräfte. Im übrigen war der Transport auf Straße und Schiene äußerst gefährlich. Autokolonnen und Züge waren in diesen Tagen sichere Ziele der alliierten Bomber.

Aber Berlin ist von Flüssen und Kanälen durchzogen. Von den meisten Museen waren es nur ein paar hundert Meter zur nächsten Anlegestelle, und die ausgewählten Verstecke konnten auf dem Flußweg angesteuert werden. Professor Unverzagt hatte bereits einen alten Frachtkahn mit dem beziehungsreichen Namen »Deus Tecum« (Gott sei mit dir) gechartert und nach Schönebeck an der Elbe auf den Weg gebracht. Er erreichte trotz Hochwassers, das ihn an der Schiffsleitstelle Niegripp mehrere Tage festhielt, sein Ziel am 7. März.

Weil die Löschung der kostbaren Fracht (von der Anlegestelle bis zum Bergwerksschacht waren es immerhin zwei Kilometer) und die Rückfahrt des Flußschiffes mindestens zwei Wochen in Anspruch nehmen würden, mußte Unverzagt einen zweiten Frachtkahn requirieren. Dies schien unter den gegebenen Umständen praktisch unmöglich. In Berlin herrschte Chaos. Die Stadt brannte. Beinahe täglich flogen die Alliierten neue Angriffe. Die letzte S-Bahn verkehrte auf der Linie zwischen Westkreuz und Bahnhof Zoo. Privatreisen waren verboten, ebenso Zweifel am Endsieg (obwohl ein Blick aus dem Luftschutzkeller jeden eines Besseren belehrte), die Theater spielten nicht mehr, Kinos nur noch selten, es erschienen keine Zeitschriften mehr, Zeitungen nur unregelmäßig und dann als Notausgaben. Lediglich der Großdeutsche Rundfunk sendete uner-

schüttert und verbreitete Durchhalteparolen von peinlicher Pene-
tranz. Zwar hatten die Menschen Lebensmittelmarken, die ihnen pro
Tag ein paar Gramm Brot und wenige Gramm Fleisch oder Wurst
versprachen, aber die Läden blieben geschlossen. In den Straßen
spielten sich erschütternde Szenen ab. Verendete Pferde wurden von
hungrigen Menschen an Ort und Stelle zerschnitten, Fleisch und
Knochen nach Hause geschafft. Wer hatte in dieser Situation ein Interesse daran, Kunstschätze zu evakuieren?

Bernhard Rust, der Reichsminister für Wissenschaft, Erziehung
und Volksbildung, stattete Unverzagt mit einer Vollmacht aus. Sie
hatte folgenden Wortlaut:

Der Direktor der Staatlichen Museen für Vor- und Frühgeschichte, Herr
Direktor Professor Dr. Wilhelm Unverzagt, wohnhaft in Berlin SW 11,
Prinz-Albrecht-Straße 7, führt im Auftrage des Herrn Reichsministers
Rust die Bergung und Verlagerung wertvoller Kultursammlungen staat-
licher Gemäldegalerien, Bibliotheken, Museen und sonstiger unersetzlicher Kultur- und Kunstgegenstände von nationaler Bedeutung
durch. Diese Aufgabe kann bei den gegenwärtigen Umständen nur
mit Unterstützung aller Dienststellen von Partei, Staat und Wehrmacht
gelöst werden. Es wird deshalb gebeten, Herrn Direktor Professor Dr.
Unverzagt bei der Durchführung seiner schwierigen und im unmittel-
baren Reichsinteresse liegenden Arbeiten jede Unterstützung zu gewähren und ihm durch die Bereitstellung von Transportmitteln, Arbeitskräften und Baustoffen behilflich zu sein.

Berlin, den 8. März 1945
Der Reichsminister für Wissenschaft,
Erziehung und Volksbildung

Mit Hilfe dieser Vollmacht gelang es Unverzagt, einen zweiten
Frachtkahn aufzutreiben und, was ebenso wichtig war, Treibstoff
für den Transport. Die »Cosel 1583« gehörte dem Flußreeder Emil
Oberfeld und befand sich nicht gerade in bestem Zustand; für diesen Auftrag taugte sie jedoch allemal, und feindlichem Beschuß
würde auch ein besseres Schiff nicht standhalten.

Die »Cosel 1583« mußte auch Ausstellungsstücke anderer Museen aufnehmen sowie Kunstschätze von Privatleuten. Dieser Um-

stand sowie die sich täglich verschlechternde Lage brachten Unverzagt zu dem Entschluß, die drei Kisten mit dem Schatz des Priamos im Bunker am Zoo zurückzuhalten.

Seine eigenmächtige Entscheidung wurde dem Professor nach dem Krieg zum Vorwurf gemacht, hatte sie doch weitreichende Folgen. Bei nüchterner Einschätzung der Lage mußte man aber die letzte Fahrt der »Cosel 1583« als äußerst riskantes Unternehmen betrachten. Und das wurde es schließlich auch.

Am 13. März waren 136 Tonnen kostbarer Ladung auf dem Schiff verstaut. Über die Hälfte stammte aus dem Museum für Vor- und Frühgeschichte sowie dem Antikenmuseum, dem Schloßmuseum und dem Völkerkundemuseum. Sechzig Tonnen Fracht kamen aus der Staatsbibliothek, der Akademie der Wissenschaften und von Privatleuten. Am 14. März dampfte die »Cosel 1583« ab. Zurück blieben Professor Unverzagt und die drei Kisten mit dem Schatz.

Wider Erwarten verlief die Reise ohne Komplikationen. Das Schiff erreichte Schönebeck am 27. März, dort jedoch fehlte es an Hilfskräften für die Umladung auf Eisenbahnwaggons und den Weitertransport zur Saline. Die wenigen zur Verfügung stehenden Arbeiter mußten Kohlen schaufeln, und es bedurfte einer Ausladegenehmigung durch das Reichsverkehrsministerium in Berlin.

US-Truppen hatten den Rhein überquert. Die Verzweiflungstat der Verteidiger, die Rheinbrücke bei Remagen in die Luft zu sprengen, erwies sich als sinnlos. Zwölf Tage lag die »Cosel 1583« notdürftig bewacht vor Schönebeck, ohne daß irgend etwas geschah. Schreckensmeldungen häuften sich. An der Südfront stießen die Russen in Richtung Wien vor. Hitler, der seit Januar im Führerbunker im Garten der Reichskanzlei hauste und der sein Ende kommen sah, erließ den »Nero-Befehl«: Alle Industrie- und Verkehrsanlagen sowie die gesamte deutsche Nachrichtentechnik, die den Alliierten in die Hände fallen konnten, sollten in die Luft gejagt werden. Rüstungsminister Albert Speer vereitelte die Ausführung des wahnsinnigen Befehls und übersandte Hitler ein Schreiben, in dem es hieß: »Wir haben kein Recht dazu, in diesem Stadium des Krieges von uns aus Zerstörungen vorzunehmen, die das Leben des Volkes treffen könnten.«

Hitlers Antwort an Speer strotzte vor Zynismus: »Wenn der Krieg verloren geht, wird auch das Volk verloren sein. Es ist nicht notwendig, auf die Grundlagen, die das deutsche Volk zu seinem primitivsten Weiterleben braucht, Rücksicht zu nehmen. Im Gegenteil ist es besser, selbst diese Dinge zu zerstören. Denn das Volk hat sich als das schwächere erwiesen, und dem stärkeren Ostvolk gehört ausschließlich die Zukunft. Was nach diesem Kampf übrigbleibt, sind ohnehin nur die Minderwertigen, denn die Guten sind gefallen.«

Offensichtlich bedeutete dem verhinderten Künstler Adolf Hitler Kunst mehr als das Wohl seines geschundenen Volkes. »Kein Volk«, hatte er 1935 auf dem Nürnberger Reichsparteitag verkündet, »lebt länger als die Dokumente seiner Kultur! Wenn aber der Kunst und ihren Werken eine so gewaltige Wirkung zu eigen ist, dann ist die Beschäftigung mit ihr um so notwendiger, je widerwärtiger die allgemeinen Verhältnisse eine Zeit bedrücken und verwirren.«

Deshalb verfolgte er die Evakuierung der Kunstschätze mit größtem Interesse, und dem Reichsverkehrsminister blieb nichts anderes übrig, als die Kohleverladung in Schönebeck zu stoppen und die wenigen noch zur Verfügung stehenden Hilfskräfte für den Abtransport der kostbaren Museumsstücke einzusetzen.

EINE HIOBSBOTSCHAFT JAGT DIE ANDERE

Endlich, am 9. April, wurde mit der Entladung der »Cosel 1583« begonnen. In vier Tagen, hoffte man, würden die Museumsschätze im Schacht »Graf Moltke« versteckt und vor den Feinden sicher sein. Doch am zweiten Tag, die Ladung des Schiffes war gerade zu zwei Dritteln gelöscht, wurde Schönebeck von schweren Explosionen erschüttert. US-Panzer standen vor der Stadt. Am Tag darauf nahmen sie den Ort und das Bergwerk ein. Ohne es zu wollen, waren die Amerikaner in den Besitz kostbarster Kunstschätze gelangt.

Wie es schien, hatte Professor Unverzagt einen sechsten Sinn gehabt, als er die drei Holzkisten mit dem Schatz des Priamos nicht herausgab. Der Bunker am Zoo mit seinen meterdicken Betonmauern war beinahe uneinnehmbar, selbst feindliche Bomben konnten ihm wenig anhaben. Noch funktionierten die Notstromaggregate, noch gab es Vorräte – aber wie lange noch? Vor allem, was sollte mit dem Schatz geschehen? Unverzagt konnte doch nicht warten, bis Amerikaner oder Russen vor dem schweren Eisentor standen.

Die Nachrichten, die der Großdeutsche Rundfunk verbreitete, waren reine Propaganda. Aus den Lautsprechern kamen mehr Durchhalteparolen als Informationen. Dennoch verging kein Tag ohne neue Hiobsbotschaft: das Ruhrgebiet – gefallen, Königsberg – gefallen, Wien – gefallen. Am selben Tag, an dem die Russen Wien eroberten – Freitag, der 13. April –, ging die Meldung über alle Sender: »US-Präsident Franklin D. Roosevelt ist tot!«

Nur Unbelehrbare wie Joseph Goebbels – er ließ Champagner auffahren – glaubten noch an eine Wende. Goebbels an Hitler: »Mein Führer, ich gratuliere Ihnen! Roosevelt ist tot. In den Sternen steht geschrieben, daß die zweite Aprilhälfte für uns die Wende bringen wird.«

Goebbels hatte viel übrig für Horoskope. Aber seine Hoffnung, der Präsidentenwechsel in Washington könnte den militärischen Operationen der Alliierten Einhalt gebieten, bewahrheitete sich nicht. Im Gegenteil.

Professor Unverzagt saß im Bunker auf seinen Kisten. Seit beinahe zwanzig Jahren war er Direktor seines Museums, und seit dieser Zeit fühlte er sich als der Hüter des Schatzes, eines der kostbarsten in der Geschichte der Menschheit. Es war Donnerstag abend, der 19. April. Der Kanonendonner war bis in die inneren Gänge des Bunkers zu hören. Aus den Lautsprechern dröhnte die Stimme von Reichspropagandaminister Joseph Goebbels. Goebbels sprach zum Geburtstag Adolf Hitlers, und jeder Deutsche hatte die Pflicht zuzuhören. Im Vergleich zu den elf Jahren davor klang Goebbels' Stimme eher gemäßigt, beinahe weinerlich, in seiner Aussage aber war er immer noch pathetisch wie eh und je: »In einem Augenblick des Kriegsgeschehens, in dem, so möchte man glauben, vielleicht zum letzten Mal alle Mächte des Hasses und der Zerstörung von Westen, Osten, Südosten und Süden gegen unsere Fronten anrennen, um sie zu durchbrechen und dem Reich den Todesstoß zu versetzen, trete ich, wie immer noch seit 1933, am Vorabend des 20. April vor das Volk hin, um zu ihm vom Führer zu sprechen. Es gab in der Vergangenheit glückliche und unglückliche Stunden, in denen das geschah, aber noch niemals standen die Dinge so wie heute auf des Messers Schneide, mußte das deutsche Volk unter so enormen Gefahren sein nacktes Leben verteidigen, um dem Reich in einer letzten gewaltigen Anstrengung den Schutz seines bedrohten Gefüges sicherzustellen ...«

Unverzagt hielt den Kopf in beide Hände gestützt und starrte vor sich hin ins Leere. Er war selbst NSDAP-Mitglied, eines von 8,5 Millionen, er kannte den Sprachgebrauch der Nazis und wußte sofort: Dies war ein Schwanengesang, Goebbels' letzte große Radioansprache. Während aus dem Lautsprecher die altbekannten Phrasen von der »Weltverschwörung« und der »widernatürlichen Koalition feindlicher Staatsmänner« hallten, hing der Professor nur dem einen Gedanken nach: Wie konnte er den Schatz des Priamos retten?

Wilhelm Unverzagt führte in dieser Zeit eine Art Tagebuch, in dem er die Vorgänge im Bunker in Stichworten festhielt. Seine Ehefrau Mechthilde, die er 1946 nach Kriegsende kennenlernte und die heute in Berlin lebt, sagt: »Diese Notizen sind ebenso knappe wie völlig unretuschierte Zeugnisse für das, was von Unverzagt täglich erlebt wurde. Da sie auch die wichtigsten Kriegsereignisse verzeichnen, für Berlin die an Zahl und Schwere zunehmenden Luftangriffe, schließlich Einzelheiten aus dem Kampf um Berlin selbst bis zur Kapitulation, sind sie trotz des stichwortartigen Charakters, besonders zum Kriegsende, von beklemmendem Realismus.«

Am 20. April, zu dem sich Hitler, entgegen langjähriger Gewohnheit, jede Gratulation verboten hatte, notierte Unverzagt: »Luft- und Panzeralarm; Bomben auf Berlin; Russen in Bernau und Straußberg.«

Obwohl Unverzagt den Bunker nur noch stundenweise verließ und obwohl Bernau und Straußberg vom Tiergarten soweit entfernt waren wie Königsberg von Berlin in Friedenszeiten, blieben ihm die feindlichen Bewegungen nicht verborgen. Denn der Bunker am Zoo war ein multifunktionales Bauwerk: Luftschutzbunker für die Zivilbevölkerung, Flakturm mit sechs 12,8-Zentimeter-Geschützen und zwölf 2-Zentimeter-Geschützen und außerdem Befehlsstand für die Luftverteidigung. Demselben Zweck dienten Flaktürme in Friedrichshain und im Humboldthain. Alle drei verband ein eigenes unterirdisches Leitungsnetz. Im Bunker am Zoo war außerdem die militärische Fernmeldezentrale einquartiert, die beste Informationsquelle in diesen Tagen.

Zwar sendete der Großdeutsche Rundfunk noch immer, aber

seine Ausstrahlungen waren nur sporadisch und von unterschiedlicher Reichweite, weil Antennenanlagen immer wieder durch Artilleriebeschuß zerstört wurden. Auch die 100-Watt-Sender für Mittel- und Langwelle des Oberkommandos der Wehrmacht in der Bendlerstraße sowie die Abhör- und Sendeanlagen im Keller des Goebbels-Ministeriums ließen sich noch vernehmen. Aber was von dort gesendet wurde, war zensiert.

Der Professor auf dem Goldschatz wußte jedoch genau, was außerhalb des Bunkers wirklich vor sich ging.

Eintrag 22. April 1945: »Ratas; Granaten ins Zentrum von Berlin.«

Eintrag 23. April 1945: »Einschläge Berlin Charlottenburg.«

Eintrag 24. April 1945: »Granateinschläge und Bombenangriff auf Charlottenburg.«

Im Flakbunker am Zoo hatte Generalmajor Sydow die Befehlszentrale der 1. Fliegerabwehrdivision eingerichtet. Noch gab es für die Geschütze auf dem Dach Munition genug; aber beides, Kommandostand und Munitionsdepot, bedeuteten in dieser Situation eher Gefahr als Sicherheit. Eine Panzerfaust durch eine der Tür- oder Fensteröffnungen würde katastrophale Folgen haben. Die Angst ging um im Bunker. Alle, die geblieben waren, Verwundete, Deserteure und die Verteidiger, wußten: Sie saßen in der Falle, eine Fluchtmöglichkeit gab es nicht. Und der Geschützlärm kam näher und näher.

Eintrag Donnerstag, 26. April 1945: »Nervöse Stimmung; Gerüchte.«

Eintrag Freitag, 27. April 1945: »Verwundete im Sammlungsraum; Gerüchte um Entsatz; Bomben auf Bahnhof Zoo.«

Wie lange würde es noch dauern, bis die ersten russischen Tanks vor dem Bunker am Zoo auftauchten? Tage? Stunden? Wie würden die Russen mit der Bunkerbesatzung umgehen? Der Bunker war ein riesiges Lazarett, ein Museum, er war aber auch eine schwer bewachte Bastion der Verteidiger.

Im Wehrmachtsbericht, vom Rundfunk verbreitet oder, weil es kaum noch Strom gab, von Lautsprecherwagen verkündet, die durch die zerbombten Straßen fuhren, hieß es: »28. April 1945: ... In dem heroischen Kampf der Stadt Berlin kommt noch einmal vor aller Welt der Schicksalskampf des deutschen Volkes gegen den Bolschewismus zum Ausdruck ...

In den inneren Verteidigungsring ist der Feind von Norden her in Charlottenburg und von Süden her über das Tempelhofer Feld eingebrochen. Am Halleschen Tor, am Schlesischen Bahnhof und am Alexanderplatz hat der Kampf um den Stadtkern begonnen. Die Ost-West-Achse liegt unter schwerem Feuer... Im Raum südlich Königs Wusterhausen setzten die Divisionen der 9. Armee den Angriff nach Nordwesten fort und wehrten während des ganzen Tages konzentrierte Angriffe der Sowjets gegen die Flanken ab. Die von Westen angesetzten Divisionen warfen den Feind in erbittertem Ringen auf breiter Front zurück und haben Ferch erreicht...

Im Raum von Prenzlau warfen die Sowjets neue Panzer- und Infanterie-Verbände in den Kampf und erzwangen unter starkem Schlachtfliegereinsatz tiefe Einbrüche...«

Die Wirklichkeit sah viel schlimmer aus: Das Regierungsviertel mit der Reichskanzlei, vom Bunker am Zoo kaum zwei Kilometer entfernt, lag in Schutt und Asche. Die Schergen und Paladine hatten sich bereits abgesetzt oder in ihre Bunker zurückgezogen. Joseph Goebbels, Hitlers letzter Getreuer, harrte mit Frau und sechs Kindern im Führerbunker aus. Das Propagandaministerium auf der anderen Seite der Wilhelmstraße, wo die Familie Goebbels zuletzt gewohnt hatte, war durch mehrere unterirdische Gänge mit der Alten Reichskanzlei und dem Führerbunker verbunden. Goebbels und Hitler hatten es abgelehnt, Berlin zu verlassen, obwohl das durchaus noch möglich gewesen wäre. Noch am 22. April waren nachts mehrere Maschinen vom Flughafen Gatow in Richtung Berchtesgaden geflogen, wo Hermann Göring auf dem Obersalzberg auf die Machtübergabe wartete. In der Nacht vom 28. April startete die Testfliegerin Hanna Reitsch zum letzten Mal mit ihrem Flugzeug auf der Ost-West-Achse. Im Gepäck zahlreiche Abschiedsbriefe, darunter einen von Magda Goebbels an ihren erwachsenen Sohn Harald aus erster Ehe, der mit den Worten beginnt: »Mein geliebter Sohn! Nun sind wir schon sechs Tage hier im Führerbunker, Papa, Deine sechs kleinen Geschwister und ich, um unserem nationalsozialistischen Leben den einzig möglichen ehrenvollen Abschluß zu geben...«

DER SCHATZ AUF DEM PULVERFASS

Solche Gedanken kannte Unverzagt nicht. Er wollte überleben, und er wollte, daß »sein« Schatz des Priamos diesen gottverdammten Krieg heil überstand. Dabei wußte er ganz genau, daß er nichts dafür tun konnte – nicht das Geringste. Um den Bunker am Zoo lagen Soldaten in Stellung; aber sie wußten wohl selbst, daß die Verteidigung des Bollwerks nur eine sinnlose Verzögerung des Krieges sein würde. Den russischen Panzern hatte das letzte Landseraufgebot in den Schützengräben des Zoos nichts entgegenzusetzen.

Unverzagts Kalendernotizen bleiben knapp und emotionslos.

Sonnabend, 28. April 1945: »Beschuß von Turm und Umgebung.«

Sonntag, 29. April 1945: »Beschuß des Turmes; große Spannung.«

Montag, 30. April 1945: »Starker Turmbeschuß.«

In Wahrheit verbirgt sich hinter diesen dürren Worten eine im letzten Augenblick abgewendete Katastrophe; die Bunkerinsassen – die genaue Zahl war selbst damals unbekannt, es dürften aber noch immer mehrere tausend gewesen sein – saßen auf einem Pulverfaß, denn der Bunker war vollgestopft mit Munition für die Flakgeschütze auf dem Flachdach.

Der Flakbunker am Zoo war wie die anderen Bollwerke in Friedrichshain und im Humboldthain mitten im Krieg als Schutz vor feindlichen Bomben errichtet worden, aber niemand hatte im Traum daran gedacht, daß vor einem dieser Bunker je russische Truppen stehen könnten. Die Türen und Fensterläden aus Stahlblech würden Panzergranaten nicht standhalten. Es gab nicht einmal Schießscharten zur Nahverteidigung, und die Geschütze auf dem Flachdach konnten zwar feindliche Flugzeuge erreichen, aber nicht den Boden des Tiergartens.

An jenem 30. April rückten russische Panzer auf Sichtweite an den Bunker heran. Die Russen wußten, daß sie dem gewaltigen Betonklotz mit Panzergeschützen nicht beikommen konnten. Deshalb nahmen sie die rechteckigen Fensteröffnungen ins Visier. Gegen Mittag durchschlugen Panzergranaten das Stahlblech der Fensterläden im zweiten und dritten Stock und brachten einige der dort

1 Der Flakbunker am Zoo nach Kriegsende 1945. In den letzten Monaten des Krieges diente er als Waffenarsenal, Funk- und Telefonzentrale, Lazarett und Kunst-Depot. Unter den eingelagerten Kunstwerken von unschätzbarem Wert befand sich der Schatz des Priamos.

gelagerten Munitionskisten zur Explosion. Es gab viele Tote und Verletzte.

Dienstag, 1. Mai 1945. Das Großdeutsche Reich hatte gerade noch eine Ausdehnung von 1,8 Quadratkilometern: 1,6 Kilometer von der Weidendammbrücke zur Prinz-Albrecht-Straße, 1,1 Kilometer vom Brandenburger Tor zum Berliner Schloß. Berlin brannte lichterloh. Dazwischen pfeifende Geschosse, explodierende Granaten, heulende Sirenen, Qualm und Staub. Das alles ließ den warmen Frühlingstag vergessen. Die 8. russische Gardearmee stand im südlichen Tiergarten. Seit drei Tagen lag der Flakturm am Zoo nun unter Trommelfeuer, aber das Bollwerk aus Beton hielt dem Dauerbeschuß stand. Die Zahl der Verwundeten, die von den Sanitätern unter Einsatz ihres Lebens hereingebracht wurden, wuchs stündlich. Die Opfer waren übel zugerichtet, manchen fehlten Arme und Beine, und der Krieg nahm auch Frauen und Kinder nicht aus. Ihre Schreie hallten im Treppenhaus und auf den Gängen. Jeder Quadratmeter war belegt.

Dem Professor, der seit Februar neben seinem Goldschatz im Flakturm hauste, blieb nichts anderes übrig, er mußte das schwere Gittertor, hinter dem im 1. Stock die Kisten mit dem Buchstabencode MVF lagerten, öffnen. Raum 11 des Bunkers am Zoo maß immerhin 18 Quadratmeter, das bedeutete Platz für zehn Verwundete. Unverzagt ließ das Sanitätspersonal nicht aus den Augen. Denn natürlich wußten alle Ärzte und Pfleger, was sich in den versiegelten Kisten verbarg, und Plünderungen waren in diesen letzten Kriegstagen nichts Ungewöhnliches.

»Sie sind da! Die Russen sind da!« Wie ein Lauffeuer verbreitete sich die Nachricht. Niemand wußte, wie die Russen überhaupt in den Bunker gelangt waren. Aber nun standen sie sich aufgeregt gegenüber: russische Soldaten mit der Kalaschnikow im Anschlag und Ärzte, Sanitäter, Verwundete und verängstigte Zivilisten. Gegen Abend gab der leitende Sanitätsoffizier Dr. Werner Starfinger den Befehl aus: »Der Bunker wird von seiner deutschen Besatzung kampflos übergeben!«

Ob Starfinger zu diesem Zeitpunkt bereits wußte, daß Hitler sich am Tag zuvor gegen 15 Uhr erschossen hatte, darüber darf spekuliert werden; die im Bunker vorhandene Nachrichtentechnik spricht eher dafür. Tatsache ist, die kampflose Übergabe hat weitere sinnlose Opfer erspart und vielleicht sogar auch verhindert, daß der Schatz des Priamos vernichtet wurde.

Wachmannschaft und Besatzung des Flakturms wurden noch in derselben Nacht von den russischen Eroberern abgeführt. Zurück blieben Verwundete, Ärzte, Pflegepersonal und Professor Unverzagt. Der hatte am Morgen des darauffolgenden Tages eine aufregende Begegnung: Plötzlich drangen drei Sowjetsoldaten in das Zimmer 11 ein, Gewehre im Anschlag. Einer rief in gebrochenem Deutsch: »Wo ist Gold?«

Dem Professor stockte der Atem. Woher wußten die Russen von dem Goldschatz? Gewiß, der Bunker am Zoo mit seinen Tausenden von Objekten war ein einziges Museum. Aber wer hatte ihnen verraten, daß er, Unverzagt, auf dem Goldschatz des Priamos saß?

Unverzagt gab sich nicht geschlagen. Er verlangte den russischen Kommandanten zu sprechen und klärte ihn auf, daß sich in den drei Holzkisten Gegenstände von unermeßlichem materiellem und historischem Wert befänden. Diesen Schatz stelle er hiermit unter sowjetischen Schutz. »Unverzagt hat nicht gezögert«, sagt dazu die Ehefrau des Professors, »die im Zoobunker befindlichen Museumsschätze loyal in die Obhut der sowjetischen Militärführung zu übergeben. Nur so konnte er hoffen, daß sie unversehrt blieben und durch Verhandlungen später wieder in deutschen Besitz gelangen konnten.«

Was hätte er anderes tun sollen? Unverzagt besaß im Gegensatz zu seinen späteren Kritikern Erfahrungen in Sachen Kunstrückgabe zwischen ehemaligen Kriegsgegnern. Er hatte nach dem Ersten Weltkrieg sechs Jahre der sogenannten »Reichsrücklieferungskommission für die Rückgabe von Werten« angehört, und Unverzagt glaubte, die Übergabe des Schatzes an die Sowjets könne zumindest verhindern, daß das kostbare Kulturgut in die Hände von Räubern und Vandalen fiele. Um dem vorzubeugen, stellten die Russen noch am selben Tag eine Wachmannschaft für den Schatz des Priamos und das gesamte Museum auf.

Nicht weit vom Bunker entfernt ging indes der Zweite Weltkrieg kläglich zu Ende. Nach Hitler schied auch Goebbels freiwillig aus dem Leben. Zuvor hatte er seine Familie umgebracht. General Weidling, Kommandant von Berlin, ließ um 0 Uhr 40 (2. Mai) folgenden Funkspruch absetzen: »Hier 56. deutsches Panzerkorps!

Hier 56. deutsches Panzerkorps! Wir bitten das Feuer einzustellen! Um 12 Uhr 50 Berliner Zeit entsenden wir Parlamentäre auf die Potsdamer Brücke. Erkennungszeichen weiße Flagge vor rotem Licht. Wir bitten um Antwort. Wir warten!«

Fünfmal schickte der Funker diesen Spruch in den Äther. Langes, banges Warten. Dann meldete sich krächzend die Funkstelle der 79. Garde-Schützendivision der Roten Armee: »Verstanden! Verstanden! Übermitteln Ihre Bitte an Chef des Stabes!«

Zum festgesetzten Zeitpunkt trafen sich General Helmut Weidling und der sowjetische Generaloberst Wassilij Iwanowitsch Tschuikow. Die Verhandlungen dauerten bis zum Morgen des 3. Mai. Weidling willigte in die bedingungslose Kapitulation ein. Durch jene Straßen Berlins, die noch passierbar waren, fuhren russische Lautsprecherwagen und gaben den Befehl Weidlings bekannt, alle Kampfhandlungen sofort einzustellen.

Dennoch ließ Großadmiral Dönitz, Hitlers designierter Nachfolger, am selben Tag aus dem fernen Flensburg-Mürwik folgenden Tagesbefehl verkünden: »Deutsche Wehrmacht! Meine Kameraden! Der Führer ist gefallen. Getreu seiner großen Idee, die Völker Europas vor dem Bolschewismus zu bewahren, hat er sein Leben eingesetzt und den Heldentod gefunden. Mit ihm ist einer der größten Helden deutscher Geschichte dahingegangen. In stolzer Ehrfurcht und Treue senken wir vor ihm die Fahnen. Der Führer hat mich zu seinem Nachfolger als Staatsoberhaupt und als Oberster Befehlshaber der Wehrmacht bestimmt. Ich übernehme den Oberbefehl über alle Teile der deutschen Wehrmacht mit dem Willen, den Kampf gegen den Bolschewismus so lange fortzusetzen, bis die kämpfenden Truppen und die tausenden Familien des deutschen Ostraumes vor der Versklavung und Vernichtung gerettet sind...«

Am 4. Mai 1945 erschien im Bunker am Zoo der sowjetische Kommandant von Berlin, Generaloberst N. E. Bersarin. Das Interesse des Generals galt weniger dem Lazarett, das sich noch immer in dem Bunker befand, als den hier gelagerten Wertgegenständen. Bersarin gab dem Professor zu verstehen, alle Museumsschätze in diesem Bunker seien beschlagnahmt. Sie würden allesamt, nach Begutachtung durch eine sowjetische Sachverständigenkommission, nach Rußland gebracht. Bis dahin sei er, Unverzagt, Direktor des Flakturmmuseums und als solcher verantwortlich für

Vollzähligkeit und Unversehrtheit aller Kunstschätze und Antiquitäten. An die Eingangstüre des Hochbunkers wurde eine Tafel in russischer Sprache geheftet. Ihr Wortlaut:

Das Eigentum des Museums ist in die Obhut der Kommandantur genommen worden. Es ist verboten, das Eigentum zu entfernen. Zuwiderhandelnde werden vor dem Militärtribunal zur Verantwortung gezogen.

Der Vorsitzende der Kommandantur

Unverzagt selbst erhielt einen Ausweis in russischer Sprache. Der wurde dem Professor jedoch schon am folgenden Tag von einem russischen Soldaten weggenommen. Er hielt ihn für eine Fälschung.

DAS DRAMA IM BUNKER FRIEDRICHSHAIN

Unverzagt blieb hartnäckig. Er hatte sich geschworen, den Bunker nicht zu verlassen, solange der Schatz des Priamos hier lagerte. Diese Hartnäckigkeit zahlte sich aus.

Anders im Hochbunker Friedrichshain. Dieses im Osten gelegene Bollwerk, das wie der Bunker am Zoo als Lagerstätte für Kunstwerke aus den verschiedenen Berliner Museen diente, war ebenfalls am 2. Mai 1945 von den Sowjets erobert worden. Doch anders als im Tiergartenbunker übernahmen hier die Russen die alleinige Bewachung der Kunstschätze. Jeweils zwei Soldaten nahmen ihre Aufgabe nicht sehr ernst, jedenfalls berichten die deutschen Museumsaufseher Max Kiau und Herbert Eichhorn, die zuvor mit dieser Aufgabe betraut waren, daß bisweilen die Tore des eroberten Bunkers offenstanden und jeder, der wollte, freien Zugang hatte und sich selbst bedienen konnte.

Im Bunker Friedrichshain lagerten zu dieser Zeit 441 vorwiegend großformatige Gemälde, darunter 7 Rubens, 3 Caravaggios, 3 van Dycks, 437 kostbare Skulpturen, 2065 historische Gold- und Silberschmiedearbeiten und Hunderte von antiken Ausgrabungen.

Als der von den Sowjets vertriebene Museumswärter Kiau sich am 4. Mai dem Bunker näherte, fand er vor dem Eingang zwar Wachen vor, in dem anschließenden Palaver gewann er jedoch den Eindruck, daß die Russen überhaupt keine Ahnung hatten, was sie da eigentlich bewachten. Die beiden Soldaten gestatteten ihm eine kurze Inspektion der Bunkerräume, und Kiau meldete dem Generaldirektor der Staatlichen Museen, Otto Kümmel: »Im Bunker Friedrichshain alles in Ordnung!«

Zwei Tage später, am 6. Mai 1945, kam Kiau erneut zurück. Schon von weitem sah er die Rauchschwaden, die aus den Tür- und Fensteröffnungen des Bollwerks quollen. Und je näher er dem Bunker kam, desto mehr wurden seine schlimmsten Befürchtungen zur Gewißheit: Der Bunker Friedrichshain brannte. Mein Gott, dachte Kiau, da hat das alles den ganzen Krieg überstanden, und jetzt das!

Im Bunker gab es keinen Strom, es war stockfinster. Hitze und Qualm schlugen ihm entgegen; aber keine Flammen. Die Russen hatten das Feuer schon gelöscht. Kiau arbeitete sich zum 1. Stock vor. Holzwände und Regale waren verbrannt. Der Brandschutt, verkohlte Reste von Gemälden, glimmte noch und verhinderte eine genauere Inspektion der Schäden. Ausgebrannt war auch der große Materialaufzug. Rauch und Hitze vereitelten ein Vordringen des Museumswächters in die oberen Stockwerke. Kiau hatte jedoch den Eindruck, daß das Feuer nicht in die höheren Etagen gelangt war.

Die mit den Löscharbeiten beschäftigten russischen Soldaten zeigten sich unwillig, und sie schickten den Deutschen fort. Kiau rannte zu Professor Kümmel, dieser suchte den russischen Major Lipskerow von der Ortskommandantur Zehlendorf auf und bat ihn um Hilfe. Am 7. Mai besichtigte Kümmel mit dem Major und seinen Mitarbeiterinnen Dr. Gerda Bruns und Eleonore Behrsing, die hervorragend Russisch sprach, den entstandenen Schaden.

Aus seinem ein halbes Jahr später niedergeschriebenen Bericht: »... Wir fanden den Turm unbewacht, jedem deutschen oder russischen Beutemacher zugänglich und, wie der Augenschein lehrte, von ihnen auch viel besucht, völlig dunkel und noch warm. Der untere Teil des Turms, der durch Kampfhandlungen wenig gelitten hatte, war, offenbar ganz kurze Zeit vorher, also mehrere Tage nach der Übergabe, ausgebrannt, ob durch Explosion oder Brandstiftung blieb zweifelhaft. Da nur die kümmerliche Beleuchtung zur Verfügung stand, konnte nichts Genaueres festgestellt werden. Sicher aber waren noch viele Kunstwerke beschädigt oder unbeschädigt vorhanden. Ich flehte deshalb den Major Lipskerow an, zunächst nur dafür zu sorgen, daß niemand den Turm beträte, damit die Plünderungen aufhörten, vor allem aber, damit die auf dem Boden und im Schutt liegenden Gegenstände nicht zertreten würden und kein neuer Brand ausbräche; denn die Beutesucher haben die Gewohnheit, in dunklen Räumen Fackeln aus Papier zu benutzen, die sie dann meist sorglos noch brennend wegwerfen. Geschehen ist leider zunächst nichts ...«

Max Kiau äußerte die Vermutung, hinter dem Brandanschlag steckten versprengte SS-Angehörige oder die Freischärler-Bewegung »Werwolf«, die in der Endphase des Krieges das Prinzip der verbrannten Erde verfolgte. Den Eroberern sollte nichts mehr in die Hände fallen, nur ausgehungerte Menschen.

Um die Partisanenbewegung »Werwolf« rankten sich wilde Gerüchte. Angeblich sollten die Leichen Goethes und Schillers, die Ende 1944 in einen Bunker nach Jena gebracht worden waren, auf Befehl des mächtigen Gauleiters und Generalbevollmächtigten für den Arbeitseinsatz Fritz Sauckel vor den herannahenden Russen in die Luft gesprengt werden. Der sächsische Reichsstatthalter Martin Mutschmann hatte den Befehl erteilt, Raffaels »Sixtinische Madonna« und mehrere Werke von Rembrandt und Rubens aus der Dresdener Gemäldegalerie zu vernichten. Im Salzbergwerk Steinberg im Salzkammergut lagerten österreichische Kunstschätze, und Gauleiter Eigruber hatte verlauten lassen, wenn Deutschland den Krieg verliere, werde er eigenhändig Handgranaten in die Bergwerksstollen werfen. Eigruber hatte schon mehrere als Holzkisten getarnte Bomben unter Tage deponiert. Wie durch ein Wunder kamen die genannten Aktionen allerdings nicht zur Ausführung.

Nur im Bunker in Berlin-Friedrichshain nahm die Katastrophe ihren Lauf. Als zwei Museumsleute am 18. Mai 1945 zu einem weiteren Kontrollgang im Bunker Friedrichshain auftauchten, war das Bauwerk zwar von russischen Soldaten bewacht, es erfreute sich aber auch regen Besuchs von Zivilisten, die dort nichts zu suchen hatten, und als die beiden Museumsangehörigen über die Treppe nach oben vordrangen, erschraken sie zu Tode: Die oberen Stockwerke mit den unersetzbaren Kunstwerken waren ausgebrannt und verwüstet.

Auf Vorhaltungen reagierten die russischen Soldaten nur mit einem Schulterzucken. Nachforschungen ergaben: die Katastrophe, die bedeutsamste Kunstvernichtung in Deutschland im Zweiten Weltkrieg, hatte zwischen dem 14. und 18. Mai, also wenige Tage nach der Kapitulation, stattgefunden. Ob der Bunker zu diesem Zeitpunkt unbewacht war, ob die russischen Wachen bestochen wurden oder ob eine Unachtsamkeit (oder auch gezielte Aktion) plündernder Horden Ursache des zweiten Brandes war, konnte nie wirklich geklärt werden. Eine später durchgeführte und Anfang 1946 bekanntgegebene Untersuchung der Sowjets spricht von »Brandstiftung durch netzartig miteinander verbundene Brand-sätze«.

Nicht genau zu ermitteln war auch, wie viele und welche Kunstwerke tatsächlich zerstört oder nur geraubt wurden. Unter den im Bunker Friedrichshain vernichtet geglaubten Gemälden be-fand sich ein »Heiliger Sebastian« von Giovanni Contarini aus der bekannten venezianischen Adelsdynastie. Dieses Bild tauchte 1982 in London bei einer Sotheby's-Auktion auf und wurde versteigert. Und die Ausstellung von Gemälden im Moskauer Puschkin-Muse-um und in der St. Petersburger Eremitage im Frühjahr 1995 be-stätigte, daß vieles von dem, was als endgültig verloren gegolten hatte, Jahrzehnte in sowjetischen Archiven verborgen gehalten wurde.

WIE DER SCHATZ DES PRIAMOS VERSCHWAND

Dem Bunker am Zoo, in dem noch immer der Schatz des Priamos lagerte, blieb die Zerstörung erspart. Der hohe Verlust an unwider-bringlichem Kulturgut, der unter russischer Verantwortung ent-standen war, wirkte wie ein heilsamer Schock und rechtfertigte das weitere Verhalten der Sowjets.

Im Auftrag der sowjetischen Kommandantur traf wenig später eine Sachverständigenkommission im Bunker am Zoo ein. Ihr gehörten siebzehn Mann an, Militärs, Diplomaten, Kunsthistoriker und Museumsfachleute, darunter mehrere Mitglieder der Akademie der Wissenschaften der UdSSR. Unter den Diplomaten befand sich einer, den Unverzagt zumindest dem Namen nach kannte: Andrej Smirnow. Der 36jährige Sowjetdiplomat hatte seine Laufbahn 1937 in Berlin als junger Botschaftsrat begonnen. Später war er in den Jahren von 1957 bis 1966 Botschafter in Bonn.

Jetzt forderten Smirnow und seine Begleiter von Unverzagt die Öffnung aller im Bunker vorhandenen Kisten. Dabei erstellten sie Inhaltslisten in russischer Sprache. In dem allgemeinen Chaos, das im Bunker herrschte, kam es auch zu Diebstählen.

Wie nicht anders zu erwarten, war der Umgangston der Sieger mit den Besiegten ziemlich rüde. Die Russen duldeten keinen Widerspruch, nicht einmal Fragen; deshalb blieb Wilhelm Unverzagt bis zuletzt der Bestimmungsort verborgen, an den die Kisten seit dem 13. Mai 1945 Tag für Tag gebracht wurden. Aus seinen Kalenderaufzeichnungen geht hervor, daß der Professor die drei Kisten mit dem Goldschatz des Priamos der russischen Kommission erst zum Schluß ausgehändigt hat. Das war am 26. Mai 1945.

Vor der schweren Eisentür des Bunkers standen drei Lastkraftwagen der Sowjetarmee in grün-brauner Tarnfarbe. Sie trugen mit weißer Farbe aufgemalte Kennzeichen: S 69425, S 69398 und S 69393. Russische Soldaten wuchteten die drei Kisten mit der Aufschrift MVF 1, MVF 2 und MVF 3 auf den letzten Wagen. Dann setzte sich der Konvoi in Bewegung, quer durch die Kraterlandschaft des zerbombten Tiergartens. Unverzagt ging in den Bunker zurück, wo er sich im 1. Stock eine provisorische Wohnung eingerichtet hatte. Er setzte sich auf eine der zurückgebliebenen Holzkisten, die ihm nun als Möbel diente, und vergrub sein Gesicht in den Händen.

Eine Zeitzeugin, die die Auslieferung der Kunstschätze an anderer Stelle miterlebt hat, die Kunstwissenschaftlerin Dr. Irene Kühnel-Kunze, erinnert sich: »Die Abtransporte haben uns alle, die wir in Berlin die ganze Kriegszeit hindurch in den Museen unseren Dienst ausgeübt und den Bombenkrieg überstanden hatten und die wir uns sofort nach Aufhören der Kämpfe in den Straßen Berlins unter den schwierigsten Umständen wieder in den Museen einfanden, tief getroffen. Die Fortnahme der Handbibliotheken, Karteien, Fotosammlungen und anderer Teile des Arbeitsapparats versetzte uns in den Zustand vollständiger Hoffnungslosigkeit. Lange Fußmärsche, von westlichen Vororten aus in die Innenstadt, sieben Stunden und mehr, durch Trümmer und Tote und unter persönlichen Gefahren aller Art, wurden nicht gescheut.«

SIEGER UND BESIEGTE

Was von den Sowjets als »Sicherstellung« bezeichnet wurde, war eine sorgfältig geplante Aktion. Allein die Tatsache, daß bereits wenige Tage nach der deutschen Kapitulation eine so hochrangige Expertenkommission die Kunstschätze begutachtete, ist ein Beweis dafür. Der Grund für ihre Eile ist klar: Die Sowjets wußten, sie würden die Beute mit den Alliierten teilen müssen, sobald diese in die Stadt einrückten. Deshalb brachten sie alle erbeuteten Kunstschätze umgehend in ihr Hauptquartier, die Sowjetische Militäradministration in Berlin-Karlshorst. Karlshorst liegt im Osten Berlins und wurde später Sitz der Sowjetischen Kontrollkommission und der Hohen Kommission der Sowjetunion in der DDR.

In sowjetischem Sprachgebrauch hörten sich die Beutezüge der Sieger freilich ganz anders an. Dreißig Jahre nach Kriegsende erinnerte sich der an der »Bergungsaktion« beteiligte Oberst Andrej Belokopytow: »Rückblickend betrachtet, bestand das Wichtigste unserer Arbeit in ihrem moralischen Faktor. Noch war die letzte Salve nicht verklungen – die Arbeiten zur Bergung der Pergamon-Altartafeln begannen am 13. Mai –, da wurde ein Stück Zukunft in Angriff genommen, an die angesichts von millionenfachem Tod niemand zu denken wagte. Buchstäblich mit eigenen Händen – unter ständiger Lebensgefahr – die Bunker, in denen viele Kostbarkeiten lagerten, waren zum Teil vermint – gruben unsere Soldaten die Kunstschätze aus. Der Bunker hatte die Höhe eines zwölfstöckigen Hauses. In einem der mittleren Stockwerke lagen die Platten des Pergamon-Altars. Sie ohne Schaden herauszubringen war eine fast unmenschliche Arbeit. Deutsche Kunstwissenschaftler und Fachleute kamen und boten ihre Hilfe an.«

Günther Schade, bis zur Wende alleiniger Generaldirektor der Staatlichen Museen zu Berlin, zitiert diese Aussage in einem Report zum »40. Jahrestag der Befreiung des deutschen Volkes vom Faschismus«. Schade wörtlich: »Die katastrophalen Verhältnisse auf der Berliner Museumsinsel konnten im Laufe des Jahres 1945 trotz intensiver Bemühungen der Mitarbeiter nicht wesentlich zum Positiven verändert werden. Mit dem beginnenden Winter wuchsen somit die witterungsbedingten Gefahren für die Kunstwerke in den zerstörten Museen. Einbrüche in die nur notdürftig gesicherten Räume und Diebstähle nahmen ständig zu. Die nach allen Seiten hin offene Museumsinsel konnte mit eigenen Kräften nicht gesichert werden, so daß sich Generaldirektor Professor Carl Weickert hilfesuchend an die Stadtbezirkskommandantur in der Friedrichstraße 122 wenden mußte. Diese stellte daraufhin eine Militärwache zum Schutz der Kunstwerke ab.«

Und wie sah die Wirklichkeit aus, damals, im Mai 1945? Irene Kühnel-Kunze: »Auf der Museumsinsel hielten neben dem Hausmeister und einigen Arbeitern Dr. Gerda Bruns und Professor E. F. Bange weiter aus. Das Schweigen der Geschütze brachte für sie keine Erleichterung in ihrer ›Verteidigung‹ der Museen. Jetzt mußten sie sich Tag und Nacht gegen Plünderungen, mutwillige Zerstörungen und persönliche Bedrohungen zur Wehr setzen. Manchmal blieb einer von uns über Nacht, um mit ihnen das Aushalten in dieser grausigen Situation zu teilen. Die nervliche Überforderung hat schließlich E. F. Bange das Leben gekostet. Er wurde von den Russen als der Verantwortliche für die Museen angesehen und immer wieder verhört, man glaubte, er wisse um versteckte Waffenlager. Er wurde verhaftet und in das am Kupfergraben gegenüberliegende Gebäude der russischen Kommandantur gebracht, nach einigen Tagen freigelassen. Als er zum zweiten Male verhaftet und abgeführt wurde, am 30. Juni 1945, machte er auf der Brücke, die über den Spreekanal führt, seinem Leben durch Einnahme von Gift ein Ende. Als Sterbender wurde er, wie die russischen Wachen berichteten, in das gegenüberliegende Gebäude der Kommandantur eingeliefert. Unsere Bemühungen bei der sowjetischen Kommandantur, ihn begraben zu dürfen, fanden kein Gehör ...«

Aus Angst vor Vergewaltigungen trugen Frauen Brillen, die sie sich von irgendwoher ausborgten. Es hatte sich herumgesprochen, daß russische Soldaten vor Frauen mit Brille zurückschreckten. Seltsam, es gab offenbar keine Russen mit Brille. »Frau komm mit!« aus dem Mund eines Russen war der meistgefürchtete Satz jener Tage.

Durch die Straßen rollten Lastwagen mit Fässern von Ölfarbe. Wo Straßenschilder unzerstört geblieben waren, wurden sie von Soldaten mit kyrillischen Buchstaben übermalt. Auf den Kreuzungen standen gestiefelte und bewaffnete Russenfrauen mit Fähnchen und regelten mit heftigen Bewegungen einen Verkehr, den es überhaupt nicht gab.

Berlin, ganz Deutschland, hatte aufgehört zu existieren. Den Verlierern wurde alles genommen, sogar ihre Uhrzeit, die alltäglichste Sache der Welt. Befehl Nr. 4 der Besatzung und Militärkommandantur von Berlin vom 20. Mai 1945: »Bis zur Herausgabe besonderer Anweisungen ist in der Stadt Berlin nach Moskauer Zeit zu arbeiten …«

Nachts wurde es lebendig. Der Hunger trieb die Menschen wie Ratten aus den Ruinen ihrer Häuser. Sie gingen plündern. Gebraucht wurde alles, und wenn nichts Eßbares aufzutreiben war, so suchte man wenigstens nach Brennbarem, nach Holzbalken oder Ästen zum Kartoffelkochen. Strom gab es nur in wenigen Straßenzügen und auch dort nur unregelmäßig. Bis es Gas geben würde, hieß es, werde es noch lange dauern, offiziell wegen des zerstörten Leitungsnetzes, inoffiziell, damit sich nicht noch mehr Menschen das Leben nahmen.

DAS SCHICKSAL EINES PARTEIGENOSSEN

Unzählige Pgs, so das damals übliche Kürzel für Parteigenosse oder Mitglied der NSDAP, begingen Selbstmord. Wilhelm Unverzagt war Pg. Er hatte sich 1938 der Bewegung angeschlossen. Nach Aussage seiner Frau Mechthilde »unter der Drohung, seine Stellung als Museumsdirektor zugunsten eines der Partei genehmeren Kandidaten aufgeben zu müssen«. Wenige Wochen nach Übergabe der Kunstschätze des Bunkers am Zoo an die Sowjets erhielt Unverzagt seine Entlassung von dem kommissarisch eingesetzten Generaldirektor der Berliner Museen, Dr. Herbert Dreyer. Drei Wochen später wurde auch Herbert Dreyer abgelöst. Sein Name stand ebenfalls in den Mitgliedslisten der NSDAP.

Unverzagt war verbittert. Er wußte nicht, daß die drei Kisten mit dem Goldschatz des Priamos bereits am 30. Juni 1945, noch vor dem Eintreffen der Amerikaner in Berlin, mit einer sowjetischen Militärmaschine nach Moskau gebracht worden waren. Er war sich nur bewußt, daß er der letzte Deutsche war, der den Schatz gesehen hatte, und das war auch anderen bekannt.

Nach dem Krieg hatte Unverzagt Anfragen aus aller Welt zu beantworten, was mit dem Schatz des Priamos geschehen sei. Seine Antwort war stets gleichlautend: Der Schatz sei von den Sowjets sichergestellt worden und werde im Rahmen der Rückführung beschlagnahmter Kunstwerke gewiß eines Tages nach Berlin zurückkehren.

Für Unverzagt muß es die größte Enttäuschung seines Lebens gewesen sein, als die Sowjets 1958 zwar 4000 Fundobjekte der Schliemann-Ausgrabungen an die DDR zurückgaben, der Schatz des Priamos jedoch nicht dabei war. Alle Anfragen wurden von den Verantwortlichen in Moskau mit dem Hinweis beantwortet, von einem Schatz sei nichts bekannt. Auf Zeitungsberichte, die dieselbe Frage stellten, erfolgte keine Reaktion. Der Schatz des Priamos war tabu.

Wilhelm Unverzagt glaubte nicht mehr daran, daß sein Schatz jemals wieder ans Tageslicht käme. Als der Archäologe Professor Sterling Dow von der Harvard Universität 1961 bei Unverzagt anfragte, ob eine Chance bestehe, den Schatz des Priamos wiederzufinden, da antwortete der Berliner resigniert: »Im Besitz Ihrer Anfrage vom 3. April 1961 bedauere ich, Ihnen leider mitteilen zu müssen, daß die im Flakturm am Zoo (nicht im Flakturm Friedrichshain) zum Schutz gegen Luftangriffe untergebrachten trojanischen Funde, insbesondere der sogenannte Schatz des Priamos, bis heute nicht mehr aufgetaucht sind. Es besteht Grund zu der Vermutung, daß sie inzwischen zusammen mit den übrigen Goldfunden des Staatlichen Museums für Vor- und Frühgeschichte in Berlin eingeschmolzen worden sind, so daß mit ihrem Verlust gerechnet werden muß.«

Zehn Jahre später, am 17. März 1971, starb Professor Wilhelm Unverzagt. Bei der Sichtung seines privaten Nachlasses machte seine Witwe eine rätselhafte Entdeckung: In mehreren Kartons hatte der Professor ein komplettes Mikrofilmarchiv aufbewahrt. Die Auswertung ergab: Auf den Filmen waren die Inventarlisten des von Unverzagt geleiteten Museums und damit alle Objekte der vieltausendfachen Schliemann-Sammlung abgelichtet.

Die Entdeckung warf viele Fragen auf, vor allem aber die eine: Welchen Grund hatte Unverzagt, diese für die Forschung und Wissenschaft so wichtigen Filme versteckt zu halten? Es gab die unterschiedlichsten Spekulationen: War dies seine ganz persönliche Rache dafür, daß man ihn nach dem Krieg von seinem Posten als Museumdirektor enthoben hatte? Oder wollte er die wichtigen Filme auf der einen oder anderen Seite des Eisernen Vorhangs zu Geld machen? Oder hatte Unverzagt, als er das Filmmaterial nach dem Krieg aus einem heimlichen Versteck holte, nicht mehr den Mut, es zurückzugeben? Muße er nicht befürchten, man würde ihn verdächtigen, er habe auch den Schatz des Priamos versteckt? Oder konnte Wilhelm Unverzagt in den einsamen Tagen und Nächten im Bunker am Zoo der Versuchung nicht widerstehen, hatte er vielleicht Teile des Goldes beiseite geräumt (was durch die Inventarlisten hätte entdeckt werden können)?

Tatsache ist: Die Inventarlisten wurden noch vor dem Krieg auf Mikrofilm aufgenommen, und niemand konnte erwarten, daß ausgerechnet diese Filme das Inferno des Krieges überdauern würden.

Durch die Entdeckung der Filme geriet der Professor posthum in schiefes Licht. Immer wieder erschienen Zeitungsbeiträge, die Wilhelm Unverzagt die Schuld am Verschwinden des Priamos-Schatzes zuschoben und die in der Behauptung gipfelten, der Professor und irgendwelche Nazi-Größen hätten den Schatz vergraben und das Gold später zu Geld gemacht.

Als Mechthilde Unverzagt 1988 zum ersten Mal Einblick in die Tagebuchnotizen ihres Mannes gewährte, verfolgte sie natürlich den Zweck, Wilhelm Unverzagt zu rehabilitieren und »Material zu veröffentlichen, das für weitere Erörterungen vielleicht hilfreich sein kann«. Allerdings mußte sie resigniert feststellen: »Bekannt ist jedoch, daß die wertvollsten Objekte, die in den drei Kisten mit den Edelmetallen untergebracht waren, nach wie vor fehlten, obwohl sich gerade bei ihnen der Gesamtverlauf ihrer Bergung und Auslagerung bis zur Übergabe durch Unverzagt selbst an die sowjetische Besatzungsmacht genau verfolgen läßt. Erst was später mit ihnen geschah, bleibt im dunkeln ...«

Die politischen Verhältnisse jener Zeit waren verantwortlich für das Verschwinden des Priamos-Schatzes, und die neuen politischen Verhältnisse waren es auch, die den Schatz wieder ans Tageslicht förderten.

Fünfundvierzig Jahre galt der Schatz des Priamos nach offiziellem Sprachgebrauch als verschollen. Es gab nur ein halbes Dutzend Geheimnisträger, denen das Versteck des Schatzes bekannt war. So kam es, daß selbst hochrangige sowjetische Museumsleute, denen an dem Fund gelegen war, nicht über seinen Verbleib Bescheid wußten. Boris Pjotrowskij, Direktor der Eremitage in St. Petersburg, in deren Magazinen das begehrte Gold lange vermutet wurde, rechtfertigte sich noch im Jahre 1990, er könne nichts über den Verbleib des Schatzes sagen, sicher sei nur, daß er nicht in den Depots der Eremitage lagere.

Glasnost und Perestroika eröffneten in der Sowjetunion neue Möglichkeiten, und die Schatzsucher aus dem Westen bekamen nun Schützenhilfe aus dem Osten. Die entscheidende Entdeckung machten zwei Kunsthistoriker aus Moskau, Grigorij Koslow und Konstantin Akinscha. Sie stießen bei ihren Nachforschungen im Zentralen Staatsarchiv für Literatur und Kunst in Moskau auf die Frachtpapiere jener drei Kisten MVF 1, MVF 2 und MVF 3, die Professor Unverzagt den Russen am 26. Juni 1945 übergeben hatte. Danach ging die Ladung 1945 an das Moskauer Puschkin-Museum. Irina Antonowa, der resoluten Leiterin des Museums, war die Veröffentlichung dieser Informationen gar nicht recht, sie stritt glattweg ab, daß sich der Schatz im Depot ihres Museums befinde. Auch der russische Kulturminister Jewgenij Sidorow beantwortete eine offizielle deutsche Anfrage mit »njet«, der Schatz befinde sich überhaupt nicht in Rußland.

War es Absicht oder eine diplomatische Panne? Bei einem Staatsbesuch in Griechenland im Juni 1993 stellte der russische Präsident Boris Jelzin Kulturministerin Dora Bakojannis in Aussicht, den Schatz des Priamos für eine Ausstellung in der Athener Schliemann-Villa »Iliou Melathron« zu überlassen. Damit düpierte er natürlich seinen eigenen Kulturminister Sidorow, der in den inzwischen angelaufenen deutsch-russischen Rückgabeverhandlun-

2 Das Puschkin-Museum in Moskau, ein Bau aus dem Jahre 1912,
nachempfunden dem Erechtheion in Athen. Hier wurde hinter einer Eisentür des
Besucherzimmers der Schatz des Priamos ein halbes Jahrhundert versteckt
gehalten. Nur wenige Eingeweihte kannten das Geheimnis.

gen über geraubtes Kulturgut darauf beharrt hatte, der Schatz des
Priamos befinde sich nicht in Rußland.

Wenig später mußte Irina Antonowa zugeben, daß der Schatz in
ihrem Museum verwahrt wird, nicht etwa im Depot unter Tausenden anderer Kunstschätze, nein, in einem kleinen separaten Raum
in der Münzabteilung. Er ist nur von einem Besucherzimmer aus
zugänglich, aber mit einer Eisentür gesichert.

Am 24. Oktober 1994 öffnete sich diese Eisentür zum ersten
Male für Museumsfachleute aus Deutschland. Es war Montag, und
das Museum war für das Publikum geschlossen. So gelangten Professor Winfried Menghin, Oberkustos Dr. Klaus Goldmann, Chefrestaurator Hermann Born und Dolmetscher Dr. Burkhardt Goeres
unbemerkt von der Öffentlichkeit in einen abseits gelegenen Be-
sprechungsraum im Erdgeschoß. Sie wurden von Museumsleiterin
Irina Antonowa und dem für Archäologie zuständigen Abteilungs-
leiter Dr. V. Tolstikow empfangen. Über die große Treppe stiegen sie
gemeinsam in das Obergeschoß des Museums. Dort öffnete sich eine
kleine Seitentür, dahinter kam eine enge Wendeltreppe zum Vorschein, die bis unter das Dach führte.

»Mit Herzklopfen«, erinnert sich Dr. Klaus Goldmann, »nicht nur
durch den Treppenaufstieg bedingt, betraten wir den schlauch-
förmigen Raum, in dem zu beiden Seiten und auch in der Mitte

Reihen von Vitrinenschränken standen...« Auf einem Abstelltisch lagen weiße Handschuhe bereit. Darüber hing an der Wand ein Öl-gemälde Heinrich Schliemanns. Schliemann selbst hätte das Schauspiel nicht besser inszenieren können.

Tolstikow und sein Chefrestaurator Treister brachten ein Tablett herein und stellten es vor den deutschen Gästen auf den mit grü-nem Filz bezogenen Tisch: Vor ihnen lag der Schatz des Priamos – ein halbes Jahrhundert lang verschollen, für endgültig verloren ge-halten, legenden- und sagenumwoben, von unschätzbarem Wert, eines der größten Kulturerben der Menschheit. Die Wissenschaftler aus Deutschland waren sich des historischen Augenblickes bewußt. Ergriffenheit machte sich breit.

Woher rührt die Faszination dieses Schatzes? Ist es der Wert des Goldes? Sein Alter, das sogar die Bibel in den Schatten stellt? Ist es der Hauch der großen, der heroischen Geschichte, der Priamos um-gibt, den letzten König eines verschollenen Reiches? Oder ist es das Geheimnis um den rätselhaften Dichter Homer, der uns die phan-tastischen Mythen vom Untergang Trojas nahegebracht hat?

Gewiß spielt all das eine Rolle bei der Faszination, die von dem Schatz des Priamos ausgeht; aber es kommt noch etwas hinzu: ein Mensch und sein Lebensschicksal. Wie die Goldmaske des Tut-ench-Amun untrennbar mit der Geschichte ihres Entdeckers How-ard Carter verbunden ist, so wurde der Schatz des Priamos eins mit der Geschichte seines Ausgräbers Heinrich Schliemann. Mehr noch, der Schatz des Priamos wurde zum Symbol für das Leben des Heinrich Schliemann: Beides war glitzernd, schillernd, ruhmreich und dennoch fragwürdig. Der Schatz des Priamos und Heinrich Schliemann gehören zusammen, und der eine ist ohne den ande-ren nicht vorstellbar.

Der Schatz des Priamos und Heinrich Schliemann, das sind Thema und Hauptfigur eines modernen Märchens, und wie alle Märchen spielt es in einer Welt voller Wunder, in der sich alle Sehnsüchte des Menschen nach Glück erfüllen. Es ist das Motiv des Däumlings, des armen Kleinen, der ärmer ist als alle anderen und kleinwüchsiger als alle anderen und der trotzdem zu Reich-tum und Erfolg gelangt. Und wie alle Märchen ist es verträumt und romantisch, realistisch und grausam, phantastisch und bis-weilen unglaublich.

II
DER BEGINN EINER GROSSEN
KARRIERE

Meine Wohnung, welche monatlich acht Francs kostete, war eine elende Dach-
stube ohne Ofen, in welcher ich im Winter vor Kälte zitterte und im
Sommer von der Hitze gesengt wurde; mein Frühstück bestand aus einem Brei
von Roggenmehl, meine Mittagsmahlzeit kostete niemals mehr als vier
Dreier. Aber nichts spornt mehr zum Studium an als das Elend und die gewisse
Aussicht, sich durch angestrengte Arbeit daraus befreien zu können.

Heinrich Schliemann

Hamburg, September 1841.

Mit der Weltstadt von heute hatte die Freie und Hansestadt damals wenig gemein; aber für einen Neunzehnjährigen aus Mecklenburg war Hamburg eine Offenbarung, eine Stadt, die ihn – wie
er selbst sagte – zum Träumer werden ließ und die sich so tief in
seinen Empfindungen festsetzte, daß er fortan nur noch in Groß-
städten zu leben bereit war.

Neunundzwanzig Reichstaler, mehr waren ihm nicht geblieben
von seinem mütterlichen Erbteil, das er sich kurz zuvor hatte auszahlen lassen. Das bescheidene Startkapital mußte reichen als
Grundstock für seine Karriere. Die erste Nacht verbrachte der junge Schliemann zwei Meilen vom Stadtzentrum entfernt, im »Heyd-
krug«, einer billigen Absteige. Aber als er am nächsten Morgen erwachte und aus dem Fenster blickte und die Silhouette der Stadt
sah mit ihren Türmen, da bemächtigten sich seiner »großartige, ah-
nungsvolle, unbeschreibliche Gefühle«, Gefühle, so übermächtig,
daß sie Heinrich eine volle Stunde vergessen ließen, daß er nackt
war – so lange stand er unbekleidet am Fenster und gaffte.

»Oh, ihr solltet diese Pracht und diese Eleganz sehen, die sich
unseren Blicken darbot«, schrieb er seinen Schwestern Wilhelmine und Doris in einem vierundsechzigseitigen Brief. »Ihr würdet
einen ganz anderen Begriff vom Reichtum dieser Welt bekommen!... Welch ein Gewühl von Menschen, welch eine Frequenz,

welch ein Auflauf und welch ein Handel und Wandel in den
Straßen. Alles läuft, alles rennt, alles drängt sich durcheinander,
und das Ganze ist gleichsam ein ungeheures Chaos.« Und weiter:
»Das unaufhörliche Geschrei der Verkäufer, die ihre Waren feil
schreien, indem sie dieselbe auf dem Kopf tragend im Trabe die
Straßen durcheilen, das fortwährende Gerassel der Wagen, die in
einer fast ununterbrochenen Reihe die Straßen durchjagen, das
Schlagen der Uhren und das liebliche Schallen der Glockenspiele
von allen Türmen vertäuben auf eine so energische Weise das Ohr
des Fremden, daß er sein eigenes Wort nicht zu verstehen vermag.«

In diesem Chaos, das über den jungen Gesellen hereinbrach, behielt Heinrich jedoch einen klaren Kopf und das feste Ziel vor Augen, zuerst eine Anstellung und danach eine Bleibe zu finden; denn
mit neunundzwanzig Talern kam man nicht sonderlich weit. Der
gute Theodor Hückstädt, Materialwarenhändler in Fürstenberg, für
den Jung-Schliemann Heringe und Branntwein verkauft hatte, war
hilfsbereit und hatte Empfehlungsschreiben an seine Lieferanten in
Hamburg abgefaßt, man möge dem Jungen, der nicht gerade kräf-
tig, aber dafür willig sei, eine Anstellung verschaffen. So verfügte
Heinrich über eine ganze Reihe von Adressen.

»In jedem Haus wird Handel und Wandel getrieben, und große,
von der Erde bis zum 2ten Stock reichende Schilder, worauf die
verkäuflichen Produkte und Waren abgemalt sind, bezeichnen die
Geschäftsbranche... Ich erfragte mir nacheinander die Kaufleute,
an die ich die Empfehlungsbriefe hatte, nämlich die Herren Marck
& Co., Wm. Oswald & Co., Fesser & Vielhack, Conrad Warncke und
H. F. Prehn, präsentierte mich sämtlichen, gab meine Briefe ab, und
alle versprachen mir freundlich, mir nach Kräften zur Erreichung
meines vorgestreckten Ziels behilflich zu sein...«

Am folgenden Tag schon war Schliemann erfolgreich. Der Ju-
niorchef von S. H. Lindemann engagierte den Neunzehnjährigen als
Lagerverwalter in seinem Speicher am Fischmarkt; aber nach drei
Tagen mußte Heinrich entkräftet aufgeben. Das Säckeschleppen
und Kurbeln der Seilwinde, mit der die Warenballen in den fünften
Stock gehievt wurden, raubte ihm die letzten Kräfte. Er fürchtete
wieder Blut zu spucken, wie er es schon einige Male nach schweren körperlichen Anstrengungen getan hatte, und bat um einen

weniger aufreibenden Job; doch den hatte Lindemann jun. nicht anzubieten, und so wurde Schliemann entlassen.

Wieder suchte der Junge nach einer Anstellung, und er hätte für ein paar Groschen jede Arbeit verrichtet, wäre sie nur nicht so schwer gewesen; aber Heinrich fand keine annehmbare Stelle. Mit seinen nicht einmal 160 Zentimetern und den kurzen Beinen erntete er vielfach schon Gelächter, wenn er sich vorstellte.

Heinrich glaubte seinen Körper stählen zu müssen und nahm beinahe täglich ein Bad in der kalten Alster, sogar noch im November. Die Roßkur hatte katastrophale Folgen. Es war ihm gerade gelungen, bei E. L. Deycke an der Mattentwiete beim Binnenhafen eine Anstellung zu finden, ohne Lohn, aber fürs Essen, da spuckte Heinrich wieder Blut. Eine Woche vermochte er seine Krankheit geheimzuhalten, dann wurde er ertappt, und erneut verlor er seinen Job.

Obwohl er sich kaum einen Luxus gönnte, ging seine Barschaft unaufhaltsam zur Neige. Wollte er nicht als Obdachloser und Bettler enden, mußte er Geld borgen. Aber wer gab einem kränkelnden Händlergesellen ohne Anstellung auch nur einen Kreuzer?

Den Vater anzupumpen, das hätte Heinrich zuviel Überwindung gekostet. Dazu war er zu stolz. In seiner Not fiel ihm der Onkel Wachenhusen in Vipperow ein. Heinrich schrieb ihm einen herzzerreißenden Brief, der in der Ankündigung gipfelte, ohne des Onkels Hilfe habe der Neffe sein Leben verwirkt.

Der verzweifelte Hilferuf blieb nicht unbeantwortet. Der Onkel aus Vipperow schickte zehn Reichstaler – Rückzahlung bis Weihnachten –, beklagte sich bei Heinrichs Schwester Elise jedoch gleichzeitig über die Unverfrorenheit des lausigen Bruders. Heinrich schwor, als ihm das zu Ohren kam, einen heiligen Eid, nie mehr im Leben einen Verwandten »auch nur um ein Brotkrümel« zu bitten.

HANSEATISCHE TRÄUME

Mit zehn Talern in der Tasche und ohne Einkommen konnte Schliemann keine großen Sprünge machen. Das einzige, was er hatte, war Zeit, viel Zeit, und die nutzte er zu Beobachtungen. Er sog das aufregende Flair der großen Stadt in sich auf, und gewiß haben ihn die zweieinhalb Monate an der Alster mehr geprägt als jeder längere Aufenthalt in einer anderen Stadt: Heinrich Schliemann wurde ein Hanseat – wenigstens nahm er sich vor, es zu werden.

Die kühlen Kauf- und Geschäftsleute der alten Hansestadt imponierten dem Krämergesellen aus der Provinz ungemein. Wie sie mit Geld und Waren umgingen, kauften und verkauften, ohne das eine wie das andere je in die Hand genommen zu haben, das löste bei Heinrich Bewunderung aus.

Die vornehme Gesellschaft, die Schliemann hier zumindest aus der Ferne beobachten konnte, wichtige, würdige Herren und vornehm gekleidete Damen (vor allem jene in Anführungszeichen), machten ihn staunen und erweckten zugleich das Bedürfnis in ihm, so zu werden wie sie. Sie erzeugten Träume, und Heinrich war gerade in jenem Alter, in dem die Träume, die man hegt, nicht mehr unerfüllbare Hirngespinste der Kindheit sind, sondern zu realistischen Zielen werden, die man mit Mühe und Arbeit auch erreichen kann.

Schliemann wollte Hanseat werden, ein respektabler Kaufmann, der sich, vornehm gekleidet, morgens auf den Weg zur Börse macht, der es nicht nötig hat, um Frauen zu buhlen, weil die Frauen ihm nachliefen, und zwar keine kleinen Mädchen wie seine Jugendfreundin Minna Meincke aus Ankershagen, nein, stolze, große Frauen in aufregenden Roben. Gewiß, er war klein und unansehnlich, aber hier in Hamburg erkannte Heinrich zum ersten Mal, daß es ein einfaches Mittel gab, um seine beklagenswerte Erscheinung vergessen zu lassen: Geld.

Geld macht schön. Was hatten die Herren Fesser und Vielhack, Marck, Wilhelm Oswald, Warnke und Prehn schon zu bieten außer einem respektablen Vermögen? Sie waren klein, dick und im Gegensatz zu ihm uralt, und dennoch nannten sie die schönsten Frauen ihr eigen. In diesen Hamburger Monaten kam Schliemann zu der Einsicht, daß nur Geld und Reichtum sein Selbstwertgefühl würden steigern können. Er war neunzehn und hatte die Hoffnung aufgegeben, noch zu wachsen, aber nun glaubte er, Geld könnte einen Zwerg zum Riesen machen.

Doch mit zehn geborgten Talern in der Tasche lag sein angestrebtes Wachstum noch in weiter Ferne, und Schliemann war sich auch noch nicht im klaren, wie er es einmal erreichen sollte, er war sich nur sicher, *daß* er es erreichen würde.

Er mietete sich in einem Stübchen am Hafenmarkt bei einem geschwätzigen Zimmerwirt ein. Dem schüttete der unglückliche Heinrich sein Herz aus, und wohl aus Mitleid schickte dieser den jungen Mann in Peter Müllers Salon in der Neustädter Neustraße, ein stadtbekanntes Etablissement, in dem vierhundert »Damen« verkehrten. Für acht Silbergroschen konnte ein armer Schlucker wie Schliemann einen ganzen Abend nur gaffen; aber Heinrich war selbst dieses Eintrittsgeld zuviel. Davon konnte er drei Tage leben. Deshalb überzeugte er den Kassierer am Eingang, er wäre keineswegs gekommen, um sich zu amüsieren, er sei aus Mecklenburg angereist und habe »von diesem achten Weltwunder« gehört und wolle dieses nur einmal in Augenschein nehmen, studienhalber sozusagen.

Der Trick hatte Erfolg. Schliemann blieb fünf Stunden. Er bestaunte die Lokalität, eine festliche Halle mit 120 Kronleuchtern und 200 Marmorsäulen, mit einer umlaufenden Galerie und einem gefederten Fußboden aus Mahagoni. Das Treiben in Müllers Salon schilderte Schliemann seinen Schwestern in blumigen Worten: »In der Mitte des Salons stehen die Herren, jedoch alle mit Kopfbedeckung, keiner denkt daran, den Hut abzunehmen. Ringsherum auf schönen Sesseln sitzt die Damenwelt und harret der Aufforderung zum Tanz. Ist man nicht schon entzückt und berauscht von dem Glanz und der Pracht des Salons oder den von allen Galerien herabkommenden Musikchören, so wird man es erst beim Anblick dieser Damen; denn man glaubt wahrhaftig, die alten Wunderzeiten der Feenwelt vor sich verjüngt zu sehen. Ist es nicht schon ihr aus lauter echtem Samt und Seide bestehender Anzug, den keine Kaiserin sich anzulegen schämen kann, der den Fremdling bezaubert, so ist es erst der Anblick ihres Gesichts, denn solch warmer Schnee des Angesichts und des Halses und solche Wangen, von Carmin-Schminke aufgerötet, Lippen von Glut, Augenbrauen wie mit chinesischer Tusche gemalt in feinen Halbbogen, und um das reizende Köpfchen ein dunkles Lockengewimmel wie ein Stück der ägyptischen Finsternis, sah man nicht leicht in der Welt. Lange stand ich verblüfft neben der Türe, bis ich die Aufmerksamkeit einiger Blicke auf mich zog und, hierdurch zu mir selbst gekommen, zu den übrigen Hunderten von Herren in die Mitte des Saales trat.«

Daß es sich bei den grell geschminkten Schönen um käufliche Halbweltdamen handelte, will Jung-Heinrich zu diesem Zeitpunkt noch nicht bemerkt haben. »Ich zweifelte gar nicht«, rechtfertigte er sich in seinem Brief, »daß alle diese Damen, mehr als 400 an der Zahl, Töchter der vornehmsten Häuser Hamburgs wären, erfuhr jedoch zu meinem Schrecken erst Wochen nachher, daß alle sich nur der Freude gewidmet, die Damtorwall-Straße bewohnten und alle Abend den Damenzirkel in diesem berühmten Saale einnähmen und es daher für honnete Damen unschicklich sei, hierher zu kommen. Herren hingegen aus den vornehmsten Ständen und höchsten Ehrenstellen schätzen es sich zur Ehre, hier vergnügt zu sein, ja selbst der Erbgroßherzog von Schwerin besuchte diesen Salon bei seiner Anwesenheit in Hamburg.«

Das Erlebnis in Peter Müllers Salon machte auf Schliemann einen so nachhaltigen Eindruck, daß von nun an nur Damen in großer Aufmachung sein Interesse erregten. Ihr Charakter interessierte erst in zweiter Linie. Das sollte ihm in späteren Jahren zum Verhängnis werden.

Für Schliemann stand nach ein paar Wochen unumstößlich fest, er war nicht für die mecklenburgische Provinz geboren. Aber er war Realist (eine Eigenschaft, die ihn trotz seiner Träumereien von frühester Jugend an auszeichnete) und erkannte sehr wohl, daß die Trauben für ihn in Hamburg zu hoch hingen, jedenfalls sah er keinen Weg für eine schnelle Karriere. Und zum ersten Mal faßte Schliemann den Gedanken auszuwandern.

Auswandern – ein Zauberwort in der ersten Hälfte des 19. Jahrhunderts, einzige und letzte Hoffnung für Arbeits-, Gesetz- und Besitzlose. Zu der Zeit, als Schliemann geboren wurde, setzte in Europa eine Auswandrungsbewegung von unvorstellbaren Ausmaßen ein. Sechzig Millionen Menschen begaben sich im 19. Jahrhundert auf die mühevolle Suche nach einer neuen Existenz, in der Hauptsache jenseits des Atlantik. Allein Amerika mußte in hundert Jahren 34 Millionen Einwanderer aufnehmen, und obwohl rund ein Drittel von ihnen reumütig, von Heimweh geplagt und so arm wie zuvor zurückkehrte, ließen sich andere nicht davon abhalten, dennoch ihr Glück in der Ferne zu suchen.

HEINRICHS LETZTE HOFFNUNG: AUSWANDERN

Mit seiner armseligen Jugend in Mecklenburg hatte Schliemann abgeschlossen, die geliebte Mutter war tot, für seinen liederlichen Vater hatte er nur Verachtung übrig – was hielt ihn also noch in Deutschland? Mit dem älteren Bruder Ludwig, der ihm in bezug auf Intelligenz und Cleverness zwar nicht ebenbürtig, in mancher Hinsicht aber Vorbild war, hatte Heinrich oft über eine Auswanderung gesprochen und die Chancen, die sich »drüben« auftun würden, erörtert. Aber so nah die Schiffe auch waren, die elbeabwärts mit vollen Segeln Kurs auf Boston oder New York nahmen, Amerika blieb fern wie ein Traum, denn dem strebsamen Jungen fehlte das Geld für die Schiffspassage.

Auf der Suche nach einer neuen, nicht übermäßig anstrengenden Beschäftigung kam dem glücklosen Jüngling der Zufall zu Hilfe. Unter den Empfehlungsschreiben, mit denen Heinrich nach Hamburg gekommen war, befand sich auch eines, das der Schiffsmakler J. F. Wendt aufgesetzt hatte. Wendt war ein Schulfreund von Schliemanns verstorbener Mutter, und der arme Junge tat ihm leid. Jedenfalls gelang es Wendt, Heinrich den Herren Declisur & Böving ans Herz zu legen. Nach einer Probekorrespondenz in deutscher, französischer und englischer Sprache, die zur Zufriedenheit der Auftraggeber ausfiel, erklärten sich Declisur & Böving bereit, den jungen Schliemann in einer ihrer Niederlassungen aufzunehmen, freilich nicht in Hamburg, Bremen oder Rostock, nein, in La Guaira (Venezuela) am Karibischen Meer. Das firmeneigene Schiff »Dorothea« liege zur Abfahrt bereit im Hafen. Über den Lohn wollten sich die Herren noch nicht auslassen. Der, meinten sie, müsse erst an Ort und Stelle und nach entsprechender Leistung ausgehandelt werden. Die Schiffspassage nach Südamerika sei frei, ebenso die Kost während der vierwöchigen Reise. Für Bettzeug in der Kabine habe er selbst zu sorgen.

Das Angebot traf Schliemann unerwartet, aber er zögerte keinen Augenblick, es anzunehmen, auch wenn er für eine Seegrasmatratze und zwei wollene Decken, die Schlafausrüstung an Bord, seine einzige Jacke verkaufen mußte. Kleider, das wußte Schliemann schon damals, machen Leute. Ein Neunzehnjähriger ohne Jackett war ein Niemand, aber der Handel war nötig, wollte er überhaupt eine Chance haben. Und der junge Heinrich war sich seiner Sache sicher: Eines Tages würde er aus dem fernen Südamerika mit einer Ladung Schiffskoffer zurückkehren, und in einem würde nur vornehme Kleidung sein, Jacketts und Anzüge aus feinem Tuch, wie es die reichen Hamburger Kaufleute trugen.

Was seine »Überfahrt« nach Venezuela und die näheren Umstände dieser Unternehmung betrifft, so widerspricht sich Schliemann selbst. Einmal berichtet er, er habe als Schiffsjunge angeheuert und an Bord schwerste Arbeiten verrichten müssen, ein andermal bemerkt er, an Bord der »Dorothea« hätten sich drei Passagiere befunden, ein Hamburger Tischler, dessen Sohn und er, Heinrich Schliemann.

Kritiker haben daher Zweifel geäußert, ob die Geschichte mit der »Überfahrt« nicht frei erfunden sei, ob Heinrich Schliemann sich nicht in Wahrheit auf dem Landweg nach Holland begeben habe, wo die angebliche Schiffsreise unfreiwillig endete. Tatsache ist: Es gab einen Dreimaster mit Namen »Dorothea«, der um das Jahr 1841 vom Stapel gelassen wurde. In der Besatzungsliste für die geplante Südamerika-Fahrt stehen 18 Namen; der von Schliemann ist nicht aufgeführt. Eine Passagierliste gibt es nicht, sie war damals nicht üblich. Aktenkundig ist jedoch der Schiffbruch vor der holländischen Küste. Es wäre also durchaus denkbar, daß Heinrich Schliemann vom Schiffbruch der »Dorothea« aus der Zeitung erfahren und das Ereignis (wie viele Jahre später den Brand von San Francisco) in seine eigene Biographie eingebaut hat.

Das wirft natürlich die Frage auf: Warum hätte Schliemann so etwas tun sollen? Die Antwort lautet: Hier drängte sich bereits das in den Vordergrund, was Schliemann sein ganzes weiteres Leben auszeichnen sollte – ein Hang zur grandiosen Selbstinszenierung. Und ein solcher Mann, der fährt nicht einfach von Hamburg nach Amsterdam, der wird vom Schicksal dorthin verschlagen. Schliemann war alles andere als ein gläubiger Mensch, aber er glaubte an eine übermenschliche Fügung, von der er zu übermenschlichen Leistungen ausersehen war.

SCHIFFBRUCH VOR DER HOLLÄNDISCHEN KÜSTE

Nach der Version, die Schliemann seinen Schwestern Wilhelmine und Doris berichtete, lief die »Dorothea« am 28. November 1841 morgens um vier aus dem Hamburger Hafen aus. Zu so früher Stunde war es um diese Jahreszeit stockfinstere Nacht. Dennoch, schrieb Schliemann, donnerten Kanonen zum Lebewohl – eine äußerst fragwürdige Angabe, wenn man die Tageszeit und die unbedeutende Größe des Schiffes berücksichtigt. Wegen ungünstiger Winde mußte das Schiff vor Glückstadt ankern und nahm erst am 30. November Kurs auf Cuxhaven.

Am Abend desselben Tages, sie hatten inzwischen das offene Meer erreicht und Kurs nach Westen genommen, kam heftiger Sturm aus Nordnordwest auf. Er peitschte haushohe Wogen über das Meer. Schliemann wurde seekrank. »Der Sturm wütete acht Tage, bald aus Nord, bald aus West, und mit ihm meine Seekrankheit. Schon acht Tage hatte ich keinen Bissen gegessen und nur um meine Bedürfnisse zu verrichten meine Kajüte verlassen. Den anderen Passagieren ging es ebenso, auch sie wimmerten wie ich...«

Bei gutem Wetter erreichte damals ein Schiff den Ärmelkanal in drei Tagen. Die »Dorothea« war jetzt zehn Tage unterwegs, aber sie befand sich »dennoch näher an Hamburg als am Kanal«.

9. Dezember. Schwere Brecher gehen über das Deck. Die »Dorothea« schluckt Wasser. Pumpen kommen zum Einsatz. Schliemann sitzt auf einem festgebundenen Sessel in der Kajüte und versucht Spanisch zu lernen.

10. Dezember. Sturm aus Nord.

11. Dezember. Eisiger Sturm. 6 Grad Celsius. Schnee. Möwen umkreisen das Schiff. Gegen Mittag wird der Sturm noch heftiger. Am frühen Abend Orkan. Wellen »turmhoch«. 18 Uhr: Bramsegel zerfetzt. 19 Uhr: Der Schiffsjunge bringt Tee und Zwieback. Er weint und sagt: »Zum letzten Mal...« 22 Uhr: Der Obersteuermann meldet Lichter aus der Ferne. Kapitän Jürg Siemonsen läßt die Anker werfen. Die Ketten brechen.

Es war gegen Mitternacht, als der Kapitän die Kajütentür aufriß und rief: »Alle Passagiere nach oben! Größte Gefahr!« Im selben Augenblick wurde das schlingernde Schiff von einem Stoß erschüttert, die Fenster der Kajüte zersprangen. Der junge Schliemann wollte sich ankleiden, aber das Wasser, kaltes, eisiges Wasser, schoß von allen Seiten in die Kabine. Unbekleidet hetzte er an Deck. Ein Brecher schlug über ihn hinweg und schleuderte ihn gegen die Reling. Es gelang ihm, sich mit einem herabhängenden Tau festzubinden.

An Deck gab es zwei Rettungsboote. Die Mannschaft war verzweifelt bemüht, sie flott zu machen. Aber noch ehe die Boote an Steuerbord und Backbord hinabgelassen waren, hatten sie soviel Wasser aufgefangen, daß sie auf die Wogen klatschten und versanken. Die Männer der Besatzung fluchten, schrien und heulten. Unaufhörlich, »wie von unsichtbarer Hand gezogen«, läutete die Schiffsglocke. Das Schiff legte sich schräg und begann zu sinken. Einige Männer der Besatzung flüchteten in die Takelage. »Auch ich«, schreibt Schliemann, »glaubte mich da sicherer, band mich daher los und wollte auch hinauf, als mit einem schrecklichen Krach das Wrack über Backbord zusammensank und auch ich mit in den Abgrund gerissen wurde. Ich kam jedoch bald wieder nach oben und kriegte eine schwimmende leere Tonne zu fassen, der ich krampfhaft in die Kimmung griff und mit der ich fortgeschlagen wurde. Bald hundert Fuß in die Höhe gehoben, bald in den schrecklichen Abgrund gestürzt, mochte ich vier Stunden besinnungslos fortgetrieben sein, als ich auf eine Sandbank getrieben wurde, deren ganz niedrige Wellen und seichter Wasserstand Nähe des Landes andeutete. Am ganzen Körper verklammt und halb tot vor Ermattung beschloß ich hier den Tod oder Rettung abzuwarten; jedoch beides kam nicht. Endlich, endlich wurde es Morgen, und zu meiner Freude sah ich vor mir – Land. Ich wollte es gehend zu erreichen suchen, konnte jedoch nicht, wollte rufen, war aber vor Ermattung nicht im Stande. Endlich bemerkte man mich, und eine Menge Gaffer sammelte sich am Strande ...«

Schliemann war an der größten der Westfriesischen Inseln vor der holländischen Küste gestrandet. Sie hieß Texel und lebte schon damals unter anderem vom Blumenzwiebelanbau, in der Hauptsache aber vom Fremdenverkehr in den Seebädern. Strandgänger lasen den Schiffbrüchigen im Sande auf und brachten ihn in das Eilandshuis, das Inselhaus, wo sich der Wirt Johannes Branes seiner annahm, ihm heißen Kaffee gab und seine Wunden versorgte. »Die entsetzlichsten Schmerzen folterten mich«, erinnert sich Heinrich in seinem Brief an die Schwestern, »und ich brüllte laut, denn die beiden Vorderzähne waren abgebrochen, und ich hatte sowohl am Gesicht als am Körper tiefe Wunden. Alles war wie gelähmt, die Füße dick angeschwollen.«

Wie Schliemann in dem Brief weiter behauptet, seien bei der Katastrophe außer ihm selbst nur der Kapitän und ein Matrose gerettet worden, und der Kapitän habe ihn zu seiner »wunderbaren Rettung« beglückwünscht. Das entspricht nicht den Tatsachen. Holländische Zeitungen berichteten zwar von dem Schiffsunglück, erwähnten aber kein einziges Opfer. Was Schliemann hier für sich in Anspruch nimmt, ist jene schicksalhafte Fügung, die er immer wieder erwähnt, die er bisweilen sogar unter Verdrehung der Tatsachen dem Leser auftischt, um zu demonstrieren, daß er, Heinrich Schliemann, von der Vorsehung auserkoren wurde, Ungewöhnliches zu vollbringen.

Nicht einmal anständige Kleider hatte der Gerettete am Leib, als er von Branes gesund gepflegt wurde. Vor allem verfügte er über keinen einzigen Pfennig. Deshalb diktierte er dem Wirt einen Brief an seinen Gönner Wendt in Hamburg, er möge ihm Hilfe, vor allem etwas Geld schicken. Adressiert war der Brief an den Konsul von Mecklenburg in Amsterdam mit der Bitte um Weiterleitung. Dorthin beschloß der junge Schliemann sich nach viertägiger Genesung zu begeben, dort wollte er weitersehen.

Über die Zuyder-See gelangte er bei immer noch stürmischem Wetter (statt der üblichen zwölf Stunden dauerte die Überfahrt drei Tage und Nächte) am 20. Dezember nach Amsterdam. »Unterwegs mußte ich fürchterlich aushalten, denn der Schiffer hatte keine Betten für mich, und ich mußte daher bei der schrecklichen Kälte, so krank ich war und obwohl die Wunden noch lange nicht heil waren, beständig auf der Bank liegen. Jedoch die Hoffnung auf ein baldiges besseres Los linderte die Schmerzen, denn gewiß überzeugt, daß das Schicksal, was mich so wunderbar gerettet und nach Holland geführt, mir auch hier mein gutes Fortkommen schenken würde, ertrug ich alles mit Geduld …«

Wie es scheint, hatte Schliemann schon bei der Ankunft in Amsterdam seine Auswanderungspläne begraben. Sein erster Weg führte ihn zum Konsul von Mecklenburg, der in einem herrschaftlichen Gebäude an der Amstel residierte und den schiffbrüchigen Landsmann aufs tiefste bedauerte. Eduard Quack, so hieß der Konsul, überreichte Schliemann fürs erste zehn Gulden und verschaffte dem Jungen ein möbliertes Zimmer. Beim Trödler erwarb Heinrich Jacke, Hose, Hut, Strümpfe und Schuhe, zwar gebraucht, aber, was die Aufmachung betraf, vom Feinsten: Kleider machen auch dann Leute, wenn die Kleider abgetragen sind.

In seinem einsamen Zimmer wurde Schliemann kurz vor Weihnachten von heftigem Wundfieber befallen. Die Zimmerwirtin glaubte an eine Seuche und legte dem Untermieter nahe, das nächste Hospital aufzusuchen. Quack bürgte für den Patienten, steckte Heinrich weitere zehn Gulden zu und ließ ihn in das »Siekenhuis« einliefern. Dort lagen in einem Saal 102 Patienten, und »kein Tag verging, wo nicht drei bis vier Leichen hinausgetragen wurden«.

Das Weihnachtsfest in diesem Jahr, 1841, war das traurigste im Leben des jungen Heinrich Schliemann, aber es bestärkte ihn in der Auffassung, daß es, sofern es nicht an dem nötigen Selbstvertrauen mangelte, auch in der mißlichsten Situation einen Ausweg gab. Man durfte nur nicht verzweifeln. Aus Hamburg kam die Nachricht, Kaufmann Wendt habe ihm 30 Gulden angewiesen, gleichzeitig habe er ihn dem Handelskontor Hoyack & Co. anempfohlen, wo ihm ein Kredit von weiteren hundert Gulden zur Verfügung stünde, er möge sich bei Hoyack melden.

Allein die Ankündigung genügte, um Schliemanns Genesungsprozeß zu beschleunigen. Zwei Tage nach Weihnachten zahlte Heinrich seine Krankenhauskosten in Höhe von zweieinhalb Gulden und machte sich auf den Weg zu Hoyack & Co. Zwar war Schliemann einigermaßen gut gekleidet, aber »mein durch mehrere Pflaster entstelltes Gesicht sagte ihnen schon, wer ich war, und so redeten mich die Patrone gleich bei meinem Namen an. Ich mußte ihnen meine ganze Geschichte von A bis Z erzählen, sie bedauerten mich und sagten, daß Gott mich noch einmal zu großen Dingen auserkoren haben müsse, und ständen sie mir gewiß dafür, daß aus diesem Unglück mein Glück entstände.«

Eine Anstellung, meinte Hoyack, könne er dem jungen Mann nicht bieten, denn jetzt, zur Winterzeit, ruhe die Schiffahrt; erst im Frühjahr sei mit größeren Geschäften zu rechnen, die auch eine Aufstockung des Personals nötig machen würden. Heinrich ließ sich nicht entmutigen, verwies auf seine Kenntnisse in Buchführung und Korrespondenz »in vier lebenden Sprachen«, eine fünfte, Holländisch, werde er innerhalb weniger Wochen auch noch können.

Hoyack muß ungläubig geschaut und seine Zweifel gehabt haben an den erwähnten Fähigkeiten des jungen Mannes, jedenfalls reichte er ihm schmunzelnd Papier und Feder mit der Aufforderung, über ein Wechselgeschäft einen Schriftverkehr in vier Sprachen aufzusetzen. Schliemann brauchte keine fünfzehn Minuten für die Aufgabe, und Hoyack war so verblüfft, daß er ihn auf der Stelle für sein Comptoir engagierte. Heinrich erbat sich die Hälfte der in Aussicht gestellten hundert Gulden und empfahl sich.

»Wer war glücklicher als ich?« erinnert sich Schliemann. »Ich ging darauf in eine honnete Kleiderhandlung, kaufte mir einen guten Rock, Beinkleid, Weste, einige Paar wollene Strümpfe, Hemden, Halstuch usw., mietete mir eine Kammer am Nieuwekijds-Vorburgswall Nr. 60, fünf Treppen hoch, wo ich auch jetzt noch wohne, und ging schon am anderen Morgen ins Comptoir meiner Patrone L. Hoyack & Co. ...«

Dort arbeiteten in der Hauptsache Ausländer – Deutsche, Russen, Schweden, Spanier –, und Heinrich fühlte sich in dem Sprachengewirr sichtlich wohl. Anders als in Hamburg oder zu Hause in Mecklenburg herrschten in Amsterdam moderate Arbeitszeiten. Das Büro öffnete um zehn, die Chefs erschienen um elf, Arbeitszeit bis 15 Uhr, danach eine Stunde zur Börse, gegen 17 Uhr ein kleiner Imbiß, gegen 17 Uhr 30 wieder Bürozeit bis 20 Uhr. Mittwoch und Samstag nachmittag und am Sonntag war frei.

Hier ging es außerdem viel zivilisierter und vornehmer zu als in den grobschlächtigen Kontoren von Hamburg, die er kennengelernt hatte. Das Handelshaus Hoyack & Co. (hinter der Sigle »Co.« verbarg sich der preußische Generalkonsul Wilhelm Hepner) lag an der Keizergracht. Marmortreppen führten in das vornehme Gebäude. Im großen Kontor arbeiteten achtzehn Kontoristen und drei Lehrlinge. Gehandelt wurde in der Hauptsache mit Getreide, Kolonialwaren und Indigo; hinzu kamen Bank- und Spekulationsgeschäfte. Hoyack & Co. verfügte über 31 eigene Schiffe.

»An Größe«, bemerkt Schliemann voll Stolz, »können alle Handlungshäuser Amsterdams, und ich möchte sagen der Welt, nicht gegen uns auftreten, denn es gibt kein Haus, welches so viele Geschäftsbedienten hat und so viel Umsatz macht wie das unsere. Viele Hunderttausende von Gulden gehen täglich ein und wieder fort. O welch ein Unterschied gegen Fürstenberg, wo wir uns glücklich schätzten, wenn wir 30 Taler einnahmen.«

Der Brief vom 20. Februar 1842 an Wilhelmine und Doris Schliemann, die Schwestern, vermittelt den Eindruck, als habe Heinrich sofort den Posten eines Kontoristen bekleidet, der gepflegt und gut angezogen seiner Arbeit am Schreibtisch nachgeht. In Wahrheit dürfte Schliemanns erste Stellung jedoch die eines Lehrjungen gewesen sein, der in der Hauptsache Botendienste zu verrichten hatte. In seiner ein halbes Jahrhundert später von seiner zweiten Frau Sophia herausgegebenen Autobiographie klingt Schliemann ehrlicher, wenn er schreibt: »In meiner neuen Stellung war meine Beschäftigung, Wechsel stempeln zu lassen und sie in der Stadt einzukassieren, Briefe nach der Post zu tragen und dort zu holen. Diese mechanische Beschäftigung war mir sehr genehm, da sie mir ausreichende Zeit ließ, an meine vernachlässigte Bildung zu denken. Zunächst bemühte ich mich, mir eine leserliche Handschrift anzueignen, und in zwanzig Stunden, die ich bei dem berühmten Brüsseler Kalligraphen Magnée nahm, glückte mir dies auch vollständig; darauf ging ich, um meine Stellung zu verbessern, eifrig an das Studium der modernen Sprachen. Mein Jahresgehalt betrug nur 800 Francs, wovon ich die Hälfte für meine Studien ausgab – mit der andern Hälfte bestritt ich meinen Lebensunterhalt, und zwar kümmerlich genug.«

Das möblierte Zimmer im 5. Stock des Hauses Nieuwekijds-Vorburgswall Nr. 60 kostete acht Gulden Miete, ohne Heizung. Es hatte nicht einmal einen Ofen, und Heinrich mußte sich beim Schmied ein gußeisernes Ungetüm mieten, für weitere fünf Gulden pro Saison. Geheizt wurde mit Steinkohlen, wenn überhaupt, denn für einen Lehrjungen waren Steinkohlen ein teures Gut.

Meist, gesteht er freimütig, habe er in seinem Kämmerchen vor Kälte gezittert, trotz zweier Unterhosen, zweier wollener Unterjacken und eines Katzenfells, das er sich um den Leib wickelte und sogar bei Tag zu tragen pflegte.

Es ging ihm dreckig, damals im ersten Winter in Amsterdam, auch wenn er das in seinen Briefen an die Geschwister nicht zugab. Sein Frühstück bestand aus Roggenmehlbrei, das Mittagessen, sagt er später in seiner Autobiographie, habe immer nur ein paar Pfennige gekostet. »Aber nichts spornt mehr zum Studieren an als das Elend und die gewisse Aussicht, sich durch angestrengte Arbeit daraus befreien zu können.«

GEIZIG UND LERNBESESSEN

Es fiel dem jungen Mann aus Mecklenburg nicht gerade leicht, die erforderliche Disziplin aufzubringen, denn das Vergnügen lockte an jeder Straßenecke. Es gab Theater, die, wegen des großen Andrangs von Fremden, jeden Abend in fünf Sprachen spielten. Für Konzerte, Tanz- und Maskenbälle wurde mit großen bunten Plakaten geworben, »aber überall ist das Entree für meinen jetzigen Stand nicht unter drei Gulden«. Heinrich mied sogar die kleinen billigen Kaffeehäuser, wo man trefflich Kontakte knüpfen konnte zu den Amsterdamer Mädchen. Er fürchtete, er könnte in die Lage geraten, sich verausgaben zu müssen.

Nun, zu Beginn seiner Zeit in Amsterdam, trat bei Schliemann jene Eigenschaft deutlich zutage, die ihn sein ganzes Leben hindurch begleiten sollte: krankhafte Sparsamkeit, ja Geiz, der bis zur Selbstkasteiung ging. Sein einziges Amüsement, weiß Heinrich zu berichten, sei es gewesen, abends nach Schließung des Kontors durch die Stadt zu spazieren und die hell erleuchteten Häuser und Straßen zu bewundern. Bisweilen drückte er sich auch am Harlemer Tor herum, von wo die Dampfeisenbahn Amsterdam-Harlem abfuhr. Dann träumte er von der großen, weiten Welt, vor allem von dem fernen Japan, und eine innere Stimme sagte ihm: Du solltest nicht in Europa bleiben, dein Glück liegt weit weg von hier.

Von Griechenland, Homer und Troja war noch lange nicht die

Rede, auch nicht davon, Griechisch und Latein zu lernen. Dem jungen Heinrich ging es zunächst auch gar nicht um Bildung im klassischen Sinne, er lernte Sprachen, um auf diese Weise in seinem Beruf weiterzukommen. »So warf ich mich«, schreibt er in seiner Autobiographie, »mit besonderem Fleiß auf das Studium des Englischen, und hierbei ließ mich die Not eine Methode ausfindig machen, welche die Erlernung jeder Sprache bedeutend erleichtert. Diese einfache Methode besteht zunächst darin, daß man sehr viel laut liest, keine Übersetzungen macht, täglich eine Stunde nimmt, immer Ausarbeitungen über interessierende Gegenstände niederschreibt, diese unter der Aufsicht des Lehrers verbessert, auswendig lernt und in der nächsten Stunde aufsagt, was man am Tage vorher korrigiert hat. Mein Gedächtnis war, da ich es seit der Kindheit gar nicht geübt hatte, schwach, doch benutzte ich jeden Augenblick und stahl sogar Zeit zum Lernen.«

Schliemann besuchte den Gottesdienst, was dem Pfarrerssohn für gewöhnlich überhaupt nicht behagte, aber Heinrich verfolgte damit einen bestimmten Zweck. Es handelte sich um die englische Kirche, und er lauschte der Predigt in englischer Sprache und wiederholte still für sich jedes einzelne Wort. So lernte Schliemann innerhalb des ersten halben Jahres in Amsterdam ein passables Englisch, in den folgenden sechs Monaten wandte er sich dann der französischen Sprache zu.

Er trainierte sein Gedächtnis durch permanentes Auswendiglernen, dem er sich auch auf der Straße, beim Schlangestehen im Postamt und nachts vor dem Einschlafen widmete. Angeblich kannte Schliemann den gesamten Roman »Ivanhoe« des Schotten Walter Scott und die Familiensaga »The Vicar of Wakefield« von Oliver Goldsmith auswendig. Von den Werken der französischen Literatur hatte er den Reise- und Liebesroman »Les Aventures de Télémaque« des Theologen und Schriftstellers François Fénelon und die Erzählung »Paul et Virginie« von Jacques-Henri Bernardin de Saint-Pierre Wort für Wort im Kopf. »Durch diese anhaltenden übermäßigen Studien«, schreibt Schliemann, »verstärkte sich mein Gedächtnis im Laufe eines Jahres dermaßen, daß mir die Erlernung des Holländischen, Spanischen, Italienischen und Portugiesischen außerordentlich leicht wurde und ich nicht mehr als sechs Wochen gebrauchte, um jede dieser Sprachen fließend sprechen und schreiben zu können.«

Diese Angaben sind mit Vorsicht zu genießen. Wie Übungsblätter und Briefe aus dieser Zeit beweisen, war Heinrich keineswegs in den genannten Sprachen perfekt, auch nicht im Englischen und Französischen. Das wäre einfach zu genial gewesen; aber zweifellos besaß Schliemann eine außerordentliche Sprachbegabung, und er hatte sie erkannt und forderte sein Gedächtnis zu gewaltigen Leistungen heraus.

Schicksalhaft sollten seine Bemühungen um die russische Sprache werden. Das Zarenreich im Osten war der wichtigste Geschäftspartner aller Handelskontore in Amsterdam; aber kaum ein Angestellter beherrschte die Sprache. Darin sah Heinrich eine Chance.

Der Job des Laufburschen für Hoyack und Hepner war ihm bald leid; aber sein Eifer und Fleiß genügten nicht für eine Beförderung oder auch nur Gehaltsaufbesserung. Also entschloß sich Schliemann, sein Glück bei einem anderen Kontor zu versuchen. Der Einundzwanzigjährige hatte jedoch keine Ausbildung, und so dauerte es über zwei Jahre, bis Heinrich, wiederum auf fremde Empfehlung, eine neue Stelle fand. Schliemann wurde Korrespondent und Buchhalter bei B. H. Schröder & Co. in Amsterdam in der Heerengracht 286. Sein Jahresgehalt betrug nun immerhin 1200 Francs.

Bernhard Hinrich Schröder legte die Strenge eines Patrons an den Tag, und ihm gebührt das Verdienst, Schliemanns kaufmännisches Talent erkannt zu haben. Er ließ dem jungen Mann aus Mecklenburg eine harte Ausbildung angedeihen, bei der er auch vor schriftlichem Tadel nicht zurückschreckte. Schröder am 3. Juni 1846 an Schliemann: »Wir haben Ihnen zu Anfang und später wiederholt gesagt: versprechen Sie nicht zuviel, und machen Sie keine unsinnigen Zusicherungen, die kein vernünftiger Kaufmann... erfüllen kann. Ferner müssen wir Sie bitten, in Ihrer Korrespondenz uns nie Gesetze vorschreiben zu wollen. Wir wissen selbst, was wir zu tun und zu lassen haben. Sie nehmen sich wirklich Sachen heraus, die weit entfernt sind, passend zu sein. Ferner messen Sie sich einen Einfluß und Macht bei, die wir durchaus nicht teilen, wünschend, daß Sie bei Ihrem sanguinen Charakter sich nie darin täuschen mögen...«

Schliemann akzeptierte die Kritik, weil er Schröder als Geschäftsmann schätzte. Zu Herzen nahm er sie jedoch nicht. Denn acht Monate später folgte eine zweite Abmahnung, diesmal vom Hamburger Firmenteilhaber John Henry Schröder: »Wir kennen Sie und hegen die Hoffnung, daß Sie später ein gebildetes und angenehmes Mitglied der Gesellschaft werden und nachdem Sie, wie es durchaus nötig ist, Ihre praktischen und kaufmännischen Kenntnisse ausgebildet haben, auch für sich selbst eine ehrenvolle Stellung in der Kaufmanns- und Welt überhaupt einnehmen, auf die Art sich selbst und Ihren Freunden nützlich werden. Jetzt, nehmen Sie es mir nicht übel, überschätzen Sie sich ganz und gar, träumen von Ihren ungeheuren Leistungen und Vorteilen, die Sie uns schaffen, und nehmen einen Ton an und machen die absurdesten Pretensionen, immer vergessend, daß unsere Geschäfte ohne Sie aber gut bestehen ...«

Der Grund für seine Überheblichkeit lag sicher auch in seiner schnellen Karriere begründet. Hatte Schliemann noch vor zwei Jahren Botengänge verrichtet, so agierte er jetzt eigenständig für das Handelshaus, in seinem Büro saßen fünfzehn Schreiberlinge, und in gewisser Weise war er für Schröder & Co. sogar tatsächlich unentbehrlich, denn er konnte Russisch.

DIE ABENTEUER DES TELEMACH – AUF RUSSISCH

Die Erlernung der russischen Sprache war wie so vieles im Leben von Heinrich Schliemann ein Abenteuer. Es begann damit, daß er alle Antiquariate Amsterdams nach russischen Büchern durchstöberte. Das Ergebnis seiner Bemühungen waren ein russisches Lexikon, eine Grammatik und eine Übersetzung der »Aventures de Télémaque«, die Schliemann ja schon auswendig konnte – allerdings in französischer Sprache. Einen Russischlehrer gab es in ganz Amsterdam nicht, deshalb eignete er sich das Allernötigste mit Hilfe seiner Bücher selbst an. Immerhin brachte Heinrich es so weit, daß er russische Texte lesen konnte.

Zwei russische Kaufleute, die zu Indigo-Auktionen nach Holland kamen, waren ihm beim Erlernen der Aussprache behilflich. Mit ihnen konnte er sich bereits verständlich machen. Aber er gestand: »Da ich niemand hatte, der meine Arbeiten verbesserte, waren sie ohne Zweifel herzlich schlecht; doch bemühte ich mich, meine Fehler durch praktische Übungen vermeiden zu lernen, indem ich die

russische Übersetzung der ›Aventures de Télémaque‹ auswendig
lernte. Es kam mir vor, als ob ich schnellere Fortschritte machen
würde, wenn ich jemand bei mir hätte, dem ich die Abenteuer Tele-
machs erzählen könnte: so engagierte ich einen armen Juden, der
für vier Gulden pro Woche allabendlich zwei Stunden zu mir kommen und meine russischen Deklamationen anhören mußte, von denen er keine Silbe verstand.«

Wochenlang, monatelang lernte das halbe Haus Nieuwekijds-
Vorburgswall Nr. 60 zusammen mit Schliemann die Abenteuer des
Telemach, denn Wände und Decken des Hauses waren dünn wie
Pappe, jedenfalls versicherten die Bewohner, man könne im Erdge-
schoß hören, was im dritten Stock gesprochen werde. Alle Häuser
in Amsterdam waren in dieser Art gebaut, und so kam es, daß
Schliemann während seiner Russischstudien zweimal die Wohnung
wechseln mußte. Voller Stolz schrieb er seinen ersten Brief in rus-
sischer Sprache an Wassilij Plotnikow, den Londoner Agenten des
Moskauer Indigohändlers M. P. N. Malutin, und bekam prompt eine
Antwort ebenfalls in Russisch. Schröder dagegen konnte kein Wort
Russisch, und auch von den übrigen Herren im Kontor beherrschte keiner die Sprache.

Mit Eifer las er alle ausländischen Zeitungen, die ihm in die Hände kamen, wertete sie aus, soweit es den Schröderschen Geschäften
von Nutzen sein konnte, und arbeitete sich ein in die Gewinn- und
Verlustmöglichkeiten bei Java-, Hawaii- und Surinamzucker, bei
Baumwolle, Reis, Tabak und Indigo, immer wieder Indigo. Schröder
hatte alle Mühe, den jungen Mann in seinem Tatendrang und seiner
immer mehr zutage tretenden Überheblichkeit zu bremsen.

Der kleinwüchsige Schliemann legte zwar Wert auf vornehmste
Kleidung, aber wer glaubte, er würde nun, da Schröder ihm auch
noch eine Leistungszulage von 800 Gulden zubilligte, im Luxus leben, sah sich getäuscht. Heinrich behielt dieselbe Knausrigkeit bei,
die ihm von Jugend auf gegeben war und die er bis zu seinem Tod
nicht ablegte.

Die Abrechnung seiner Zimmerwirtin für den 11. und 12. Mai 1845:

11. Mai 1845:	2 Brötchen	Fl. –,10
	1 Brot	" –,20
	2 mal Genever	" –,13
	1/2 kan. Genever	" –,32
12. Mai:	2 1/2 Unzen Butter	" –,25
	5 Brötchen	" –,22
	1/2 Unze Tee	" –,20
	5 Unzen Zucker	" –,35
macht in der Woche die Summe von		" 3,75 Gulden.

Schliemann lebte nach der Devise: Luxus muß man sehen können. Er gab manches Geld für Kleidung aus – für *Ober*bekleidung; auf Unterkleidung und Wäsche achtete er dagegen kaum.

Sein verhältnismäßig spartanisches Leben ermöglichte es dem jungen Schliemann, einen großen Teil der Ersparnisse an seine Familie zu schicken. Diese Hilfsbereitschaft gegenüber den Seinen ist eine von vielen rätselhaften Eigenschaften, die sich nicht einfach und problemlos in sein Charakterbild einfügen lassen. Sogar den Vater, den er haßte, weil er ihn für den frühen Tod der Mutter verantwortlich machte, bedachte er mit Geldzuweisungen, ja, er schickte dem alten Trunkenbold einmal sogar zwei Fässer Bordeaux.

Vater Schliemann, die Schwestern und Brüder wurden von ihm auf Lebenszeit finanziell unterstützt. Die in unregelmäßigen Abständen erfolgenden Zuwendungen waren bisweilen mit der eindringlichen Mahnung zum Sparen versehen.

Damals, Mitte der vierziger Jahre des vorigen Jahrhunderts, wollte Heinrich Schliemann Großkaufmann in Rußland werden. Wie sein Chef B. H. Schröder wollte er mit Waren handeln und spekulieren, die einen großen Gewinn versprachen, vorzugsweise mit Indigo, jenem dunkelblauen Pulver aus Indien und China, das zum Blaufärben von Baumwolle und Wolle verwendet wurde.

Die Idee war keineswegs unrealistisch. Schliemanns erster Biograph Emil Ludwig, dem Ehefrau Sophia den gesamten Athener Nachlaß öffnete, entdeckte unter den unzähligen Briefen das folgende Handschreiben des russischen Großhändlers Giwago:

»Aus meiner Unterhaltung mit Ihnen bemerkte ich Ihren Wunsch, Ihre Laufbahn als Kaufmann in Moskau zu machen ... und zwar als Agent des Herrn B. H. Schröder & Co. Da Sie jedoch in unserer Stadt weder Bekanntschaften haben, noch die Leute oder den Moskauer Wirkungskreis kennen, so sind Sie vorsichtig und wollen nicht unnütz Geld verlieren. Unter solchen Schwierigkeiten komme ich hiermit, Ihnen den Vorschlag zu machen, sich mit mir auf folgender Basis zu assoziieren: Wir eröffnen in Moskau ein Handelshaus unter der Firma Giwago & Schliemann, und ich schieße von meinem Vermögen die Summe von 50 000 – 60 000 Silberrubel unter der Bedingung ein, daß Sie der Agent der Herren B. H. Schröder & Co. werden und vielleicht auch anderer Häuser. Teilung des Gewinnes, fünf- bis sechsjähriger Kontrakt.«

Zu diesem Zeitpunkt war der Adressat des Schreibens gerade 24 Jahre alt. Warum er die großzügige Offerte ausschlug, blieb unbekannt. Aber es bestand kein Zweifel: Heinrich Schliemann hatte es zu etwas gebracht.

III
BLAUE RUBEL, GOLDENE
DOLLARS

Den Dingen zürnen ist nicht angebracht.
Sie kümmern sich um nichts. Doch wer die Dinge,
Auf die er stößt, zurechtlegt, der fährt wohl.

Euripides

St. Petersburg, Ende Januar 1846.

In sechzehn Tagen hatte Heinrich Schliemann die schier endlose Strecke von Amsterdam nach St. Petersburg auf dem Landweg zurückgelegt: sechzehn Tage in zugigen Wagen, zum Teil sogar im offenen Schlitten.

Rußland, das 40-Millionen-Reich im Osten, war für Mitteleuropäer geheimnisvoll und rätselhaft. Nur Kaufleute fanden bisweilen den beschwerlichen Weg an die Ufer von Newa und Moskwa. Ihnen bot sich allerdings ein reiches Betätigungsfeld, ein Markt, der dem zentraleuropäischen in keiner Weise nachstand. »Im Interesse der Herren B. H. Schröder & Co., Amsterdam, sowie Anton Schröder & Co. in Le Havre, A. B. C. M. Schröder in Triest, St. van Lennep & Co. in Smyrna, Schröder & Co. in Rio de Janeiro, G. H. und P. D. Schröder in Bremen und B. H. Schröder in Hamburg« ging Schliemann in St. Petersburg seinen Geschäften nach, »und sowohl hier als auch in Moskau wurden schon in den ersten Monaten meine Bemühungen von einem Erfolg gekrönt, der meiner Chefs und meine eigenen größten Hoffnungen noch weit übertraf.«

Schliemann, der den Weltmarkt bereits vom Schröderschen Stammhaus in Amsterdam bestens kannte, merkte schon bald, daß Waren, die es in Rußland im Überfluß gab, im Herzen Europas knapp waren und damit dort weit höhere Preise erzielten. Umgekehrt konnten Güter aus Mitteleuropa in Rußland mit großem Gewinn abgesetzt werden. Schliemann verfiel in einen regelrechten

ПО УКАЗУ

ЕГО ВЕЛИЧЕСТВА ГОСУДАРЯ ИМПЕРАТОРА

НИКОЛАЯ ПАВЛОВИЧА,

САМОДЕРЖЦА ВСЕРОССІЙСКАГО

и прочая, и прочая, и прочая.

3 Schliemanns russische Reiseerlaubnis vom 10. September 1846:
»Nach dem Erlaß von Zar Nikolaus Pawlowitsch wird dem Inhaber dieses Dokumentes
das Recht gegeben, in Rußland frei zu reisen.« Aus dem Dokument geht hervor, daß
Schliemann keineswegs russischer Staatsbürger war. Die amtliche Beschreibung Schliemanns (links), dessen Alter fälschlich mit 23 angegeben war, nennt ein steiles Kinn,
mittleres Wachstum, blonde Haare, hellblonde Augenbrauen, braune Augen
und im übrigen keine Besonderheiten. Das Behördenpapier trägt auf der
Oberseite den Polizeistempel von Hamburg und Amsterdam.

Kauf- und Verkaufrausch und mußte, trotz einträglicher Geschäfte, schon bald von seinem Chef B. H. Schröder in seinem Eifer gebremst werden. Schröder an Schliemann: »Wollen Sie meinen Rat wissen und sich danach richten, so will ich Ihnen denselben geben. Sie wohnen in St. Petersburg mit abwechselnden Reisen nach Moskau, richten sich sparsam ein, vergeben keinen Kopeken unnötigerweise und geben namentlich auch kein Geld für... aus.«

Mit den drei Punkten waren zweifellos leichtlebige Frauenspersonen gemeint, von denen es gerade im lebenslustigen St. Petersburg viele gab. Dort hatte noch immer ein Verbot Zar Alexanders I. Gültigkeit, welches das Tragen von runden Hüten und Rockschößen untersagte; Empfänge und Privatgesellschaften bedurften der Genehmigung des Zaren und außerhalb der Hauptstadt der Erlaubnis des Provinzgouverneurs.

Mag sein, daß Bernhard Schröders Mahnung auf fruchtbaren Boden fiel, vielleicht war es aber auch nur Zufall, daß Heinrich Schliemann gerade zu dieser Zeit einen wichtigen Schritt unternahm, um sein Leben zu verändern. Sein Vorhaben erstaunt um so mehr, als der junge Aufsteiger bisher mit Frauen wenig im Sinn gehabt hatte. Gewiß, er hatte die herausgeputzten Halbweltdamen in Peter Müllers Salon in Hamburg begafft und seinen Schwestern von diesem »Abenteuer« berichtet. Auch die Frau seines ehemaligen Chefs Wilhelm Hepner, die die Tochter des Firmenleiters Hoyack war, hatte er ein bißchen verehrt, »weil sie ein junges, hübsches Weib ist« – wenn Hepner auf Dienstreise war, ging er zweimal pro Woche zu ihr zum Essen. Im übrigen aber gibt es keine Hinweise darauf, daß Schliemann bis zu diesem Zeitpunkt mit Frauen näheren Umgang pflegte. Sein einziges Amüsement, damals in Amsterdam, ließ er die Schwestern Doris und Wilhelmine wissen, seien die regelmäßigen Abendspaziergänge gewesen, und dabei bewunderte er vor allem die Gasbeleuchtung der Straßen und die Perücken eines Friseurladens, die sich schön frisiert auf wundersamen Sockeln drehten.

MISSGLÜCKTER HEIRATSANTRAG

Durch seine ersten Petersburger Erfolge selbstbewußt, geradezu übermütig geworden, tat Heinrich nun einen unerwarteten Schritt:

Er schrieb an den befreundeten Hofmusikus Carl Ernst Laue in Neustrelitz, legte ihm seine hervorragende wirtschaftliche Situation dar und ersuchte ihn, er möge bei Vater Meincke um die Hand seiner Jugendfreundin Minna anhalten.

Vier Wochen später traf die Antwort in St. Petersburg ein: Die sechsundzwanzigjährige Minna hatte wenige Tage zuvor einen beinahe zwanzig Jahre älteren Gutspächter geheiratet.

Angeblich hatten Heinrich und Minna sich in ihrer Kindheit die Ehe versprochen; aber dann hatten sie sich zehn Jahre nicht mehr gesehen, Schliemann hatte nicht einmal geschrieben, und Minna mußte annehmen, daß er das Mädchen im fernen Ankershagen längst vergessen hatte. Dies, dramatisierte Schliemann später seinen Mißerfolg, sei der schwerste Schicksalsschlag seines bisherigen Lebens gewesen.

In seiner Autobiographie schreibt er: »Ich fühlte mich vollständig unfähig zu irgendwelcher Beschäftigung und lag krank darnieder. Unaufhörlich rief ich mir alles, was sich zwischen Minna und mir in unserer ersten Kindheit begeben hatte, ins Gedächtnis zurück, alle unsere süßen Träume und großartigen Pläne, zu deren Ausführung ich jetzt eine so glänzende Möglichkeit vor mir sah; aber wie sollte ich nun daran denken, sie ohne Minnas Teilnahme auszuführen? Dann machte ich mir auch wohl die bittersten Vorwürfe, daß ich nicht schon, ehe ich mich nach St. Petersburg begab, um ihre Hand angehalten hatte – aber immer wieder mußte ich mir selber sagen, daß ich mich dadurch nur lächerlich gemacht haben würde: war ich doch in Amsterdam nur Kommis in einer durchaus unselbständigen und von der Laune meiner Prinzipale abhängigen Stellung gewesen, und hatte ich doch überdies keinerlei Gewähr gehabt, daß es mir in Petersburg glücken würde, wo statt des Erfolges ja auch gänzliches Mißlingen meiner warten konnte. Es schien mir ebenso unmöglich, daß Minna an der Seite eines andern Mannes glücklich werden, wie daß ich jemals eine andere Gattin heimführen würde. Warum mußte das grausame Schicksal sie mir gerade jetzt entreißen, wo ich, nachdem ich sechzehn Jahre lang nach ihrem Besitz gestrebt, endlich geglaubt hatte, sie errungen zu haben? Es war uns beiden in Wahrheit so ergangen, wie es uns so oft im Traume zu ergehen pflegt: wir wähnen jemand rastlos zu verfolgen, und sobald wir glauben, ihn erreicht zu haben, entschlüpft er uns immer von neuem.«

Dieser Fehlschlag ist von unübersehbarer Bedeutung für Schliemanns Leben, und man fragt sich, was geschehen wäre, hätte Heinrich Minna im Jahre 1847 wirklich geheiratet. Vermutlich wäre diese Ehe gutgegangen. Und Schliemann hätte weder die Russin Jekaterina Petrowna Lyschina noch die Griechin Sophia Engastromenos geheiratet. Es waren aber diese beiden Frauen, die Schliemanns Leben in jene Richtung gelenkt haben, die ihn später zum Ausgräber von Troja und zum Entdecker des Schatzes des Priamos werden ließ.

Schliemann hat die unglückliche Liebe zu Minna Meincke, die seit ihrer Heirat den Namen Richers trug, zweifellos nachträglich hochgespielt. Minna blieb für ihn ein Leben lang ein Traum. Schliemann lebte in Träumen, und er pflegte sich seine Träume von der Seele zu schreiben. Einer der rührendsten Briefe Schliemanns stammt aus dem Jahre 1861, einer Zeit, als der erfolgreiche Kaufmann schon beinahe zehn Jahre mit Jekaterina unglücklich verheiratet war, und ist an seinen Freund Lentz aus der Lehrzeit in Fürstenberg gerichtet. Mit dem Brief sandte Schliemann zwei Porträtfotos nach Fürstenberg, eines für Lentz, das andere für Minna, und er schrieb: »Sagen Sie *Fräulein* Minna, daß sie mir eine unendlich große Freude machen würde, wenn sie mir ihre Fotografie senden wollte, welche ich in einen Rahmen von gediegenem Golde setzen lassen und über meinem Schreibtisch im Kontor aufhängen würde. Sagen Sie ihr, daß ihre Fotografie, das Bild des Gegenstandes meiner ersten Liebe, und daher die Erinnerung der glücklichsten Zeit meines Lebens, fortan der schönste und kostbarste Schmuck meines Hauses sein wird, und sagen Sie ihr ferner, daß ich das Geschenk ihrer Fotografie wohl verdiene, da weder Zeit noch Entfernung die Erinnerung an sie löschen konnten und ich in der Mitte der Orkane auf den tobenden Ozeanen und im Gewühle des großen Handels, in den Zeiten der großen Betrübnis und im Getümmel der Vergnügungen täglich im Geiste mit ihr beschäftigt war. Als ich in Armut und Unglück war, verbot mir der Stolz, nach ihr zu fragen; die Hoffnung, sie erlangen zu können, wenn ich reich würde, feuerte meine Energie an und bahnte mir den Weg zu Vermögen und Ansehen. Ich erlangte beides erst im Winter von 1847 auf 1848 und schrieb damals sogleich an H. Laue in Strelitz wegen Minna Meincke, erhielt aber die verzweifelnde Nachricht, sie wäre bereits an einen Gutspächter verheiratet; wäre dies nicht geschehen, dann wäre sie jetzt seit 13 1/2 Jahren Madame Schliemann und seit drei Jahren Frau Kommerzienrätin und russische Ehrenbürgerin.«

In seiner Verzweiflung stürzte sich Heinrich Schliemann noch mehr in Arbeit. Auf der Suche nach neuen Märkten reiste der agile Jungkaufmann nach Moskau, auf der Suche nach neuen Produkten stieß er auf Salpeter zur Herstellung von Sprengstoff, auf Pottasche für die Seifenproduktion, auf Bauholz, Rheinwein aus Deutschland und Edelsteine aus Rußland. Das größte Geschäft ließ sich freilich mit dem blauen Farbpulver Indigo machen. Allein in Petersburg gab es drei große Baumwollspinnereien, die durch russische Zollgesetze vor der ausländischen Konkurrenz geschützt wurden. Ihr Bedarf an dem Pulver zum Einfärben der Stoffe konnte kaum gedeckt werden.

Schliemanns exzessive Geschäftigkeit und seine strapaziösen Reisen (bei 40 Grad minus von Petersburg nach Moskau im offenen Pferdeschlitten) führten schließlich zum Zusammenbruch. Als der arbeitsscheue Vater Schliemann davon erfuhr, glaubte er an eine Ansteckung durch die Cholera und erteilte Heinrich briefliche Ratschläge. Der Sohn bedankte sich und versicherte, es handle sich nur um eine durch allzuviel Arbeit ausgelöste Unpäßlichkeit. Die Cholera, so ließ er wissen, fürchte er nicht, er halte sich sogar für immun gegen die Seuche; aber wenn ihm die Stunde schlage, so werde er sich dankend seiner empfohlenen Mittel erinnern.

Zur übersteigerten Geschäftigkeit Schliemanns gehörte auch das Briefeschreiben. Schliemann war ein besessener Briefeschreiber, und die Flut seines Schriftverkehrs stieg von Jahr zu Jahr. Aus dem Jahr 1846 sind 400 Briefe bekannt, 1847 verfaßte er 602 zum Teil seitenlange Schreiben in vier verschiedenen Sprachen.

Am 16. Februar 1848 teilt er dem Vater mit: »... Vom frühen Morgen bis zum späten Abend an meinem Kontortisch stehend und in ewigem Nachdenken vertieft, wie ich am bequemsten durch vorteilhafte Spekulation, gleichviel ob zum Benefiz oder zum Schaden meines Kommittenten oder Konkurrenten meinen Geldbeutel schwerer machen kann, fühle ich mich weit weniger glücklich als damals, wie ich hinterm Ladentisch in Fürstenberg mich mit dem Fischkarrer über den Hund mit dem ›Landschwanz‹ unterhielt, oder später, als ich wöchentlich regelmäßig die Reise von Rostock nach Bentwisch zum Wunderdoktor machte.«

Der erfolgreiche Kaufmann war nicht glücklich. Vielleicht hatte er den Schock durch Minnas Heirat noch immer nicht überwunden. Ihn plagte Heimweh. Gewiß war Minna für ihn nicht nur die Jugendliebe, sie war auch ein Stück Heimat, das ihm nun im fernen St. Petersburg verwehrt blieb. Bei einer Geschäftsreise, die ihn von Petersburg nach Lübeck, Hamburg, Bremen, Amsterdam, Rotterdam, London, Liverpool, Manchester, Le Havre, Paris, Brüssel und schließlich rheinaufwärts nach Deutschland führte, vermied er bewußt einen Abstecher ins heimatliche Mecklenburg.

Kaum 25 Jahre alt, aber bereits ein gut verdienender Geschäftsmann, betrachtete sich Heinrich nun als Oberhaupt der Familie. Vater Schliemann, dessen sozialer Abstieg aufgrund seiner Lebensweise vorgezeichnet schien, hatte keine Einwände; im Gegenteil, solange der tüchtige Sohn ihn finanziell unterstützte, zollte er ihm Bewunderung und war sogar bereit, seine wohlgemeinten Ratschläge zu akzeptieren.

Während Heinrich für seine Schwestern eine tiefe Zuneigung hegte, umgab er seine Brüder mit diktatorischer Fürsorge. Zuerst holte er den gerade sechzehnjährigen Bruder Paul zu sich nach St. Petersburg, um aus ihm einen tüchtigen Kaufmann zu machen. Er wollte ihn, wie er sagte, in fünf oder sechs Jahren mit einer kleinen Russin verheiraten und kündigte an, ihm nicht nur Bruder, sondern Vater zu sein.

Mit Bruder Ludwig, nur ein Jahr jünger als er, gedachte Heinrich Schliemann ebenso zu verfahren. Er besorgte ihm eine Stelle im Kontor Schröders in Amsterdam. In St. Petersburg wollte er ihn nicht haben, denn das Verhältnis der beiden war nicht das beste. Heinrich hielt Ludwig für dumm, eigensinnig und eingebildet; dennoch unterstützte er ihn großzügig in dessen ersten Monaten in Amsterdam. Sogar als Ludwig gegen Heinrichs Willen den Entschluß faßte, nach Amerika auszuwandern, ließ er ihm hundert Gulden zukommen. Das war mehr als die Kosten für die Überfahrt zweiter Klasse. »Laß uns doch wieder das frühere freundliche Verhältnis zwischen uns herstellen und uns gegenseitig frei aussprechen«, schrieb Ludwig in seinem Abschiedsbrief, »... vielleicht sehe ich Europa nicht wieder!« Er sollte recht behalten.

Über New York, wo er kurz Aufenthalt nahm, gelangte Ludwig

Schliemann auf einer abenteuerlichen Schiffsreise um Kap Horn herum im April 1849 nach Kalifornien. Im Jahr zuvor hatten die Vereinigten Staaten von Amerika Kalifornien von Mexico erworben, wenig später erklärten die Amerikaner das weite Land zum 31. sklavenfreien Staat der Union. Zufall oder nicht: gerade zu dieser Zeit wurde am Sacramento River das erste Gold gefunden. Aus aller Welt strömten Hunderttausende von Glücksrittern herbei.

Schliemanns Bruder Ludwig tat sich mit sechs anderen Abenteurern zusammen, kaufte Maultiere und Pferde und machte sich mit seinen Kumpanen auf den Weg zum Trinity River, 300 Meilen von Sacramento entfernt. Dort in der Sierra Nevada lebten Indianer, und die ließen sich die Schürfrechte teuer bezahlen. Dennoch, nach Abzug aller Kosten verdiente Ludwig in den ersten beiden Monaten 420 Dollar oder 700 Taler, eine respektable Summe, die er beim Bankhaus Priest Lee & Co. in Verwahrung gab.

Heinrich Schliemann, dem nichts im Leben mehr bedeutete als Erfolg, begann, als er von dem Verdienst des jüngeren Bruders hörte, seine Meinung über ihn zu revidieren. Hatte er Ludwig bisher für einen Taugenichts gehalten, imponierte dieser ihm nun. Er ahnte nicht, wie schwer ein Goldgräber sein Geld in Kalifornien verdiente. Zwei Drittel der Glücksjäger gaben nach einer Woche auf, Fieber und Seuchen rafften unzählige Europäer dahin. Rauh wie das Klima waren die Sitten. Digger kannten weder Recht noch Gesetz. Diebstahl und Unredlichkeit bei der Verteilung der Goldausbeute wurden durch Hängen geahndet. Ludwig Schliemann über sein Leben als Goldgräber: »...hier stirbt es sich vorzüglich – der ungewöhnlich schnelle Wechsel der Temperatur bringt so viele Erkältungen zuwege. Die erste Hälfte der Nacht ist angenehm warm, dann steigt ein starker Nebel auf, und Eiseskälte stellt sich gegen Morgen ein. Bei Tag ist es schauderhaft heiß, und von 12 bis 2 Uhr ist es ganz unmöglich zu arbeiten. Man arbeitet in den Minen von Tagesanbruch bis 11 Uhr, geht dann zu seinem Zelt, kocht, reinigt sein Gold und schläft eine Stunde. Um halb drei geht man wieder ans Werk bis Sonnenuntergang. Ich bin stark und glaube, ich kann selbst in der nassen Jahreszeit in den Minen stehen...

Sacramento, 25. September 1849, City Hotel, abends 9 Uhr.«

Die zum Teil übertriebenen Erfolgsmeldungen des Bruders (»Gestern sah ich zwei Seeleute, und jeder hatte mehr als 40 Pfund

Gold!«) machten Heinrich nachdenklich. Er witterte das große Geschäft in der neuen Welt und bat den Bruder um Auskunft über das Bankwesen und die Zinssituation in den Vereinigten Staaten von Amerika.

HEINRICH ZIEHT ES NACH AMERIKA

Für einen potentiellen Investor wie Heinrich Schliemann war Amerika um die Mitte des vorigen Jahrhunderts in der Tat ein Land der unbegrenzten Möglichkeiten. San Francisco hatte gerade 30 000 Einwohner, Sacramento 16 000. Nicht nur Goldgräber, auch Spekulanten versuchten ihr Glück, kauften Lots zu einem günstigen Preis und verkauften sie mit Gewinn. Ein Grundstück am Sacramento River, für 500 Dollar erworben, konnte mit etwas Glück ein halbes Jahr später schon 30 000 Dollar wert sein. Kein Wunder, daß Heinrich nicht lange zögerte und den Entschluß faßte, in Amerika zu investieren.

Erleichtert wurde diese Entscheidung durch eine Veränderung der beruflichen Verhältnisse. Schliemann kündigte seinen Job bei Schröder & Co., der ihm ein halbes Prozent der Umsätze beschert hatte, und machte sich selbständig. Zwar arbeitete er noch mit Schröder zusammen, aber nun auf eigene Rechnung. Er brauchte also nicht mehr um Genehmigung für sein Amerika-Projekt anzusuchen und mußte sich von dem gestrengen Schröder auch keine Kritik mehr gefallen lassen.

Als im Frühjahr 1850 der Briefkontakt mit dem Bruder plötzlich abbrach, wurde Heinrich Schliemann unruhig. Was sollte er tun? Die Reise nach Kalifornien würde beinahe zwei Monate in Anspruch nehmen. Am 20. Juli erreichte den Petersburger Kaufmann ein Brief aus New York. Absender: Bankier C. D. Behrens. Darin ein Zeitungsausschnitt aus Sacramento: »Am 21. Mai starb in Sacramento City Herr Louis Schliemann am Typhus-Fieber. Schliemann, früher Deutschland, zuletzt gemeldet in New York, starb im Alter von 25 Jahren.«

Ludwig hatte auf dem Weg zu einer Goldmine zu Pferd einen Fluß durchquert und war dabei fortgerissen worden. Zwar gelang es ihm, sich ans andere Ufer zu retten, aber er hatte keine trockene Er-

satzkleidung, und in der Kälte der Nacht zog Ludwig sich ein star-
kes Fieber zu, das ihn zwölf Tage und zwölf Nächte schüttelte. Völlig mittellos – das Pferd war ihm mitsamt dem Gepäck abhanden gekommen – arbeitete Ludwig in der Goldmine, bis er zwei Unzen des
edlen Metalls gefunden hatte und sich auf den Weg nach Sacramento machen konnte. Dort starb er nach ärztlicher Behandlung.

»Obgleich ich in meinem Leben viel, viel erduldete und ausge-
standen habe und mich im Unglück leicht zu finden weiß«, schrieb
Heinrich am selben Tag, an dem er die Unglücksnachricht erhalten
hatte, an seinen Vetter Wachenhusen, »so beugt mich doch der
plötzliche Tod des geliebten Bruders aufs tiefste, und ich kann Dir
meinen Schmerz und meine Traurigkeit nicht beschreiben.« Die
scheinbar so starke Anteilnahme wird aber schon nach wenigen
Sätzen relativiert, wenn Heinrich Schliemann fortfährt: »...Ludwig
hätte es mit seiner grenzenlosen Tätigkeit und Ausdauer gewiß
weit, weit gebracht. Auch schon in wenigen Monaten seines Auf-
enthalts in Kalifornien hat er *wenigstens* 7000 Taler verdient...« Für
Heinrich Schliemann ist das Leben der Saldo eines Kontoauszuges.

War es das Geld, das der Bruder in Kalifornien hinterlassen hatte, oder war es die Idee, im fernen Amerika noch mehr Geld zu machen als in Rußland? Vielleicht gab es noch einen anderen Grund,
warum Schliemann so schnell bereit war, St. Petersburg hinter sich
zu lassen. Dieser Grund war blond, hieß Sophie Hecker, stammte aus
Deutschland und lebte mit den Eltern in St. Petersburg. Heinrich
hatte Sophie ein Jahr nach der Enttäuschung, die Minna ihm bereitet hatte, in Petersburg kennengelernt. Er liebte und verehrte sie,
weil sie, wie er eingestand, drei europäische Sprachen beherrschte,
meisterhaft Klavier spielte und obendrein sehr sparsam war. Heinrich an seine Schwestern Doris und Wilhelmine: »Ich befinde mich
auf dem Gipfel des Glückes. Welch süße Entschädigung nach so
vielen Leiden... So können wir reich werden.«

Heinrich und Sophie hatten vor zu heiraten. Von einer Liebes-
heirat konnte auf seiner Seite keine Rede sein, eher von einer Ver-
standesheirat oder Ersatzheirat, eben weil er Minna nicht mehr haben konnte. Zum Glück für Heinrich tauchte bei einer der großen
Petersburger Gesellschaften ein nicht näher genannter Offizier auf,
dem sich Sophie hemmungslos an die ordensgeschmückte Brust
warf. Der kleine Schliemann hatte dem soldatischen Charme nichts

entgegenzusetzen. Nach einer heftigen Eifersuchtsszene gab er auf. Als Begründung schob er vor, Sophie sei »noch gar zu jung und windig«; jedenfalls hielt sich sein Schmerz in Grenzen, zumal er schon eine weitere Ersatzfrau im Auge hatte: »Es ist eine hübsche, sehr kluge Russin, hat wenig oder gar kein Vermögen.«

Hinter Heinrichs beruflichem Erfolg verbarg sich ein privates Fiasko. Er war 28 Jahre alt und hatte noch immer keine feste Beziehung. Spätestens jetzt muß er wohl eingesehen haben, daß er im Kampf um eine Frau wenig ins Feld führen konnte. Der kleine Wuchs, der große Kopf – da half auch ein Gehrock aus allerfeinstem Tuch und vom besten Petersburger Schneider nicht weiter.

In einem Brief wandte er sich an den New Yorker Bankier C. D. Behrens und fragte an, welche Möglichkeiten sich einem Investor in Amerika böten. Nicht er, ein Freund beabsichtige 30 000 Dollar in Übersee anzulegen. Warum Schliemann sein eigenes Interesse leugnete, ist unklar. Vielleicht genierte er sich, er, ein Kaufmann der 1. Gilde von St. Petersburg, zuzugeben, daß er von Geldgeschäften in den Vereinigten Staaten keine Ahnung hatte.

»Es ist«, schrieb er über den angeblichen Investor, »ein junger Mann, der viel Energie und die besten kaufmännischen Kenntnisse hat und daher ohne Geldmittel gewiß sehr gut in Kalifornien fortkommen würde, aber mit Geld dahin zu gehen, das halte ich für sehr gefährlich, und ich fürchte, daß mein Freund um sein Vermögen kommt ...«

Kaum war Schliemann zu einem gewissen Reichtum gelangt, da wurde er von panischer Angst erfaßt, diesen durch Unachtsamkeit zu verlieren. Und auch die Ratschläge an seine Schwestern sind von dieser Furcht diktiert. Heinrich überwies ihnen 2000 Mark, verbunden mit der ernsten Mahnung: »Legt euch das Geld in die Sparkasse und geht sparsam damit um, immer denkend, daß früher oder später der ›schwarze Tag‹ kommt. Ein Wechsel von Glück zu Unglück, von Freud zu Leid sind schnell im menschlichen Leben ...«

ZWEI WOCHEN HILFLOS IM ATLANTIK

Ohne die Antwort von Behrens aus New York abzuwarten und mit 50 000 Reichstalern (über 30 000 Dollar) in der Tasche machte sich

Heinrich Schliemann am 10. Dezember 1850 auf den Weg Richtung Amerika. Er reiste zunächst nach Amsterdam, dann weiter nach Liverpool und bestieg dort den 3000-Tonnen-Dampfer »Atlantic«, ein modernes Luxusschiff für 150 Passagiere mit drei großen mahagonigetäfelten Salons und komfortabel eingerichteten Kabinen.

Aber Schliemann stand, wie es scheint, mit Poseidon auf Kriegsfuß. An seinem 29. Geburtstag, dem 6. Januar 1851, geriet das stolze Schiff auf halbem Weg zwischen Liverpool und New York in einen Hurrikan, abends gegen halb sieben zerschlug eine Woge das Steuerruder. Der Dampfer trieb manövrierunfähig in der rauhen See. Vier Tage und vier Nächte versuchte Kapitän West mit seiner Mannschaft provisorische Segel zu setzen, aber das Vorhaben mißlang. Der Sturm peitschte das Schiff zurück in östlicher Richtung. Weil nicht abzusehen war, wohin das Schiff treiben und wie lange ihre Odyssee dauern würde, rationierte der Kapitän die Verpflegung. Statt vier Mahlzeiten pro Tag gab es nur zwei. Auf diese Weise hätten Mannschaft und Passagiere 70 Tage überleben können.

Doch bereits am 22. Januar, also zwei Wochen nach der Katastrophe, kam die irische Küste in Sicht. Der Kapitän ließ die Havarie signalisieren. Ein Schleppdampfer zog das Schiff schließlich in den Hafen von Queenstown. Am 23. Januar traf Schliemann wohlbehalten in Liverpool ein, wo er beinahe drei Wochen zuvor aufgebrochen war. Er mietete sich im Adelphi-Hotel ein und überlegte, was zu tun sein.

Die Reederei Brown, Shipley & Co. zahlte 35 Pfund für die Schiffspassage zurück aufs europäische Festland, und Schliemann trug sich wohl mit dem Gedanken, das amerikanische Abenteuer aufzugeben. Er hatte sein Geld gerettet und zog es vor, zuerst einmal Schröder in Amsterdam aufzusuchen. Auf dem Weg dorthin benutzte Heinrich jene neumodische Erfindung der Eisenbahn, die ihn zunächst nach Dover brachte. Im Coupé begegnete er einem Mister Duke, von Beruf Schiffsbauer. Duke wußte zu berichten, daß in Kalifornien für einen Geschäftsmann ungewöhnliche Gewinne zu erzielen seien. Also dachte Schliemann um, hielt aber an dem Entschluß fest, nach Amsterdam zu reisen, um sich mit Schröder zu besprechen, auf dessen Meinung er noch immer viel gab, und wollte dann einen zweiten Anlauf nehmen in Richtung Amerika.

Am 1. Februar stach Schliemann an Bord des Dampfers »Afrika«

erneut in See. Das Schiff, das 115 Passagiere beförderte, war weit weniger komfortabel als die havarierte »Atlantic«, die See rauh wie bei der ersten Reise, aber am Nachmittag des 15. Februar kam New York in Sicht. Im Hafen hatten sich Tausende von Menschen eingefunden, die auf Nachricht von dem überfälligen Dampfer »Atlantic« warteten. Ein Offizier der »Afrika« rief, noch bevor das Schiff angelegt hatte, mit einer Flüstertüte den Wartenden zu: »Die ›Atlantic‹ ist gerettet!«

Auf dem Weg zum Hotel »Astor«, dem vornehmsten und größten in New York, verkauften Zeitungsjungen bereits die Meldung als Sensation. Schliemann mietete sich für zweieinhalb Dollar pro Tag ein, inklusive Vollpension mit Frühstück, Mittagessen, Nachmittagstee und Abendessen. Die gehobene amerikanische Küche, bei der zum Frühstück »ham and eggs«, zum mittäglichen Dinner Langusten, Roastbeef und Truthahn und abends ein kaltes Büfett serviert wurde, behagte dem Mecklenburger, der von der heimischen wie von der russischen Küche nicht gerade verwöhnt war, sehr.

»New York«, schrieb Schliemann in sein Amerika-Tagebuch, »ist eine sehr gleichmäßig gebaute, hübsche, saubere Stadt, und sie besteht aus vielen eleganten und sogar riesigen Gebäuden. Aber sie ist neu gebaut und hält in architektonischer Hinsicht in keiner Weise dem Vergleich mit den großen europäischen Hauptstädten stand. Die Häuser sind grundsätzlich in Ziegelbauweise errichtet und unverputzt. Von den rechteckig verlaufenden Straßen ist die breiteste und eleganteste der Broadway. Der Broadway ist etwa dreieinhalb Meilen lang und zieht sich durch die ganze Stadt. Dort gibt es vier Theater. Alle sind sehr klein und ziemlich schlecht ausgestattet, denn der ausgeprägte Geschäftssinn der Amerikaner hat für Theater nicht viel übrig. Der einzige Ort, an dem man sich amüsieren kann, ist Barnums Museum, dort gibt es alle Arten von Spaß. Vielbesucht sind auch die Konzerte des fahrenden Musikantenvolks, allesamt Neger, die das Publikum mit Musik, Gesang und allen Arten von Schabernack unterhalten. Ich kann nicht sagen, daß ich diese Art amerikanischer Unterhaltung, an der die Yankees so großen Gefallen finden, besonders mag.«

In Schliemanns englisch geschriebenem Amerika-Tagebuch finden wir aber auch Hinweise, daß es nicht nur das Geld war, das ihn nach Amerika trieb. Zum zweiten Mal hintereinander von einer Frau enttäuscht, hoffte er, im Land der unbegrenzten Möglichkeiten endlich eine Frau zu finden, die seinen Vorstellungen entsprach. Schon am zweiten Tag nach der Ankunft in New York besuchte er im »Astor« einen Ball, auf dem sich viele »Yankee Ladies« tummelten.

Was man sich unter den so bezeichneten Damen vorzustellen hat, darüber läßt sich Heinrich Schliemann nicht näher aus, doch scheint er die Damen sehr genau begutachtet zu haben, jedenfalls gelangt er zu der Ansicht, das schöne Geschlecht altere in Amerika über die Maßen schnell. Mit 22 sähen manche Frauen alt und verbraucht aus. Man könne eine Amerikanerin überhaupt nur bewundern, wenn sie 16 oder 18 sei. Schliemann führte das auf den extremen ·Temperaturwechsel zurück und auf die Tatsache, daß Amerikanerinnen keine Gymnastik im Freien betrieben.

Nach zwei Tagen Amerika-Aufenthalt kam Heinrich zu der Erkenntnis: »Obwohl das schöne Geschlecht hier durchaus solider ist als in Frankreich, ist es doch bei weitem leichtlebiger als in England, und die charakteristischsten Merkmale der Töchter Amerikas sind eine übertriebene Lebhaftigkeit und die Neigung zu Frivolitäten und Amüsement.«

Eine Amerikanerin, das stand fest, kam für Schliemann als Ehefrau nicht in Frage. Deshalb verschwendete er keinen weiteren Gedanken daran und stürzte sich in die Regelung des Nachlasses seines Bruders Ludwig. Dessen ehemaliger Partner C. D. Behrens hatte sein Kontor in der Houston Street 335, und Behrens empfahl dem Kaufmann aus St. Petersburg ein solides Bankhaus für die Abwicklung seiner Bankgeschäfte: James King & Son.

ÜBER PANAMA NACH KALIFORNIEN

Heinrich wählte für die Reise nach Kalifornien einen anderen Weg als sein unglücklicher Bruder Ludwig: Er fuhr mit der Eisenbahn nach Süden, weiter ging es über die Landenge von Panama und dann zu Schiff nordwestwärts nach Kalifornien. Eine direkte Verbindung von der Ost- zur Westküste Amerikas gab es noch nicht. So gelangte Schliemann zunächst über Philadelphia nach Washington. Unmittelbar nach seiner Ankunft suchte er das Capitol auf, wo gerade der amerikanische Kongreß tagte.

Gegenüber den folgenden Eintragungen in Schliemanns Amerika-Tagebuch ist Mißtrauen angebracht. Mag es noch denkbar sein, daß der deutsche Besucher Sitzungen von Kongreß und Repräsentantenhaus beiwohnte, so ist es äußerst unwahrscheinlich, daß der geschilderte Besuch bei US-Präsident Millard Fillmore tatsächlich stattfand. Welchen Grund sollte Fillmore gehabt haben, den Nobody aus St. Petersburg zu empfangen? Schliemann war im Jahre 1851 weder so bekannt noch so reich, als daß sich der Präsident der Vereinigten Staaten von Amerika für ihn interessiert hätte. Vielmehr scheint Schliemann – wie bei anderen Gelegenheiten nachweisbar – Zeitungsberichte zur Grundlage seiner Tagebuchnotizen gemacht zu haben, etwa wenn er schreibt: »Mit lebhaftestem Interesse und größtem Vergnügen lauschte ich den machtvollen Reden der Herren Henry Clay, Senator von Kentucky, Hale von New Hampshire, Mason von Virginia, Douglas von Illinois und Davis von Massachusetts. Hauptthema der Diskussion war der Negeraufstand vor kurzem in Boston.«

»...abends gegen sieben fuhr ich zum Präsidenten der Vereinigten Staaten. Ich machte ihm meine Aufwartung und erklärte, es sei mein großes Anliegen, den Westen seines schönen Landes zu sehen... Er empfing mich sehr freundlich und stellte mich seiner Frau, seiner Tochter und seinem Vater vor, und wir unterhielten uns eineinhalb Stunden.«

Er habe, schrieb Schliemann viele Jahre später, mit seinen Tagebüchern eine Art Schreib- und Sprachübung betrieben. Dies mag die Erklärung für das Zustandekommen der märchenhaften Erzählungen sein, eine Entschuldigung ist es nicht; denn in späteren Jahren gab Schliemann alle diese Märchen als Wahrheit aus.

Von Washington fuhr Heinrich Schliemann mit einer Pferdepost zurück nach Philadelphia. Dort bestieg er am 28. Februar 1851 die »Crescent City«, ein Dampfschiff mit 180 Kabinenpassagieren und 80 Deckpeople an Bord, Richtung Panama.

Als die »Crescent City« sich der Küste von San Domingo näherte, etwa 470 Meilen vor dem angestrebten Ziel, wechselte Schliemann in seinem Reisetagebuch vom Amerikanischen ins Spanische: »Nada de más terrible que el calor« (nichts ist schrecklicher als die Hitze)...

Schliemann konnte Kälte gut ertragen, hohe Temperaturen haßte er. Bei glühender Hitze mußte er auf dem Fluß- und Landweg die panamesischen Sümpfe durchqueren, ein gefährliches Abenteuer, das viele Kalifornienreisende vermieden, indem sie den ganzen südamerikanischen Kontinent zu Schiff umfuhren.

An der Westküste Panamas bestieg Schliemann das nächste Dampfschiff nach San Francisco. Man schrieb den 15. März. Das Schiff mit Namen »Oregon« machte einen heruntergekommenen Eindruck. Insgesamt 140 Passagiere teilten sich wenige Waschgelegenheiten, die die Bezeichnung »Bad« wahrlich nicht verdienten. Unter den zwanzig Frauen an Bord registrierte Schliemann vier, die sich auf der Suche nach dem Mann fürs Leben befanden. »Zweifellos«, bemerkt er abfällig, »werden sie in Kalifornien finden, wonach sie suchen, denn dieser Markt ist mit dem schönen Geschlecht nicht gerade gut bestückt.«

Mangels Kühlräumen hatte die »Oregon« drei lebende Ochsen an Bord. Sie stellten die Fleischvorräte dar für die lange Reise nordwärts nach Kalifornien.

»Mittwoch, 19. März. Letzte Nacht schlief ich auf einer Bank im Speisesaal. Auf den Bänken um mich herum und auf dem Fußboden lauter weibliche Passagiere, die aufgrund der großen Hitze nicht in ihren Kabinen schlafen konnten. Am Morgen gegen halb fünf kam ein Neger und sagte, er habe das Bad für mich bereitet, also ging ich an Deck und nahm ein Bad...

Samstag, 22. März. Seit dem frühen Morgen haben wir Land in Sicht, und gegen zehn landeten wir im Hafen von Acapulco...Von der Bay aus gesehen, sieht Acapulco aus wie ein afrikanisches Dorf...es gibt nur wenige Häuser aus Stein, die von Spaniern oder Amerikanern bewohnt sind.

25. März. Geographische Breite 19°32' N, Länge 106° W. Zurückgelegte Route 197 Meilen. Kein Land in Sicht. Wir sind heute auf der Höhe von Baja California.

26. März. Letzte Nacht ist ein Passagier gestorben. Seine Leiche wurde heute morgen zusammen mit altem Eisen in ein Leinentuch gewickelt, in die Flagge der Vereinigten Staaten gehüllt und auf den Planken aufgebahrt. Der Schiffsarzt sprach ein kurzes Gebet, und der Tote wurde dem Meer übergeben, wo er sofort verschwand. Es ist heute viel kühler. Heute mittag waren wir

21° 30' Breite, 109° 04' Länge. Zurückgelegte Entfernung 209 Meilen ...

Montag, 31. März. Heute morgen landeten wir gegen halb elf im Hafen von San Diego, einem üblen kleinen Ort, geteilt in drei Teile, ein paar Holzhäuser am Hafen, ein paar mehr die Küste aufwärts, und die größte Häuseransammlung der Stadt etwa vier Meilen vom Landeplatz der Schiffe entfernt ... Nach eineinhalb Stunden Aufenthalt Weiterfahrt. Am Abend passierten wir zwei Inseln, von denen eine den Namen Catalina trägt ...

Dienstag, 1. April. Am Morgen gegen fünf passierten wir die schöne Insel Santa Barbara ... später sahen wir Santa Cruz, dann San Miguel und dann Santa Rosa, alle bestehen aus hohen Felsen.

Mittwoch, 2. April. Am Morgen ist ein Passagier, ein älterer Mann, an Fieber gestorben. Man hat ihn in Leinwand gehüllt und in die Tiefe gelassen, während ein Passagier, Fögginsen, eine Totenrede hielt. An diesem Morgen sehen wir die kalifornische Küste in dichten Nebel gehüllt, angeblich ein Zeichen, daß wir uns San Francisco nähern. Am Nachmittag gegen halb drei fuhren wir in das Golden Gate ein ... Mehr als 800 große Dreimastschiffe aus allen Nationen lagen unmittelbar vor der Stadt ...«

UNTER GOLDSUCHERN UND GLÜCKSRITTERN

San Francisco. 30 000 Einwohner, die meisten Häuser aus Holz gebaut und mit bunten Farben bemalt, eine Ansiedelung aller erdenklichen Nationalitäten aus Ost und West. Schliemann stieg im Union-Hotel ab, dem besten der Stadt, aber nur für einen Tag; denn der Pensionspreis von sieben Dollar schien dem Reisenden zu hoch. Dafür fand er schon am folgenden Tag ein günstigeres Privatquartier bei einem Dr. Stout.

Sein erster Weg führte Heinrich über das Golden Gate nach Sacramento zum Grab seines Bruders Ludwig. Der Anblick des verkommenen, nur mit einem einfachen Holzkreuz versehenen Grabes ging Schliemann gegen seine Ehre. Er gab einen Grabstein aus Marmor für 50 Dollar in Auftrag und ließ eine Blumenrabatte anlegen.

Sacramento, am gleichnamigen Fluß gelegen, gefiel dem jungen Kaufmann aus St. Petersburg sehr. In dem übersichtlichen Straßennetz der 16 000-Einwohner-Stadt konnte sich auch ein Fremder leicht zurechtfinden. Es gab insgesamt nur 55, allerdings endlose Straßen, von West nach Ost mit den Zahlen 1 bis 31 und von Norden nach Süden mit den Buchstaben A bis Y bezeichnet. Blühende Bäume und Sträucher gaukelten Schliemann ein gesundes Klima vor – ein Irrtum, wie sich schon bald herausstellen sollte. Jedenfalls faßte Schliemann den Entschluß, sich in Sacramento niederzulassen und sein Geld in ein Bankgeschäft zu investieren, eine spezielle Bank für Goldgräber, die zu Zigtausenden am Sacramento-River arbeiteten.

Mitte Mai machte sich Schliemann auf den Weg zu den Goldminen, um zu sehen, wie die Männer leben, mit denen er in Zukunft zu tun haben würde. Er hatte schon viel von den Yuba-Minen gehört, von der reichen Ausbeute, die mancher Digger dort gemacht hatte. In Parkisbar mietete er sich im National-Hotel ein, einem seltsamen Bauwerk, das aus einem Holzbalkengerüst bestand, über das Segeltuch gespannt war. Die Lebensumstände in diesem »Hotel« waren katastrophal, das Essen jedoch nicht schlecht.

Der reißende Yuba River führte Hochwasser. Deshalb stockten die Arbeiten, und Schliemann nutzte die Gelegenheit und ließ sich das Goldschürfen in allen Einzelheiten erklären. »Jeder«, schrieb er in sein Tagebuch, »hat seinen eigenen Claim, aber für gewöhnlich finden sich vier oder fünf Leute zu einer Company zusammen. Manchmal wirbt einer auch andere Arbeiter an. Einer lockert das Erdreich, zwei andere schaufeln es auf Schubkarren und befördern es zu den Sieben. Diese werden von einem weiteren andauernd geschüttelt. In die Siebe wird Wasser geleitet, entweder mittels Pumpen oder mit langen Schläuchen, die in den Fluß gelegt werden, wo das Gefälle besonders stark ist, so daß das Wasser mit der Strömung durch die Schläuche in die Siebe schießt. Das Erdreich wird von den Sieben schließlich in eine große Pfanne geschüttet und Schritt für Schritt weitergewaschen.«

Goldwäscherei, das erkannte Schliemann sofort, war ein mühsames, zeitraubendes Geschäft. Hatte ein Digger oder eine Company jedoch dem Flußsand einmal eine Handvoll Goldstaub abgerungen, dann ging es darum, die Beute zu Geld zu machen. Überall lungerten Goldaufkäufer und Geschäftemacher herum und ver-

4 Goldrausch in Kalifornien: Drei Jahre, nachdem im Westen der Vereinigten Staaten das erste Gold gefunden worden war, traf Heinrich Schliemann in Sacramento ein. Er gründete eine Goldgräber-Bank, tauschte Nuggets gegen Goldmünzen und machte 20 000 bis 30 000 Dollar Tagesumsatz. In einem Jahr verdoppelte er sein Vermögen.

suchten die meist sprachunkundigen Digger übers Ohr zu hauen. Schliemann sah hier seine Chance. Aus dem Amerika-Tagebuch: »Da mich mein letzter Ausflug in die Minendistrikte, was den Reichtum des Landes und die ungeheueren Ressourcen von Sacramento City betrifft, völlig befriedigt hatte, richtete ich schon Anfang Juni hier ein Bankhaus für den Ankauf von Goldstaub und für den Verkauf von Valuta der europäischen Länder und der Vereinigten Staaten ein.«

Schliemann, der bis zu diesem Zeitpunkt in Sacramento nur Geld verliehen hatte, ein, wie er sagte, Geschäft von tödlicher Langeweile, engagierte einen amerikanischen Schalterbeamten und einen spanischen Hausdiener, mietete, wegen des Brandschutzes und der Sicherheit, eines der wenigen aus Stein gebauten Häuser von Sacramento und kaufte einen Tresor von über drei Tonnen Gewicht. In der »Sacramento Daily Union« erschien die folgende Anzeige: »Bankhaus von Henry Schliman [!], im Ziegelhaus Ecke J-Straße/Front-Straße. Wichtig für Händler und Goldgräber. 3000 Unzen feiner, sauberer Goldstaub zum sofortigen Ankauf gesucht,

17 Dollar je Unze, im Tausch gegen Goldmünzen oder zur Gutschrift im Bankhaus B. Davidson für Rothschild in San Francisco, Filialen in USA und Europa.«

Das Geschäft florierte. Schliemann kaufte Gold weit unter dem Marktwert, zahlte bar und verkaufte zum Marktwert. Das war kein einfaches Geschäft, denn unter den Glücksrittern am Sacramento River befanden sich zahlreiche Betrüger. »Viel Gold«, schreibt Schliemann an seinen mecklenburgischen Freund J. H. Bahlmann, einen Getreidehändler und Gütermakler aus dem Ort Waren, dessen Sohn nach Australien ausgewandert war, »viel Gold wird durch Übergolden von Kupfer nachgemacht, und nennt man dies falsche Gold: spurious Gold oder Bogus. Die Gauner im Goldlande suchen damit immer den neuen Ankömmling zu betrügen, und ist's daher wohl ratsam, daß man in der ersten Zeit kein Gold kauft, ohne es mit Salpetersäure (Nitrate Acid) zu probieren. Ist es echtes Gold, so hat diese Säure keine Wirkung darauf, ist es aber Bogus, so bewirkt sie ein Aufbrausen und grüne Farbe. Sobald man etwas an's Goldgeschäft gewohnt ist, hat man solche Experimente nicht mehr nötig... An das Wiegen und Berechnen des Gewogenen gewöhnt man sich gar bald, wie überhaupt an alles, woran die eigene Tasche interessiert ist ...«

Es ist dies eine der typischen und nicht seltenen Situationen im Leben des Heinrich, jetzt Henry Schliemann: in einer Sache, von der er bis gestern keine Ahnung hatte, macht er sich schnell kundig und erzielt damit große Gewinne. Die Goldbank von Sacramento wurde ein vielbeachteter Erfolg und der Mister aus Petersburg zum Tagesgespräch in der Kleinstadt. Der erste Grund für den Run auf das Bankhaus Schliemann war die Seriosität des Inhabers im Vergleich zu den verschlagenen Händlern am Sacramento River, ein anderer war der, daß die Digger, woher auch immer sie kommen mochten, sich mit dem Patron in ihrer Muttersprache unterhalten konnten.

Schliemanns mittlerer Tagesumsatz betrug zu dieser Zeit zwischen 20 000 und 30 000 Dollar. Manchmal lieferte er nach Kassenschluß bis zu hundert Kilo Goldstaub und Nuggets per Schiff an Davidson nach San Francisco. Dabei lebte er in ständiger Angst vor Überfällen. In seinem Schreibtisch lagen schußbereit zwei geladene und entsicherte Colts. Er selbst, sein Schalterbeamter und sein Diener trugen außerdem, für jedermann sichtbar, ein Jagdmesser bei sich und einen weiteren Colt. Es hat den Anschein, als wollte er sich selbst Mut machen, wenn Henry schreibt, mit jeder dieser Schußwaffen sei er in der Lage gewesen, fünf Mann in fünf Sekunden zu töten.

SAN FRANCISCO IN FLAMMEN

San Francisco, 4. Juni 1851: »Eine furchtbare Katastrophe brach über die Stadt herein, ein Brand größer als alle vorangegangenen hat beinahe die gesamte Stadt in Schutt und Asche gelegt.

Ich kam hier letzte Nacht gegen halb elf im Union-Hotel an der Plaza an. Eine Viertelstunde mochte ich geschlafen haben, als ich von lautem Geschrei auf den Straßen geweckt wurde: ›Feuer! Feuer!‹ Dazu der gräßliche Klang der Alarmglocken. Ich sprang hastig aus dem Bett, blickte aus dem Fenster und sah, daß ein Holzhaus, nur 20 bis 30 paces vom Hotel entfernt, in Flammen stand. Hastig zog ich meine Kleider an und rannte aus dem Haus, aber kaum hatte ich das Ende der Clay-Street erreicht, sah ich auch mein Hotel schon in Flammen stehen... Um jede Gefahr zu vermeiden, lief ich die Montgomery-Street hinauf und stieg auf den Telegraph Hill, eine etwa hundert Meter hohe Erhebung am Rande der Stadt. Es war ein furchtbarer Anblick und das größte Schauspiel, das ich je erlebt habe.«

Den Rest der Nacht verbrachte Henry in einem Restaurant auf dem Telegraph Hill. Gegen sechs Uhr morgens ging er in die ausgebrannte Stadt hinunter, traf verzweifelte Europäer, die ihren Besitz verloren hatten, während die Katastrophe von den Einheimischen angeblich weniger tragisch genommen wurde. »Die Amerikaner klagten nicht, lachten und scherzten miteinander, so als wäre nichts geschehen...«

Der hier stark gekürzte Bericht Henry Schliemanns klingt übertrieben und unwahrscheinlich, und vermutlich ist er in der Tat – zumindest was seinen persönlichen Anteil betrifft – frei erfunden. In der ihm eigenen Neigung zur Dramatisierung nahm Henry offenbar Zeitungsberichte der »Sacramento Daily Union« vom 6. und 7. Mai zur Grundlage für seine Schilderung eines Ereignisses, das

in Wahrheit einen Monat zuvor stattgefunden und in der Bericht-
erstattung des Blattes breiten Raum eingenommen hatte.

Dies kann auch als Beleg dafür gewertet werden, daß Schliemann seinen Besuch beim US-Präsidenten ebenfalls frei erfunden
hat; denn zur selben Zeit, als Henry von New York nach Washington reiste, brachte die »Baltimore Tribune« eine Reportage über Präsident Fillmore, seine Familie und das Weiße Haus.

Der Vorwurf mancher Schliemann-Kritiker, Heinrich sei ein
pathologischer Lügner gewesen und deshalb in keiner seiner Aussagen glaubhaft, ist allerdings ebenso unrichtig, wie andererseits
jene absolute Glaubwürdigkeit, die dem eigensinnigen Mann von
Schliemann-Enthusiasten zugeschrieben wird, durchaus in Zweifel zu ziehen ist. Heinrich Schliemann war, das steht außer Frage,
ein grandioser Selbstdarsteller. Sein Geltungsbedürfnis sprengte
alle Normen. Und er, der kleine Mann aus Mecklenburg, suchte
zeit seines Lebens große Namen und bedeutende Ereignisse, mit
denen er sich schmücken und an denen er sich aufrichten konnte.

Das kalifornische Abenteuer dauerte nicht viel länger als ein
Jahr. Wenn Schliemann, trotz hoher Gewinne, aufgab, so mußte er
dafür schwerwiegende Gründe haben. Er selbst brachte den Konflikt mit seinem Geschäftspartner B. Davidson nie zur Sprache. Aus
Briefen geht jedoch hervor, daß Davidson Schliemann beschuldigte, er manipuliere die Goldgewichte, um seinen Profit zu erhöhen.
Darüber kam es zu heftigen Auseinandersetzungen zwischen den
beiden.

Aber es gibt noch andere Gründe. Der Tod von Bruder Ludwig
hatte Henry tief getroffen, und er lebte in ständiger Angst vor Seuchen. Als er am 4. Oktober vom Gelbfieber befallen wurde, ließ er
die besten Ärzte kommen. Das Chinin, das sie ihm verschrieben,
machte ihn nach drei Wochen, die er bei offenen Türen in seinem
Büro verbrachte, gesund. Seither schwor Schliemann auf Chinin.
Später, bei seinen Troja-Ausgrabungen, nahm er es regelmäßig zur
Prophylaxe. Anfälle von Gelbfieber wiederholten sich noch zweimal, und Henry verfiel in panische Angst. Er wollte keinesfalls wie
sein Bruder enden.

Zu der Angst, einer Seuche zum Opfer zu fallen, gesellte sich
eine weitere Krankheit, das Heimweh. Was aber sah Schliemann als
seine Heimat an? Das mecklenburgische Ankershagen? Nein. Sei-

nem Amerika-Tagebuch vertraute er an: »Hätte ich mir in früheren Jahren vorgestellt, eines Tages auch nur ein Viertel meines heutigen Einkommens zu verdienen, so hätte ich mich für den glücklichsten Menschen gehalten. Doch nun fühle ich mich todunglücklich, seit ich 16 000 Kilometer von St. Petersburg getrennt bin, wo alle meine Hoffnungen und alle meine Wünsche an einem Ort vereint sind. In der Tat, inmitten der Hurrikane auf den heulenden Ozeanen, in Gefahren und Bedrängnissen, im Wirbelwind des Amüsements und während hier meine Geschäfte laufen, ist mein geliebtes Rußland, mein bezauberndes St. Petersburg immer vor meinen Augen. Während ich hier in Sacramento jeden Augenblick damit rechnen muß, ermordet oder beraubt zu werden, kann ich in Rußland ruhig in meinem Bett schlafen ohne Angst für mein Leben oder meinen Besitz, denn dort wachen tausend Augen der Justiz über die friedvollen Bewohner.«

EIN KOFFER MIT GOLD IM WERT VON 60 000 DOLLAR

Am 9. April 1852 erschien in der »Sacramento Daily Union« folgende Anzeige: »Achtung. Das Bankgeschäft Henry Schlieman & Co. in Sacramento City wird heute an B. Davidson aus San Francisco übergeben und von diesem weitergeführt. Alle Unterlagen wurden dem Genannten ausgehändigt. Henry Schlieman & Co.«

Als die Anzeige erschien, befand sich Henry bereits an Bord des US-Dampfers »Golden Gate« – »mit Volldampf und gutem Wind« auf der Reise nach Panama. Er hatte, entgegen seiner Gewohnheit, aus Kostengründen die Kabine mit einem anderen Reisenden zu teilen, eine Einzelkabine auf dem Oberdeck gebucht. Preis der Passage: 600 Dollar. Noch immer fühlte er sich ziemlich krank. In sein Amerika-Tagebuch notiert Henry: »Trotz der häufigen schweren Krankheiten und der häufigen großen Fehlbeträge in der Kasse, die ich nur der Unehrenhaftigkeit meiner Angestellten zuschreiben kann, habe ich allen Grund, mit meinem Erfolg in Kalifornien ganz und gar zufrieden zu sein. Ich bin sicher, unter denen, die dieses Land verlassen, ist kaum einer unter hunderttausend, der seine Sache so gut gemacht hat wie ich.«

Heinrich Schliemann hatte sein eingesetztes Vermögen in Höhe von 30 000 Dollar in nicht viel mehr als einem Jahr verdoppelt. 60 000 Dollar in Gold führte Heinrich Schliemann in einem einfachen Reisekoffer mit sich. Solange er sich in seiner Einzelkabine auf hoher See befand, konnte er sich sicher fühlen, doch als die »Golden Gate« zwei Meilen vor Panama City vor Anker ging und als die Passagiere von kleinen Booten aufgenommen und samt ihrem Gepäck an Land gebracht wurden, da bekam Schliemann es mit der Angst zu tun.

Im Hafen herrschte unübersehbarer Trubel. Es kam oft vor, daß sich einheimische Träger der Koffer der Reisenden bemächtigten und auf Nimmerwiedersehen verschwanden. »Einige Mitreisende«, erinnerte sich Schliemann, »wurden auf diese Weise des gesamten Vermögens beraubt, das sie in Kalifornien erworben hatten. Was aber mich betrifft, so war ich auf diese Tricks vorbereitet, und ich saß auf meinem Gepäck, den Revolver in der einen Hand, meinen Dolch in der anderen, und drohte den erstbesten zu erschießen oder zu erdolchen, der versuchte, irgendeines meiner Gepäckstücke anzufassen.«

Schliemanns Härte zeigte Wirkung. Mit Hilfe zweier Träger, die einen einigermaßen vertrauenerweckenden Eindruck machten, gelangte er in die Stadt, wo er zunächst den britischen Konsul um Rat fragte, wie er das Geld am sichersten auf die andere Seite des Landes bringen konnte. Der machte dem Fremden keine große Hoffnung, meinte im Gegenteil, Diebstahl und Mord seien auf den beschwerlichen Pfaden über die Landenge von Panama an der Tagesordnung, aber für 3 1/8 Prozent der Gesamtsumme sei er bereit, den Transport und die Versicherung für Schliemanns Vermögen zu übernehmen. Weder der feine Herr Konsul noch sein undurchsichtiges Angebot konnten den reichen Kaufmann überzeugen: »Ich zog es vor, das Gold bei mir zu behalten.«

Die folgenden Tage und Nächte, gestand Heinrich Schliemann später, hätten zu den furchtbarsten in seinem ganzen Leben gehört. Die erste Nacht verbrachte er mit anderen Passagieren der »Golden Gate« im »American Hotel«. Das Hotel war miserabel. Die Mitreisenden stanken. Aus Sicherheitsgründen schliefen zwanzig Personen in einem Raum, bewaffnet mit Messern und Revolvern. Schliemann befestigte am Koffer mit dem Gold Schnüre, die er um seine Handgelenke band. Auf diese Weise hoffte er die leiseste Berührung an dem Gepäckstück zu spüren.

Hundemüde – zu allem Überfluß setzte endloser Regen ein – mietete Schliemann am nächsten Morgen für vierzig Dollar einen Mulitreiber mit drei Maultieren, der bereit war, den Reisenden und sein Gepäck über die Berge zu befördern. Ein paar europäische Rückwanderer schlossen sich dem resoluten Deutschen an. Mit einem Boot und der Eisenbahn erreichte die Gruppe schließlich die atlantische Küste, hungrig, ausgelaugt und entkräftet und von den einheimischen Führern verlassen.

Schliemann und die anderen Reisenden hatten gehofft, den Dampfer »Crescent City« zu erreichen, aber der war am selben Morgen schon in Richtung New York in See gestochen. Also hieß es warten. Seit der Abreise in Panama City regnete es ununterbrochen. »Keiner von uns«, notierte Heinrich in sein Tagebuch, »hatte trockene Kleidung, und es gab nichts, womit wir uns vor dem Unwetter, das mit aller Gewalt über uns hereinbrach, schützen konnten. Hunderte wurden vom Isthmus-Fieber, Durchfall und Schüttelfrost geplagt, und manche starben nach einem oder zwei Tagen grausamen Leidens. Die Toten blieben zurück, wo sie sich gerade befanden, denn keiner von uns konnte oder wollte sie begraben.«

Vom 26. April bis 8. Mai kampierten Schliemann und die anderen Mitreisenden von der »Golden Gate« in dem todbringenden Sumpfgebiet. Dort zog sich Schliemann eine eiternde Wunde am linken Bein zu. Am Morgen des 8. Mai riß ein Kanonenschuß die Wartenden aus ihrer Lethargie. Von Norden näherte sich der US-Dampfer »Sierra Nevada«, gefolgt von drei kleineren amerikanischen Schiffen.

Schliemann buchte eine Einzelkabine auf der »Sierra Nevada« zum Preis von 130 Dollar. Er war froh, zum ersten Mal seit vierzehn Tagen seine Kleider trocknen zu können. Der Dampfer nahm Kurs auf Kingston, die Hauptstadt der Insel Jamaika. Der Schiffsarzt versorgte seine Wunde am Bein, und Heinrich erholte sich schnell von den zurückliegenden Strapazen. Am 18. Mai landete er in New York.

»New York ist ein Paradies für einen Mann, der aus Kalifornien kommt«, notierte Schliemann in sein Tagebuch, und er habe, als er in das »New York Hotel« am Broadway gekommen sei, voller Begeisterung ausgerufen: »O New York! New York!«

Henry blieb nur eine Nacht. Er war nervös wegen seines Geldkoffers, in dem er sein gesamtes Vermögen mit sich führte. Schon am folgenden Tag bestieg er den Dampfer »Europa« in Richtung Liverpool. Die Überfahrt dauerte elf Tage, und die 125 Passagiere waren, wie Schliemann bemerkte, feine Leute, das beste Publikum, dem er je auf einem Schiff begegnet war.

RÜCKKEHR NACH EUROPA

Zehn Tage blieb Schliemann in London, einer Stadt, die er liebte und in die er noch oft zurückkehren sollte. Er stieg zunächst in »Morleys Hotel« am Trafalgar Square ab, zog sich dann aber auf Anraten seines Arztes Dr. G. F. Collier, der die Wunde am Bein ausbrannte, in ein Privatquartier in Chiswick zurück, wo er mehr Ruhe hatte. Kaum konnte er wieder laufen, suchte Heinrich Schliemann mit seinem Geldkoffer das renommierte Bankhaus Baring Brothers & Co. auf, jenes Bankhaus, das 143 Jahre später Schlagzeilen machen sollte. Er wechselte Goldmünzen, Nuggets und Wechselpapiere ein. Endlich befreit von der Last seines Vermögens, machte Henry einen Abstecher nach Paris, wo er den glücklichen Abschluß seines Kalifornien-Abenteuers feierte.

Nach London zurückgekehrt – seine Wunde am Bein war inzwischen verheilt –, kam Schliemann in den Sinn, nicht, wie ursprünglich vorgesehen, direkt nach St. Petersburg zu reisen. Mit dem Dampfer »John Bull« fuhr Heinrich zunächst nach Hamburg und von dort mit der Eisenbahn über Schwerin nach Rostock.

Auf dem Bahnhof von Bützow kam es zu einer vorher brieflich vereinbarten Begegnung mit zwei seiner Schwestern. Sie waren auf dem Weg in die Sommerfrische nach Rügen. Er habe, schreibt Schliemann, eine der beiden, die er seit seinem zehnten Lebensjahr nicht gesehen hatte, nicht mehr erkannt. Heinrich war jetzt dreißig Jahre alt.

Vor zwanzig Jahren war er seinem Onkel Friedrich Schliemann zuletzt begegnet. Deshalb brach er am nächsten Tag auf und fuhr mit der Pferdepost über Wismar zum Onkel nach Kalkhorst. Aber die Begegnung verlief nicht sehr herzlich. Schliemann zog es vor, weiter nach Ankershagen zu reisen, in das mecklenburgische Dorf, in dem er seine Kindheit verbracht hatte. In seinem Reisetagebuch

5 Das Grabkreuz von Heinrich Schliemanns Mutter Luise Therese geb. Bürger (1793–1831) auf dem kleinen Friedhof im mecklenburgischen Ankershagen. Links: Der Leiter des benachbarten Heinrich-Schliemann-Museums von Ankershagen, Dr. Wilfried Bölke.

bezeichnet Heinrich Ankershagen sogar als seinen Geburtsort, obwohl er in Neubukow zur Welt kam. Warum er das tat, bleibt unklar, wie manch anderes in seinen Aufzeichnungen.

Schliemann wörtlich: »Es ist mir unmöglich, das Gefühl zu beschreiben, das in mir aufkam, als ich die Orte sah, an denen ich die glücklichsten Jahre meiner frühen Kindheit verbrachte und wo mir jedes Haus, jeder Baum, jeder Stein und jeder Busch tausend angenehme Erinnerungen aus lange vergangener Zeit ins Gedächtnis riefen. Mir scheint, daß in den Augen eines Kindes alles viel größer wirkt, denn der Kirchturm, der mir einst unheimlich hoch erschienen war und von dem ich glaubte, er sei der höchste Kirchturm der Welt, der Lindenbaum inmitten unseres Gartens, der früher bis in die Wolken zu reichen schien – tatsächlich kam mir alles jetzt wie eine Miniatur vor. Einzige Ausnahme: die Balsampappeln und die Kirschbäume vor der Türe. Sie müssen ungewöhnlich stark gewachsen sein, denn sie erschienen mir genauso hoch wie vor 21 Jahren.«

Wie alle Jungen auf dem Land hatte Heinrich Schliemann an verschiedenen Stellen seine Namensinitialen eingeritzt. Er entdeckte sie an einer Fensterscheibe des früheren Wohnhauses ebenso wie an dem großen Lindenbaum im Garten des alten Pfarrhauses, in dem jetzt der Vikar Conradi wohnte. Das Grab der Mutter auf dem kleinen Friedhof vor der Ankershagener Kirche befand sich in einem »sehr desolaten Zustand«, doch Sohn Heinrich kümmerte sich nicht weiter darum, besuchte am folgenden Tag seine dritte Schwester beim Onkel Wachenhusen in Vipperow und machte sich auf den Rückweg nach Rostock. Dort bestieg Heinrich Schliemann das nächste Schiff nach St. Petersburg.

Mit 50 000 Reichstalern in der Tasche hatte Schliemann St. Petersburg verlassen. Nach einem Jahr kehrte er jetzt mit der doppelten Summe zurück. Man schrieb den 4. August 1852, als Heinrich Schliemann an Bord des Dampfschiffes »Erbgroßherzog Friedrich Franz« in St. Petersburg ankam. Die Stadt an der Newa war noch genauso liebenswert wie im Jahr zuvor, nur Schliemann war ein anderer geworden.

IV
FLUCHT VOR SICH SELBST

Dreißig Jahre alt, klein, kurzsichtig und mit schütterem Haar, aber stets gut gekleidet, von sich eingenommen und überheblich, vor allem aber steinreich – so kehrte Heinrich Schliemann im Sommer 1852 nach St. Petersburg zurück. Er hatte es sich in den Kopf gesetzt, noch einmal als Kaufmann neu zu beginnen, mehr noch, er wollte den alteingesessenen Kaufleuten in der russischen Hauptstadt zeigen, wie Schliemann, ein Mann von Welt, Geschäfte machte. Er wollte Erster Großkaufmann in St. Petersburg werden.

Um zu beweisen, daß er der feinen Gesellschaft von St. Petersburg angehörte, nahm er die Wohnung in der vornehmsten Straße. Er mietete die gesamte dritte Etage eines Stadtpalais, mit zwei Sälen, sieben Zimmern zur Straße, fünf Zimmern und Küche nach hinten, dazu einen ausgedehnten Keller, Pferdestall und Remise für eine Kutsche. Die teuersten Ausstatter der Stadt besorgten die Möblierung. Allein die Einrichtung für das Gästezimmer soll tausend Rubel gekostet haben.

Dies war der angemessene Rahmen für Empfänge und große Gesellschaften, die Schliemann nun auf einmal Gefallen bereiteten. Der erfolgreiche Kaufmann verband mit diesem Aufwand allerdings eine besondere Absicht. Er hatte sich in den Kopf gesetzt, so schnell wie möglich zu heiraten. Er litt unter der Einsamkeit seiner Gefühle, vor allem aber litt er darunter, zweimal mit dem ernsten Vorsatz, sich zu vermählen, gescheitert zu sein.

Für den vom Erfolg verwöhnten Schliemann gab es in dieser

6 St. Petersburg, die Hauptstadt des Russischen Reiches und Residenz
des Zaren, war im vorigen Jahrhundert eine glanzvolle Metropole für Kunst, Wissenschaft und Gesellschaft. Hier baute Schliemann sein Handelsimperium auf, hier
wurde er zum Multimillionär.

Zeit keinen größeren Makel als die Abfuhr, die er von zwei Frauen
erfahren hatte. Eine Eheschließung war in seinen Augen weniger
die Folge einer gewachsenen Liebesbeziehung als vielmehr eine re-
präsentative Verbindung zweier Menschen verschiedenen Ge-
schlechts. Ein gewisses Vermögen der Braut, das er noch vor seinem amerikanischen Abenteuer zur Bedingung gemacht hatte, war
für Schliemann jetzt von untergeordneter Bedeutung.

So kam es, daß er sich auf einmal besonders heftig für die jüngere Schwester eines Petersburger Kaufmannes interessierte. Sie
war nicht reich, nicht einmal besonders hübsch; aber sie hatte etwas, was Heinrich in eine Art Leidenschaft versetzte – soweit man
bei Schliemann von Leidenschaft sprechen kann: Vor zwei Jahren
hatte sie einen ernst gemeinten Annäherungsversuch von ihm
zurückgewiesen. Nun aber, bei einem neuerlichen Zusammentreffen, gab die Zwanzigjährige zu verstehen, daß ihr an dem erfolgreichen deutschen Kaufmann durchaus gelegen sei.

Die junge Dame hieß Jekaterina Petrowna Lyschina. Der bisher
bei Frauen wenig erfolgreiche Schliemann muß von der Zuneigung
des bisher so kühlen, unnahbaren Mädchens total überrascht worden sein. Jedenfalls hielt er, ohne nachzudenken, sofort um ihre
Hand an. Das und Jekaterinas Einwilligung gingen so schnell von-

statten, daß selbst die nächsten Angehörigen beider Seiten von der Nachricht überrascht wurden.

»Wenn Ihr diesen Brief erhaltet«, meldete Heinrich im Oktober 1852 der Familie nach Mecklenburg, »bin ich, so Gott will, schon fünf Tage verheiratet und werde gewiß meinerseits das Möglichste tun, um meine Frau recht glücklich zu machen. In der Tat, sie verdient glücklich zu sein, denn sie ist ein sehr braves, einfaches, kluges und vernünftiges Mädchen, und ich liebe und achte sie jeden Tag mehr.«

Stolz setzte Schliemann sämtliche Verwandten, Freunde und Bekannten von seiner Heirat in Kenntnis, von Ehefrau Jekaterina erfuhren alle jedoch nur wenig. Die Trauung fand am 12. Oktober nach russisch-orthodoxem Ritus in der Isaak-Kathedrale in Petersburg statt. Anwesend waren nur Angehörige der Braut. Vermutlich gab es nicht einmal ein großes Hochzeitsfest. In diesem Fall hätte nämlich Heinrich gewiß damit geprahlt, wie er auch mit der Ausstattung seiner Wohnung prahlte. Nein, wir erfahren von Schliemanns Hochzeit ebensowenig wie von einer Hochzeitsreise. Auch über seine Ehefrau ließ sich Schliemann nur kurz und ein einziges Mal mit lobenden Worten aus. Wenige Tage nach der Hochzeit stand er bereits wieder in seinem neu eröffneten Petersburger Kontor und ging seinen Geschäften nach.

SZENEN EINER EHE

Die Ehe Heinrich Schliemanns mit Jekaterina Lyschina stand von Anfang an auf tönernen Füßen. Sie war eine Zweckverbindung, und zwar im Verständnis beider. Heinrich suchte eine Frau für Haus und Bett, Jekatcrina, von Natur aus kühl bis frigide, betrachtete die Verbindung als willkommene Versorgungseinrichtung. Für sie bedeutete die Heirat einen sozialen Aufstieg. Von Liebe war auf beiden Seiten selten die Rede.

Unüberbrückbar erschienen jedoch die Gegensätze, was den Geiz des einen und die Verschwendungssucht der anderen betraf. Jekaterina liebte Feste und Geselligkeit, Heinrich akzeptierte diese Art von Vergnügungen nur zu Repräsentationszwecken, wenn sie nützlich waren fürs Geschäft. Er reiste außerdem für sein Leben gern, Jekaterina hingegen weigerte sich strikt, die Stadt Petersburg zu verlassen.

Natürlich hatte Schliemann, wie zur damaligen Zeit Sitte, mit Jekaterina vor der Eheschließung kein einziges Mal geschlafen. Als Ehemann mußte er, der die späte Triebhaftigkeit seines Vaters geerbt zu haben schien, nun erkennen, daß Jekaterina jeder körperlichen Annäherung abweisend gegenüberstand. Es scheint, als hätten Heinrich und Jekaterina im ersten Jahr ihrer Ehe keinerlei sexuelle Kontakte gehabt. Anders ist ein Satz Schliemanns gar nicht zu erklären, in dem er verbittert klagt: »Nach einem Jahr Ehe mußte ich meine Kinder mit Gewalt erzwingen.«

Dafür spricht auch der Übereifer, mit dem er sich auf seine Geschäfte stürzte. Als wollte er seine ganze Enttäuschung mit immer mehr Erfolg, immer mehr Geld kompensieren, suchte er nach immer neuen Geschäftsverbindungen. Gegen Ende des Jahres eröffnete er in Moskau eine Großhandelsfiliale für den Verkauf von Indigo. Er setzte seinen bisherigen Agenten Alexej Matwejew als Moskauer Statthalter ein, und als der unerwartet starb, dessen Diener Jutschenko, über den er sagte, ein guter Diener könne mit Leichtigkeit ein guter Direktor werden, während ein Direktor nie zu einem guten Diener tauge.

So sehr Schliemann im Privatleben vom Pech verfolgt wurde, so sehr stand in geschäftlichen Dingen das Glück auf seiner Seite. Ja, es hat bisweilen den Anschein, als habe Fortuna für den Pastorensohn aus Mecklenburg eine Fährte gelegt, die er nur abzuschreiten brauchte. Kaum hatte er sich in großem Stil auf den Handel mit Salpeter verlegt, jenes weiße Pulver, das den Rohstoff zur Herstellung von Schießpulver und Sprengstoff bildete, da brach 1853 der Krimkrieg aus.

Anlaß des Krieges, der bis 1856 dauerte, war ein Ultimatum von Zar Nikolaus I. an die Türkei, die russische Schutzherrschaft über die orthodoxen Christen innerhalb des Osmanischen Reiches anzuerkennen. Dies wurde abgelehnt, und im September 1853 rückte ein russisches Korps in die Donaufürstentümer ein. Daraufhin ergriffen die Westmächte Partei für die Türkei und besetzten den russischen Kriegshafen Sewastopol.

Zar Nikolaus erlebte das Ende des Krieges nicht. Er starb 1855. Für Rußland endete der Krimkrieg mit einem Fiasko. Im Pariser Frieden von 1856 mußte Rußland auf das Protektorat über die christlichen Donaufürstentümer verzichten, das Schwarze Meer wurde neutralisiert, und das Zarenreich durfte im Schwarzen Meer keine Kriegsflotte mehr unterhalten.

Der heimliche Gewinner des Krimkrieges hieß Heinrich Schliemann. Er hatte rund ein Drittel des von den Russen in diesem Krieg verschossenen Pulvers geliefert. Gewissensbisse plagten ihn deshalb nicht. Im Gegenteil. Der geschäftliche Erfolg spornte ihn zu neuen Taten an.

Im September des Jahres 1854 war Schliemann nach Amsterdam gereist, um an einer Indigo-Auktion teilzunehmen. Er ersteigerte mehrere hundert Kisten des kostbaren Farbstoffs und verschiffte sie zusammen mit ein paar hundert anderer Kisten mit in Holland erworbenen Waren sowie 225 Sack Kaffee nach Königsberg und Memel. Schliemann mußte die preußischen Bestimmungshäfen wählen, da alle russischen Häfen wegen des Krimkrieges blockiert waren. Meyer & Co., mit denen Schliemann seit längerem zusammenarbeitete, sollten die Schiffsladung im Wert von 150 000 Talern in Memel übernehmen und von dort auf dem Landweg nach St. Petersburg weitertransportieren.

3. Oktober 1854. Auf dem Rückweg von Amsterdam stieg Schliemann im Königsberger »Hôtel de Prusse« ab. Er verbrachte eine unruhige Nacht. Der Transport seiner Waren nach Ostpreußen war nicht ohne Risiko, und das Risiko lag zu hundert Prozent auf seiner Seite. Wie immer hatte er, der besseren Konditionen wegen, bar bezahlt. Am Morgen blickte er aus dem Fenster seines Hotelzimmers auf das berühmte »Grüne Tor«. Auf dem Turm stach ihm eine lateinische Inschrift in vergoldeten Buchstaben ins Auge:

Vultus fortunae variatur imagine lunae:
Crescit, decrescit, constans persistere nescit.

Schliemann brauchte nicht lange, um die lateinischen Worte zu übersetzen: »Das Gesicht der Glücksgöttin wechselt wie das des Mondes: Es nimmt zu, nimmt ab, gleich bleibt es nie.«

DAS WUNDER VON MEMEL

»Ich war nicht abergläubisch«, schreibt Schliemann in seinen Lebenserinnerungen, »aber doch machte diese Inschrift einen tiefen

Eindruck auf mich, und eine zitternde Furcht, wie vor einem nahen unbekannten Mißgeschick, bemächtigte sich meiner.«

Am selben Tag brach er auf und setzte seine Reise in Richtung Tilsit fort. Er nächtigte in einer Poststation und fuhr am nächsten Morgen weiter. Eine Station hinter Tilsit stieg ein Reisender zu und berichtete, am Tag zuvor seien die Stadt Memel und alle Hafenanlagen abgebrannt.

Schliemann entschloß sich zur Umkehr und nahm die nächste Post zurück nach Memel. »... vor der Stadt angekommen, sah ich die Nachricht in der traurigsten Weise bestätigt. Wie ein ungeheurer Kirchhof, auf dem die rauchgeschwärzten Mauern und Schornsteine wie große Grabsteine, wie finstere Wahrzeichen der Vergänglichkeit alles Irdischen sich erhoben, lag die Stadt vor unseren Blicken.« Die meisten Bewohner waren in Panik aus den brennenden Häusern geflohen, und als er nach langem Suchen seinen Agenten Meyer fand und ihn nach dem Verbleib seiner Waren fragte, da antwortete dieser nur geistesabwesend: »Dort liegen sie begraben.«

Der Verlust von 150 000 Talern ließ Schliemann keineswegs in Depressionen fallen. »Das Bewußtsein«, schrieb er, »niemand etwas schuldig zu sein, war mir eine große Beruhigung; der Krimkrieg hatte nämlich erst vor kurzem begonnen, die Handelsverhältnisse waren noch sehr unsicher, und ich hatte infolgedessen nur gegen bar gekauft. Ich durfte wohl erwarten, daß die Herren Schröder in London und Amsterdam mir Kredit gewähren würden, und so hatte ich die beste Zuversicht, daß es mir mit der Zeit gelingen werde, das Verlorene wieder zu ersetzen.«

Das Schicksal wollte es anders. Schliemann trat mit einer Extrapost die Heimreise nach Petersburg an. Unterwegs klagte er den Mitreisenden sein Schicksal.

Einer der Reisenden sah Schliemann lange an, dann fragte er: »Verzeihen Sie, wie heißen Sie?«

Schliemann nannte seinen Namen.

Da lachte der Fremde und sagte: »Schliemann ist der einzige, der nichts verloren hat!«

Schliemann sah den Reisenden fragend an: »Was sagen Sie da?«

»Ja«, erwiderte dieser, »ich bin der erste Kommis bei Meyer & Co. Unser Speicher war schon übervoll, als die Dampfer mit Ihren Waren ankamen. Deshalb haben wir schnell einen neuen Schuppen errichtet. Er ist als einziger unversehrt geblieben.«

Schliemann begann zu weinen. »Der plötzliche Übergang von schwerem Kummer zu großer Freude«, schreibt er in seinen Lebenserinnerungen, »ist nicht leicht ohne Tränen zu ertragen. Ich stand einige Minuten sprachlos; schien es mir doch wie ein Traum, wie ganz unglaublich, daß ich allein aus dem allgemeinen Ruin unbeschädigt hervorgegangen sein sollte! Und doch war dem so ...«

Der Brand von Memel, der nur wenige historische Bauten der Stadt verschonte, hatte eine Warenknappheit zur Folge, aus der Schliemann Kapital schlagen konnte: »Ich machte große Geschäfte in Indigo, Farbhölzern und Kriegsmaterialien (Salpeter, Schwefel und Blei) und konnte so, da die Kapitalisten Scheu trugen, sich während des Krimkrieges auf größere Unternehmungen einzulassen, beträchtliche Gewinne erzielen und im Laufe eines Jahres mein Vermögen mehr als verdoppeln.«

Mit der Akribie eines Börsenspekulanten beobachtete Heinrich Schliemann die politische und wirtschaftliche Weltlage und zog daraus Schlußfolgerungen für seine Geschäfte. Die Goldproduktion in der Welt, analysierte er 1853, sei von fünf Millionen Pfund Sterling im Jahre 1845 auf 50 Millionen Pfund Sterling im Jahre 1852 angestiegen, verursacht durch den Goldrausch in Kalifornien und Australien. Handel und Industrie könnten unmöglich im selben Maße fortschreiten. Also folgerte er, Gold werde billiger werden. Deshalb ließ Schliemann die Finger von dem Edelmetall. Aus einem Brief an J. H. Bahlmann: »Wenn die Goldausbeute auch nicht größer wird als sie jetzt ist, so muß und wird eine Zeit kommen, wo das seit Jahrtausenden bestehende System, den Wert aller Gegenstände durch Metall zu bestimmen, aufhört.«

Zwei Jahre später revidierte er seine Meinung und stieg wieder massiv in den Goldhandel ein. Begründung: »Die Befürchtungen, daß Gold infolge der enormen Ausfuhren von Australien und Kalifornien im Wert fallen möchte, haben sich jetzt ganz verloren, denn weit davon entfernt, einen nachteiligen Einfluß auszuüben, gibt die wachsende Ausbeute dieses Metalles den ungeheuersten Stimulus an Handel und Industrie, zivilisiert rohe Völker, die früher Gold nicht einmal dem Namen nach kannten, und bringt in den nächsten 25 Jahren durch mehr und mehr verbreitete Zirkulation in den Verhältnissen des Menschen eine Umwälzung hervor, wie die Geschichte sie nicht aufzuweisen hat.«

Die Auswanderungswelle, von der Deutschland und in besonderem Maße das arme Land Mecklenburg heimgesucht wurde, verfolgte Schliemann aus dem Blickwinkel des cleveren Geschäftsmannes, und er kam dabei zu dem Schluß, mecklenburgische Landgüter müßten im Wert sinken. Den Gutsbesitzern würden bald Arbeitskräfte fehlen, und die zurückgebliebenen würden höhere Löhne beanspruchen. Getreu dem Grundsatz der Börsianer, in Zeiten der Baisse zu kaufen und in Haussezeiten zu verkaufen, trug sich Schliemann mit dem Gedanken, in Mecklenburg Ländereien zu erwerben, und er bat seinen Freund Bahlmann um Hilfe. Doch der wollte seine Prognosen nicht teilen. Bisher seien die Landpreise in Mecklenburg noch nicht gefallen. Bahlmann riet abzuwarten.

Vater Schliemann, mit dem der erfolgreiche Kaufmann nunmehr Briefe wechselte als früher, bestürmte seinen Sohn, von den Spekulationsgeschäften abzulassen. Der aus dem Kirchendienst entlassene Pastor, dem das Schicksal übel genug mitgespielt hatte, wollte nicht begreifen, daß ausgerechnet sein Sohn Heinrich mit dem Glück des Tüchtigen gesegnet sein sollte. Heinrichs Erfolg war ihm von Anfang an verdächtig. Für ihn war es nur eine Frage der Zeit, wann Fortuna sich von ihm abwenden würde. Vater Schliemann riet zur Immobilienanlage. »Dann kann Dein Vermögen nie verloren gehen, und es trägt Dir gute und sichere Zinsen!«

Vater Schliemanns Besorgnis galt nicht allein dem Wohle des Sohnes. Der gescheiterte Pastor erhielt von seinem Sohn seit geraumer Zeit finanzielle Zuwendungen und fürchtete um deren Fortbestand. »Noch ist es, Gott Lob, Zeit, Dich gegen den Wechsel der Dinge zu schützen und den Wankelmut und die Veränderlichkeit der Fortuna für Dich unschädlich zu machen!«

Der Sohn selbst verhielt sich zwar dem mißratenen Vater gegenüber, der inzwischen in einen Vorort von Danzig gezogen war, wo er eher wie ein Asozialer lebte als wie ein ehemaliger Pastor, in finanzieller Hinsicht großzügig; aber er demütigte ihn gleichzeitig mit einer gnadenlosen Arroganz. In herablassendem Tonfall führte er ihm seine verkommene Situation vor Augen, wenn er schrieb:

»Ich gebe mit heutiger Post Befehl, Dich für den Betrag von 500 preußischen Talern zu akkreditieren, welche Summe Du dazu verwenden willst, Dich so anständig in Danzigs Umgebung einzurichten, wie es dem Vater von Heinrich Schliemann zukommt. Indem ich aber diese Summe zu Deiner Disposition stelle, muß ich die Bedingung machen, daß Du Dir fortan einen anständigen Bedienten und eine anständige Magd hältst und daß vor allen Dingen Reinlichkeit fortan in Deinem Hause herrscht, daß Teller, Schüsseln, Tassen, Messer und Gabeln stets von Reinlichkeit glänzen, daß alle Dielen und Fußböden dreimal wöchentlich gescheuert und Speisen bei Dir gekocht werden, wie Leute Deines Standes sie essen.«

Mit einem Funken Stolz im Leib hätte jeder andere Vater die 500 Taler zurückgewiesen, nicht so der alte Schliemann. Er nahm, was er bekommen konnte.

WARUM SCHLIEMANN ZUM WORKAHOLIC WURDE

Zweifellos hatte die Brandkatastrophe in Memel, die ihn beinahe um ein Vermögen gebracht hätte, Schliemann nachdenklich gestimmt. Zwar war es unmöglich, sein Vermögen mit Immobilien in einem einzigen Jahr zu verdoppeln, andererseits konnte ein Immobilienspekulant viel ruhiger schlafen. Schliemann holte den Rat eines reichen Schwaben ein, der in Südamerika sein Glück gemacht hatte, und trug sich mit dem Gedanken, Ländereien im Süden Brasiliens zu erwerben.

Die Ausweitung der Geschäfte, verursacht durch den Krimkrieg, machte Schliemann zum Workaholic. Geld und Gewinn bereiteten ihm immer mehr Vergnügen, machten ihn geradezu süchtig. »Aufrichtig gesagt«, schrieb er seinem Freund Bahlmann im Januar 1855, »Geiz und Habsucht sind bei mir stärker als die Sehnsucht nach einem Landgut in Mecklenburg, und solange der Krieg dauert, ist wohl keine Möglichkeit, mich vom Mammon loszureißen.«

Seine internationalen Kontakte halfen Schliemann, immer neue lohnende Güter und Transportwege zu finden, und es gab nur ein Ereignis, vor dem der Kaufmann sich fürchten mußte, einen Friedensschluß zwischen Rußland und der Türkei und den Westmächten. An Bahlmann: »Bei plötzlich eintretendem Frieden würde ich auf Farbhölzer, Salpeter und Blei vielleicht 30 Prozent verlieren. Um solche Verluste auf andere Weise zu ersetzen, habe ich vor acht Tagen in London und Amsterdam ca. 550 Kisten Indigo kaufen lassen, denn dieser Artikel kann bei der kleinen Ernte in Ostindien nicht fallen, wenn der Krieg fortdauert, muß aber ein Schilling pro Pfund Sterling steigen, wenn wir glücklich Frieden kriegen.«

Geld, Geld, Geld. Schliemann konnte an nichts anderes mehr denken als an Geld, und zeitweise schien es, als machte ihn allein der Gedanke an Geld schon reicher. Ein Brand in den Docks von Kronstadt bringt ihn auf die Idee, schnell Holz zu kaufen, um es mit Gewinn wieder abzustoßen. Als in Rußland Pläne bekannt werden, ein neues Gesetzbuch herauszugeben, macht Schliemann der russischen Regierung ein Angebot für das notwendige Papier, und er erhält den Auftrag. Er kann anpacken, was er will, es wird immer ein Geschäft.

In seinen Aufzeichnungen schreibt er: »Ich weiß, ich bin geizig und gierig. Ich muß aufhören, so geldgierig zu sein. Während des ganzen Krieges habe ich nur an Geld gedacht.« Oder er klagt: »Ich möchte mein Geschäft für immer aufgeben. Aber wer weiß, ob ich mich in Nischnij-Nowgorod auf der Messe nicht wieder ganz in meinem Element fühlen werde, wie ein Säufer, wenn er in eine Bude mit Schnapsflaschen gesperrt wird.« Schliemann ist nicht nur geschäftstüchtig, er ist geschäftssüchtig und versteigt sich zu der Bemerkung, er wolle ein zweiter Rothschild werden.

Suchtverhalten hat immer eine Ursache. Schliemanns Geschäftssucht – er hätte genausogut zum Trinker oder Spieler werden können, nur dazu war er zu geizig –, diese Sucht nach Geld lag in der unglücklichen Verbindung mit Jekaterina Lyschina begründet. Heinrich litt wie ein Hund unter dieser Beziehung. Und während er sonst jeden seiner Gedanken ohne Zögern mitteilte, dauerte es lange, bis er sich bereit fand, das Scheitern seiner Ehe einzugestehen.

Daß in dieser Ehe drei Kinder geboren wurden, Sohn Sergej 1855, Tochter Natalija 1858 und Tochter Nadeschda 1861, ist kein Beweis für eine funktionierende oder gar harmonische Verbindung. Schliemann sagte selbst, er habe seine Frau vergewaltigen müssen. »Es ist ein Unglück«, schrieb er seinem Schwager, »daß ich meine Frau wie ein Irrsinniger liebe und daß ich verzweifelt bin, wenn ich ihre Gleichgültigkeit gegen mich sehe.« Ungewöhnliche Worte für einen Mann, der sonst nur bei Geldgeschäften ins Schwärmen geriet.

Heinrich und Jekaterina waren einfach zu verschieden, und keiner von beiden zeigte auch nur die geringste Bereitschaft, auf den anderen zuzugehen. Heinrich, der Egomane, konnte nicht, Jekaterina die Gleichgültige, wollte nicht. Jekaterina kompromittierte den seriösen Geschäftsmann auf Gesellschaften, indem sie sich ungehörig benahm und anderen Männern an den Hals warf, Männern, die – und das schmerzte besonders – größer und gewiß attraktiver waren als er.

»Ich könnte tausend andere Frauen finden!« betont er in dem bereits zitierten Brief an seinen Schwager, aber er sei eben in Jekaterina vernarrt. Aber im selben Atemzug bemerkt Heinrich: »Gereizt durch die ungerechten Vorwürfe ihrerseits … gab ich ihr die grobe Antwort, daß ich sie ins Narrenhaus schicken würde, falls sie daran dächte, den Skandal des vorigen Abends zu wiederholen.«

Enttäuschte Liebe spricht aus einem Brief, den Heinrich, noch nicht einmal zwei Jahre mit Jekaterina verheiratet, an seine Ehefrau richtet: »Liebe Frau. Von früher Jugend auf … war der sehnlichste Wunsch in mir rege, mein Leben mit einem Wesen zu vereinigen, das Glück und Unglück, Freude und Leid mit mir teilte … Aber ach, wie sehr widerspricht die jetzt so schrecklich vor mir liegende Wirklichkeit meinen freudigen Erwartungen! Du liebst mich nicht und nimmst daher keinen Anteil an meinem Glück, teilst nicht meine Freude oder meinen Kummer, denkst niemals an etwas anderes als an die Befriedigung Deiner eigenen Wünsche und Grillen, zeigst Dich durchaus gleichgültig in allem, was mich angeht; widersprichst mir in allem, wirfst mir sogar manchmal Verbrechen vor, die nur in Deinem Gehirn geboren, deren bloße Erwähnung mich erzittern und mir die Haare zu Berge stehen lassen.«

Nach außen hin, vor allem gegenüber seiner Familie, versuchte Schliemann den Anschein zu erwecken, als seien sein Eheleben und seine Geschäfte in gleichem Maße gesegnet. An Tante Magdalena Schliemann in Kalkhorst schrieb er noch am 31. Dezember 1856: »Meine Frau ist, Gott Lob, wohl und grüßt Dich und Deine Familie aufs herzlichste. Unser Familienglück wurde vor 16 Monaten durch die Ankunft eines Sohnes erhöht, welchem wir den Namen Sergej gaben; der Junge wächst wie Kohl und macht uns viel

Freude. Wir haben uns hier einen Zirkel Freunde ausgesucht, die alle Sonntage eine stehende Einladung bei uns haben und deren Neigungen für Wissenschaften mit der unserigen übereinstimmen.«

In Wahrheit dachte Schliemann zu dieser Zeit bereits zum ersten Mal an Scheidung, mußte sich aber sagen lassen, daß eine nach russisch-orthodoxem Ritus geschlossene Ehe in Rußland nicht geschieden werden kann. Die Situation war ausweglos, vor allem, weil Jekaterina es strikt ablehnte, Petersburg zu verlassen. Damit mußte Heinrich seine Träume endgültig begraben, ein Landgut in Mecklenburg zu erwerben, sich dort niederzulassen und von den Zinsen seines Vermögens (damals etwa 33000 Taler im Jahr) zu leben.

»Was habe ich nur falsch gemacht?« – mit dieser Frage wandte Schliemann sich hilfesuchend an seine Freunde J. H. Bahlmann und Wilhelm Hepner. Der Getreidehändler aus Mecklenburg antwortete zurückhaltend: »Das einzig Bedenkliche bei Ihnen ist Ihr unruhiger, lebendiger Geist, dem, ich möchte fast sagen, die Welt zu klein ist.«

Der preußische Konsul in Amsterdam hingegen wurde deutlicher: »Sie werden es mir nicht übelnehmen, daß ich Ihr Wesen nicht gerade bezaubernd halte für Frauen. Vielleicht entbehrt Ihre Frau bisher ungern an Ihnen nur die äußere Liebenswürdigkeit. Wenn Sie also Ihre schroffen Seiten abzuschleifen suchen, wenn Sie besonders in Ihrem Denken und Streben und Sprechen sich Ruhe aneignen, dann werden allmählich Ihre inneren vorzüglichen Eigenschaften zur Geltung kommen.«

MIT 34 BEGINNT EIN NEUES LEBEN

Der Krimkrieg endete zu Schliemanns Leidwesen im März 1856 mit dem Frieden von Paris. Dieser Krieg hatte ihn zum mehrfachen Millionär gemacht. Der nun vierunddreißigjährige Großkaufmann war so reich, daß er sich durchaus zur Ruhe hätte setzen können, aber Schliemann konnte beinahe alles, nur nicht nichts tun. Er befand sich gerade in dem Alter, in dem ein Mann über sein bisheriges Leben nachzudenken beginnt, in dem er Bilanz zieht und zum ersten Mal den Satz sagt: Das kann doch nicht alles gewesen sein?

Sehen wir einmal davon ab, daß Schliemann das Geld, das er bis zu diesem Zeitpunkt verdient hatte, brauchte, um sich sein nachfolgendes Leben leisten zu können, so wurde der wahre Schliemann erst im Alter von 34 Jahren geboren. Heinrich Schliemann setzte sich ernsthaft mit seiner Situation auseinander und kam zu dem Schluß, Geld, das ihm in den vergangenen zehn Jahren seines Lebens so viel bedeutet hatte, sei eben doch nicht alles.

Bis zu diesem Zeitpunkt hatte der erfolgreiche Kaufmann sich vieles vorzustellen vermocht, nur nicht, daß seine Zukunft fernab von Rußland, im Süden Europas liegen könnte. Die Ansicht, Heinrich habe sich schon in jungen Jahren mit dem Gedanken getragen, das antike Troja auszugraben, entbehrt jeder Grundlage. Bis jetzt hatte er bereits mit der ihm eigenen Leichtigkeit ein Dutzend Sprachen gelernt, aber von Griechisch und Latein, die in seinem späteren Leben eine so bedeutende Rolle spielen sollten, war noch nicht die Rede.

Wohl eher aus Übermut brachte er sich in gerade sechs Wochen die neugriechische Sprache bei, zumindest so weit, daß er sich verständlich machen konnte. Während dieser Studien fand er Gefallen am Altgriechischen, der Sprache Homers, und er engagierte Theokletos Vimpos, einen griechisch-orthodoxen Priester, der ihm in dieser Sprache Unterricht erteilte. Drei Monate ackerte sich Schliemann durch die Verse Homers, dann konnte er die »Ilias« im Originaltext lesen.

Aus einem Brief an den Vater, wenige Tage nach Beendigung des Krimkrieges: »... ich möchte so gerne die Länder des südlichen Europas, besonders das Vaterland meines Lieblings Homer besuchen, besonders da ich die neugriechische Sprache wie Deutsch spreche.« Und wenig später schreibt er in Altgriechisch an Carl Andreß, seinen Hauslehrer bei Onkel Friedrich und Tante Magdalena in Kalkhorst: »Nun sind es zwanzig Jahre her, seitdem Sie in Kalkhorst meinen Vetter (Adolph) Griechisch lehrten. Ich war damals zu jung, um Unterricht zu bekommen; aber immer, in meinen schwersten Stunden, hatte ich die göttlichen Hexameter, den Klang der Verse des Sophokles im Ohr. Erst jetzt wird es mir möglich, diese herrliche Sprache zu erlernen, von der ich nur das Alphabet konnte ... Ich will nach Griechenland. Dort will ich leben. Wie ist es nur möglich, daß es eine so herrliche Sprache gibt?«

Das Jahr 1856 wurde entscheidend für Schliemanns späteres Leben. Der kritische Leser seiner Briefe aus diesem Jahr stellt fest, daß in dieser Zeit ein Umdenken stattfindet, man ist sogar versucht zu sagen, eine Änderung seines Charakters.

Bisher kannte Heinrich nur ein Thema: Wie werde ich reich? Nun aber, da er den Reichtum gepachtet zu haben schien, da er allein von den Zinsen seines Vermögens leben konnte, tritt uns ein anderer Mensch entgegen. Ließ er noch im März des genannten Jahres seinen Vater voller Stolz wissen: »Ich gelte hier und in Moskau als der schlaueste, durchtriebenste und fähigste Kaufmann ...«, so ereiferte er sich gegen Ende des Jahres gegenüber Tante Magdalena: »Wissenschaften und besonders Sprachstudium sind bei mir zur wilden Leidenschaft geworden ...« Am deutlichsten wurde Schliemann gegenüber seinem Pensionsvater aus der Schulzeit in Neustrelitz, dem Hofmusikus Carl Ernst Laue, dem er in einem Brief vom 15. Januar 1857 mitteilt, die Leidenschaft für die Wissenschaften sei bei ihm so groß, daß er sich entschlossen habe, seine Geschäfte aufzugeben und sich für »den Rest« seines Lebens den Wissenschaften zu widmen.

Der junge, erfolgreiche Selfmademillionär litt zunehmend unter einem Bildungskomplex, und dieser sollte fortan sein Leben bestimmen. Geld, das ihm in der ersten Hälfte seines Lebens so viel, wenn nicht alles gewesen war, verlor immer mehr an Bedeutung. Schliemann hätte mit dem Erreichten zufrieden sein können; aber da war eben jenes Bildungsdefizit, das dem ohnehin komplexbeladenen Kaufmann nun schmerzhaft bewußt wurde.

Ein Schlüsselerlebnis war die lateinische Rede, die der befreundete Historiker Professor Friedrich Lorentz, Präsident des Kaiserlichen Pädagogischen Instituts von St. Petersburg, zu einem Jubiläum seiner Anstalt hielt. Die mit ciceronischen Formulierungen gespickte Rede lernte der junge Kaufmann voller Begeisterung auswendig; »... aber aus mir selbst eine solche Rede zu schreiben«, klagte er der Tante in Kalkhorst, »... das kann ich nicht und komme auch leider nie dahin, weil mir die Grundlage ganz und gar fehlt. Hätte mich nicht vor 24 Jahren mein unglückliches Schicksal Eurer Fürsorge entzogen, wäre ich ans Gymnasium in Wismar und später auf die Universität gekommen, dann würde ich jene Grundlage haben, und eventuell würde vielleicht etwas Tüchtiges aus mir geworden sein, denn an Anlagen fehlte es mir nicht, jetzt aber bleibe ich mein ganzes Leben lang in wissenschaftlicher Hinsicht nur ein Stümper...«

Lorentz gehörte zu einem kleinen Kreis gebildeter Männer, mit dem der nunmehr bildungssüchtige Kaufmann sich einmal pro Woche in seinem Haus in Petersburg umgab, um kluge Gespräche zu führen. Diese abendlichen Kamingespräche führten Schliemann zwar seinen Mangel an Bildungsdefizit stets aufs neue vor Augen, sie setzten andererseits aber auch ungeheure geistige Energien frei, etwa wenn Heinrich den Vortrag eines der Mitglieder des Zirkels wörtlich aus dem Gedächtnis wiederholte.

AUF DER SUCHE NACH EIN WENIG GLÜCK

Schliemann erwog ernsthaft den Gedanken, mit Lorentz und seiner Familie nach Deutschland zu gehen, dort zu studieren und ein neues Leben zu beginnen. Aber diesem Plan standen Jekaterina und deren Familie entgegen, die ihn strikt ablehnten. Und irgendwo rührte sich in Heinrich doch noch jene Krämerseele, die immer und in jeder Situation ein Geschäft machen wollte.

Kaum hatte er den einen Gedanken verworfen, faßte er einen neuen, ganz anderen. Aus seinen griechischen Schreibübungen, die zum großen Teil erhalten und die vielleicht ehrlicher sind als seine Briefe, geht hervor, daß Schliemann zu dieser Zeit alles hinwerfen und Petersburg und seine Familie verlassen wollte. »Ich halte es nicht mehr aus!« schrieb er in altgriechischer Sprache und beklagte den Bildungsmangel seiner Umgebung. Nach Griechenland wollte er reisen und versuchen, dort zu leben, vielleicht auch wieder nach Amerika. »Werde ich auch da nicht glücklich, dann gehe ich in die Tropen. Vielleicht finde ich dort das Glück, dem ich immer nachgejagt bin...«

Zerfahren, unentschlossen, mit sich und seinem Schicksal hadernd, als sei er ein armer Hund und nicht mehrfacher Millionär, suchte Schliemann nach einem Neuanfang. Wie man sieht, war Heinrich auch mit 35 Jahren noch keineswegs auf sein späteres Lebensziel fixiert. Von Troja jedenfalls ist bis zu diesem Zeitpunkt in keiner seiner Aufzeichnungen die Rede: »Ich möchte einen Griechen als Kommis haben. Er muß aber auch Russisch, Französisch und Deutsch können. Ich habe eine so große Vorliebe für die Nachkommen des Homer und des Sophokles.«

Der überaus erfolgreiche Kaufmann, der instinktiv wußte, wie er sich in Geschäftsangelegenheiten zu verhalten hatte, befand sich in seiner ersten schweren Lebenskrise. Darin unterschied er sich nicht von anderen Männern seines Alters. »... ich kann nicht länger Kaufmann sein«, schreibt er beinahe verzweifelt, »... im Alter, wo andere auf dem Gymnasium lernen, war ich ein Sklave, und erst mit zwanzig kam ich an Sprachen. Darum fehlt mir die Basis und der Grundstock des Lernens. Ein Gelehrter kann ich niemals werden, aber ich will etwas nachholen. Mein Wunsch ist, wirklich einmal zu studieren, und meine Hoffnungen steigen.«

Wäre es nach ihm gegangen, Schliemann hätte 1857 sein Petersburger Handelskontor aufgelöst und an einem anderen Ort, in einem anderen Land neu angefangen; doch dem widersetzte sich der Lyschin-Clan, Jekaterinas einflußreiche Familie. Heinrich, der mit den Direktoren europäischer Großhandelshäuser umging, als handelte es sich um dumme Jungen, der mit Geschäftsfreunden ohne zu zögern um fünf Kopeken feilschte, derselbe Mann wagte keinen Widerspruch, wenn ihm Schwiegereltern, Onkel und Tanten vorschrieben, was er zu tun und zu lassen hatte. Und die Familie Lyschin wünschte, daß Heinrich Schliemann sein Petersburger Großkontor weiterführte.

Dabei hatte er, von seinen persönlichen Motiven einmal abgesehen, ernstzunehmende wirtschaftliche Gründe, die Warentermingeschäfte, den Im- und Export aufzugeben. Im Jahr 1857 kam es zur ersten Weltwirtschaftskrise. Es gab eine nie dagewesene Anzahl von Bankrotteuren. Aber Schliemann bewies wieder einmal den richtigen Riecher. »... Daß das diesjährige Importgeschäft ein überaus verlustbringendes sein würde«, schrieb er an H. J. Merck in Hamburg, »hat sich vollkommen bewährt... Dies alles voraussehend habe ich in diesem Jahr kein Pfund Waren importiert und bin somit der glücklichste und am meisten verdienende aller Importeure, denn ich verdiene jetzt im Stillsitzen die enorme Summe, die ich bestimmt verloren haben würde...«

Anstatt Geschäfte zu machen, die in diesen schlechten Zeiten ohnehin nur Verluste brachten, zog Schliemann es vor, nach Mecklenburg zu reisen. Dort traf er sich mit dem Getreidehändler und Makler J. H. Bahlmann, mit dem er seit Jahren in Briefkontakt stand, um sich auf dem Immobilienmarkt umzusehen. Heinrich klagte Bahlmann sein Leid. Glück und Unglück in Geschäftsangelegenheiten habe er jetzt in reichlichem Maße erlebt. Es gehe einfach über seine Kräfte, diese täglichen Aufregungen länger zu ertragen. Schliemann zu Bahlmann: »Ich gehe moralisch und physisch dabei zugrunde. Könnte ich jetzt noch im Handel Millionen verdienen, ich würde ihn nicht fortsetzen.«

Ehefrau Jekaterina hatte Heinrich ja bereits klargemacht, daß sie ihm nirgendwohin aufs Land folgen würde. Daraufhin faßte Schliemann ein neues Ziel ins Auge. Er bat Bahlmann, Ländereien an der Ostsee ausfindig zu machen, am besten in der Nähe einer großen Stadt wie Rostock. Gewiß, Rostock war nicht St. Petersburg; aber die See, der rege Handel in der Stadt und ein munteres gesellschaftliches Leben würden einen Umzug vielleicht doch nicht so schmerzvoll erscheinen lassen.

Schliemann fragte Bahlmann, wieviel Personal für ein Landgut an der Ostsee erforderlich sei. Am Ende äußerte er die Sorge: »Wird jemand, der gewohnt ist, hier (in Petersburg) zu leben, den Dummstolz des mecklenburgischen Adels ertragen?« Warum Schliemann letzten Endes auch von diesen Plänen Abstand nahm, bleibt unklar.

An Handel und Gewerbe jedenfalls scheint Schliemann nun jegliches Vergnügen verloren zu haben. Die Weltwirtschaftskrise ging auch an ihm nicht spurlos vorüber. Er büßte nach eigenen Angaben 350000 bis 400000 Rubel ein. Dieser Verlust ruinierte ihn nicht, verschluckte aber einen großen Teil seines Vermögens. Seinem alten Freund Lentz aus der Lehrzeit in Fürstenberg gestand der Sechsunddreißigjährige, er habe in den schlimmsten drei Monaten der Krise, zwischen November 1857 und Februar 1858, graue Haare bekommen. »Die Krisis hat mir den Handel zum Ekel gemacht.«

Riskante Spekulationsgeschäfte sind nicht mehr die Sache Schliemanns. Er zieht es nun tatsächlich vor, von den Zinsen seines Vermögens zu leben. Damit verzichtet er zwar auf hohe Gewinne, kann dafür aber ruhig schlafen und sich mehr und mehr den lateinischen und griechischen Schriftstellern der Antike widmen. »Ich Ärmster würde vor Langeweile umkommen«, schreibt er dem befreundeten Konsul und Kaufmann Wilhelm Hepner in Amsterdam, »wenn ich mich mit nichts anderem als mit Handel beschäftigen könnte; ich sehe dies bei vielen Freunden hier, die der Unmut in jetziger unglücklicher Zeit, wo das Geschäft total unter den Füßen liegt, zu den gewagtesten Aktienspekulationen treibt, während ich, mit einem niedrigen Zins für mein Geld höchst zufrieden, ruhig zu Hause sitze und mich bei Übersetzung des Pindar vom Altgriechischen ins Neugriechische tausendmal mehr amüsiere, als ich mich je früher in den glänzendsten Zeiten amüsierte, als Kapitalien verdient wurden ...«

DAS REISEFIEBER EINER RASTLOSEN SEELE

Schliemann wußte vor allem nicht, wie es mit seiner Ehe weitergehen sollte. Um mit sich selbst ins reine zu kommen, beschloß er erst einmal, eine lange Reise zu unternehmen, und daran hinderte ihn auch nicht die Tatsache, daß seine Frau gerade ihr zweites Kind, Natalija, zur Welt gebracht hatte. Schliemann wollte nur fort, so weit weg wie möglich. Also reiste er im November 1858 über Stockholm, Kopenhagen, Berlin, Frankfurt und Baden-Baden nach Italien.

Er machte in Rom und Neapel Station; aber bereits in Sizilien, wo er das Weihnachtsfest verbrachte, kamen ihm Zweifel an seinem Vorhaben. »Das ganze Leben auf Reisen zuzubringen oder es mit Nichtstun in Rom, Paris oder Athen zu verbringen, ist unmöglich für einen Menschen, der – wie ich – daran gewöhnt ist, vom Morgen bis zum Abend praktischer Arbeit nachzugehen«, schrieb er seinem Petersburger Geschäftsfreund Bessow und fragte an, ob dieser bereit sei, mit ihm beziehungsweise seinem Kapital ein neues Handelshaus zu gründen: »Bessow-Schliemann«. Heinrich hielt sich plötzlich für zu alt, um als Wissenschaftler noch einmal von vorne zu beginnen. Nun schwebte ihm eine Zukunft als stiller Teilhaber an einem Handelshaus vor.

Dessenungeachtet setzte er seine Reise fort. Ägypten war sein Ziel. Dort wollte er den Winter verbringen; aber nicht in irgendeinem Hotel, sondern – wie es unter den Reichen gerade en vogue war – auf einem Hausboot auf dem Nil. Der Adel und Finanzmagnaten aus der ganzen Welt gaben sich damals, um die Mitte des vorigen Jahrhunderts, zur Winterszeit ein Stelldichein auf dem Nil. Vor allem Luxor und Assuan mit ihrem trockenen, ewig frühlingshaften Klima waren beliebte Orte, vor denen die Hausboote ankerten.

Heinrich Schliemann nutzte den Ägyptenaufenthalt auf seine Art. Er engagierte einen Sprachlehrer und lernte Arabisch. In Kairo freundete sich Schliemann mit zwei italienischen Abenteurern, den Grafen Giulio und Carlo Bassi aus Bologna an. Er konnte die beiden Brüder dafür begeistern, zusammen mit ihm durch die Wüste nach Jerusalem zu ziehen. Gemeinsam kauften sie auf dem Markt in Kairo drei Reitpferde, zwölf Kamele für das Gepäck und zehn afrikanische Sklaven als Reisebegleiter. Der Wüstenmarsch dauerte 19 Tage und war mit nicht geringen Gefahren durch Wegelagerer verbunden.

In Jerusalem erlebte Schliemann das Osterfest. Dann trennte er sich von seinen italienischen Begleitern, mit denen er jedoch noch viele Jahre in brieflichem Kontakt blieb. Sein Ziel waren die archäologischen Stätten von Petra und Baalbek.

Für einen gewöhnlichen Europäer war die Reise dorthin äußerst gefährlich. Schliemann verkleidete sich deshalb als englischer Kolonialherr, deren Härte gefürchtet war im gesamten vorderen Orient. Drei »echte« Engländer hatten zufällig dasselbe Ziel, und so machte sich eine kleine Karawane auf den Weg.

Aus dem Libanon schrieb Heinrich Schliemann am 26. Mai 1859 an seinen Vater und die Schwestern:

»Ich schreibe Euch dies im Haine der über 4000 Jahre alten Zedern, von denen Salomon das Holz zum Tempelbau nahm. Vier Tage brauchte ich, um das Gebirge bis hier zu übersteigen. Heute war ich den ganzen Morgen im ewigen Schnee. Die Reise nach Petra wurde glücklich vollendet, denn wir machten in Hebron mit dem berüchtigten Räuberhauptmann Abu Dahud einen Kontrakt, daß er uns persönlich nach Petra und längs des Toten Meeres zurück nach Jerusalem bringen mußte ... Petra ist mit seinen Palästen, Theatern und Tausenden von palastartigen Gräbern – alles in dem im herrlichsten Farbenspiel prangenden, Tausende von Fuß hohen Felsen ausgeschnitten – gewiß sehr merkwürdig. Wir besuchten dicht bei Petra, auf dem Berge Aaron, Aarons Grab, auch die Gräber von Abraham, Isaak und Jakob in Hebron. Von Jerusalem ging ich nach Jericho und dem Jordan, in welchem ich badend und überschwimmend beinahe ertrunken wäre, denn mit wüten-

dem Ungestüm tobt der Strom ins Tote Meer. Am Toten Meer besuchten wir die Trümmer von Gomorra und Ingedi ...«

Zurück in Jerusalem verabschiedete sich Heinrich Schliemann
von seinen englischen Begleitern. Er engagierte einen einheimischen Haushälter und zwei Diener. Mit zwei Pferden und drei Eseln
machte sich der Abenteurer erneut auf den Weg. Diesmal führte die
Reise nach Samaria, Nazareth, Kana, Tiberias, zum Berg Karmel,
nach Tyrus, Sidon und Beirut.

Am 30. Mai kam Schliemann in Damaskus an. Anstrengung, Hitze und katastrophale hygienische Zustände hatten den kleinen Mann
geschwächt. Er wurde von einem hartnäckigen Fieber geplagt. Dennoch fuhr Schliemann mit einem Dampfschiff nach Smyrna an der
kleinasiatischen Küste. Von dort reiste er weiter nach Athen.

Hier warf ihn das Fieber aufs Krankenbett. Sechs Tage und
Nächte, berichtete er später, habe er in kritischem Zustand in einem
Hotelzimmer gelegen. Da erreichte ihn ein Brief seines Sekretärs
aus St. Petersburg.

DIE VERGANGENHEIT HOLT IHN EIN

Stepan Solowjew, dem Schliemann sein Petersburger Geschäft verkauft hatte, weigerte sich, die auf vier Jahre verteilte Ablösesumme
in Höhe von 82 000 Silberrubel zu bezahlen und behauptete, die
vorgelegten Wechselpapiere seien von Schliemann gefälscht worden. Die Nachricht wirkte wie ein Schock. Todkrank ließ sich Schliemann in einer Pferdedroschke zum Hafen von Piräus transportieren
und auf einer Bahre zum nächsten Dampfer nach Konstantinopel
bringen. »Der Luftwechsel rettete mich«, schrieb er an Konsul Wilhelm Hepner, »und schon halb gesund kam ich in Konstantinopel
und ganz gesund in Sulina an, wo es die Donau hinauf bis Budapest
und weiter nach Prag und Stettin ging ...«

Es war noch Sommer, als Heinrich Schliemann nach St. Petersburg zurückkehrte. Aber die Stadt, der einst seine ganze Liebe gegolten hatte, gefiel ihm nun auf einmal nicht mehr. Sie war ihm
fremd geworden. Jekaterina begegnete ihm kühler als je zuvor, und
alle Versuche, die gescheiterte Ehe zu retten, schlugen fehl.

In dem Prozeß, den er gegen Solowjew anstrengte, ging es

Schliemann in der Hauptsache um seine Ehre. Wie sich heraus-
stellte, liefen die Geschäfte des Nachfolgers weit weniger gut als
unter Schliemanns Leitung, und Solowjew hielt deshalb die Hälfte
der Ablösesumme für angemessen. Doch Heinrich bestand auf Einhaltung der Verträge und erhob Anklage. Zwar gewann er den Prozeß vor dem Handelsgericht, doch Solowjew ging in die Berufung,
bestach mehrere Gerichtssekretäre und erreichte auf diese Weise
eine Verschleppung des Verfahrens. Diese Manöver nahmen beinahe zwei Jahre Zeit in Anspruch und machten die Anwesenheit
Schliemanns in Petersburg erforderlich. Aus Langweile und zur
Zerstreuung machte er Geschäfte, kaufte 15 000 Ballen amerikanische Baumwolle und verschiedene andere Waren für zweieinhalb
Millionen Silberrubel und verzeichnete erneut respektable Gewinne. Aber, berichtete er J. H. Bahlmann, das große Geschäft bereite
ihm einfach kein Vergnügen mehr.

Die Pflicht des Chronisten gebietet zu vermelden, daß Jekaterina
Schliemann im Jahre 1861 ein drittes Kind, die Tochter Nadeschda,
zur Welt brachte. Eigenartigerweise nahm Schliemann zu dem Ereignis in keinem seiner zahllosen Briefe Stellung. Das war bei der
Geburt der ersten Tochter Natalija freilich genauso gewesen.

Anders als in seinem späteren Leben gebärdete sich Schliemann
in seiner Petersburger Zeit keineswegs als Salonlöwe. Obwohl von
hohem sozialem Ansehen – 1861 wurde er ehrenamtlicher Handelsrichter, 1864 Kaufmann erster Gilde –, bereitete ihm das gesellschaftliche Leben wenig Vergnügen. Ehefrau Jekaterina zeigte sich nie mit
ihm in der Öffentlichkeit. Sein Tagesablauf wurde von Terminen eingeengt: Den Montag und Donnerstag nahm seine Aufgabe als Handelsrichter in Anspruch, die übrigen Werktage seine Handelstätigkeit.

Schliemann war ein Frühaufsteher. Bereits um sieben Uhr verließ er das Haus und begab sich zunächst in den Turnklub, eine Art
Fitness-Center, in dem vor allem Gymnastik betrieben wurde. »Das
Klima und unser sitzendes Leben«, meinte er, »verlangen einfach
um jeden Preis Bewegung.« Um 8 Uhr 30 begann der Tag im Kontor. Bis 10 Uhr Erledigung der Inlandspost, bis 10 Uhr 30 Auslands-
post. Danach Besuche und Gesprächstermine bis 14 Uhr. Kurze Mittagspause mit kleiner Mahlzeit. 15 Uhr 30 bis 17 Uhr Börse.

Die Abende verbrachte Schliemann in der Hauptsache mit Briefeschreiben oder dem Sprachenstudium. Freizeitvergnügungen blie-

ben dem Samstagnachmittag und Sonntag vorbehalten: Schliemann war Mitglied der »Schlittschuhgesellschaft« und besaß ein feuriges Reitpferd, mit dem er im Winter noch bei 20 Grad minus ausritt. Im Sommer gehörte Schwimmen zu seinen liebsten Betätigungen.

Trotz sportlicher Ertüchtigung fühlte Schliemann sich mit 41 Jahren wie ein alter Mann, ausgelaugt und, was sein Lebensglück betraf, ohne Zukunft. »Minchen«, wendet er sich hilfesuchend an seine Schwester Wilhelmine (Brief vom 13.3.1863), »die mit dem Geschäftsgewühle verknüpften Sorgen und oft übermenschlichen Anstrengungen... untergraben meine Gesundheit. Bei meinem hitzigen Charakter kann ich viel leisten, aber die Leistungen erfordern einen Zustand beständiger Aufregung, welcher mich entnervte und mich früh zum alten Mann machte.«

Und dann macht er sich Gedanken über seine Zukunft: »Außerdem glaube ich, daß ich, seitdem ich von der Reise im Orient und in Spanien zurück bin, mein Vermögen verdoppelte und bis Ende des Jahres noch dazu verdienen werde. Übergeben kann ich meine Geschäfte an niemand, denn alles ist für eigene Rechnung, und ich habe zu *keinem* das nötige Vertrauen, Vollmacht zu erteilen. Ich bin daher nach reiflicher Überlegung entschlossen, Ende des Jahres anzufangen zu liquidieren, und hoffe, bis zum Frühjahr 1864 so weit zu kommen, daß ich meine Geschäfte an einen hiesigen Bankier zur finalen Abwicklung übergeben kann. Ich glaube jetzt nicht mehr von Petersburg zu ziehen, werde aber, sobald ich frei bin, viel reisen und hoffe, Dich dann recht oft zu besuchen. Du erinnerst Dich, daß ich schon 1858 liquidiert hatte und nur Ende 1859 meine Geschäfte wieder fortsetzte, weil ich, um meine Ehre zu retten, gezwungen war, so lange hier zu bleiben, als die Prozesse dauern würden, und um während der Zeit etwas zu tun zu haben, fing ich den Handel wieder an. So kann ich sagen, daß ich alles seit Ende 1859 Verdiente nur den Prozessen zu verdanken habe.«

Schliemann gewann die Revision seines Prozesses. Aber die Welt, die St. Petersburg einst für ihn gewesen war, kam deshalb nicht wieder in Ordnung. Sie war bereits untergegangen. Längst hatte Heinrich einen Rechtsanwalt aufgesucht und sich erkundigt, welche Möglichkeiten es gäbe, die russisch-orthodoxe Ehe zu scheiden. Die Antwort: keine – es sei denn irgendwo im Ausland. In Rußland selbst habe eine im Ausland vorgenommene Scheidung jedoch keine Gültigkeit.

Damit stand für Schliemann fest: Wollte er sich von Jekaterina trennen, so hatte er in Rußland keine Zukunft. Aber ihm fehlte der Schwung für einen Neubeginn. Gewiß, ihm spukte vieles im Kopf herum, ein Leben nach Gutsherrenart in Mecklenburg, ein Leben für die Wissenschaft (übrigens zu diesem Zeitpunkt noch nicht für die Archäologie) oder ein Leben als Reiseschriftsteller.

Schließlich entschied er sich erst einmal fürs Reisen. Mit dem ihm eigenen Hang zum Monumentalen und Pompösen dachte Schliemann nicht an eine Reise in eine Region im Süden oder Westen, sie sollte auch nicht nur ein paar Wochen oder gar Monate dauern, nein, die Reise sollte einmal um den Erdball gehen und knapp zwei Jahre in Anspruch nehmen.

IN 20 MONATEN UM DIE WELT

Es scheint, als wollte Schliemann seine ganze Vergangenheit hinter sich lassen, als wollte er sich aus den Verstrickungen seines bisherigen Lebens befreien. Er kündigte sogar an, nie mehr nach Rußland zurückzukehren; dabei wußte er gar nicht, wo er überhaupt seßhaft werden könnte. Er war nicht einmal sicher, ob er dieses Abenteuer überleben würde. Deshalb verfaßte er sein Testament und hinterlegte es bei Schröder in London mit der Maßgabe, dieses zu öffnen, wenn sechs Monate von ihm keine Nachricht eingegangen sei.

Im April 1864 begab sich Schliemann zunächst zur Kur nach Aachen. Frisch gestärkt brach er von dort am 25. Mai auf in Richtung Genua. Aus seiner Autobiographie, siebzehn Jahre später niedergeschrieben:

»So reiste ich … nach Tunis, nahm die Ruinen von Karthago in Augenschein und ging von dort über Ägypten nach Indien. Der Reihe nach besuchte ich die Insel Ceylon, Madras, Kalkutta, Benares, Agra, Lucknow, Delhi, das Himalaya-Gebirge, Singapur, die Insel Java, Saigon in Cochinchina und verweilte zwei Monate in China, wo ich nach Hongkong, Kanton, Amoy, Futschou, Shanghai, Tientsin, Peking und bis zur Chinesischen Mauer kam.«

Schliemann reiste ziemlich planlos, was überhaupt nicht seinem Naturell entsprach. Er hatte nur zwei Ziele im Auge, von denen er schon seit jungen Jahren träumte: China und Japan. Beide Länder

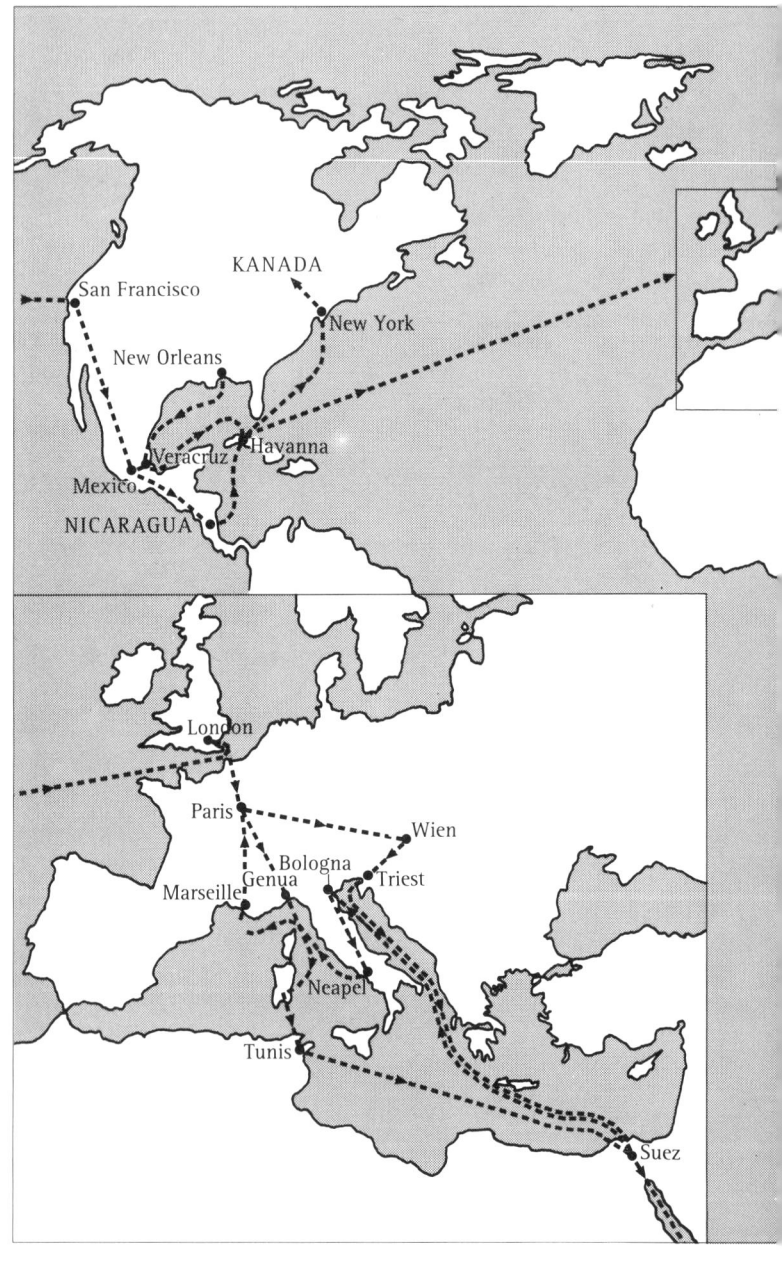

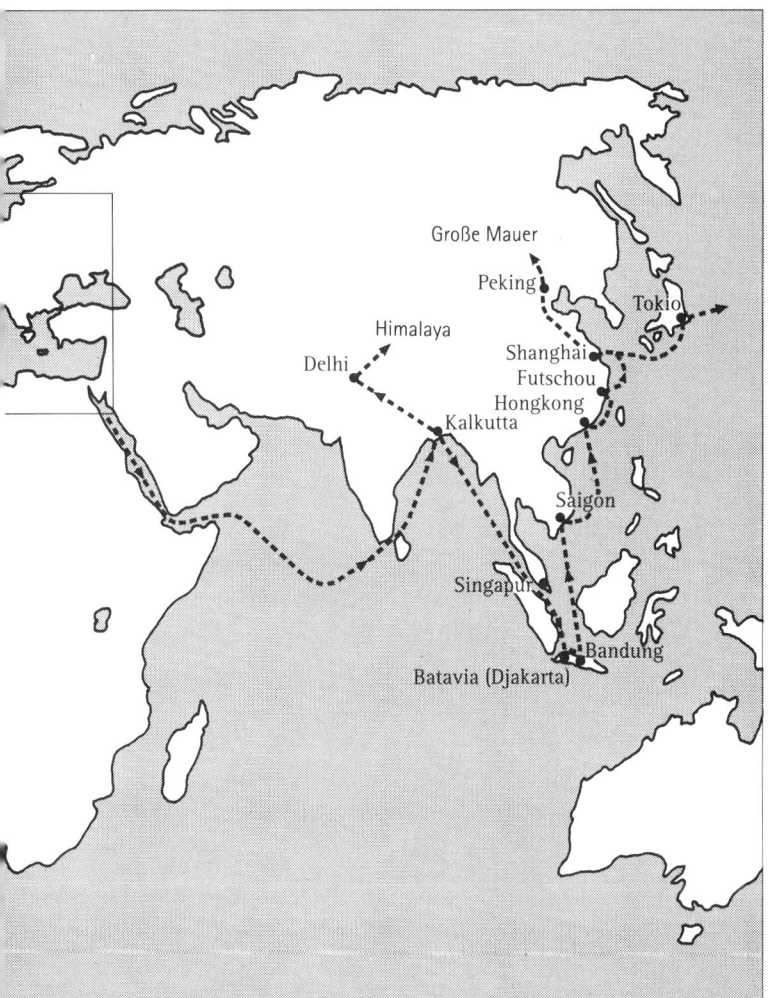

Schliemanns Weltreise (1864–1866)

umgab im vorigen Jahrhundert noch etwas Geheimnisvolles, Unnahbares. Eine Reise dorthin war mehr als ein Abenteuer, es war ein Wagnis, das eingehender Vorbereitung und einer Schar von Begleitern bedurft hätte. Insofern handelte der alleinreisende Schliemann äußerst leichtsinnig; und er tat es bewußt, so als wollte er sein Schicksal herausfordern.

Penibel wie ein Buchhalter führte er Tagebuch. Mit Thermometer, Metermaß und Waage im Gepäck machte er oftmals langweilige, baedekerhafte Aufzeichnungen und gab sich in seinen Erklärungen bisweilen wie ein Schulmeister für dumme Europäer. Kosten und Preise spielten bei den Notizen eine ebenso große Rolle wie Sitten und Gebräuche der fremden Völker.

An Bord eines englischen Handelsschiffes erreichte der Weltreisende am 13. Dezember 1864 Kalkutta. Nach Delhi, dem nächsten Ziel, verkehrte bereits eine Eisenbahn, aber die Fahrt dorthin nahm mehr als zwei Tage und Nächte in Anspruch und war mit mannigfaltigen Gefahren verbunden. In Delhi angelangt, engagierte Schliemann einen Diener und Führer, der ihm Moscheen und Paläste zeigte; doch lange hielt er sich nicht auf in der Stadt. Im Norden lockten die schneebedeckten Gipfel des Himalaya.

Auf Eselsrücken gelangte Heinrich Schliemann in das Dorf Landur, 2300 Meter über dem Meeresspiegel gelegen. Beim Anblick von sechs- bis siebentausend Meter hohen Bergen geriet der Weltenbummler ins Schwärmen: »Mehr als zwei Stunden blieb ich auf der höchsten Stelle in Landur, sah bald zurück, bald nach vorne. Meine Augen konnten sich nicht satt sehen, der Ausblick in die Landschaft war zu mächtig, zu erhaben...«

Zurück vom Himalaya machte Schliemann drei Tage in Benares Station, wo er den Ganges hinauf- und hinabfuhr. An den Ufern standen viele tausend Menschen im Wasser. Sie beteten und verrichteten mit Hingabe die heiligen Waschungen. Auf öffentlichen Verbrennungsplätzen wurden Tote verbrannt, die Armen mit Hilfe von getrocknetem Kuhmist, die Reichen mit kostbarem Holz. Nie sah er einen größeren Kontrast zwischen Arm und Reich: Kinder, die auf der Straße schliefen, und reiche Damen mit großen, goldenen, edelsteinbesetzten Ringen im Ohr, an Ober- und Unterarmen und an den Fußfesseln. Der Tempel der Göttin Druga wurde von 300 heiligen Affen bevölkert, und auf den Treppen zum

Ganges saßen Brahmanen in leuchtenden Gewändern. Sie murmelten fromme Gebete und verteilten Blumen und Kränze an das Volk.

Von Indien führte Schliemanns Reiseroute Richtung Java. Nach dreieinhalbwöchiger Seefahrt auf einem Dampfschiff von Kalkutta aus traf Heinrich am 19. Februar 1865 in Batavia (Djakarta) ein. Die Blütenpracht der Insel und ihre üppigen Plantagen – von Tee, Reis und Indigo – setzten ihn in Erstaunen. Ein Ritt auf den 3000 Meter hohen Vulkan Gedeh hatte schwerwiegende Folgen. Fieberanfälle und Schmerzen im Ohr machten eine Ohrenoperation erforderlich, bei der eine Wucherung entfernt wurde. Dieses Ohrenleiden sollte Schliemann ein Leben lang plagen.

An einen Genesungsurlaub wollte Schliemann nicht denken. Er nahm das nächste Schiff nach Hongkong und kam dort am 1. April an. Hongkong gehörte in jener Zeit zu China. Alle Häuser hatten nur zwei Stockwerke, die Landeswährung bestand noch aus gelochten Münzen, die man, auf Schnüren gereiht, mit sich führte. Aber der Handel blühte schon damals. In den Straßen hing der Duft von Muscheln, Krebsen und exotischen Meeresfrüchten, die in öffentlichen Garküchen zubereitet und für wenig Geld verkauft wurden. Wer auf sich hielt, drängte sich nicht zu Fuß durch das Menschengewirr, sondern ließ sich in einer Sänfte tragen. Unzählige dieser Tragegestelle mit zwei, vier und noch mehr Trägern versperrten sich gegenseitig den Weg.

Schliemann warf in China sogar auf die Frauen des Landes ein Auge. Sie seien, notierte er in sein Tagebuch, stark geschminkt gewesen an Wangen, Lippen und Augenbrauen und hätten ihr schwarzes Haar kunstvoll aufgetürmt. Dazu trugen sie dunkle Hosen, gelbe oder rote Jacken oder ein blaues Oberkleid. »Ihr Mund scheint, was das kleine Ausmaß betrifft, mit den Zwergenfüßen zu wetteifern, die in schwarzseidenen Schühchen mit dicken, weißen Sohlen eingeengt sind.«

IM CHINESISCHEN THEATER VON SHANGHAI

Auf dem Seeweg ging es weiter nach Shanghai, der damals wohl faszinierendsten Stadt in China. Nur selten schilderte Schliemann persönliche Erlebnisse, durch die ein Reisebericht erst lebendig wird. Eine Ausnahme bildet sein Theaterbesuch in Shanghai im Frühjahr 1865:

»Am 28. Mai abends besuchte ich mit Herrn Michel, dem Besitzer des ›Hôtel des Colonies‹, in dem ich wohne, das große chinesische Theater. Wir mußten jeder einen Piaster bezahlen und dazu anderthalb Piaster für die drei Diener, die wir mitgenommen hatten. Die Vorstellung beginnt hier halb zwölf und endet erst gegen halb sechs oder sechs Uhr morgens. Der große Saal, siebenundzwanzig Meter breit und dreißig lang, war von sechzig Horn- und Glaslaternen beleuchtet, dazu von etwa zwanzig Kronleuchtern, auf denen große Kerzen aus rotem Talg brannten; diese Kerzen waren oben etwa zwei Zoll dick, unten aber nur halb soviel. Um jede Laterne hingen sechs Quasten aus roter Seide. Das Theater faßt 320 Personen, aber da die Zuschauer nur nach und nach kamen, war der Saal erst gegen ein Uhr morgens voll.

Ein festes Programm gab es nicht. Statt dessen zeigte ein Mann, der wohl zur Schauspielertruppe gehörte, jedem Zuschauer ein Stück Elfenbein, neunzig Zentimeter lang und vierzehn breit, auf dem die Theaterstücke geschrieben standen, die man spielen wollte; gleichzeitig präsentierte er aber auch noch ein Buch mit hundertfünfzig Blättern aus blauer Seide, auf denen dreihundert Stücke verzeichnet waren, die die Schauspieler konnten. Jeder Zuschauer hatte das Recht, gegen die Extrazahlung von einem Piaster eines davon auszuwählen und es anstelle eines Stückes der Elfenbeintafel spielen zu lassen. Tatsächlich fanden sich denn auch in ein paar Minuten acht chinesische Kaufleute mit langen Zöpfen, die acht Piaster zahlten und die acht Stücke des eigentlichen Programms gegen sechs Komödien und zwei Dramen ihrer Wahl austauschen ließen ...«

Berücksichtigt man die Verkehrsverhältnisse des Jahres 1865, hetzte Schliemann geradezu wie von Furien gejagt durch den Fernen Osten. Haupttransportmittel war das Schiff, aber auch der Pferdewagen und Eselsrücken: Singapur, Djakarta, Bandung, Saigon, Hongkong, Futschou, Shanghai, Peking, landeinwärts zur Großen Mauer, zurück nach Peking und Shanghai.

Im Maultierkarren erreichte Schliemann die chinesische Hauptstadt Peking. Und die hatte er sich ganz anders vorgestellt: »Ich glaubte im Innern der Stadt Wunder über Wunder zu begegnen, aber ich hatte mich furchtbar getäuscht. Da es in Peking keine Hotels gibt, ausgenommen die abstoßend schmutzigen Herbergen für Reisende, nahm ich Aufenthalt in einem Buddhatempel ...«

Ob diese Aussage den Tatsachen entspricht, sei dahingestellt. Schliemann bewunderte die Breite der Straßen Pekings, für ihren Zustand hatte er jedoch nur abschätzige Worte übrig. »Es gibt kaum eine Straße, in der nicht mehr oder weniger zum Teil oder ganz zerfallene Häuser stehen. Da aller Schmutz und Abfall auf die Straßen geworfen wird, sind sie voller Hügel und Gräben, und immer wieder weisen sie so tiefe Löcher auf, daß man sie selbst zu Pferd nur mit größter Vorsicht umgehen kann ...«

Ständig sah sich Schliemann von nackten oder in Lumpen gehüllten Bettlern verfolgt. Andere sammelten in den zahlreichen Abfallhaufen Brauchbares, wozu sogar kleinste Papierfetzen oder abgebrannte Kohlestücke gehörten. Über dem Ganzen hing ein unbeschreiblicher Lärm, das Kläffen herrenloser Hunde, Eselsgeschrei und das Blöken der langhaarigen mongolischen Kamele, die, an den Nasenlöchern aneinandergebunden, in Karawanen bis zu siebzig Tieren durch die Straßen zogen.

Schliemann begegnete Verbrechern mit einem Brett um den Hals, einen Meter im Quadrat, auf dem ihre Schandtaten aufgezeichnet waren sowie die Dauer der Strafprozedur. Die Bretter hinderten die Verurteilten an der Nahrungsaufnahme von eigener Hand. Sie waren auf die Mildtätigkeit ihrer Mitmenschen angewiesen.

So rüde die Chinesen mit Kriminellen umgingen, so ehrerbietig behandelten sie ihre Toten. Schliemann sah den Leichenzug eines einfachen Krämers, der in einem vier Meter langen Sarg von vierzig Kulis zu Grabe getragen wurde. Dem Zug voran schritten hundertzwanzig Kulis mit weißen und himmelblauen Fahnen, gefolgt von den Trauergästen und zwölf Musikanten mit Trommeln und Gongs und zweiundsiebzig weiteren Kulis mit goldenen Tragestangen.

»Unterwegs«, schreibt Schliemann in seinem Reisebericht, »kam ich am Palast des Kaisers vorbei, der nicht weniger als zwölf Kilometer Umfang einnimmt und mit einer acht Meter hohen Mauer umgeben ist. Niemand außer den zum Palast gehörenden Würden-

trägern ersten Ranges darf den Palast betreten. Es wäre daher zu-
treffender, diesen ummauerten Ort nicht als Palast, sondern als Ge-
fängnis des Kaisers zu bezeichnen, denn die Gewohnheiten und
Sitten des Landes erlauben ihm nicht, diesen jemals zu verlassen.«

ALLEIN AUF DER CHINESISCHEN MAUER

Das größte Bauwerk der Erde, die Chinesische Mauer, erweckte
Schliemanns besonderes Interesse. Da sie weit entfernt von allen
Reiserouten lag, bedeutete jedes Vordringen an die Mauer ein nicht
unerhebliches Risiko. Schließlich warb der beherzte Weltenbummler einen chinesischen Führer an, freilich keinen besonders muti-
gen, wie sich bald herausstellen sollte. Zu Pferde und mit einem
zweirädrigen Maultierkarren machten sie sich auf den Weg in Richtung Norden.

In den Bergen an der Grenze zur Mandschurei wurde deutlich,
warum die Leute in Peking vor einer Reise in die Gegend gewarnt
hatten: Die meisten Bewohner der hochgelegenen Gebirgstäler
hatten noch nie einen Europäer gesehen. »Ein bekleideter Orang-
Utan oder Gorilla in den Straßen von Paris«, notierte Schliemann
in seinem Reisebericht, »würde nicht weniger Neugierde und
Staunen hervorrufen als meine Erscheinung unter diesen Gebirgs-
bewohnern.«

Eine unübersehbare Menschenmenge umringte den europäischen Abenteurer, als er in einem kleinen Ort Quartier nehmen
wollte, und selbst als er sich zur Nacht auf sein Zimmer zurückzog,
wurde er noch von siebzig Neugierigen belagert, die zum Teil die
papierenen Fensterscheiben zerrissen und durch die Fenster ein-
stiegen, um den Mann mit kurzgeschorenen Haaren zu betrachten,
der – das hatte sich wie ein Lauffeuer verbreitet – mit einer Feder
von links nach rechts schrieb und nicht mit einem Pinsel von oben
nach unten.

Ohne seinen Begleiter, der angesichts tiefer Abgründe schnell
kapitulierte, bestieg Heinrich Schliemann am folgenden Tag die
Chinesische Mauer, zum Teil »auf allen vieren kriechend«. Das gigantische Bauwerk, sechs bis acht Meter dick und acht bis zwölf
Meter hoch, verlief auf Felsgraten und war kaum zu erklimmen.

Nach fünfeinhalb Stunden hatte er endlich einen der Mauertürme erreicht.

Die Aussicht von oben ließ ihn alle Mühen des Aufstiegs vergessen. »Ich habe«, geriet er ins Schwärmen, »prachtvolle Ausblicke erlebt; von der Spitze der Vulkane auf der Insel Java und den Gipfeln der Sierra Nevada in Kalifornien, von den Bergriesen des Himalaya in Indien und den Hochplateaus der südamerikanischen Kordilleren – aber nichts läßt sich mit dem großartigen Bild vergleichen, das sich hier vor meinen Augen ausbreitete.«

Über Peking kehrte Schliemann schließlich nach Shanghai zurück. Er nahm das nächste Dampfschiff nach Japan und ging am 5. Juni in Yokohama an Land, wo er im Kolonialhotel abstieg. Die Stadt mit ihren Schotterstraßen schien ihm nach all dem, was er in Peking gesehen hatte, nicht sonderlich bemerkenswert. Dafür zeigte er sich fasziniert von den japanischen Sitten und Gebräuchen, der Einheitsfrisur der Männer und der aufwendig gearbeiteten Haarpracht der Japanerinnen. Mit Verwunderung nahm er die Freizügigkeit zwischen den Geschlechtern zur Kenntnis: »Die Tatsache, daß in der japanischen Sprache das Geschlechtswort fehlt, um den Unterschied zwischen männlich, weiblich und sächlich auszudrücken, scheint hier im täglichen Leben in die Praxis umgesetzt zu sein, denn von morgens bis abends sind alle öffentlichen Bäder voll von wirrem Durcheinander beider Geschlechter in jedem Alter im einzigen Kostüm unserer Vorfahren, bevor sie in den fatalen Apfel gebissen hatten ...«

Die Hauptstadt Tokio trug damals noch den Namen Yedo und führte den Status einer verbotenen Stadt. Doch gerade dieses Verbot reizte Schliemann, und es gelang ihm unter Vermittlung des amerikanischen Konsuls einen für drei Tage gültigen Erlaubnisschein zum Betreten Yedos zu erhalten. Allerdings konnte Schliemann sich dort nicht frei bewegen. Er wurde ständig von fünf berittenen Polizeibeamten und sechs Pferdeknechten begleitet. »Ich bin hier in Yedo ganz und gar wie ein Gefangener«, klagte Schliemann; doch für die Bewachung des Fremden gab es gute Gründe. Wenige Jahre zuvor hatten Fanatiker unter Ausländern ein Blutbad angerichtet, und nach diesem Vorfall hatten alle ausländischen Diplomaten Yedo verlassen.

Schliemann kümmerten diese Umstände wenig. An Mut hat es

dem kleinen Mann nie gefehlt. Wißbegierig eilte er durch die Hauptstadt, besichtigte Teegärten, Baumschulen und Zuchtgärten für Seidenraupen, die großen Warenhäuser der Stadt und – gegen den Willen seiner Bewacher – das große Theater »Taisibaya«, ein zweistöckiges Holzgebäude für sechs- bis achttausend Zuschauer, aber ohne einen einzigen Stuhl oder Sessel.

Nach drei Tagen kehrte der Weltenbummler nach Yokohama zurück. Er hatte sich insgesamt drei Wochen in Japan aufgehalten. »Hier«, resümierte er über das Land der aufgehenden Sonne, »erkennt man aber, daß alle Bedürfnisse, die wir in Europa für unabdingbar ansehen, rein künstlichen Ursprungs sind...«

Für einen Reisenden war es damals beinahe unmöglich, von Japan nach Kalifornien zu gelangen. Zwischen dem Fernen Osten und dem Westen Amerikas gab es keine Personenschiffahrt. Daher bestieg Schliemann am 4. Juli 1865 ein englisches Handelsschiff, einen kleinen 160-Tonnen-Segler mit Namen »Queen of the Avon«. Ziel: San Francisco.

Die Überfahrt dauerte ganze fünfzig Tage und war mit großen Unbequemlichkeiten verbunden. Schliemann schlief in einer Kajüte, die 2 x 1,3 Meter groß und mit einem Bettkasten, einer Kommode und einer Waschschüssel möbliert war. Aber anders als bei seiner ersten Amerikareise beklagte er sich nicht über die primitiven Zustände an Bord. Es scheint, als hätte er in Japan Demut und Bescheidenheit gelernt.

Die fünfzig einsamen Tage an Bord der »Queen of the Avon« wurden von Heinrich Schliemann zur Niederschrift eines Reiseberichts in französischer Sprache genutzt: »La Chine et le Japon au temps présent« (China und Japan in heutiger Zeit). Offenbar war Schliemann bereits zur Zeit der Pazifiküberquerung fest entschlossen, das Manuskript in Paris zu veröffentlichen und dort auch die nächsten Jahre seines Lebens zu verbringen.

Dauerhaft prägende Eindrücke hat die Weltreise von 1864 bis 1866 bei Schliemann nicht hinterlassen, sieht man einmal davon ab, daß er sich während dieser Zeit über eines klar wurde: Er wollte sein künftiges Leben der Wissenschaft widmen.

In seiner später verfaßten Autobiographie räumt Schliemann dem japanischen Abenteuer, der fünfzigtägigen Überquerung des Pazifik, der Weiterreise von San Francisco über Nicaragua, Mexico und Havanna und der Ankunft in Paris im Januar 1866 keine zwanzig Druckzeilen ein. Er betrachtete die Weltreise nur als ein Intermezzo.

Sein neues, sein wahres Leben sollte erst jetzt beginnen, im Jahre 1866 in Paris.

V
DER SPÄTE STUDENT
UND DIE LIEBE

Sei ruhig, ich werde nie mehr versuchen, Dich zu umarmen.
Nur als die Mutter meiner geliebten Kinder werde ich Dich lieben, aber dies
wird platonisch bleiben.

Heinrich Schliemann an Ehefrau Jekaterina

Ich reise außerordentlich gern mit einer Dame von Welt, aber ich kann
mir nichts Langweiligeres vorstellen als eine Reise mit einer Heiligen, die sich viel
besser für das Kloster als für das große Welttheater eignet.

Heinrich Schliemann an Cousine Sophie

Am 1. Februar 1866 schrieb sich an der Pariser Sorbonne ein Student ein.

Name:	Schliemann
Vorname:	Heinrich
Geboren:	6. Januar 1822 in Neubukow
Wohnhaft:	Paris, Place St. Michel, Nr. 6
Staatsangehörigkeit:	russisch
Familienstand:	verheiratet
Studienfächer:	1. »Französische Dichtung des 16. Jahr-hunderts«.
	2. »Arabische Sprache und Dichtung« (Prof. Defreméry, Collège de France, unter Benutzung der Chrestomathie von Kosegarten).
	3. »Griechische Philosophie« (Prof. Ch. Lévêque, Coll. de France).
	4. »Griechische Literatur« mit Besprechung von Sophokles' »Aias« (Prof. E. Egger).
	5. »Petrarca und seine Reisen« (Prof. Mézières, Fortsetzung eines Kurses).

6. »Vergleichende Sprachwissenschaft«
(grammaire comparée) (Prof. Michel Bréal)
7. »Ägyptische Philologie und Archäologie«
(philologie et archéologie égyptienne)
(Vic. de Rougé).
8. »Langue et littérature française moderne«,
besonders Montaigne (Prof. Guillaume Guizot).

Heinrich Schliemann hatte den Vorsatz gefaßt, nach dem Abschluß seiner Weltreise etwas völlig Neues zu beginnen. Er war nicht mehr nach St. Petersburg zurückgekehrt, sondern hatte an der Place St. Michel ein herrschaftliches Stadthaus erworben und für eine Summe von rund 40 000 Francs im Stil der Zeit eingerichtet. So begann ein in seiner Art sicher einzigartiges Studentenleben.

Es war dies nicht der Spleen eines übermütigen Millionärs, der sich kostspielige Eskapaden leisten konnte, Schliemann meinte es durchaus ernst mit seinem Studium. Er strebte danach, das Bildungsdefizit, das ihn seit seiner verpfuschten Kindheit quälte, endlich zu beseitigen. Sicher, es gab keine andere Stadt auf der Welt, die zu dieser Zeit so viel Abwechslung und Zerstreuung bot für einen Mittvierziger wie Heinrich Schliemann. Aber es klingt glaubhaft, wenn der Studiosus kurz nach Studienbeginn an seine Schwester Doris schreibt: »... Paris mit allen Herrlichkeiten hat keinen Reiz für den Reisenden, der die Welt umschifft und die Wunder Indiens, der Sunda-Inseln, Cochinchinas, Chinas, Japans, Mexicos usw. gesehen hat. Was mich hier interessierte und zurückhält, sind die Vorlesungen der großen Professoren in der Universität über Literatur, Philosophie, Hieroglyphenschrift usw. und außerdem die Museen und Theater, denn nichts so Erhabenes findet man anderswo in der Welt ...«

Unerwartet schnell allerdings mußte der ehrgeizige Student, ein Naturtalent, wenn es um das Erlernen von Sprachen ging, erkennen, daß die Musen von Kunst und Wissenschaft sich bisweilen spröde verhalten und von ihren Jüngern vollen Einsatz verlangen. Doch studentisches Büffeln und systematisches Lernen war nie Schliemanns Sache gewesen, und so besuchte er zwar fleißig alle Vorlesungen, aber dabei blieb es und somit auch bei seinem bescheidenen Bildungsstand.

Der Weltenbummler zog es vor, die Niederschrift seiner Weltreise in Buchform zu bringen. Er glaubte, damit ein wissenschaftliches Buch vorlegen zu können, doch es war alles andere als das. »La Chine et le Japon au temps présent«, 221 groß gedruckte Seiten in kleinformatigem gelben Karton, verlegt bei Librairie Centrale Paris, Boulevard des Italiens 24, war ein leicht, stellenweise unbeholfen geschriebener Reisebericht, mehr nicht, aber auch nicht weniger. Schließlich war der Ferne Osten im letzten Drittel des vorigen Jahrhunderts noch weitgehend Terra incognita und daher von großem allgemeinen Interesse. Zum Leidwesen des Verfassers wurde das Büchlein jedoch nur in verschwindend geringer Stückzahl verkauft. Es gilt heute als eine bibliophile Kostbarkeit.

Schliemann hatte sein Buch in französischer Sprache geschrieben und wollte es auch in Deutsch herausbringen. Zur Übersetzung fehlte ihm die Zeit, aber auch die Lust, und er erinnerte sich seines alten Privatlehrers Carl Andreß, mit dem er noch immer korrespondierte, und zwar ausschließlich in lateinischer Sprache. Heinrichs früherer Pensionsvater in Neustrelitz, Carl Ernst Laue, hatte ihn wissen lassen, daß es um Andreß ziemlich schlecht bestellt war: »... wenn man den armen Menschen mit seinen abgeschabten Kleidern und seinem bleichen Gesicht, in dem sich die größte Not, vielleicht sogar Hungersnot ausspricht, so gebückt und so einsam und verlassen auf der Straße gehen sieht, so tut einem wirklich das Herz im Leibe weh ...«

Der reiche Studiosus erkundigte sich umgehend und natürlich in Latein bei Andreß nach dessen Befinden und erhielt die jammervolle Antwort: »Quodsi aliqua ex parte ad levandam tristem meam conditionem conferre poteris ...« (Wenn Sie irgendwie zur Erleichterung meiner traurigen Lage etwas beisteuern könnten, sollen Sie vielen Dank dafür haben. Leben Sie wohl, und bleiben Sie mir gewogen).

Schliemann, dem immer ein besonderer Sinn fürs Zweckmäßige zu eigen war, beauftragte den armen Andreß mit der Übersetzung seines Manuskriptes ins Deutsche und zahlte ein großzügiges Honorar.

Frei, begütert und scheinbar sorglos verlebte der späte Student in Paris eine glückhafte Zeit. An den preußischen Generalkonsul in Amsterdam, Wilhelm Hepner, schrieb er euphorisch: »Ich fühle mich, ferne von Börse und Handel, im eifrigen Bestreben, mich in den Wissenschaften zu vervollkommnen, so überaus glücklich, daß ich nicht im entferntesten daran denke, jemals wieder Kaufmann zu werden.«

In Wahrheit sind auch Schliemanns Studentenjahre nichts anderes als eine Flucht vor der eigenen Vergangenheit und ihren ungelösten Problemen. Natürlich will er nicht mehr zurück in seinen nervenaufreibenden Beruf. Vor allem aber will er nicht mehr zurück nach St. Petersburg, wo ihm eine frustrierte Ehefrau mit Kälte und ständigen Vorwürfen ob seiner Lebensweise entgegentritt. Dabei liebt er diese kühle, unnahbare Frau, die aus jeder körperlichen Berührung ein Problem macht, auf seine Weise noch immer – auf *seine* Weise.

Nach Beendigung des ersten Wintersemesters in Paris entschied sich Schliemann für eine vierwöchige Kur in Samara an der unteren Wolga. Die alljährliche Kur war zur damaligen Zeit ein fester Bestandteil im Jahresablauf der feinen Gesellschaft, war insofern also nichts Besonderes. Daß Schliemann jedoch das ferne Wolgastädtchen Samara und nicht Bad Kissingen, Karlsbad oder einen der französischen Badeorte zum Kuren aussuchte, hatte natürlich einen Grund. Der Weg dorthin führte – wenn man es so einrichtete – über St. Petersburg. Heinrich wollte einen letzten Versuch unternehmen, Jekaterina, seine Frau, vor allem aber seine Kinder zurückzugewinnen. Es lag ihm sehr daran, sie dem Einfluß der bitterbösen Lyschin-Sippe zu entziehen.

Völlig überraschend tauchte Schliemann auf der Durchreise zur Kur in St. Petersburg auf. Er hatte mit Jekaterina seit seinem Weggang vor zwei Jahren keine Zeile gewechselt. Der Grund war ebenso einfach wie schwerwiegend gewesen: Angeblich hatte sich Jekaterina geweigert, ihren Mann zum Abschied zu umarmen.

Jetzt suchte Heinrich um der Kinder willen eine Versöhnung zu erreichen. Doch dabei kam es zur großen, endgültigen Auseinandersetzung.

Heinrich erklärte, er liebe Jekaterina trotz allem, was vorgefallen sei, noch immer. Jekaterina hingegen stellte klar, sie fühle sich außerstande, mit ihrem Mann zusammenzuleben. Sie habe nichts dagegen, wenn er sich eine Geliebte halte, ja sie forderte ihn sogar ausdrücklich dazu auf.

Schliemanns Vorschlag, sich mit ihr und den Kindern in einer Großstadt wie Paris oder Dresden niederzulassen, um den Kindern eine gute Ausbildung zu ermöglichen – die Petersburger Schulen bezeichnete er als miserabel –, beantwortete die Ehefrau mit einem Wutausbruch und der erneuten Versicherung, sie werde Rußland niemals verlassen.

Schliemann war wütend. Er drohte, seine Kinder durch die Polizei abholen zu lassen. Schließlich sei er der Vater. Dann verließ er sein Haus und reiste in tiefer Verzweiflung über Moskau und Nischnij-Nowgorod nach Samara.

Wie ernst es ihm mit der Drohung war, seine Kinder mit Gewalt aus St. Petersburg herauszubringen, zeigt der weitere Verlauf seiner Reise. Sie führte zum Kaspischen und Asowschen Meer und weiter zur Krim. Von dort reiste er donauaufwärts und gelangte schließlich nach Dresden, um die Krauseschen Lehr- und Erziehungsanstalten zu besichtigen, eine berühmte Internatseinrichtung für höhere Söhne und Töchter. Ohne zu zögern, erwarb er in Dresden ein Haus, größer als der Familiensitz in St. Petersburg. Dann fuhr er zurück nach Paris.

Was im Kopf dieses Mannes nach seiner Rückkehr vor sich ging, können wir nur ahnen. Schliemann, der sonst vom Schicksal so verwöhnte Günstling des Glücks, fiel in tiefe Depressionen. Er wollte nicht begreifen, daß seine Ehe gescheitert, seine Familie zerbrochen war. Aber wenn ihn das Leben etwas gelehrt hatte, dann war es dies: nie aufzugeben.

VERZWEIFELTES ANGEBOT: EINE JOSEFSEHE

Daher unternahm er einen weiteren, geradezu rührenden Versuch, Jekaterina und die Kinder zurückzugewinnen. Wie stets schrieb er an seine Frau in russischer Sprache: »Ergreife vernünftig die Hand, die ich Dir aus der Ferne reiche, um eine dauernde Freund-

1 Als Fluchtburg diente der Flakbunker am Zoo vielen Menschen
während des Krieges. Kaum einer ahnte, daß in dem bombensicheren Gebäude,
auf dem Flugabwehrkanonen postiert waren, einer der kostbarsten
Schätze der Menschheit versteckt war: der Schatz des Priamos. Er lagerte in drei
Holzkisten verpackt in den Räumen Nr. 10 und Nr. 11 im 1. Stock.

2 und 3 Heinrich Schliemann litt unter seinem Äußeren.
Er war nur 157 Zentimeter groß, hatte zu lange Arme und zu kurze Beine.
Zu Geld und Vermögen gelangt, versuchte er, diese Makel mit extra-
vaganter Kleidung zu kaschieren. Er trug mit Vorliebe hohe Zylinder und –
wie auf dem Bild rechts – lange Mäntel. Dies sind die frühesten
Schliemann-Photographien. Sie zeigen den erfolgreichen Geschäftsmann
im Alter von etwa 25 Jahren.

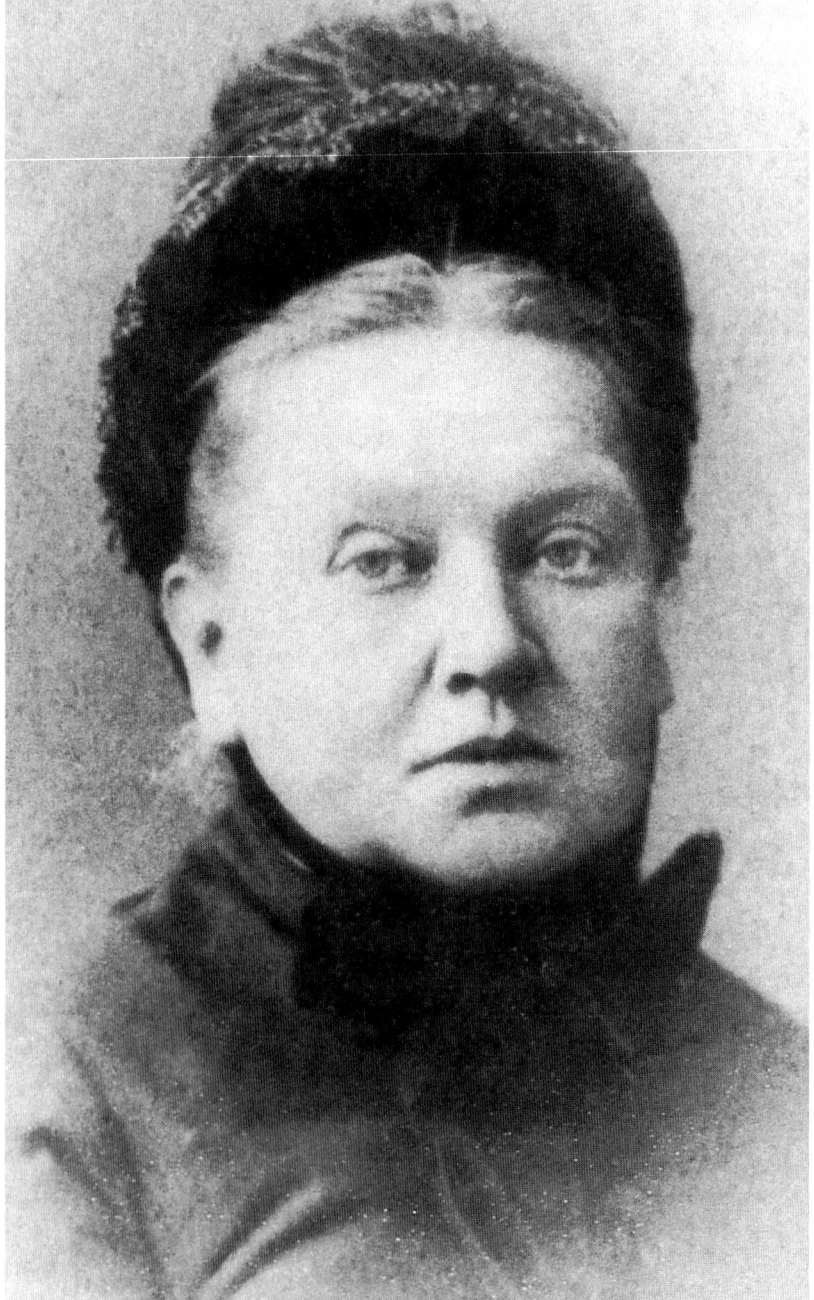

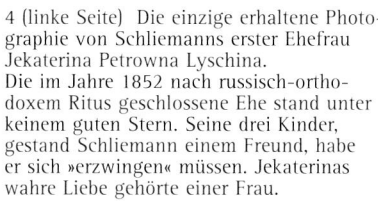

4 (linke Seite) Die einzige erhaltene Photographie von Schliemanns erster Ehefrau Jekaterina Petrowna Lyschina.
Die im Jahre 1852 nach russisch-orthodoxem Ritus geschlossene Ehe stand unter keinem guten Stern. Seine drei Kinder, gestand Schliemann einem Freund, habe er sich »erzwingen« müssen. Jekaterinas wahre Liebe gehörte einer Frau.

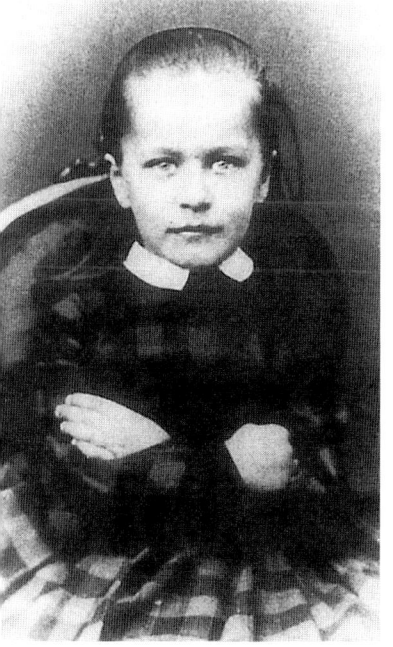

5 (oben links) Vor allem der 1855 geborene Sergeji litt unter den zerrütteten Familienverhältnissen und dem herrischen Vater.

6 (unten links) Natalja wurde nur zehn Jahre alt. Sie starb 1868. Schliemann kam nicht einmal zu ihrer Beerdigung.

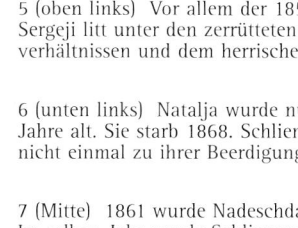

7 (Mitte) 1861 wurde Nadeschda geboren. Im selben Jahr wurde Schliemann ehrenamtlicher Handelsrichter von Petersburg. Mit Ehefrau Jekaterina zeigte er sich nie in der Öffentlichkeit. Die Ehe wurde am 30. Juni 1869 unter zwielichtigen Umständen in Indianapolis geschieden.

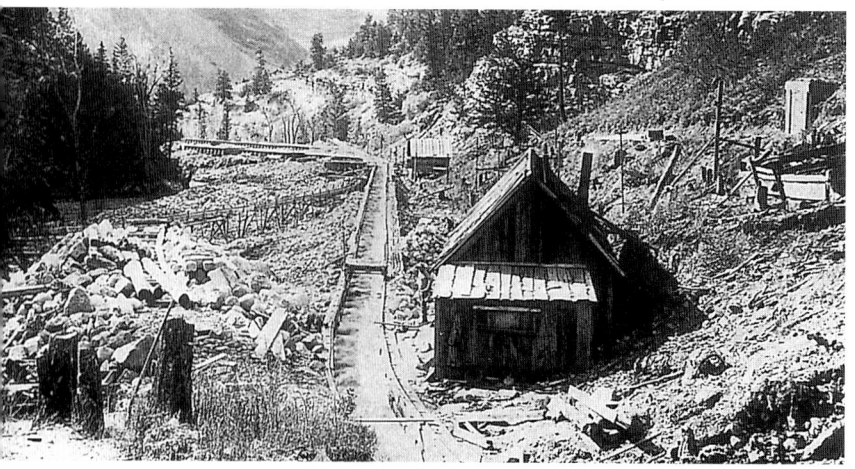

8 (links) St. Petersburg, die russische Handelsmetropole zu beiden Seiten der Newa, erschien dem jungen Schliemann der geeigenete Ort für den Beginn seiner Karriere. Das von ihm gegründete Handelshaus importierte und exportierte Güter wie Indigo, Rheinwein, Edelsteine und Pelze, Salpeter zur Sprengstoff- und Pottasche zur Seifenproduktion.

9 (unten links) 1850 erlag Schliemann dem Lockruf des Goldes. Er reiste nach Kalifornien, wo Glücksritter und Abenteurer in den Seitentälern des Sacramento Gold wuschen.

10 (unten rechts) In Ithaka (hier eine Zeichnung von Otto Mahnus von Stachelberg) kam Schliemann 1868 zum ersten Mal mit der hellenischen Kultur in Berührung.

11 Hochzeitsbild von 1869. Schliemanns zweite Ehefrau Sophia
Engastromenos ging noch zur Schule. Er war 47, sie gerade sechzehn und
noch im Wachstum, als er sie zur Frau nahm. Nach Zeugenaussagen
überragte Sophia ihren Mann in späteren Jahren um einen
halben Kopf. Eingefädelt wurde die Heirat von Erzbischof Vimpos.
Dessen Cousine war Sophias Mutter. Bei der Hochzeit im
Athener Vorort Kolonos verausgabten sich die Brauteltern so sehr,
daß Vater Georgios Engastromenos von seinem Schwiegersohn
150 000 Francs forderte – als Brautpreis. Aber Schliemann, von Natur
aus geizig, lehnte ab.

schaft zu errichten! Bedenke doch, wie sehr unser Besitz, wie unsere Kinder leiden und leiden werden durch unsere Uneinigkeit. Mache ich Dir damit eine Freude, so will ich Deinem Bruder gern alles Unrecht auf ewig verzeihen, was er mir je getan. Wir werden ein sehr gutes Leben führen in Dresden. Wir wollen auch unsere Wohnung in Petersburg behalten, um immer dort ein Quartier zu haben, wir wollen außerdem unser herrliches Haus in Paris behalten, dessen Einrichtung allein 40 000 Franken gekostet hat. Sei ruhig, ich werde nie mehr versuchen, Dich zu umarmen. Nur als die Mutter meiner geliebten Kinder werde ich Dich lieben, aber dies wird platonisch bleiben. Bei meinen Besuchen in Dresden werden wir stets glücklich sein, denn ich bin ganz Pariser geworden, ich gehe jeden Abend ins Theater oder zu Vorträgen der berühmtesten Professoren der Welt, und ich kann Dir Geschichten erzählen – zehn Jahre lang, ohne Dich je zu langweilen. Meinem zweiten Besuche in Dresden wirst Du mit der Ungeduld einer Braut entgegensehen, die ihren Geliebten erwartet. Die große Achtung, die ich als großer Hausbesitzer in Paris genieße, verpflichtet mich zum Luxus, und meine Equipagen, meine Reitpferde, meine Kleidung entsprechen der Eleganz unserer Einrichtung. Drahte mir nach Empfang dieser Zeilen ein Wort, daß Du die Freundeshand ergreifen wirst. Dein Telegramm soll auf der Reise nach Dresden mein Talisman sein.«

Das verzweifelte Angebot einer Josefsehe, der verlockende Hinweis auf noch größeren Luxus als in St. Petersburg, all das blieb wirkungslos. Jekaterina antwortete barsch: »Nie werde ich Rußland verlassen, das habe ich Dir oft wiederholt. Nicht einmal auf kurze Zeit würde ich Rußland verlassen. Wie kann ich Dich lieben, wenn Du mir unmögliche Dinge zumutest!«

Heinrich tobte, aber er gab noch immer nicht auf. Nachdem seine Schmeicheleien und Versprechungen nicht den erhofften Erfolg gebracht hatten, erging er sich in Drohungen. »Du weißt«, schrieb er wütend nach St. Petersburg, »daß Du mit Deiner wilden, rasenden Handlungsweise Deine Kinder enterbst! Ja, sie sind enterbt! Ich schwöre es, sie sind enterbt! Du hast Dein Ziel erreicht. Dies ist der letzte Brief, den ich in diesem Leben an Dich schreibe. Durch zwanzigjährige unmenschliche Anstrengungen habe ich für jedes meiner Kinder eine Million Franken erworben und dachte mit Stolz daran, damit ihr irdisches Glück begründet zu haben. Mit Wonne hätte ich für jedes der geliebten Kinder mein Leben geopfert!«

Der Konflikt mit seiner Ehefrau warf Schliemann völlig aus der Bahn. Er hängte das Studium, bis vor kurzem noch die größte Freude seines Lebens, an den Nagel und reiste im Oktober 1867 mit dem Dampfer »Russia« nach Amerika, im Gepäck eine Locke seiner Cousine Sophie, die sie ihm wenige Wochen zuvor zusammen mit einem Liebesbrief geschickt hatte. Wie üblich schob Schliemann geschäftliche Gründe vor – die es zweifellos auch gab –, aber wieder einmal war es letztlich eine Reise aus Verzweiflung.

In der Londoner »Times« hatten Wirtschaftsexperten amerikanischen Wertpapieren schlechte Aussichten prophezeit. Schliemann besaß ein Vermögen in solchen Papieren, und er wollte sich an Ort und Stelle über die Situation vergewissern. Trotz aller familiären Sorgen – mit einem Mal war er wieder lebendig, der clevere Kaufmann und Geschäftemacher, der aus jeder Situation Gewinn zu ziehen verstand. Vergessen schienen alle Vorsätze, nie mehr als Kaufmann tätig zu sein.

An J. H. Schröder in London: »Wie ich in der hiesigen amerikanischen Gesandtschaft höre, habe ich das amerikanische Bürgerrecht, da ich im Februar 1851 deswegen meine Deklaration gemacht habe. Ich beabsichtige daher Ende der Woche auf ein paar Tage nach New York zu gehen, um mir meine Papiere als U. S.-Citizen zu holen. Einmal dort, möchte ich über Chicago, Cincinnati, den Mississippi hinunter nach New Orleans und von dort nach Havanna reisen, um möglichst genaue Informationen hinsichtlich der vorliegenden Chance für die Rekonstruktion der Südstaaten ... einzuziehen ...«

Schliemanns Idee, das amerikanische Bürgerrecht einzuklagen, hatte einen praktischen Grund. Als russischer Staatsbürger, der er noch immer war, hatte er keine Aussicht auf Scheidung seiner Ehe. In Amerika hingegen herrschten liberale Scheidungsgesetze, in gewissen Staaten sogar äußerst freizügige, und wenn es für Schliemann eine Chance gab, von Jekaterina Lyschina loszukommen, dann auf dem Umweg über Amerika.

In New York angekommen, versuchte Henry sofort, die amerikanische Staatsbürgerschaft zu erhalten, aber sein Ansinnen wurde abgewiesen, und deshalb ging er zunächst seinen Geschäften nach. Wie sich zeigte, waren die Ängste um die Wertpapiere nicht unbegründet. Seine Eisenbahnaktien warfen hingegen zehn Prozent Dividende ab. Ermutigt von dieser Rendite, wollte er weitere Eisenbahnaktien kaufen. Um sich einen Überblick über das Verkehrsaufkommen der verschiedenen Eisenbahnlinien und -gesellschaften zu verschaffen, machte er sich selbst auf die Reise und prüfte die Strecken und Stationen New York Central, Toledo–Cleveland, Michigan Central, Illinois Central, Chicago–Burlington–Quincy, Pittsburgh–Fort Wayne und Chicago.

In Chicago blieb Schliemann sechs Tage. Voller Bewunderung stellte er fest, daß die Stadt von 3500 Einwohnern im Jahre 1838 auf nunmehr 250000 Einwohner im Jahre 1867 angewachsen war. »Eines der vielen Wunder, die ich dort sah«, schrieb er an Konsul Hepner in Amsterdam, »ist die Aufschraubung und Erhöhung aller Häuser der Stadt um fünf bis acht Fuß, denn die Straßen waren zu niedrig, um eine ›proper drainage‹ zu etablieren ... und die Aufschraubung geschieht, während der Handel und Wandel im Hause ungestört vor sich geht.« Was Schliemann so umständlich beschrieb, war die Anhebung ganzer Häuserzeilen um eineinhalb bis zweieinhalb Meter mittels hydraulischer Pressen, damit unter den Fundamenten die Kanalisation verlegt werden konnte.

Ein Brief an den Petersburger Kaufmann und Konsul Höhne, dessen Name nur einmal in Schliemanns Briefnachlaß auftaucht, ist wohl mit Zurückhaltung zu beurteilen. In dem Brief schreibt Schliemann nach St. Petersburg, er sei von Chicago nach St. Louis, Philadelphia, Baltimore und Washington gereist. Dort habe er den US-Präsidenten Andrew Johnson, Finanzminister McCulloch und den berühmten General Ulysses Simpson Grant, seit wenigen Monaten Kriegsminister der Vereinigten Staaten, kennengelernt, und alle hätten versucht, ihn hinsichtlich der wirtschaftlichen Lage Amerikas zu beruhigen.

Wir wissen, Schliemann liebte es, sich mit bedeutsamen Namen zu schmücken, und die angeblichen Begegnungen mit den Größen der Vereinigten Staaten von Amerika sollten vermutlich zu Hause in St. Petersburg Eindruck machen. Es entsprach jedoch den Tatsachen, wenn Schliemann in seinem Schreiben an Höhne fortfährt: »Was ich aber mit eigenen Augen überall sah: gänzliche Stockung in den Fabriken, Niedergang des Schiffbaues, instabiles Manufakturwarengeschäft, gänzlicher Ruin der Südstaaten...« Deshalb habe er von seinen US-Papieren, die insgesamt einen Wert von 300 000 Dollar ausmachten, beinahe zwei Drittel verkauft. Im Gegengeschäft habe er Aktien und Obligationen der »besten Bahnen in den Vereinigten Staaten« erworben.

Und wie immer führt Schliemann ein Tagebuch. Er reist von Washington nach Virginia, Tennessee, Alabama, Mississippi und Louisiana, wo er sich zehn Tage in New Orleans aufhält: »New Orleans ist eine schöne Stadt, aber es ist kein Leben hier, weil jedermann verarmt ist.« Weiter geht die Reise zu Schiff nach Cuba, wo er in Havanna Station macht.

Am Abend vor seinem 46. Geburtstag holt ihn die Vergangenheit wieder ein: »Heut ist in Petersburg Weihnachtsabend, mit der Uhr in der Hand, nach New Yorker Zeit noch sechs Stunden fünfzig Minuten dazu addierend, rechne ich dauernd, wieviel Uhr es jetzt dort ist, und bin mit Herz und Gedanken dauernd bei meinen kleinen Lieblingen Sergej, Natalija und Nadja. Ich sehe, wie sie sich über den Weihnachtsbaum freuen. Ich weine bittere Tränen, daß ich ihre Freude nicht mitgenießen und ihr Glück durch meine Geschenke nicht steigern kann. 100 000 Dollar würde ich darum geben, könnte ich diesen Abend mit ihnen verbringen. Wahrlich, es bedarf noch viel mehr Kraft und Philosophie, als ich habe, um diesen Tag ohne Tränen zu verbringen.«

An dieser Tagebucheintragung fällt eines auf: Ehefrau Jekaterina spielt in seinen Gedanken offenbar keine Rolle mehr. Um die Jahreswende 1867/68 hat er sich mit ihrem Zerwürfnis abgefunden. Er wird sich, koste es was es wolle, scheiden lassen. Und er wird, in Paris oder anderswo, auf jeden Fall außerhalb Rußlands, ein neues Leben beginnen.

EIN LIEBESBRIEF AUS KALKHORST

Rechtzeitig zum Beginn des Wintersemesters am 1. Februar 1868 kehrte Heinrich nach Paris zurück. Und es schien wie ein Wink des Schicksals: In seiner Post fand Schliemann einen Brief mit wohlbekannter Handschrift; Cousine Sophie Schliemann, die er 1841 in Kalkhorst vergeblich umschwärmt hatte und der er über all die Jahre hin manchen zärtlichen Brief hatte zukommen lassen, diese Sophie, mittlerweile achtundvierzig und immer noch ledig, schrieb folgenden Brief:

Lieber Henri!
Habe tausend herzlichen Dank für all Deine Liebe, mein teurer Henri! Konnte ich gleich nicht schreiben, haben doch meine Gedanken und Gebete Dich begleitet. Willst Du Dein Geld dort nicht fortnehmen und Dich hier ankaufen? Sobald Du Dich hier angekauft hast, bist Du gesichert, und behält der Grundbesitz ja immer seinen Wert. Im Sommer möchte ich gern mit Dir eine Reise zu Lande machen. Nun lebe wohl, lieber teurer Henri, und sei herzlich gegrüßt von Deiner Dich liebenden

Sophie Schliemann

Von Zärtlichkeiten war Heinrich nicht gerade verwöhnt worden, und so mußte der Brief auf den Einzelgänger elektrisierend wirken. Die »glühenden Küsse«, die er, der junge Heinrich, Sophie beim Abschied in Mecklenburg vor 27 Jahren auf die Wange gedrückt hatte, diese Küsse hatte er nie vergessen. Und die Locke, die sie ihm im Oktober geschickt hatte, war von ihm auf der ganzen Reise mitgeführt und gehütet worden. Aber er hatte auch noch nicht vergessen, daß sich Sophie damals seiner zärtlichen Annäherung entzogen hatte. Vielleicht, weil er kleiner war als sie? Das hatte ihn tief verletzt. Schliemann konnte alles erdulden, Hitze und Kälte, Schmerz und Leid und übermenschliche Anstrengungen, aber etwas konnte er nicht ertragen: wenn man ihm seelische Verletzungen zufügte.
    Sophies Brief war zwei Monate alt. Jetzt antwortete Heinrich boshaft und arrogant:

Liebe Sophie!

Du sprichst den Wunsch aus, mit mir eine Reise zu machen! Aber, meine Liebe, ich gestehe Dir offen, daß Deine Sitten für mich viel zu tugendhaft sind. Bei meiner Abreise aus Boltenhagen hast Du mich nicht umarmen wollen! Du hast mich nicht einmal zur Post begleiten wollen! Du hast Dich dauernd geweigert, mir den Arm zu reichen, wie willst Du also oder wie könntest Du mit einem Mann von Welt eine Reise machen? Ich reise außerordentlich gern mit einer Dame von Welt, aber ich kann mir nichts Langweiligeres vorstellen als eine Reise mit einer Heiligen, die sich viel besser für das Kloster als für das große Welttheater eignet.

Henry

Unter all den zigtausend Briefen, die Heinrich Schliemann im Laufe seines Lebens geschrieben hat, war dies derjenige, welchen er am meisten bereute. Dabei hat der Brief Sophie nie erreicht. Sie starb am selben Tag, als Henri die Post in Paris aufgab.

Als Schliemann von Sophies Tante, der Frau Pastor Hager, die Nachricht erhielt, heulte er mehrere Tage lang und haderte mit sich und seinem Schicksal. Schmerzhaft wurde ihm bewußt: Im Umgang mit einer Frau hatte er wieder einmal alles falsch gemacht. Warum, ergeht er sich in Selbstvorwürfen, hat er nicht die berühmtesten Ärzte konsultiert, vielleicht hätte Sophie gerettet werden können!

Tante Hager überhäufte er mit Vorhaltungen, weil sie ihn nicht von Sophies Krankheit in Kenntnis gesetzt habe: »Ich kann es Dir nie verzeihen!« Und er erklärt weiter: »Es war keine sinnliche Liebe, es war kein Kalkül, das mich an dieses herzensgute Wesen, engelsreine Wesen band, sondern es war das reinste platonische Attachement, die erhabenste Sympathie ... Mit welcher Freude hätte ich eine Reise um die Welt mit ihr gemacht ...« Und ohne Übergang, mitten in seinem Klagebrief: »Was soll es denn bedeuten, daß Du Deine Briefe nicht frankierst?«

Die späte, zu späte Leidenschaft für die tote Cousine trieb Henri ziellos durch Paris. Er nahm Einladungen an, die ihn unter normalen Umständen nie interessiert hätten, besuchte Theater und philosophische Vorträge und irrte weinend durch die Straßen, in der Brusttasche ein goldenes, mit Diamanten besetztes Etui. Sein Inhalt: Sophies Locke, die er in seinem Amerikagepäck hatte, »die köstlichste Reliquie«, »mein allerteuerstes Kleinod«.

In seiner Schwester Luise fand Schliemann schließlich die wahre Schuldige an seinem Leid. Noch im Jahr der Heirat mit Jekaterina Lyschina habe er sich mit dem Gedanken getragen, Sophie zu ehelichen; aber sie, die Schwester Luise, habe von einer »sonderbaren Angewohnheit« Sophies gesprochen und ihm das Mädchen ausgeredet. »Ich war entzückt von ihr.« Sophie, schrieb er der Schwester Luise, sei die einzige Frau gewesen, die ihn wirklich geliebt habe.

In diesem Augenblick überschwenglicher Trauer und Wut auf sich selbst schien Henri sogar seine Jugendliebe Minna Meincke vergessen zu haben. Für das standesgemäße Grab seiner Mutter hatte Schliemann einst vierzig Taler ausgegeben. Nun fühlte er sich verpflichtet, »seiner« Sophie ein Grabmal nach *seinen* Vorstellungen zu errichten, und er sandte seinem Cousin umgehend hundert Taler, mit der Maßgabe, »daß Du mir weder in Deinen Briefen noch mündlich ein Wort mehr von den traurigen Umständen erwähnst, ausgenommen, wenn die Kosten für das Grabmal die von mir gesandten hundert Reichstaler überschreiten«.

SCHLIEMANNS FRAU LIEBT MADAME R.

Süchtig nach Liebe, nicht nach Sex, der in Paris an jeder Straßenecke zu haben war, wanderten Heinrich Schliemanns Gedanken wieder zu seiner Ehefrau Jekaterina. Er konnte es einfach nicht fassen, er wollte nicht glauben, daß diese Ehe am Ende sein sollte, wo er sich doch ein Zugeständnis um das andere abgerungen hatte.

Gebrochen, verzweifelt, hilflos wie ein liebesbedürftiger Jüngling griff er zur Feder und schrieb einmal mehr nach St. Petersburg:

Vielgeliebte Frau.
Ich bin nicht mehr imstande, ohne Dich und die Kinder zu leben; darum will ich mich mit Dir zum Frieden einigen. Weinend schreibe ich Dir diesen Brief. Vor zwei Jahren bin ich um die Welt gereist. Leider konnte ich damals das Leben noch nicht philosophisch nehmen, und ich hielt es für das größte Lebensglück, viele fremde Spra-

chen zu beherrschen, darum lernte ich auch Persisch. Dann gingen die
Geschäfte schlecht. Außerdem quälte mich das eine: Du liebst mich
nicht mehr ...

Der weinerliche Tonfall des Briefes verrät, daß Henri keine Hoffnung mehr hatte, Jekaterina zurückzugewinnen. Er schrieb – wie
so oft –, um sich selbst zu trösten, um sich zu rechtfertigen und von
jeder Schuld freizusprechen, um sich die ausweglose Situation
selbst zu erklären. Und in der Tat findet sich in diesem letzten Brief
an Jekaterina, in dem er seine ehrliche Liebe bekundet, ein Satz, der
Jekaterinas abweisende Haltung gegenüber ihrem Mann zu erklären vermag: »Warum«, schreibt Schliemann in diesem Brief in
russischer Sprache, »liebst Du Madame R. so sehr?« Und er fährt
fort: »Hätte ich damals schon philosophisch gedacht, so wäre mir
eine solche Freundschaft natürlich erschienen, und ich wäre nicht
so eifersüchtig gewesen ...«

Dieser Brief läßt keinen anderen Schluß zu: Heinrich Schliemanns Gattin hatte ein Verhältnis mit einer Frau. Jekaterina war
lesbisch. Ob diese Neigung bereits in jungen Jahren bestand oder ob
sie sich erst im Laufe der Ehe einstellte, darüber kann nur spekuliert
werden. Schliemann selbst hat diesen Sachverhalt nur dieses eine
Mal erwähnt, beiläufig und vermutlich sogar unbeabsichtigt. Doch
er erklärt Jekaterinas unüberwindbare Abneigung gegenüber Heinrich. Der wäre zu dieser Zeit, im Frühjahr 1868, zu allen Zugeständnissen bereit gewesen. Er bot an, sein Pariser Studentenleben, das
Haus an der Place St. Michel mit dem kostbaren Mobiliar aufzugeben. »Inmitten dieses Luxus«, sagte er, »fühle ich mich arm, denn ich
bin ohne Familie.« Alle Zugeständnisse waren jedoch vergeblich,
auch die mehrfach gegebene Zusicherung, ihr Verhältnis nur platonisch aufrechterhalten zu wollen. Heinrich drückte es in diesem
letzten Brief folgendermaßen aus: »Du konntest den Philologen in
mir nicht leiden; willst Du nun nicht den Philosophen lieben?«

Die Antwort: Nein. Jekaterina S. liebte Madame R. Und Heinrich Schliemann mußte sich damit abfinden.

VI

AUF DEN SPUREN DER HEROEN

> Aber Odysseus führte die mutigen Kephallener,
> Die auf Ithaka wohnten, um Neritons rauschende Wälder,
> Die Krokyleia bestellten und Aigilips' rauhe Gefilde;
> Die Zakynthos umher und das weitbevölkerte Samos,
> Auch die Epirus dort und die Gegenküste bestellten:
> Diesen gebot Odysseus, an Ratschluß gleich Kronion;
> Und ihm folgt' ein Geschwader von zwölf rotschnäblichten Schiffen.
>
> Homer, Ilias (II. Buch)

Mit 46 Jahren war Heinrich Schliemann steinreich und bettelarm zugleich. Er war reich an materiellen Gütern, an Immobilien, Aktien und Wertpapieren, und konnte allein von seinen Zinsen leben; aber zur selben Zeit war sein Privatleben vollkommen gescheitert, und er mußte um ein bißchen Zuneigung betteln. Nachdem Jekaterina auch seinen letzten, flehenden Brief unversöhnlich beantwortet hatte, mußte Henri, wollte er nicht zugrunde gehen, den Beginn zu einem völlig neuen Leben finden. Der unruhige Geist Schliemann, den es nie lange an einem Ort hielt, der immer neue Ideen entwickelte, der stets Pläne verwirklichte, die undurchführbar schienen, dieser Träumer und Macher suchte ein neues Ziel, das den Einsatz all seiner Kräfte forderte: Schliemann beschloß, sich von nun an der Archäologie zu widmen.

In seiner eigenen Lebensbeschreibung liest sich das so:

»Endlich war es mir möglich, den Traum meines Lebens zu verwirklichen, den Schauplatz der Ereignisse, die für mich ein so tiefes Interesse gehabt, und das Vaterland der Helden, deren Abenteuer meine Kindheit entzückt und getröstet hatten, in erwünschter Muße zu besuchen. So brach ich im April 1868 auf und ging über Rom und Neapel nach Korfu, Kephallenia und Ithaka, welches letztere ich gründlich durchforschte.«

Sieht man von den genannten Orts- und Zeitangaben einmal

ab, so ist diese Aussage eine einzige Lüge. Im Jahre 1881, als Schliemann diese Zeilen zu Papier brachte, hatte er bereits seine erfolgreiche Karriere als Ausgräber hinter sich. Er versuchte deshalb mit dem ihm eigenen Hang zur Dramatisierung und Verklärung, die früheren Abschnitte seiner Biographie so darzustellen, daß sie als würdige Vorstufen zu den bedeutsamen archäologischen Leistungen gelten konnten. In Wahrheit verdankte Schliemann seine Ausgräberkarriere aber weniger den Helden Griechenlands als seiner russischen Frau Jekaterina. Sie war die Ursache für seine tiefe Verzweiflung, und diese Verzweiflung brachte ihn auf die absurde Idee, das Leben eines reisenden Privatiers mit dem eines Ausgräbers zu vertauschen.

Seine Liebe zur Archäologie hatte Heinrich erst im zweiten Semester seines Studiums entdeckt, das gerade zu Ende gegangen war. Gewiß, er kannte die griechische Mythologie seit Kindertagen, aber daraus abzuleiten, er habe sich schon damals vorgenommen, nach Spuren der griechischen Götter und Helden zu suchen, wäre falsch. Diese Version ist eine spätere Verklärung des erfolgreich gewordenen Hobbyarchäologen. Schliemann hatte bisher, wenn er das Mittelmeer durchkreuzte, Griechenland immer links liegen lassen, und das Griechische hatte zu den letzten Sprachen gehört, die er erlernte.

Als Heinrich Schliemann, von Sizilien kommend, am 6. Juli 1868 gegen sechs Uhr morgens im Hafen von Korfu an Land ging, da führte er in seinem umfangreichen Reisegepäck auch eine Tasche voll alter Bücher mit sich. Henri liebte alte Bücher, aber besonders liebte er die alten Klassikerausgaben. Unter den mitgebrachten Werken befanden sich Homers »Odyssee«, die »Ilias«, vier Bände Plinius, der komplette Strabon sowie Thukydides' und Xenophons griechische Geschichte.

Korfu, heißt es in allen Quellen, sei die bei Homer erwähnte wunderbare Insel *Scheria*, auf der das sorglos-glückliche Seefahrervolk der Phäaken lebte. Ihr König war Alkinoos. Und die Schiffe der Phäaken gelangten schnell und ohne Steuermann an jedes Ziel der Erde. Auf einem dieser Schiffe ließ, nach Homer, König Alkinoos Odysseus in seine Heimat Ithaka bringen.

Mit der »Odyssee« in der Hand durchstreifte Schliemann zwei Tage die Insel, und dabei machte er faszinierende Entdeckungen:

»Zwei kleine Inseln, die eine im jetzigen Hafen, die andere in dem kleinen Golf an der Nordküste der Insel, sind, aus der Ferne gesehen, Schiffen mit aufgespannten Segeln sehr ähnlich. Ohne Zweifel hat eine von diesen kleinen Inseln bei Homer die Vorstellung erweckt, daß das Phäakenschiff, welches den Odysseus nach Ithaka getragen hatte, auf seiner Rückkehr durch den Zorn des Neptun in einen Felsen verwandelt worden sei.«

In Homers »Odyssee« (XIII, 159–164) hat die Geschichte folgenden Wortlaut: »Als nun Poseidon, der erderschütternde Gott, dies gehört hatte, eilte er nach Scheria, dem Wohnsitz der Phäaken. Dort verweilte er, und bald nahte das rasch dahingetriebene Schiff: Der Erderschütterer näherte sich dem Schiffe und verwandelte es in Stein, und indem er mit der flachen Hand daraufschlug, befestigte er es im Grunde des Meeres; darauf ging er von dannen.«

WO NAUSIKAA ODYSSEUS FAND

Gelang es, Homers Gleichnisse in die Wirklichkeit zu übertragen und die Schauplätze seiner Geschichten zu entdecken, dann hatte der blinde Sänger nicht nur literarische Bedeutung, man konnte ihn vielleicht sogar als Reiseführer benutzen. Diese Erkenntnis widersprach entschieden der gängigen wissenschaftlichen Lehrmeinung, und sie sollte für Schliemann noch höchste Bedeutung erlangen. Daß er dabei nicht selten über das Ziel hinausschoß und allzu abenteuerliche Überlegungen anstellte, hat ihm die abfällige Kritik vieler Gelehrten eingebracht, vermag aber seinen Entdeckerruhm nicht zu schmälern.

Heinrich suchte zum Beispiel auf Korfu jene Stelle, an der Nausikaa, die Tochter des Phäakenkönigs Alkinoos und seiner Frau Arete, mit ihren Mägden die Wäsche wusch und den schiffbrüchigen Odysseus fand – eine der rührendsten Szenen der Odyssee. Bei Homer hieß es, Nausikaa und ihre Mägde hätten ihre Wäsche in Waschgruben gereinigt und danach auf dem Kieselboden längs des Meeres zum Trocknen ausgebreitet (Odyssee VI, 93-95). Schliemann schloß daraus, daß die Waschgruben sehr nahe an der Küste lagen.

Die Bewohner von Korfu berichteten ihm von der Kressida-

Quelle, einem Bach, der sich von Westen in den See Kalichiopulos ergießt. Ein einheimischer Führer geleitete den Abenteurer zu der Stelle, aber die Ufer des Baches waren überflutet. Schliemann ließ Kleider und Führer zurück und watete im Hemd durch das sumpfige Gelände. Die Waschgruben fand er nicht, dafür aber »zwei große, plump behauene Steine«, die, nach Aussage der Einwohner, in früherer Zeit als Waschtische gedient hätten.

In seinem Buch über diese Reise – »Ithaka, der Peloponnes und Troja« – zieht Schliemann den einfachen Schluß: »Über die Identität dieses Flusses mit dem homerischen kann kein Zweifel obwalten, denn er ist der einzige Fluß in der Umgebung der alten Stadt. In der Tat gibt es auf der ganzen Insel nur noch einen anderen Fluß, aber dieser befindet sich zwölf Kilometer vom alten Korkyra, während die Kressida-Quelle nur drei Kilometer davon entfernt ist.«

Einen Beweis für seine Theorie fand Schliemann nicht. Ihm genügte, was er gesehen hatte. Sein Entdeckerinstinkt war geweckt. Von einem Tag auf den anderen war der Archäologe und Ausgräber Heinrich Schliemann geboren.

Homer wurde Schliemanns Idol. Und für den von seinem Idol geradezu besessenen Forscher gab es von nun an keinen Zweifel an der Authentizität seiner Aussagen. Wenn Homer die Insel Ithaka als Heimat des erfindungsreichen Dulders Odysseus bezeichnete, dann hieß das für Schliemann, nur die ionische Insel Ithaka vor der Westküste Griechenlands könne das homerische Ithaka sein.

Schliemann kannte durchaus die kritischen Stimmen, die Ithaka als Phantasiegebilde des Dichters bezeichneten. Sie argumentierten, Homers geographische Beschreibung Ithakas entspreche den natürlichen Gegebenheiten in keiner Weise, Odysseus' Heimat müsse *westlich* der Insel Kephallenia liegen. Andererseits hatte der ungestüme Forscher jedoch auch die Forschungsberichte namhafter Archäologen gelesen, die die ionische Insel Ithaka als Heimat des Odysseus ansahen, unter ihnen Gandar, Wordsworth, Lilienstern, Bowen, Leake und Konstantin Koliades.

Wie einst Odysseus geriet Heinrich auf der Überfahrt von Kephallenia kommend in einen heißen Sommersturm. Sechs Stunden dauerte die Passage, die für gewöhnlich gerade eine Stunde in Anspruch nahm, und so war es finstere Nacht, als Schliemann im Hafen St. Spiridon im Südwesten Ithakas an Land ging. Zum Glück

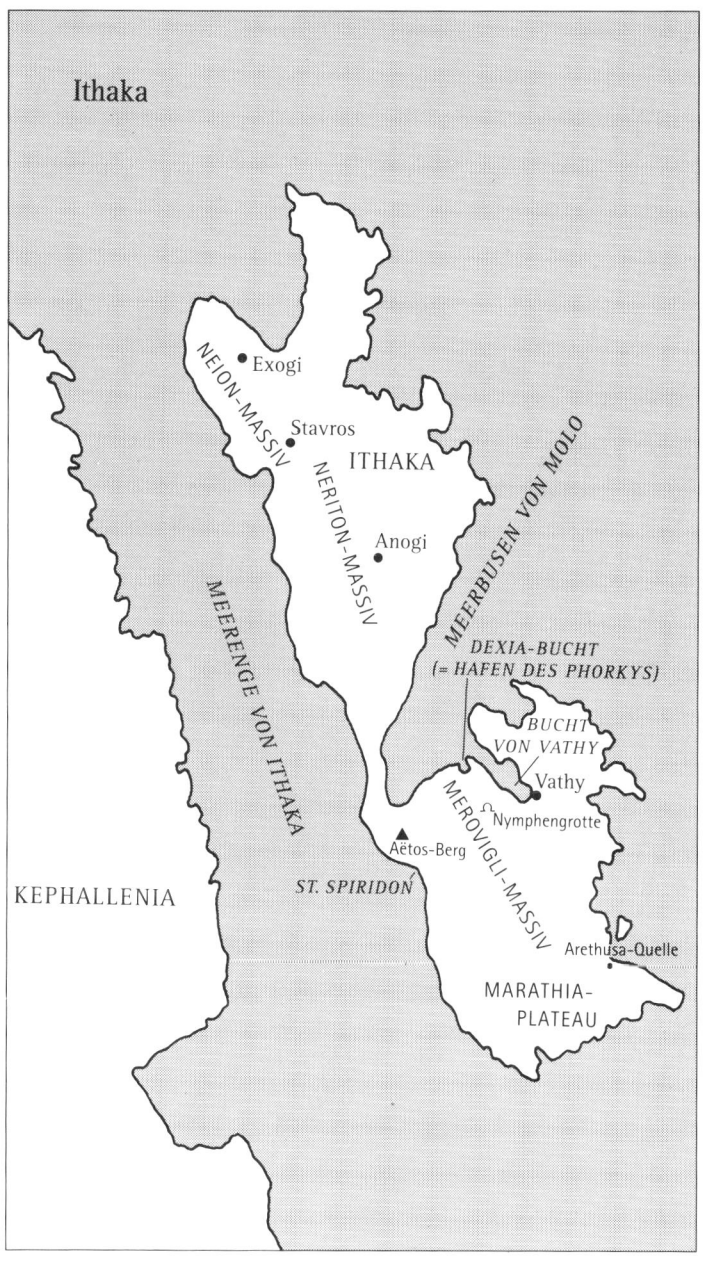

Ithaka

KEPHALLENIA

NEION-MASSIV

• Exogi

Stavros •

ITHAKA

NERITON-MASSIV

• Anogi

MEERENGE VON ITHAKA

MEERBUSEN VON MOLO

DEXIA-BUCHT
(= HAFEN DES PHORKYS)

BUCHT
VON VATHY

Vathy

Nymphengrotte

▲
Aëtos-Berg

MEROVIGLI-MASSIV

ST. SPIRIDON

Arethusa-Quelle

MARATHIA-
PLATEAU

begegnete er zu später Stunde dem Müller Panagis Asproieraka, der sich bereit erklärte, den Ankömmling und sein Gepäck über den Bergpfad nach Vathy zu bringen, der Hauptstadt der Insel. Den Rest der Nacht verbrachte Schliemann auf einer mit Eisen beschlagenen Truhe liegend im Haus des Müllers.

JEDER HÜGEL, JEDE QUELLE ERINNERT AN HOMER

Einen Gasthof oder gar ein Hotel gab es in Vathy nicht, aber die Schwestern Helene und Aspasia Triantafyllides vermieteten dem Reisenden für neun Tage ein Zimmer mit Bett; mehr brauchte er nicht. »Alle unsere Erinnerungen«, schreibt Schliemann, »knüpfen sich hier an das heroische Zeitalter: jeder Hügel, jeder Felsen, jede Quelle, jedes Olivenwäldchen mahnt uns an Homer und die Odyssee, und mit einem einzigen Sprung fühlen wir uns über hundert Generationen hinweg in die glänzendste Epoche griechischen Rittertums und griechischer Dichtkunst versetzt.«

Ithaka nahm Schliemann gefangen. Das Meer, die Landschaft, die Steine begannen zu reden. Homer hatte seine glühendsten Bewunderer, seinen aufgeregtesten Leser gefunden. Zu Pferd und mit der »Odyssee« in der Satteltasche eroberte Schliemann die Insel des berühmten griechischen Helden. Er benutzte Homer als Reiseführer, und wo ihn dieser im Stich ließ, half ihm die eigene Phantasie weiter.

So heißt es in der »Odyssee« (XIII, 96–105): »In Ithaka ist der Hafen des Phorkys, des Meergreises, in welchem zwei steile Felsen vorspringen, nach dem Eingang des Golfs geneigt, die ihn von außen gegen die mächtigen Wogen und die brausenden Winde schützen. Drinnen liegen die wohlberuderten Schiffe ohne Taue vor Anker, nachdem sie in den Bereich des Hafens gelangt sind. Aber am Ende des Hafens erhebt sich ein dichtbelaubter Ölbaum, und gleich daneben befindet sich eine liebliche, dunkle Grotte, welche den Nymphen, die Najaden heißen, geweiht ist. Dort sieht man Urnen und steinerne Krüge ...«

Über diese Stelle nun Schliemann: »Die Örtlichkeit ist in der angeführten Stelle so genau beschrieben, daß man sich gar nicht irren kann; denn man sieht vor dem kleinen Golf zwei kleine steile

Felsen, dem Eingang zugeneigt, und dicht daneben, auf dem Abhang des Berges Neion, fünfzig Meter über dem Meeresspiegel, die Grotte der Nymphen... Das Innere ist vollkommen dunkel; aber mein Führer machte mit Gesträuch ein großes Feuer an, so daß ich die Grotte in ihren Einzelheiten untersuchen konnte... Von der Decke hängen Massen von Tropfsteinen in bizarren Formen herunter, und mit nur einiger Einbildungskraft erkennt man darin Urnen, Krüge und die Webstühle, auf welchen die Nymphen purpurfarbene Gewänder webten.«

Mit Homers »Odyssee« in der Hand erstieg Schliemann bei glühender Hitze den Berg Aëtos, eine etwa 150 Meter hohe Erhebung auf der Landenge zwischen dem Nord- und Südteil der Insel Ithaka. Auf dem abgeflachten, mehrere Terrassen bildenden Gipfel fand der Abenteurer eine zum Teil zerfallene Umfassungsmauer, Ruinen mit kyklopischem Mauerwerk aus unbehauenen Bruchsteinen und Baureste eines Turmes. Für Heinrich Schliemann gab es überhaupt keinen Zweifel: Das mußte der Palast des Odysseus sein!

»Die Hitze war drückend«, schrieb der Entdecker, »mein Thermometer zeigte 52 Grad, ich fühlte brennenden Durst und hatte weder Wasser noch Wein bei mir. Aber die Begeisterung, welche ich in mir fühlte, da ich mich mitten unter den Ruinen vom Palast des Odysseus befand, war so groß, daß ich Hitze und Durst vergaß.«

Wo der Nachweis durch wissenschaftliche Forschung fehlte, erkannte Schliemann intuitiv historische Zusammenhänge. Kein Steinhaufen, kein Ausblick, der nicht eine Geschichte erzählte: Im Norden leuchteten die Insel Leukadia und jener steil zum Meer abfallende Felsen, von dem sich unglücklich Liebende wie die Dichterin Sappho, der Dichter Nikostratus oder die karische Königin Artemisia stürzten, um Heilung von ihrer Leidenschaft zu finden.

Schliemanns Gedanken streiften weiter, er erinnert sich in seinen Aufzeichnungen daran, daß die Inselbewohner von Leukadia aber auch andere Gewohnheiten hatten: Nach dem griechischen Historiker Strabon warfen die Leukadier alljährlich am Festtage des Gottes Apollon einen Verbrecher über den Felsen, als Sühne für alle Verbrechen des Volkes. Um ihm eine Überlebenschance zu geben, band man dem Delinquenten Vogelfedern und lebende Vögel an den Leib.

SCHLIEMANNS ERSTE GRABUNG

Gegen Abend kletterte Schliemann, überwältigt von dem Geschauten und trunken von seinen Gedanken, den Aëtos hinab nach Vathy. Unten angekommen, trat ihm ein Bauer entgegen und bot ihm eine antike Tonvase und eine Silbermünze zum Kauf an.

»Woher hast du das?« erkundigte sich Schliemann aufgeregt.

Der Alte machte eine abwehrende Handbewegung, als wollte er sagen: Das ist doch nichts Besonderes. Dann antwortete er: »Aus einem Felsengrab, dort oben!« Er zeigte auf den Gipfel des Aëtos.

»Und was war sonst noch in dem Grab?«

»Nichts.«

»Keine menschlichen Gebeine?«

»Nein«, entgegnete der Bauer.

Schliemann glaubte ihm nicht. Aber er gab dem Finder sechs Francs für die Münze und die Vase.

Diese Begegnung am Abend des 9. Juli 1868 weckte Schliemanns Grabungsfieber. Er wollte selbst nach Schätzen aus der Vergangenheit graben, am besten gleich morgen. Also engagierte Heinrich vier Arbeiter, außerdem einen Jungen und ein Mädchen für den Verpflegungstransport auf den Aëtos, ein Reitpferd für sich selbst und einen Esel für das nötige Werkzeug.

Gegen fünf Uhr machte sich Schliemann am nächsten Morgen mit einer kleinen Expedition auf den Weg. Ziel: der Gipfel des Aëtos mit dem Palast des Odysseus. »Zuerst«, schrieb er, »ließ ich durch die vier Männer das Gesträuch mit der Wurzel ausreißen, dann den nordöstlichen Winkel aufgraben, wo nach meiner Vermutung sich der herrliche Ölbaum befunden haben mußte, aus welchem Odysseus sein Hochzeitsbett verfertigte und um dessen Standort er sein Schlafzimmer baute.«

Aus Schliemanns Aufzeichnungen wird ersichtlich, mit welcher Naivität der Ausgräber ans Werk ging. Man hat ihn später wegen dieser Naivität verlacht; trotzdem war es gerade jene Naivität, die Schliemann zu einem der größten Ausgräber der Neuzeit werden ließ.

Die Stelle, an der Schliemann zuerst den Spaten ansetzte, versprach wenig Erfolg: im Erdreich Trümmer und Ziegel und in 66 Zentimeter Tiefe der nackte Fels. »Es war jede Hoffnung für mich

verschwunden, hier archäologische Gegenstände zu finden.« Nicht
weit entfernt machte der Abenteurer einen zweiten Grabungsver-
such. Das Ergebnis nach dreistündiger Arbeit: ein Mäuerchen aus
Quadersteinen, die mit schneeweißem Zement verbunden waren.
Natürlich wußte Schliemann, daß Zement erst in römischer Zeit in
Gebrauch kam. Er war verwirrt.

Etwas abseits fand Schliemann ein paar Steine, die, aus ein paar
Metern Entfernung betrachtet, einen Kreis zu beschreiben schienen. Er kratzte mit einem Messer an der Oberfläche, und nach wenigen Zentimetern kam Knochenasche zum Vorschein. Das machte Heinrich neugierig. Er wollte sich nicht noch einmal blamieren
und zog es vor, selbst zur Hacke zu greifen. »Aber kaum war ich
zehn Zentimeter tief eingedrungen, so zerbrach ich eine schöne,
aber ganz kleine, mit menschlicher Asche angefüllte Vase.« Schliemann grub tiefer, nun mit größerer Vorsicht, und förderte zwanzig
verschiedenartige Vasen, manche »von bizarrer Form«, ans Tageslicht, fünf davon völlig unversehrt.

So stolz ihn dieser erste archäologische Fund auch machte,
Schliemann konnte nicht verhehlen: »Fünf Jahre meines Lebens
hätte ich für eine Inschrift hingegeben, aber leider war keine vorhanden!« Es gab nicht den kleinsten Hinweis darauf, was er überhaupt gefunden hatte. Aber für einen Mann wie Schliemann mußte es sich selbstverständlich um etwas von exorbitanter Bedeutung
handeln. »... und es ist wohl möglich«, notierte er mit großem Ernst,
»daß ich in meinen fünf kleinen Urnen die Asche des Odysseus und
der Penelope oder ihrer Nachkommen bewahre.«

Während der Mittagspause unter einem Ölbaum bei Wasser,
Wein und trockenem Brot sinnierte er vor sich hin: »Aber die Er-
zeugnisse des Bodens von Ithaka waren es, welche ich genoß, und
zwar im Palasthof des Odysseus, vielleicht an derselben Stelle, wo
er Tränen vergoß, als er seinen Lieblingshund Argos wiedersah, der
vor Freude starb, als er seinen Herrn nach zwanzigjähriger Abwesenheit wiedererkannte ...«

Trotz weiterer Grabungsversuche auf der sonnendurchglühten
Insel machte Schliemann keine nennenswerten Funde mehr. Am
letzten Tag seines Aufenthaltes auf Ithaka besuchte Heinrich das
Dorf Exogi. In dem kleinen Ort, der vorwiegend von Seefahrern bewohnt wurde, kam es zu einer Begegnung mit einem Matrosen ita-

lienischer Herkunft, der sich vor zwanzig Jahren auf der Insel nie-
dergelassen und dort das Hufschmiedehandwerk erlernt hatte.

Er berichtete dem Fremden von seinen gefahrvollen Reisen,
von zahlreichen Schiffbrüchen und von dem Frieden und Glück,
das er hier auf dem Eiland gefunden habe. Dann stellte er Schliemann seine Frau vor und seine beiden Söhne. Die Frau hatte
schwarze Haare und dunkle Augen, und sie war schön wie eine
Göttin. Sie hieß Penelope. Der ältere der beiden Söhne trug den
Namen Odysseus, der jüngere hieß Telemachos.

Der einfache Hufschmied aus dem Inseldorf Exogi wurde für
Heinrich Schliemann, bewußt oder unbewußt, zum nachahmens-
werten Vorbild:

»Ich pries ihn glücklich, daß er, im Gegensatz zu tausend anderen, durch das Unglück weise geworden war; daß er, fern von Gefahren, Stürmen und Klippen, seinen friedlichen Wohnsitz in der
herrlichsten und malerischsten Lage der interessantesten und berühmtesten Insel unter dem liebenswürdigsten und tugendhafte-
sten Volke aufgeschlagen und, um sein Glück voll zu machen, der
Himmel ihm eine reizende Frau, ein wahres Muster aller Tugenden,
geschenkt hatte, und drückte ihm zugleich meine Freude über die
Bewunderung aus, welche er für die Helden dieser glorreichen Insel, seines zweiten Vaterlandes, an den Tag lege – eine Bewunderung, die er durch nichts besser habe beweisen können, als indem
er seinen Kindern jene berühmten Namen gab.«

Es sollte kein Jahr vergehen, und Schliemann sollte *sein* Ithaka
finden und *seine* Penelope.

Aus seinem Reisebericht: »Mit lebhafter Rührung verließ ich
Ithaka; ich hatte die Insel schon lange aus dem Gesicht verloren,
als meine Augen noch immer in der Richtung nach ihr ausschau-
ten. Nie in meinem Leben werde ich die neun glücklichen Tage vergessen, welche ich unter diesem biederen, liebenswürdigen und tu-
gendhaften Volke verlebt habe.«

GRIECHENLAND – EIN GEFÄHRLICHES ABENTEUER

Über Patras reiste Schliemann weiter nach Korinth. Dort suchte er
vergeblich nach den typischen Säulen, die den Namen der Stadt

tragen – er fand nicht eine einzige. Aber er sah den Diolkos, den ebenen Weg auf der Landenge, über den in der Antike die Schiffe auf Rollen über sechseinhalb Kilometer von einem Meer zum anderen gezogen wurden.

Die kleine Stadt mit dem Namen Korinth war gerade erst neun Jahre alt. Ein Erdbeben hatte die auf den Ruinen des *antiken* Korinth erbaute Stadt 1859 in Schutt und Asche gelegt. Das neue Korinth lag nun sieben Kilometer nordöstlich des alten Ruinenfeldes. Es gab kein Hotel, und für die Nacht mußte Schliemann mit einem elenden Wirtshaus vorliebnehmen und auf einer Sitzbank schlafen, auf der er das Opfer unzähliger Stechmücken wurde. Vor denen floh er schließlich ans Meer, wo er sich in den Sand bettete.

Auf dem Landweg durch Griechenland zu reisen war im 19. Jahrhundert ein gefährliches Unternehmen. Es wimmelte von Wegelagerern, und ein Fremder konnte schon für eine halbe Drachme sein Leben verlieren. Schliemann gelang es in Korinth, zwei bewaffnete Soldaten und einen Führer anzuwerben sowie einen ungesattelten Gaul zu besorgen. Sein Ziel hieß Mykene.

Als Reiseführer benutzte der Abenteurer von nun an Pausanias' Reisebeschreibung Griechenlands, verfaßt um das Jahr 180 unserer Zeitrechnung. Dieser Pausanias sah, als er Mykene besuchte, noch die Reste der Burg und das Löwentor, die Schatzkammern des Atreus und seiner Söhne sowie die Gräber vieler Personen, die in Homers »Ilias« eine so bedeutende Rolle spielten. Es ruhten dort laut Pausanias Atreus, Agamemnon und seine Gefährten, Kassandra und ihre Söhne, der Wagenlenker Eurymedon, Elektra, Aigisthos und Klytämnestra (Paus. II, 16).

Allein die Aufzählung der Namen weckte Schliemanns Spürsinn. Sie alle gehörten dem heroischen Zeitalter an, das den Ausgräber so sehr in seinen Bann zog. »Von all diesen Grabdenkmälern«, klagte er, »ist jetzt keine Spur mehr vorhanden.« Und sofort wurde in ihm der Gedanke wach: »Aber man würde sie durch Nachgrabungen ohne Zweifel wieder auffinden können.«

Über Argos, eine der blühendsten Städte Griechenlands im vorigen Jahrhundert, und das alte Tiryns, eine Burganlage aus mykenischer Zeit, gelangte Schliemann nach Nauplia, der alten Hafenstadt von Argos und im Mittelalter eine starke venezianische Festung. Von Nauplia wollte der Reisende tags darauf mit dem

Schiff in Richtung Athen weiterfahren, aber der nächste Dampfer fuhr erst in einer Woche. Also erholte sich Schliemann ein paar Tage in der malerischen Umgebung. Am 28. Juli 1868 bestieg er zu nachtschlafender Zeit das Dampfschiff »Ionia«. Zwar beklagte Heinrich den mangelnden Komfort griechischer Dampfboote, doch sei dieser durch die »außerordentliche Liebenswürdigkeit« seiner Reisegefährten ausgeglichen worden.

In dem Buch, das Heinrich Schliemann über diese Mittelmeerreise schrieb, erwähnte er die Ankunft in Athen und die Altertümer der griechischen Hauptstadt nur mit elf Zeilen. Die Akropolis und all die anderen Sehenswürdigkeiten interessierten ihn, wie es scheint, nur wenig; jedenfalls längst nicht in dem Maße wie die Mauerreste auf Ithaka oder in Mykene. Der Grund: Schliemann fühlte sich nun als Entdecker, und in Athen, so glaubte er, gab es nichts mehr zu entdecken. Aus seinem Tagebuch: »Ich unterlasse es, hier näher auf die Altertümer der Hauptstadt Griechenlands einzugehen, die schon öfter von bedeutenden Gelehrten, welche die Erforschung derselben zum Gegenstand ihrer Studien gemacht hatten, mit kundiger Feder beschrieben worden sind.«

Dabei gefiel ihm die moderne Hauptstadt Griechenlands außerordentlich gut. Das muntere Treiben auf den Straßen, die Unbeschwertheit der Menschen, die schönen griechischen Frauen, das alles hatte etwas, das er sonst nur aus Paris kannte. Hinzu kam, daß Schliemann die Sprache des Landes beherrschte und in Athen einen alten Bekannten traf, Theokletos Vimpos, den griechischen Theologen, bei dem er in St. Petersburg Altgriechisch gelernt hatte. Vimpos war jetzt Professor an der Universität von Athen und – ganz nebenbei – Erzbischof von Mantinea und Kynuria. In Vimpos sah Schliemann eine Vaterfigur, einen Mann, zu dem er aufschauen konnte.

Die beiden unterhielten sich ausschließlich in Altgriechisch, der Sprache Homers, und dabei klagte Schliemann dem frommen Kirchenmann das Unglück seiner gescheiterten Ehe. Was freilich die Frömmigkeit des Erzbischofs betrifft, so scheint es damit nicht allzu weit her gewesen zu sein – wie wir noch sehen werden. Jedenfalls sollte diese Begegnung Schliemanns Leben entscheidend verändern.

7 Die Akropolis von Athen zur Zeit Heinrich Schliemanns.
Links im Vordergrund das Odeion des Herodes Atticus. Darüber die Propyläen
und der aus späterer Zeit stammende Frankenturm, den Schliemann auf
seine Kosten abreißen ließ.

EIN PRÄHISTORISCHES RÄTSEL: TROJA

Das eigentliche Ziel von Schliemanns Reise war das an der türkischen Westküste gelegene Troja, Homers Ilion, Schauplatz des Trojanischen Krieges, der wegen des Raubes der schönen Helena durch Paris entbrannte. Anders als Ithaka, Korinth und Mykene war Troja, das einmal die Geschichte Europas geprägt hatte, von allen Landkarten verschwunden. Ein prähistorisches Rätsel, wie geschaffen für den Entdecker Heinrich Schliemann.

In der größten Sommerhitze kam Heinrich am 9. August 1868 in der Hafenstadt Karanlik an. Mit einem Führer machte er sich sofort zu Pferd auf den Weg in die Troas, jene vom Skamander und dessen Nebenfluß Simois durchflossene Landschaft an der Nordwestecke Kleinasiens. Der Weg führte in südöstlicher Richtung durch unbewohntes, freundliches Land mit weiten Steppen, mit Fichten- und Eichenwäldern und zahlreichen Quellen.

Zwei Quellen waren es auch, die schon vor geraumer Zeit Forscher auf die Spuren des vermeintlichen Troja gebracht hatten. In der Nähe des Dorfes Bunarbaschi (des heutigen Pinarbaşi) entsprangen am Fuß des Hügels Quellen, die angeblich mit den von Homer in der »Ilias« (XXII, 147-156) beschriebenen identisch waren. Das jedenfalls hatte gegen Ende des 18. Jahrhunderts ein Reisender aus Frankreich mit Namen Lechevalier behauptet. Seither wurde diese Behauptung ständig wiederholt.

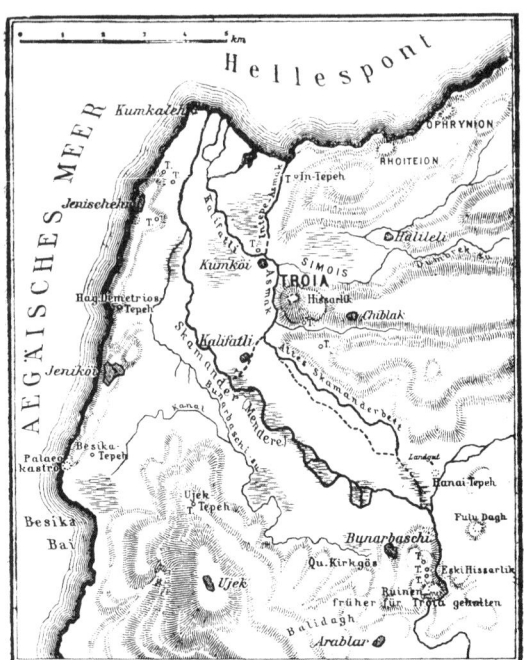

8 Troas-Karte aus dem 19. Jahrhundert.

Homer sagt: »Sie kamen an die beiden Brunnen, aus denen die beiden Quellen des wirbelreichen Skamandros hervorsprudeln. Aus der einen fließt lauwarmes Wasser, und Rauch steigt empor wie von brennendem Feuer; die andere fließt im Sommer ähnlich dem Hagel oder dem kalten Schnee oder dem gefrorenen Wasser. Dort in der Nähe sind breite und schöne Becken von Stein, wo die Frauen der Trojaner und ihre schönen Töchter die prächtigen Kleider wuschen, einstmals zur Zeit des Friedens, ehe die Söhne der Achäer kamen.«

Als Schliemann gegen Abend das 23-Häuser-Dorf Bunarbaschi erreichte, war er zwar enttäuscht über den verkommenen Zustand der alten Häuser, aber er war auch überwältigt von der großartigen Landschaft. »Ich gestehe«, schrieb er, »daß ich meine Rührung kaum bewältigen konnte, als ich die ungeheure Ebene von Troja vor mir sah, deren Bild mir schon in den Träumen meiner ersten Kindheit vorgeschwebt hatte. Nur schien sie mir beim ersten Blick zu lang. Troja lag viel zu weit entfernt vom Meer, wenn Bunarbaschi wirklich innerhalb des Bezirks der alten Stadt erbaut ist, wie fast alle Archäologen behaupten, welche den Ort besucht haben.«

Obwohl er als Ausgräber gerade erst ein paar Wochen lang Erfahrungen gesammelt hatte, begann Schliemann sofort im Boden herumzuwühlen, in der Hoffnung, auf Ziegel oder Tonscherben zu stoßen. Mit der ihm eigenen Mischung aus Naivität und archäologischem Spürsinn war er sofort bereit, alles in Frage zu stellen, was die Forschung bisher über Troja zu sagen wußte: »Als ich den Boden näher betrachtete und nirgends Trümmer von Ziegeln oder Töpferwaren entdeckte, gelangte ich zu der Ansicht, daß man sich über die Lage Trojas getäuscht hatte; und meine Zweifel mehrten sich, als ich…die Quellen am Fuße des Hügels, auf welchem Bunarbaschi liegt, besuchte.«

Homers Beschreibung paßte überhaupt nicht auf die beiden Quellen von Bunarbaschi. Schliemann fand nämlich sofort *drei* nebeneinanderliegende Quellen und nach einigem Suchen im Umkreis von 500 Metern noch 31 weitere. Bewohner des Dorfes meinten sogar, es gebe insgesamt 40 Quellen in unmittelbarer Nachbarschaft, weshalb der Ort auch den Namen »Die 40 Augen« trage. Vollends bestätigt fühlte sich Schliemann, als er mit einem Thermometer die Temperatur von jeder einzelnen Quelle maß. Alle hatten dieselbe Temperatur, 17,5 Grad Celsius. Nun mochte vielleicht die warme Quelle versiegt sein, aber daß Homer nur zwei Quellen erwähnt hätte, wo es doch nicht weniger als 40 gab, das erschien Schliemann wenig plausibel.

Wer hatte sich geirrt? Homer oder die Forscher der Neuzeit?

Für Heinrich Schliemann stellte sich die Frage gar nicht. Je länger er dieses schmutzige Dorf Bunarbaschi betrachtete und sich vor allem seine geographische Lage vor Augen hielt, desto größer wurden seine Zweifel: Die Entfernung bis zum Meer betrug vierzehn Kilometer, also drei bis vier Wegstunden. Aber wenn er die »Ilias« richtig gelesen hatte, dann war die trojanische Burg vom Schiffslager der Achäer nicht mehr als eine Wegstunde entfernt; denn die griechischen Soldaten legten diesen Weg an einem Tag mindestens sechs Mal zurück. Außerdem stellte sich die Frage: Hätte Achilles wirklich den Hektor, wie bei Homer beschrieben, dreimal um die Mauern der Burg von Troja verfolgen können? An dem felsigen Hang, der hier steil zum Skamander abfiel, wäre das vollkommen unmöglich gewesen.

Hatte Homer also doch nur ein Märchen erzählt?

In Mykene und Tiryns hatte Schliemann die gewaltigen Reste einer untergegangenen Kultur gesehen. Troja war zwar noch 700 Jahre früher zerstört worden als jene Zivilisation; sollte es dennoch nicht einen einzigen Quaderstein geben, der von dieser Stadt Zeugnis ablegte?

Um sich Gewißheit zu verschaffen, engagierte der Forscher für den folgenden Tag fünf Arbeiter. Er zog Suchgräben von 60 bis 100 Zentimeter Tiefe, doch an keiner Stelle kam auch nur der geringste Hinweis zutage, daß das Plateau in frühgeschichtlicher Zeit besiedelt gewesen war. »Es ist in der Tat unbegreiflich«, schrieb Schliemann, »wie man jemals die Höhen von Bunarbaschi hat für die Stelle von Troja halten können. Man kann es nicht anders als mit der Annahme erklären, daß die Reisenden mit vorgefaßten Meinungen, welche sie sozusagen blind machen, hierher kommen; denn bei klarem und unvoreingenommenem Blick würden sie sofort erkennen, daß es rein unmöglich ist, die Lage dieser Höhen mit den Angaben der ›Ilias‹ in Übereinstimmung zu bringen.«

SCHLIEMANN REKONSTRUIERT DIE SCHLACHT UM TROJA

Schliemann war fest davon überzeugt, daß Homers »Ilias« keine bloße Sage war, kein Märchen oder Mythos, sondern Überlieferung historischer Ereignisse. Deshalb erstellte er mit der Akribie eines Buchhalters zunächst eine Chronologie der Schlacht um Troja, so wie sie von Homer in der »Ilias« beschrieben wird. Mit Hilfe dieses Zeitplanes hoffte Schliemann Rückschlüsse auf Topographie und Entfernungen zwischen den verschiedenen Schauplätzen ziehen zu können.

Nach Schliemanns Chronologie lief die Schlacht um Troja am ersten Tag wie folgt ab:

In der Nacht befiehlt Zeus dem Gott der Träume, sich zu Agamemnon, dem Oberbefehlshaber des griechischen Heeres vor Troja, zu begeben und ihn aufzufordern, er solle seinen Leuten den Befehl geben, die Waffen anzulegen. Er verspricht, daß sie Troja am folgenden Tag einnehmen werden (II, 8-15). Bei Tagesanbruch versammelt Agamemnon die Griechen, erzählt den Anführern seinen Traum. Um ihre Gesinnung zu prüfen, schlägt er vor, in die Heimat zurückzukehren (II, 48–140). Die Truppen gehen zunächst darauf ein und eilen zu den Schiffen (II, 142–154). Der Mitstreiter Odysseus, König von Ithaka, hält die Truppen zurück und überredet sie zu bleiben (II, 182–210). Es kommt zu langen Diskussionen zwischen Odysseus, dem weisen Nestor und Agamemnon (II, 284–393). Sie fassen den Entschluß zu bleiben. Die Krieger gehen ins Lager und nehmen ihr Morgenmahl ein (II, 394–401). Agamemnon opfert Jupiter einen Stier und versammelt die Anführer, damit sie an der Zeremonie teilnehmen (II, 402–433). Nestor hält abermals eine Rede. Dann läßt Agamemnon die Truppen in Schlachtreihen antreten (II, 441–454). Die Truppen ordnen sich zum Kampf vor dem Lager in die Skamanderebene (II, 464–475).

Von diesen Vorgängen werden die Trojaner durch Heras Botin Iris unterrichtet. Sie bewaffnen sich ebenfalls und kommen mit lautem Geschrei aus den Stadttoren (II, 786–810; III, 1–9). In der Ebene stoßen die beiden Heere aufeinander (III, 15 ff).

Dazu Heinrich Schliemann: »Die Ebene konnte nicht groß sein, denn vom Skäischen Tor erkennt Helena die griechischen Heerführer und nennt dem Priamos ihre Namen. Das griechische Heer konnte nicht weiter als einen Kilometer entfernt sein; denn um einen Menschen auf solche Entfernung erkennen zu können, muß man sehr gute Augen haben.«

Weiter in der Chronologie: Auf der anderen Seite fordert Paris, Sohn des König Priamos, Menelaos zum Zweikampf auf. Paris' Bruder Hektor hält eine Rede, ebenso Menelaos, der Bruder Agamemnons (III, 67–75, 86–94, 97–110). Hektor entsendet Herolde nach Troja, um lebende Lämmer zu holen. Agamemnon schickt zum gleichen Zweck Talthybios ins griechische Hauptlager (III, 116–120).

Kommentar Schliemanns: »Da das griechische Lager höchstens einen Kilometer vom Skäischen Tor entfernt sein konnte, so mußte es – wenn Troja auf den Höhen von Bunarbaschi lag – wenigstens dreizehn Kilometer vom Schiffslager stehen, und Talthybios würde unter sechs Stunden nicht wiederkommen können. Aber er ist so kurze Zeit fort, daß Homer eine Zeit gar nicht angibt.«

Vor Troja opfert und schwört man indes feierliche Eide (III, 268–301). Es kommt zum Zweikampf. Paris wird von Menelaos besiegt und von Aphrodite, die auf trojanischer Seite steht, vom

Schlachtfeld entführt (III, 355–382). Im Kampf der beiden Heere werden die Trojaner zunächst bis an die Mauern ihrer Stadt zurückgeworfen (V, 37). Während des Kampfes schicken beide Parteien Verwundete und Beute – Wagen und Pferde – nach Troja beziehungsweise in das Lager der Griechen (V, 325–663, 668–669). Die Griechen weichen vor den Trojanern zurück (V, 699–702).

Hektor begibt sich hinter die Mauern von Troja (VI, 111–115). Er nimmt mit Paris den Kampf wieder auf (VII, 1–7). Dann fordert Hektor den tapfersten Griechen zum Zweikampf heraus (VII, 67–91). Neun Helden melden sich. Das Los trifft Ajax, Sohn des Telamon (VII, 161–225). Am Abend kehren die Griechen in ihr Lager zurück (VII, 313–320).

Soweit der Ablauf des ersten Tages der Schlacht um Troja. Schliemann zog daraus folgenden Schluß: »So wurde der Raum zwischen der Stadt und dem griechischen Lager wenigstens sechsmal ... durchlaufen, nämlich zweimal von dem Herold, der das Lamm holte, und wenigstens viermal von dem Heer, und einmal sogar rückwärts ... Die Entfernung vom griechischen Lager bis Troja muß also sehr gering gewesen sein und weniger als fünf Kilometer betragen haben. Bunarbaschi ist vierzehn Kilometer vom Vorgebirge Sigeum entfernt; hätte Troja auf den Höhen von Bunarbaschi gelegen, so würde man ... wenigstens vierundachtzig Kilometer durchlaufen haben ...«

Nein, auch wenn alle Forscher gegenteiliger Ansicht waren, zwischen Troja und dem Dorf Bunarbaschi gab es keine Gemeinsamkeiten.

DIE WAHL FÄLLT AUF HISSARLIK

Auf dem Weg nach Bunarbaschi war Schliemann ein anderer Ort aufgefallen, ein Hügel mit der Bezeichnung Hissarlik, was in der Übersetzung soviel wie »Palast« bedeutet. Der Hügel, 230 Meter lang, 160 Meter breit, unterschied sich deutlich von jenem, auf dem sich Bunarbaschi befand. Hier lagen überall Steinquader und Marmorblöcke herum. Man brauchte nur mit dem Fuß im Untergrund zu scharren, und schon kamen Tonscherben in großer Zahl zum Vorschein. Lag unter diesem Hügel das sagenhafte Troja verschüttet?

Schliemann war nicht der erste, der diese Theorie vertrat. Bereits fünfzehn Jahre früher hatte der amerikanische Konsul bei den Dardanellen, Frank Calvert, der sich in seiner Freizeit mit Archäologie beschäftigte, die kühne These aufgestellt, das homerische Troja liege unter dem Hochplateau von Hissarlik verborgen. Für einen Spottpreis hatte er einen Teil des Hügels gekauft und auf eigene Kosten Suchgräben gezogen. Die willkürlichen Grabungen hatten immerhin übereinanderliegende Mauerreste verschiedener Epochen zutage gefördert und im Osten des Hügels Reste eines Tempels oder Palastes aus fugenlos übereinandergeschichteten Quadersteinen.

Zehn Jahre nach seinen ersten Entdeckungen plante Calvert, neue, diesmal systematische Grabungen durchzuführen. Mit der Unterstützung des British Museum in London, dessen Direktor Charles T. Newton das Areal schon besichtigt hatte, wollte der Konsul den Beweis für seine Theorie finden. Im letzten Augenblick war das Unternehmen jedoch gescheitert, weil sich niemand fand, der bereit gewesen wäre, die Kosten von hundert Britischen Pfund zu übernehmen.

»Nachdem ich zweimal die ganze Ebene von Troja aufmerksam untersucht habe«, notierte Schliemann selbstsicher, »teile ich vollkommen die Überzeugung Calverts, daß die Hochfläche von Hissarlik die Stelle des alten Troja bezeichnet und daß auf dem genannten Hügel seine Burg Pergamos gelegen hat.« Schliemann faßte den Entschluß: Ich werde Troja ausgraben.

Daß daraus eine Lebensaufgabe zu werden versprach, konnte den Abenteurer nicht schrecken. Aufwand und Kosten spielten keine Rolle. Auch alle Einwände von wissenschaftlicher Seite, unter dem Hügel von Hissarlik könne nie und nimmer das homerische Troja verborgen liegen, vermochten ihn nicht von dem einmal gefaßten Entschluß abzubringen.

Er orientierte sich allein anhand der herumliegenden Stein- und Mauerreste und kam so zu dem Schluß: »Um zu den Ruinen der Paläste des Priamos und seiner Söhne sowie zu denen der Tempel der Minerva und des Apollo zu gelangen, wird man den ganzen künstlichen Teil dieses Hügels fortschaffen müssen. Alsdann wird sich sicherlich ergeben, daß die Zitadelle von Troja sich noch eine bedeutende Strecke über das anstoßende Plateau ausdehnte; denn die Ruinen vom Palast des Odysseus, von Tiryns und von der Zitadelle von Mykene sowie die große, noch unberührte Schatzkammer Agamemnons beweisen deutlich, daß die Bauwerke des heroischen Zeitalters große Ausdehnungen hatten.«

SCHLIEMANNS HELFER: HOMER, HERODOT UND PLUTARCH

In diesen Notizen wird das Naturtalent, die große Begabung des Ausgräbers deutlich, der aus dem Aussehen herumliegender Steine und der Bodenbeschaffenheit Zusammenhänge zwischen Mykene und Troja feststellt. Dabei leisteten ihm Homers »Ilias«, die er immer bei sich trug, Hilfe, aber auch der griechische Geograph und Historiker Strabon, der Historiker Herodot aus Halikarnaß, ein hervorragender Kenner des kleinasiatischen Küstengebietes, der griechische Schriftsteller Plutarch mit seinen Biographien berühmter Griechen und Römer sowie der antike Historiker Arrianus mit seinen Werken über die Alexanderzeit.

Schliemann verglich die Aussagen dieser Autoren, die zu verschiedenen Zeiten und aus unterschiedlichem Blickwinkel über denselben Ort berichteten, und setzte ihre Aussagen mosaikartig zu einem Gesamtbild zusammen. Es ging ihm zuerst einmal darum zu beweisen, daß Troja kein Phantasiegebilde Homers war, sondern der reale Hintergrund der »Ilias«.

Herodot zum Beispiel berichtet (VII, 43), der Perserkönig Xerxes habe vor seinem Einfall in Griechenland im Jahre 480 v. Chr. am Skamander haltgemacht und sei auf die Burg des Priamos hinaufgestiegen, wo er der ilischen Minerva tausend Rinder geopfert habe. Das geschah 2350 Jahre vor Schliemann und macht deutlich, daß die Burg des Priamos damals noch als historisches Faktum in Erinnerung war. Die Stelle belegt außerdem, daß ein Minerva-Tempel von beträchtlichem Ausmaß existierte, geräumig genug, um eine Opfergabe von tausend Rindern aufzunehmen.

Auch ein Aufenthalt Alexanders des Großen in Troja ist literarisch bezeugt. Von Plutarch erfahren wir, Alexander habe die »Ilias« als »Vorratskammer der kriegerischen Tugend« bezeichnet und eine Abschrift des Werkes zusammen mit seinem Degen unter dem Kopfkissen liegen gehabt. Wenn man dem seriösen Historiker Arrianus glauben darf, dann hinterließ Alexander bei einem Besuch in Troja im Tempel der ilischen Minerva seine Rüstung und nahm geweihte Waffen mit fort, die seit dem trojanischen Krieg dort aufbewahrt wurden. Schliemann folgerte daraus: »Bei der hohen Verehrung, welche Alexander der Große für Homer und seine Helden bezeugte, war er gewiß der festen Überzeugung, jenes Troja, wo er der Minerva opferte, stehe an der Stelle der alten Stadt des Priamos.«

Dieser Auffassung widerspricht allerdings Strabon, der griechische Historiker und Geograph, der, wie Schliemann ausdrücklich betonte, nie in Troja gewesen ist. Strabon behauptet, zur Zeit Alexanders sei Troja nur noch ein Fleck Erde gewesen mit einem winzigen Tempel, und Alexander habe ein neues Ilium oder Troja gegründet, mit einer Mauer von 40 Stadien, nicht weit entfernt von der Burg des Priamos. Indirekt war jedoch auch dies ein Beweis für Schliemanns Theorie, daß das homerische Troja nicht bei dem Dorf Bunarbaschi, sondern bei Hissarlik zu finden sei; denn die Mauerreste von Neu-Ilium, das nordwestlich von Hissarlik lag und mehrfach zerstört wurde, konnte man sogar mit freiem Auge erkennen.

Wie ein Spürhund durchstreifte Heinrich Schliemann die vor Hitze flirrende Landschaft der Troas von Süd nach Nord und von Ost nach West. Hitze und Ungeziefer, vor allem Flöhe und Wanzen, setzten ihm zu. Deshalb zog er es vor, die Nächte im Freien zu verbringen. Seine Nahrung bestand in der Hauptsache aus Wasser und Brot.

In der Stadt Yenitscheri auf dem Vorgebirge Sigeum, das wie ein Horn in das Ägäische Meer herausragt, stand dem Abenteurer der Sinn nach einem Stück Fleisch. Der Wirt des Kaffeehauses, dem Schliemann seinen Wunsch vortrug, zog die Schultern hoch, dann verschwand er. Als er zurückkehrte, hielt er in seiner Rechten ein zuckendes, schreiendes Huhn. In einer Stunde, meinte er, sei das Essen bereitet. Der Anblick des todgeweihten Federviehs schmälerte allerdings den Appetit des Gastes beträchtlich. Er zahlte den Preis für die Henne und ließ sie laufen. Dann aß er acht Eier – den gesamten Vorrat –, ein ganzes Brot und trank dazu Wein von der benachbarten Insel Tenedos.

»Als ich«, schrieb Schliemann, »mit der ›Ilias‹ in der Hand auf dem Dach eines Hauses stand und hinausschaute, war mir, als sähe ich unter mir die Flotte, das Lager und die Versammlungen der Griechen, Troja und die Burg Pergamon auf dem Plateau von

Hissarlik, die Märsche und Gegenmärsche und die Kämpfe der Truppen in der Ebene zwischen der Stadt und dem Lager. Zwei Stunden ließ ich so die Hauptbegebenheiten der ›Ilias‹ an mir vorübergehen ...«

Damals, im August 1868, gingen Heinrich Schliemann viele Gedanken durch den Kopf. Vergessen schienen seine trostlose familiäre Situation und der nervenaufreibende Streß mit Aktien und Spekulationsgeschäften. Vor ihm hatte sich eine neue, unbekannte, aufregende, phantastische Welt aufgetan. Noch war diese Welt gebunden zwischen zwei Buchdeckeln, wortgewaltig beschrieben von einem blinden Dichter. Aber Schliemann glaubte fest an die Realität dieser Welt, die nur verschüttet war unter dem Hügel von Hissarlik. Er ahnte nicht, wie lange es dauern sollte, bis er dafür den Beweis liefern konnte. Er wußte nur, daß er nicht eher ruhen würde, bis er den Beweis erbracht hatte.

VII
EIN NEUER MENSCH, EIN NEUES LEBEN

Hier bin ich immer in Gesellschaft geistiger und schöner Frauen,
die mich sehr gern von meinen Leiden heilen und mich verwöhnen würden,
wenn sie wüßten, daß ich an Scheidung denke. Aber, mein Freund,
das Fleisch ist schwach, und ich fürchte, mich in eine Französin zu verlieben
und wieder unglücklich zu werden.

Heinrich Schliemann an Erzbischof Vimpos

Paris, September 1868. Im ersten Stock des vornehmen Hauses an der Place St. Michel 6 brennt Tag und Nacht Licht. Zurückgekehrt von seinem griechischen Abenteuer, das ihn mehr aufgewühlt hat als alles, was er bisher erlebt hatte, arbeitet Heinrich Schliemann wie besessen, um seine Erlebnisse zu Papier zu bringen. »Ithaka, der Peloponnes und Troja« soll das Buch heißen. Untertitel: »Archäologische Forschungen«. Ein wissenschaftliches Buch also, ganz anders als der Reisebericht über seine Tour um die Welt. Es soll der Einstieg werden in seine wissenschaftliche Karriere als Archäologe. Für ihn steht jetzt unumstößlich fest: Sein künftiges Leben wird sich nicht mehr in Wirtschaftskontoren, Börsenhallen und Lagerhäusern abspielen, sondern auf Schutthalden, Ruinen und Mauerresten. Und seine tägliche Lektüre werden nicht mehr Börsenkurse und Bilanzen sein, sondern die antiken Schriftsteller, vorzugsweise Homer.

Aber Schliemann ist nun einmal nicht der versierte Wissenschaftler, der er so gerne wäre, er ist und bleibt in erster Linie der Egomane, als der er uns stets begegnet ist. Und so beginnt er in der Vorrede zu seinem »wissenschaftlichen« Buch erst einmal von sich selbst zu erzählen. Er zimmert sich dabei seine Biographie so zurecht, daß sie dem Lebensbild eines spätberufenen Archäologen, wie er es sich vorstellt, genügt.

»Sobald ich sprechen gelernt, hatte mir mein Vater die großen

Taten der homerischen Helden erzählt. Ich liebte diese Erzählungen; sie entzückten mich, sie versetzten mich in hohe Begeisterung. Die ersten Eindrücke, welche ein Kind empfängt, bleiben ihm während seines ganzen Lebens, und obgleich es mir bestimmt war, im Alter von vierzehn Jahren in das Materialwarengeschäft des Herrn Emil Ludwig Holtz in der kleinen mecklenburgischen Stadt Fürstenberg als Lehrling einzutreten, anstatt die wissenschaftliche Laufbahn zu verfolgen, für welche ich eine außerordentliche Neigung in mir verspürte, so bewahrte ich doch immer für die berühmten Männer des Altertums dieselbe Liebe, welche ich für sie in meiner ersten Kindheit gehegt hatte.« So lautet der Beginn.

In weniger als drei Monaten schrieb Schliemann das Buch »Ithaka, der Peloponnes und Troja« – in französischer Sprache. Aber als er es beendet hatte, bemerkte er, daß es alles andere als ein wissenschaftliches Werk geworden war, vielmehr wiederum so etwas wie ein Reisebericht, nur daß diesmal »Odyssee« und »Ilias« die Reiseroute bestimmt hatten. Flugs setzte er dem Bericht ein Vorwort voran und bekundete, er habe nie den Ehrgeiz gehabt, ein Buch über das Thema zu schreiben; erst als er mit eigenen Augen gesehen habe, welchen Irrtümern »fast alle Archäologen« unterlegen seien, habe er sich zur Veröffentlichung seiner eigenen Erfahrungen und Eindrücke entschlossen.

An den Vater am 9. Dezember 1868: »Mein archäologisches Werk habe ich jetzt beendet, ich habe auch schon einen Verleger dafür; es kommt jetzt zum Druck, und da ich Strabon und alle, die nach ihm über Troja schreiben, umstoße, so wird viel gegen mein Buch geschrieben werden. Indes ist mir nicht bange, da ich überall Beweise gebe und nichts ohne klare Facta behaupte.«

Wieder einmal war der Wunsch der Vater von Schliemanns Gedanken, wieder einmal eilte die Hoffnung der Wirklichkeit voraus, wieder einmal nahm sich der von sich selbst eingenommene Egozentriker überaus wichtig. Wie schon bei seinem ersten Buch interessierte sich kein Pariser Verleger für das Manuskript. Schliemann war zu stolz, das Buch verschiedenen Verlegern anzubieten. Lieber ließ er sein Werk in einer Auflage von 700 Exemplaren auf eigene Rechnung drucken.

Ihm selbst gefiel das Ergebnis weit besser als den Fachgelehrten von der Sorbonne, denen Schliemann sein neues Werk unaufgefordert zusandte. Wer war der Mann, der so abenteuerliche Thesen aufstellte? Welche Reputation hatte er vorzuweisen? Welche Männer standen hinter diesem Anfänger auf dem Fachgebiet der Archäologie? Die Fachwelt zeigte sich verunsichert. So etwas hatte es noch nie gegeben. Und Schliemann genoß die ungewöhnliche Situation. Jetzt galt es schnell zu handeln.

ERSTE GRABUNGSPLÄNE FÜR TROJA

In dem amerikanischen Konsul Frank Calvert, der in Çanakkale an den Dardanellen residierte, hatte Schliemann einen wichtigen Freund gewonnen. Nicht nur, daß diesem ein großer Teil des Landes gehörte, unter dem Schliemann das alte Troja vermutete, der Konsul verfügte auch über gute Beziehungen, wußte Bescheid über die Gesetze des Landes und bot dem deutschstämmigen Russen mit Wohnsitz Paris seine Mithilfe an bei der Klärung der Grundfrage »ubi Troia fuit« (lat.: wo Troja gewesen ist).

Calvert kannte die Namen der zwei Türken, die sich den übrigen Grundbesitz am Hügel Hissarlik teilten, und empfahl Schliemann, er möge wegen der Ausstellung einer Grabungserlaubnis durch die türkische Regierung seinen Botschafter in Konstantinopel einschalten. Sein – Calverts – Land stehe ihm zur freien Verfügung; von den türkischen Landbesitzern hoffe er die Genehmigung zum Graben zu erhalten.

In Abstimmung mit Frank Calvert stellte Heinrich Schliemann folgenden Plan auf:

Die Grabungen in Hissarlik sollen im Frühjahr 1869 beginnen. Für den Ausgräber, der nichts mehr fürchtet als Flöhe und Wanzen, wird in dem Dorf Çiblak ein Haus angemietet, desinfiziert und innen wie außen frisch ausgemalt. An der Grabungsstelle selbst ist ein Zelt aufzustellen, das Calvert besorgen will. Etwa sechzig bis achtzig Arbeitskräfte sollen eingestellt werden, vorzugsweise Griechen, die als besonders arbeitsam gelten und einen Tagelohn von acht bis zwölf Piaster erhalten, je nach Leistung.

Calvert schlug vor, Werkzeug wie Hacken, Schaufeln und Handkarren aus Frankreich zu besorgen, denn am Ort seien nur Holzschaufeln aufzutreiben. Außerdem riet er Schliemann, bei der Ottomanischen Bank in Konstantinopel ein Konto einzurichten, von dem alle Kosten und Ausgaben beglichen werden sollten. »Sie können«, schrieb Calvert dem Ausgräber in einem Brief, »so viele Waffen mitbringen wie Sie wollen, wenn Sie Ihnen ein Gefühl der Sicherheit vermitteln. Was mich betrifft, so trage ich auf Schritt und Tritt nur ein Gewehr mit mir herum.«

Die Aussicht, ein bedeutender Archäologe zu werden, gab Schliemann sein Selbstwertgefühl, das er vorübergehend verloren zu haben schien, zurück. Er wollte ein völlig neues Leben beginnen, und dazu gehörte zuallererst die Scheidung von Ehefrau Jekaterina. Ohne große Vorbereitungen machte er sich am 2. Januar 1869 von Paris aus auf den Weg nach St. Petersburg.

Mit einer Versöhnung rechnete er nicht mehr. Die Fronten waren zu verhärtet. Außerdem war ihm klargeworden, daß er sich mit dem Liebesverhältnis Jekaterinas zu einer Frau nie würde abfinden können. Deshalb stellte er der Lyschina ein Ultimatum: »Entweder Du kommst mit mir nach Paris, und zwar sofort, oder ich lasse mich im Ausland von Dir scheiden.«

Jekaterina reagierte wie erwartet: »Ich bleibe! Ich werde Petersburg nie verlassen!«

Unter Tränen verabschiedete sich Schliemann von seinen Kindern, dem nun vierzehnjährigen Sergej und der achtjährigen Nadeschda; Natalija war im Jahr zuvor im Alter von zehn Jahren gestorben.

Auf der Rückreise suchte er in Schwerin seinen Vetter, den Justizrat Adolph Schliemann, auf. Zu Vetter Adolph aus Kalkhorst, der fünf Jahre älter als Heinrich und seit 1855 ein angesehener Rechtsanwalt in Schwerin war, unterhielt Heinrich seit frühester Jugend ein herzliches Verhältnis. Adolph war überhaupt der einzige in der Verwandtschaft, auf dessen Rat Heinrich hörte, auch wenn dieser *ihm* bisweilen Vorhaltungen machte, was seine Spielleidenschaft betraf. Heinrich hatte Adolphs Spielschulden bezahlt. Ohne dieses Entgegenkommen wäre dessen Karriere beendet gewesen. Jetzt konnte sich der Vetter revanchieren.

Dr. Adolph Schliemann war nicht nur ein erfolgreicher Anwalt, er verfügte auch über beste Beziehungen im Land Mecklenburg. Beides konnte Heinrich von Nutzen sein. Sein allergrößtes Anliegen, klagte Heinrich, sei es, die Ehe mit Jekaterina aufzulösen. Aber es gebe da eine weitere Angelegenheit, die ihn belaste: Im Hinblick auf die geplanten Ausgrabungen in Troja mangele es ihm an wissenschaftlicher Reputation. Es fehle ihm nicht an Wissen; was er nötig habe, um in seiner Arbeit ernst genommen zu werden, sei ein Titel. Ein Heinrich Schliemann, Kaufmann aus St. Petersburg, begehe in den Augen der meisten Professoren ein Sakrileg, wenn er Troja ausgraben wolle. Ein *Dr.* Heinrich Schliemann hingegen könne sich auf der Spielwiese der Archäologie bedenkenlos tummeln, er werde respektiert.

In Sachen Schliemann gegen Schliemann wußte Vetter Adolph Rat: Am aussichtsreichsten, meinte Adolph, sei eine Scheidungsklage im US-Bundesstaat Indiana. Und was den ersehnten Doktortitel betreffe, so wolle er sehen, was er tun könne, jedenfalls verfüge er über gute Verbindungen zur Universität Rostock.

MIT GELD UND BEZIEHUNGEN ZUM DR. PHIL.

Schneller als erträumt wurde Heinrich Schliemann Doktor der Philosophie. Zwar hatte er weder Abitur noch ein abgeschlossenes Studium noch eine Doktorarbeit vorzuweisen, und der akademische Titel, der ihm innerhalb von vier Wochen zuerkannt wurde, war auch nicht etwa nur ein Ehrendoktor; Schliemann verfügte jedoch über sehr viel Geld. Auch wenn der Nachweis nicht erbracht werden kann, daß Schliemanns Dr. phil. gekauft wurde, so liegt der Verdacht doch nahe, und eine nähere Betrachtung der Umstände, wie Schliemann zu seinem Titel kam, entbehrt nicht einer gewissen Komik.

Obwohl die Erlangung des Doktortitels für Heinrich Schliemann zu den wichtigsten Ereignissen seines Lebens gehörte, befand er sich, als die Universität Rostock mit seinem »Fall« befaßt war, nicht einmal in Europa. Seinen Doktorvater hat er nie gesehen, ebensowenig den Dekan der Universität. In seiner Autobiographie erwähnt Schliemann den Vorgang mit nur einem einzigen Satz: »Ein Exemplar dieses Werkes (›Ithaka‹) nebst einer altgriechisch geschriebenen Dissertation übersandte ich der Universität Rostock und wurde dafür durch die Erteilung der philosophischen Doktorwürde dieser Universität belohnt.« Das für ihn so bedeutsame Ereignis scheint Schliemann rückblickend peinlich zu sein.

Unterlagen, die an der Universität Rostock ans Tageslicht kamen, sprechen für sich. Danach sandte Heinrich Schliemann am 12. März 1869 im Auftrag seines Vetters Adolph ein Paket an Professor Hermann Karsten, Universität Rostock. Inhalt: zwei Bücher, zwei Lebensläufe und ein Brief in deutscher Sprache mit lateinischer Anrede. Wie blamabel, daß bereits die Anrede »Decane spectabil*is*!« (Hochverehrter Herr Dekan!) grammatikalisch falsch war! Schliemanns Brief im Wortlaut:

Decane spectabilis!
Indem ich mir erlaube, Ew. Spectabilität anbei ein Exemplar meiner beiden Schriften: »La Chine et le Japon au temps présent« und »Ithaque, le Péloponnèse et Troie – recherches archéologiques«, beide erschienen zu Paris, die erste im Jahre 1867, die zweite in diesem Jahre; desgleichen, anstatt einer Lebensbeschreibung, die Übersetzung der eine solche enthaltenden Vorrede zu meiner letzten Schrift in altgriechischer und lateinischer Sprache zu überreichen, wage ich zugleich die ganz gehorsamste Bitte auszusprechen, mich geneigtest zum Doktor der Philosophie promovieren zu wollen.
Zu jener, meine Lebensbeschreibung enthaltenden Übersetzung füge ich nur noch hinzu, daß ich in Neubukow in Mecklenburg Schwerin den 6ten Januar 1822 geboren bin, woselbst mein Vater Prediger war; daß ich, nach anfänglichem Privatunterricht in Kalkhorst, zu Michaelis des Jahres 1833 auf das Gymnasium zu Neustrelitz, und zwar nach Tertia gekommen bin, dasselbe aber, wegen der unglücklichen Lage meines Vaters, schon nach drei Monaten verlassen habe, um die Realschule zu besuchen, von der ich zu Ostern 1836 abgegangen bin, nachdem ich ein Jahr hindurch Mitglied der ersten Klasse gewesen war. Wie es mir später möglich geworden ist, die Mängel der Schulbildung auszugleichen und mich der meisten lebenden Sprachen Europas, daneben noch der altgriechischen und arabischen Sprache zu bemeistern – alles dieses geht aus der vorgedachten Vorrede näher hervor. Schließlich erlaube ich mir die Bitte, alle Verfügungen meinem Vetter, dem Justizrat Dr. Adolph Schliemann zu Schwerin zugehen zu lassen, von diesem auch die sämtlichen Kosten wahrzunehmen. Ich verharre in vorzüglicher Hochachtung, Ew. Spectabilität ganz gehorsamst

Heinrich Schliemann

Karsten, Dekan der Philosophischen Fakultät, war von seinem Kollegen, dem Gräzisten Prof. Ludwig Bachmann, der wiederum mit Adolph Schliemann befreundet war, bereits in Kenntnis gesetzt. Und schon nahm das Promotionsverfahren »in absentia« (in Abwesenheit des Kandidaten) seinen Lauf.

Wie es Adolph Schliemann gelang, alle Mitglieder der Philosophischen Fakultät zu überreden, dieses Verfahren einzuleiten, darüber kann, wie gesagt, nur spekuliert werden. Immerhin bedurfte es der einstimmigen Zustimmung aller Fakultätsmitglieder, damit das Verfahren in Gang kam. In einem solchen Fall war jedoch die Promotion aufgrund anerkannter wissenschaftlicher Leistungen durchaus möglich.

Immerhin versuchten die würdigen Herren Professoren der Universität Rostock aufs peinlichste die Form zu wahren. Karsten am 3. April 1869 an das Kollegium:

»Herr Heinrich Schliemann, Vetter des Herrn Justizrat Schliemann in Schwerin, und durch diesen uns bereits vorläufig angemeldet, bittet laut anliegendem Schreiben um Promotion. Er legt uns zwei seiner Schriften, ›La Chine et le Japon‹ und ›Ithaque, le Péloponnèse et Troie – recherches archéologiques‹ vor, sowie als curriculum vitae die Übersetzung der Vorrede letzterer Schrift ins Lateinische und Griechische. Die erste Schrift, eigentlich Reisebeschreibung, wird wohl weniger in Betracht kommen als die zweite, archäologische, deren Beurteilung zu übernehmen ich Herrn Kollegen Bachmann ersuche. Sodann bitte ich die Herren Kollegen sich darüber auszusprechen, ob und inwieweit bei diesem philologischen Autodidakten von den fehlenden Formalien wird abgesehen werden können.«

In Wahrheit war die Promotion Heinrich Schliemanns an der Rostocker Universität eine Farce. Während Professoren für gewöhnlich Monate brauchen, um ein Gutachten zu erstellen, haben zwischen dem 8. und 12. April 1869, mithin also in vier Tagen, die Professoren Bachmann, Karsten, Fritzsche, Roeper, Schulze, Bartsch, Roesler und Schirrmacher, also acht honorige Männer der Wissenschaft, Schliemanns Werk »Ithaka« sowie die acht Seiten seines lateinischen und ebensoviele Seiten seines griechischen Lebenslaufes gelesen und positiv begutachtet.

Dabei spart selbst Bachmann, der Freund von Schliemanns Vetter Adolph, der das Hauptgutachten erstellte und dem Doktoranden aus verständlichen Gründen wohlgesinnt war, nicht mit Kritik an dem »Autodidakten von solcher selbsterworbener Befähigung.« Er schreibt: »Weniger überzeugend sind die Resultate der Untersuchung, die der Verfasser auf der trojanischen Ebene, über die beiden dieselbe durchströmenden Flüsse und über die Situation des alten Ilium, wenngleich mit unermüdlicher Ausdauer, angestellt hat, über die er mit steter Beziehung auf die betreffenden Stellen der ›Ilias‹, in einer sehr unterhaltenden Darstellung berichtet. Hier ist er jedoch, trotz der Bestimmtheit der Angaben, auf die er seine Behauptungen stützt, offenbar im Irrtum, sowohl über die Hauptpunkte der besprochenen Lokalitäten als auch über die Bezeichnung und den Lauf des Skamander und Simois. Heinrich Schliemann hat uns den Bericht über sein Leben und seinen Bildungsgang in drei Sprachen vorgelegt; der in französischer Sprache abgefaßte Bericht liest sich sehr gut, da der Verfasser dieser Sprache vollkommen mächtig ist; die lateinische Vita ist, einige Verstöße abgerechnet, sprachlich großenteils ganz befriedigend; die Übertragung aber derselben ins Griechische wäre besser ganz weggeblieben, denn der Mangel an griechischen Wendungen und Satzfügungen zeigt, daß der Verfasser einen syntaktischen Kursus dieser Sprache nicht durchgemacht hat und daher einen vollständig in sich geschlossenen Satz in antiker Form zu bilden nicht versteht.«

Dennoch stimmte Professor Ludwig Bachmann für die Promotion des ungewöhnlichen Einzelgängers – ein abgekartetes Spiel, wie ein Brief aus dem Nachlaß des Vetters Adolph Schliemann beweist. Denn am 12. März, am selben Tag also, an dem Heinrich die Promotionsunterlagen an die Universität Rostock schickte, schrieb Heinrich seinem Vetter Adolph : »Nimm wiederholt meinen herzinnigsten Dank für Deine viele, viele Güte entgegen. Professor Bachmanns Brief ist äußerst schmeichelhaft für mich ...«

Unter dem Datum vom 27. April 1869 wird Heinrich Schliemann für seinen »Liber Archaeologicus de Ithaca Insula Peloponneso et Troade« (Archäologisches Buch über Ithaka, Peloponnes und Troja) die Doktorwürde verliehen. Sicher kein Ruhmesblatt für die Rostocker Universität.

Die Nachricht erreichte Heinrich in Indianapolis im US-Bundesstaat Indiana. Dorthin war Schliemann auf Anraten seines Vetters Adolph gereist, um die äußerst liberalen Scheidungsgesetze dieses Staates in Anspruch zu nehmen. Wie der »Doktor der Philologie und freien Künste« auf den ungewöhnlich schnellen Abschluß des Verfahrens reagierte, ist nicht bekannt. Es gibt aber zu denken, daß unter den Tausenden überlieferter Briefe, die sich oft mit Nichtigkeiten beschäftigen, kein einziger erhalten sein soll, in dem sich der Geehrte zu diesem wichtigen Vorgang äußert. Was hatte Heinrich Schliemann zu verbergen?

Für den stark unter seinem Bildungsdefizit leidenden Kleinbürger aus Mecklenburg war die Verleihung der Doktorwürde von größter Bedeutung für sein Selbstbewußtsein. Denn so mächtig er im Geschäftsleben auftrumpfte, so gut er es verstand, sein redlich erworbenes Vermögen angemessen zu präsentieren, so wenig er sich scheute, seinen Jahresverdienst bekanntzugeben wie ein Jahrmarktschreier, so sehr litt der kleinwüchsige Mann unter seinem spießbürgerlichen Minderwertigkeitsgefühl. Schliemann war ein Gernegroß in jeder Hinsicht, und der Sog des akademischen Titels riß ihn wie ein Wirbelsturm in ungeahnte Höhen. An Selbstbewußtsein sollte es ihm fortan nur noch selten mangeln.

Der Siebenundvierzigjährige hatte einmal mehr gezeigt, daß mit Geld wirklich alles zu erreichen ist. Und im Bewußtsein dieser Tatsache ging er das nächste Ziel an.

Um nach amerikanischem Recht geschieden zu werden, bedurfte es der amerikanischen Staatsbürgerschaft. Voraussetzung für diese Staatsbürgerschaft war entweder eine amerikanische Geburtsurkunde oder der Nachweis eines fünfjährigen Aufenthaltes in den USA. Weder das eine noch das andere konnte Schliemann vorweisen; aber mit einem entsprechend dicken Bündel Dollars wurde er Bürger der Vereinigten Staaten von Amerika, und diese Staatsangehörigkeit sollte er bis zu seinem Tode beibehalten.

Schliemann erkaufte seinen US-Paß mit einem Meineid. Kaum hatte er am 27. März 1869 amerikanischen Boden betreten, machte er sich in New York auf die Suche nach einem Bürgen. Nach zwei Tagen wurde er fündig. John Bolan, wohnhaft in New York, Madison Avenue 90, erklärte sich bereit, vor Gericht zu beschwören, daß Mister Henry Schliemann, geboren am 6. Januar 1822 in Neubukow, Germany, seit fünf Jahren in den Vereinigten Staaten, davon ein Jahr im Bundesstaat New York, gelebt und stets die Prinzipien der Verfassung der Vereinigten Staaten geachtet hatte.

Ein entsprechendes Dokument wurde von Bolan am 29. März 1869 unterzeichnet, und noch am selben Tag erhielt Henry Schliemann die amerikanische Staatsbürgerschaft. Tags darauf reiste er ab nach Indiana. Am 1. April traf er in Indianapolis ein, einer Stadt von gerade mal 40 000 Einwohnern, gegründet vor einem halben Jahrhundert.

Das erste Hotel am Platze war ziemlich schmuddelig. Henry hielt es nur eine Nacht dort aus. Dann mietete er sich ein Haus am Bahndamm samt schwarzem Diener und schwarzer Köchin, der er hohen Respekt zollte, weniger wegen ihrer Kochkünste als aufgrund der Tatsache, daß sie täglich drei Zeitungen las. Im ganzen Staat Indiana gab es zu dieser Zeit nämlich noch keine einzige Schule für Farbige.

SCHEIDUNGSKLAGE MIT FÜNF ANWÄLTEN

Am nächsten Tag schon suchte Henry Schliemann drei Anwälte auf – im späteren Verfahren waren es dann insgesamt sogar fünf –, um die Scheidungsklage gegen die russische Staatsbürgerin Jekaterina Petrowna Schliemann, geborene Lyschina, auf den Weg zu bringen. Die Honorarverträge mit den Anwälten wurden äußerst geschickt ausgehandelt. Sie verraten den cleveren Geschäftsmann. Danach sollten die Rechtsbeistände bei erfolgreichem Abschluß des Prozesses die stolze Summe von 15 000 Dollar erhalten, also etwa den fünfzehnfachen Preis eines Hauses, bei einem ungünstigen Ausgang des Verfahrens jedoch nur 200 Dollar. Die Scheidungsklage wurde von Schliemann am 5. April eingereicht und, wie es die Gesetzes des Landes vorschrieben, im »Indiana Weekly State Journal« veröffentlicht, mit dem Aufruf an die Bevölkerung, für oder gegen den Kläger Stellung zu nehmen.

Er selbst tat alles, um nicht den Anschein zu erwecken, er sei nur nach Indianapolis gekommen, um seine Scheidung über die

Bühne zu bringen. Deshalb kaufte er das Haus Nr. 473 in der Illinois Street zum Preis von 1125 Dollar und wurde Mitinhaber einer Stärkemittelfabrik. Für 12 000 Dollar erwarb er ein Drittel des gesamten Aktienbestandes.

Natürlich handelte es sich dabei nur um Scheingeschäfte, denn Schliemann dachte nicht im entferntesten daran, in Indiana seßhaft zu werden. Seinem Vetter Adolph klagte er am 11. April 1869: »Wenn man hierher kommt, nachdem man während eines Menschenalters eine mühevolle Karriere in Europa durchgemacht und darin Vermögen erworben und besonders wenn man zweieinhalb Jahre lang das herrliche Pariser Leben gekostet hat und im fortwährenden Streben nach dem Schönen dahin gekommen ist, nur in der Metaphysik zu leben, dann kann man sich hier nicht heimisch fühlen, und dann sehnt man sich natürlich zurück nach Europa ...«

Schliemann konnte nichts anderes tun als warten, eine Beschäftigung, die ihn krank machte. Aber als die Nachricht von seiner Promotion in Indianapolis eintraf, da kannte seine Freude keine Grenzen. Einmal mehr in der Auffassung bestätigt, daß alles im Leben käuflich war, sogar Ansehen und wissenschaftliche Reputation, kam ihm ein neuer Gedanke: Warum sollte nicht auch eine liebende Frau zu kaufen sein?

Wenn ihm bisher etwas gefehlt hatte in seinem Leben, dann war es eine Frau, von der er sich geliebt fühlen durfte. Es war an der Zeit, endlich auch diese schmerzliche Lücke zu schließen. Die Scheidung von Jekaterina bedeutete für ihn jetzt nur noch eine Formsache. Deshalb machte er sich auf die Suche nach einer neuen Frau.

Henry war nicht der Mann, der eine Sache, noch dazu eine von so großer Wichtigkeit, dem Zufall überließ. Sein ganzes bisheriges Leben war sorgfältig geplant, nun sollte auch die Suche nach einer liebenden Frau mit Bedacht und Umsicht betrieben werden.

Während er in Indianapolis auf seinen Scheidungsprozeß wartete, steckte Schliemann bereits die Bahnen seines künftigen Lebens ab. Obwohl ihn Paris, das Flair und die Kultur dieser Stadt begeisterte, war er sich darüber klar, daß ihm die Metropole an der Seine nie zur zweiten Heimat werden würde. Athen hingegen, die Lage der Stadt am Fuße der Akropolis und die Leichtlebigkeit der dort lebenden Menschen hatten es ihm angetan. Vor allem die schwarzhaarigen, dunkeläugigen Frauen Griechenlands erregten sein Interesse.

Noch vor der Abreise nach Amerika hatte Henry sich an seinen alten Griechischlehrer Theokletos Vimpos gewandt und angefragt, ob der nicht eine griechische Frau für ihn wisse. Vimpos zog es zunächst vor, den Brief seines Freundes nicht zu beantworten, entbehrte er doch nicht einer gewissen Pikanterie. Denn als Schliemann den Wunsch äußerte, eine Griechenfrau »glücklich zu machen«, war der hellenophile Freier nach Recht und Gesetz noch verheiratet, und Theokletos Vimpos bekleidete immerhin das Amt des Erzbischofs von Mantinea und Kynuria.

Der Brief an den Erzbischof, der im Wortlaut erhalten ist, zeigt einen ganz anderen Schliemann als jenen, den wir aus seiner übrigen Korrespondenz kennen. Hier tritt uns nicht der nüchterne, belehrende, überhebliche, abgeklärte Selfmademillionär entgegen, sondern ein unsicherer, schwärmerischer, sich nach Liebe sehnender Jüngling, der seinen tiefsten Empfindungen freien Lauf läßt.

»HERR BISCHOF, HABEN SIE KEINE FRAU FÜR MICH?«

»Lieber Freund«, schrieb Heinrich Schliemann an Vimpos, »ich kann Ihnen nicht sagen, wie sehr ich Ihre Stadt und deren Bewohner liebe. Bei den Gebeinen meiner Mutter schwöre ich Ihnen, mein ganzes Sinnen und Trachten soll darauf gerichtet sein, meine künftige Frau glücklich zu machen. Ich schwöre Ihnen, sie soll niemals Grund zur Klage haben, ich will sie auf Händen tragen, wenn sie gut und liebevoll ist. Hier bin ich immer in Gesellschaft geistiger und schöner Frauen, die mich sehr gern von meinen Leiden heilen und mich verwöhnen würden, wenn sie wüßten, daß ich an Scheidung denke. Aber, mein Freund, das Fleisch ist schwach, und ich fürchte, mich in eine Französin zu verlieben und wieder unglücklich zu werden.

Deshalb bitte ich Sie, Ihrer Antwort ein Bild irgendeiner schönen Griechin beizulegen; Sie können es bei einem Fotografen kaufen. Dies Bild werde ich immer in meiner Brieftasche tragen und mich dadurch vor der Gefahr schützen, eine andere als eine Griechin zur Frau zu nehmen. Wenn Sie mir aber das Bild jenes

Mädchens schicken, die Sie für mich bestimmt haben, um so besser. Ich beschwöre Sie: wählen Sie für mich eine Frau vom gleichen engelhaften Charakter, wie ihn Ihre verheiratete Schwester hat. Sie soll arm sein, aber gebildet, für den Homer muß sie begeistert sein und für die Wiedergeburt meines geliebten Griechenlands. Ob sie fremde Sprachen sprechen kann, ist gleich. Aber sie soll griechischen Typus haben, schwarzes Haar, und wenn möglich soll sie schön sein. Meine Hauptbedingung ist ein gutes und liebreiches Herz! Vielleicht kennen Sie eine Waise, Tochter eines Gelehrten, gezwungen, als Gouvernante zu dienen, die über die von mir geforderten Tugenden verfügt.

Mein Freund, ich öffne Ihnen mein Herz wie einem Beichtvater. Ich habe niemand in der Welt, dem ich die Geheimnisse meiner Seele anvertrauen könnte...«

Von Indianapolis aus mahnte Henry die Beantwortung seines Briefes an, und er wies ausdrücklich darauf hin, daß seine Scheidung von Jekaterina unmittelbar bevorstand.

Vimpos mochte Schliemann. Er glaubte an die Ernsthaftigkeit seiner Absichten. Es gelang ihm sogar, die Fotografien von zwei heiratswilligen Athenerinnen aufzutreiben. Angesichts der außerordentlich guten Partie, die der millionenschwere Griechenlandliebhaber darstellte, sah sich der Erzbischof natürlich auch in der eigenen Verwandtschaft um. Seine Cousine Viktoria, verheiratet mit dem Athener Tuchhändler Georgios Engastromenos, hatte einen Sohn und zwei Töchter, von denen sich die jüngere, die Schülerin Sophia, durch besondere Schönheit und Klugheit auszeichnete. Sie war zwar gerade erst sechzehn geworden und im Vergleich zu dem siebenundvierzigjährigen Schliemann ein Kind, aber für Vimpos stellte das kein Hindernis dar. Sophia wurde im damenhaften Kleid ihrer älteren Schwester abgelichtet. Die Fotografie schickte er zusammen mit den Bildern der beiden anderen Athenerinnen nach Indianapolis.

Schliemann reagierte, wie Vimpos erwartet hatte: Die beiden Älteren konnten vor der jugendlichen Schönheit von Sophia Engastromenos nicht bestehen. Im übrigen glaubte Henry soviel Menschenkenntnis zu besitzen, um aus der Physiognomie lesen zu können. Die eine, Polyxene Gousti, eine Lehrerin, charakterisierte er in seinem Antwortbrief an den Erzbischof als rechthabe-

risch, anmaßend, herrschsüchtig und nachtragend. Im Bildnis Sophias hingegen erkannte Henry ein umgängliches, mitfühlendes,
großherziges, wohlerzogenes Mädchen und eine gute Hausfrau –
womit er nicht einmal falsch lag. Bedenken hatte er nur wegen
ihrer Jugend.

Wenn er ehrlich war, und er war seinem Freund Vimpos gegenüber ehrlich, dann mußte er eingestehen, daß er seit sechs Jahren mit keiner Frau mehr geschlafen hatte. Als er das Foto des jungen Mädchens sah, das noch das ganze Leben vor sich hatte, kamen
ihm Zweifel, ob er nicht vielleicht impotent geworden war. Aus einem Brief an Vimpos: »... So sehr eine Frau ihren Mann vor der Ehe
lieben mag, sie wird ihn immer verachten, wenn er nicht imstande
ist, ihre körperliche Leidenschaft zu befriedigen.«

In langen Briefen übernahm der Erzbischof die seltsame Aufgabe, Schliemanns Bedenken in dieser Hinsicht zu zerstreuen. Er kam
sogar seiner Bitte nach, ihm weitere Porträts von Athenerinnen zur
Ansicht zu schicken, darunter auch Bilder eines schönen Fräuleins
namens Charikleia und einer forschen Witwe mit Namen Kleopatra. Aber Schliemann blieb dabei: Sophia war die Beste. Er hatte
sich Hals über Kopf in das Mädchen verliebt und ließ sich von Sophias Fotografie zwölf Abzüge schicken, die er in seiner Familie
und unter den wenigen Freunden, mit denen er seit jungen Jahren
in Verbindung stand, verteilte.

In seiner Einsamkeit in dem Haus in Indianapolis betrachtete er
Tag und Nacht ihr Bild. Dann bestürmte er den bischöflichen
Freund mit Fragen:

Wer ist dieser Georgios Engastromenos? Hat er Vermögen?
Wie alt ist Sophia?
Welche Farbe hat ihr Haar?
Spielt sie Klavier?
Spricht sie irgendwelche Fremdsprachen? Wenn ja, welche?
Ist Sophia eine gute Hausfrau?
Versteht sie Homer und unsere anderen Dichter des Altertums?
Wäre sie einverstanden, ihren Wohnsitz nach Paris zu verlegen und
ihren Mann auf Reisen nach Italien, Ägypten oder anderswohin zu
begleiten?

Vimpos beantwortete alle Fragen mit großer Geduld. Schließlich kannte er Heinrich nur allzu gut und wußte um seine penible Haltung. Den Eltern des Mädchens, die zwar ein Haus in Athen und eines auf dem Land in Kolonos besaßen, im übrigen aber mit finanziellen Problemen zu kämpfen hatten, kam die in Aussicht gestellte Verbindung mit dem steinreichen Amerikaner sehr gelegen. Sophia wurde gar nicht gefragt. Es entsprach dem Zeitgeist, daß Töchter von den Eltern verheiratet wurden. Und bei der geringen Mitgift hatte Sophia ohnehin keine großen Chancen.

Am 18. Mai, von der dreimonatigen Scheidungsfrist war gerade die Hälfte abgelaufen, setzte Heinrich seinen Vater von seinen Heiratsplänen in Kenntnis:

»... Der Erzbischof von Griechenland, mein früherer Lehrer, hat mir Porträts mehrerer Athenienserinnen zur Auswahl geschickt; ich habe davon Sophia Engastromenos als die Liebenswürdigste ausgesucht, und es scheint auch, daß der Erzbischof, ehe er in die höhere Geistlichkeit versetzt wurde und noch glaubte, Sünder zu bleiben, diese zu heiraten beabsichtigt hatte. Jedenfalls beabsichtige ich, falls alles gutgeht, im Juli nach Athen zu gehen, um sie zu heiraten und mit ihr zu Euch zu kommen, denn da ich für die griechische Sprache schwärme, so glaube ich, ich kann nur mit einer Griechin glücklich werden. Ich werde sie aber nur dann nehmen, wenn sie Sinn für Wissenschaften hat, denn ich glaube, ein junges schönes Mädchen kann nur in dem Falle einen alten Mann ehren und lieben, wenn sie für Wissenschaften schwärmt, in denen er viel weiter fortgeschritten ist als sie ...«

SCHEIDUNG MIT ILLEGALEN MITTELN

In der Zwischenzeit arbeiteten die von Schliemann engagierten Advokaten unter Hochdruck. Um dem zuständigen Gericht in Indianapolis nicht die geringste Chance zu lassen, die Scheidungsklage abzulehnen, schreckten sie weder vor Meineid noch vor Urkundenfälschung zurück. Damit ihr Mandant auch ganz sicher als Bürger von Indiana anerkannt wurde, erkauften sie die Falschaussage eines Farmers aus Fort Wayne. Der Mann unterschrieb eine eidesstattliche Versicherung, daß Henry Schliemann seit einem Jahr in Fort Wayne lebte. Zum Beweis, daß die Ehe zerrüttet war, wurden dem Gericht Briefe in russischer Sprache und Schrift vorgelegt. Deren Inhalt: Jekaterina lehne es ab, mit ihm in Amerika zusammenzuleben. Die Übersetzungen stammten freilich von Schlicmann selbst, und die Dokumente waren gefälscht. Später kamen Henry Bedenken, die Fälschung könnte aufgedeckt werden, und er bestürmte seine Anwälte, sie sollten sich die fraglichen Dokumente aushändigen lassen.

Juristisch gesehen war Schliemanns Scheidungsverfahren und im Zusammenhang damit die Erlangung der amerikanischen Staatsbürgerschaft Betrug. Aber Justitia drückte beide Augen zu, und Heinrich Schliemann, Bürger der Vereinigten Staaten, wurde am 30. Juni 1869 von Jekaterina Petrowna Schliemann, geborene Lyschina, Staatsbürgerin Rußlands, vor dem Gericht in Indianapolis in Abwesenheit der Beklagten geschieden. Schliemann bezahlte seine Anwälte, vermietete das Haus und verließ Indianapolis am 15. Juli in Richtung New York mit dem Vorsatz, bei Gelegenheit besuchsweise wiederzukommen.

Aber Henry kehrte nie mehr nach Indianapolis zurück. Im Jahre 1873 beauftragte er seine Anwälte mit dem Verkauf des Hauses. Sechs Jahre später erwarb er über einen Makler ein anderes Haus in Indianapolis. Dadurch behielt er weiter ein Anrecht auf die amerikanische Staatsbürgerschaft. Dieses Haus erbte später seine Tochter Nadeschda, die bis zu ihrem Tod die Mieteinnahmen bezog. Als weder Steuern noch Abgaben bezahlt wurden, kam das Haus 1958 zur Versteigerung.

Glücklich geschieden und mit der Hoffnung auf eine schöne junge Frau, eine Griechin, die seine Interessen mit ihm teilen wollte, bestieg Heinrich Schliemann am 24. Juli 1869 in New York den französischen Passagierdampfer »St. Laurent«. »Bei allerbestem Appetit und ebensolcher Verdauung« genoß Henry die Überfahrt. Die See war ruhig. Über dem Atlantik wölbte sich ein tiefblauer Himmel. Schliemann war in Hochstimmung. Auf halbem Weg zwischen New York und Le Havre setzte er sich an den kleinen Tisch in seiner Kabine, um den Brief seiner Geschwister zu beantworten, den er zwei Tage vor seiner Abfahrt in New York postlagernd erhalten hatte.

Der Ton seines Antwortbriefes mag sich dem Übermut verdanken, der ihn angesichts des neuen Lebens, das nun für ihn begann, befiel – zugleich aber verrät er auch den kaltschnäuzigen, prahlenden, berechnenden Charakter, dem es immer nur um sich selbst geht. Dabei war Schliemann sorgsam bemüht zu verschweigen, daß er sich bis über beide Ohren in eine Sechzehnjährige verliebt hatte, die er nur von einem Foto kannte. Seine Familie hatte er bereits über die Scheidung informiert. Jetzt ließ er Schwager Martin Pechel, Onkel Friedrich und Schwester Doris wissen, er beabsichtige in zwei Wochen nach Griechenland zu reisen, um sich nach einer anderen Frau umzusehen, »denn dort habe ich den ungeheuren Vorteil, daß die Mädchen arm wie Ratzen sind, jeden Fremden als unermeßlich reich ansehen und daher Jagd auf ihn machen, grade wie ich vor zehn Jahren in Ägypten den Enten nachjagte. Und wie alles, was uns leicht zu Gebot steht und besonders, was sich von selbst anbietet, nur wenig Wert für uns hat, so kann ich ja die Damen dort kaltblütig und mit aller Muße genau kennenlernen. Und sollte ich eine Griechin finden, deren Alter noch Hoffnung auf Nachkommenschaft läßt, die Doris' aufopfernden, liebenden und liebenswürdigen Charakter hat und außerdem für altgriechische Sprache und Literatur, für alte Weltgeschichte, Archäologie und Geographie schwärmt und in diesen Wissenschaften schon bedeutende Fortschritte gemacht hat, dann nehme ich sie zur Frau, aber *auch nur dann,* und könnt Ihr versichert sein, daß ich mich nicht übereile und genau forsche, ehe ich wähle; Gott sei Dank, die Auswahl in Griechenland ist groß und die Mädchen schön wie die Pyramiden von Ägypten...«

Die übermütigen Zeilen des verliebten Mannes zeigen auf erschreckende Weise, wie gefühl- und respektlos Heinrich Schliemann sein konnte. Seinem Vater und dem Freund Vimpos hatte er sein Glücksgefühl und seine Verliebtheit längst gestanden. Doch einmal zu Papier gebracht, scheinen sie verflogen, zusammen mit dem Schriftstück ad acta gelegt.

VIII
EINE EHE ZU DRITT: HOMER,
SOPHIA UND HEINRICH

Wir versuchen ständig, uns gegenseitig glücklich zu machen …

Sophia Schliemann nach der Hochzeitsreise

Leider scheint mir das Schicksal kein dauerndes eheliches Glück zuerkoren
zu haben …

Heinrich Schliemann ein halbes Jahr später

Der kleine Mann mit dem schütteren Haar wäre unter den illustren
Gästen im vornehmen Athener »Hôtel d'Angleterre« kaum aufgefallen, hätte er sich nicht so dandyhaft gekleidet wie ein Pariser Lebemann. So aber ging jedesmal ein Raunen durch die Halle, wenn
er das luxuriöse Hotel betrat. Es hatte sich schnell herumgesprochen, wer der eloquente kleine Herr mit dem großen Kopf war: Dr.
Henry Schliemann, ein Amerikaner mit Wohnsitz in Paris. Mehr
noch, die Leute tuschelten, der steinreiche Junggeselle verfolge mit
seinem Besuch in Athen ein besonders Ziel: eine Frau zu finden.
Auf Mitgift lege er keinen Wert, nur jung und hübsch solle sie sein
und gute Kenntnisse haben in griechischer Geschichte. Kein Wunder, daß wohlmeinende Mütter mit ihren heiratsfähigen Töchtern
in auffallend großer Zahl auf dem Platz vor dem königlichen
Schloß flanierten, an dem auch das »Hôtel d'Angleterre« lag.

Noch bevor er dem Erzbischof oder der Familie Engastromenos
seine Ankunft vermeldete, begutachtete Schliemann die anderen
Heiratskandidatinnen, die Vimpos ihm empfohlen hatte.

An den Damen störte ihn entweder der hohe Wuchs oder ihr
fortgeschrittenes Alter oder ihre allzugroße Schüchternheit. Schliemann war gewiß nicht der Typ, der eine Frau erobern wollte. Nur
eine von einem Dutzend Kandidatinnen verwirrte Henry.

Sie hieß Kleopatra Lemoni, war etwa dreißig Jahre alt, verwit-
wet und übte auf den Freier eine geheimnisvolle Anziehungskraft

aus. Im Hinblick auf seine seit Jahren brachliegende Manneskraft kamen dem Hochzeiter Zweifel, ob es nicht besser sei, sich einer eheerfahrenen Frau zuzuwenden, welche die ungestümen Leidenschaften der Jugend schon hinter sich hatte. Aber nach dem artigen Austausch von Höflichkeiten ließ Kleopatra den heiratswütigen Amerikaner ziehen und vertat damit die Chance ihres Lebens.

Erst am folgenden Tag suchte Henry seinen inzwischen zu hohen kirchlichen Würden gelangten Freund Theokletos Vimpos auf. Das herzliche Wiedersehen der beiden wurde überlagert von der nervösen Unruhe Schliemanns.

»Wo ist Sophia? Wann kann ich sie sehen?« drängte er.

Vimpos, der längst von der Ankunft des Freundes gehört hatte, beruhigte Henry, das Mädchen halte sich im Landhaus der Engastromenos-Familie in Kolonos auf.

»In Kolonos?« Schliemann war wie elektrisiert. Aus Kolonos stammte der große griechische Dichter Sophokles! Wenn das kein Zeichen der Götter war!

Sophia, erklärte Vimpos, sei damit beschäftigt, die Kirche des Heiligen Meletios, dessen Fest am morgigen Tag begangen werde, mit Blumen zu schmücken.

Als Vimpos und Schliemann bei den Schwiegereltern in spe in Kolonos eintrafen, saß die ganze Verwandtschaft der Engastromenos um einen großen Tisch versammelt. Henry hatte Mühe, unter all den vielen Menschen Sophia auszumachen. Die Begrüßung verlief förmlich und steif auf beiden Seiten, und die füreinander Bestimmten hatten nicht einmal Gelegenheit, auch nur zwei Worte ohne Zeugen zu wechseln. Der Auftrieb der gesamten Verwandtschaft, die den Multimillionär aus Paris begutachten wollte, erinnerte Heinrich auf fatale Weise an die Lyschin-Sippe in St. Petersburg. Am liebsten wäre er davongelaufen.

Mit einer Floskel, an die er sich nach seinen Aussagen später nicht mehr erinnerte, überreichte Schliemann der jungen Sophia sein Buch »Ithaka«, dem er seinen Doktortitel verdankte. Keine Blumen, nichts.

Die erste Begegnung verlief für beide enttäuschend. Sophia hatte einen stattlicheren Mann erwartet, einen würdevollen Professor oder einen selbstbewußten Geschäftsmann, wie sie im Tuchgeschäft ihres Vaters verkehrten. Dieser Dr. Schliemann hingegen schien nicht nur kleiner geraten als sie, er trug auch manchmal, vor allem beim Lesen, eine viel zu kleine Brille. Das spärliche, dünne Haar trug er kurzgeschnitten wie die Seekadetten im Hafen von Piräus. Überhaupt machte der Mann einen eher kränklichen Eindruck.

Schliemann seinerseits hatte Schwierigkeiten, in Sophia das adrette Mädchen von der zwölffach vervielfältigten Fotografie wiederzuerkennen und den Liebreiz zu erahnen, den das Bild versprochen hatte. Sophia war gehemmt und schüchtern und vermittelte keineswegs den Eindruck besonderer Bildung, die sie sich angeblich auf dem Gymnasium Arsakion angeeignet hatte.

Sophias Eltern Viktoria und Georgios Engastromenos dagegen fanden, wie nicht anders zu erwarten, an Doktor Schliemann Gefallen. Gewiß, er war nicht gerade eine imponierende Erscheinung, aber dafür hatte er ein unvorstellbares Vermögen, redete in allen Sprachen und kannte sich in der griechischen Geschichte besser aus als jeder Hellene. Schliemann mißfiel es, wie ihn die Schwiegereltern in spe herumreichten und so taten, als gehörte er bereits zur Familie.

DAS ERSTE RENDEZVOUS WIRD ZUR KATASTROPHE

Nach drei Tagen erdrückender Zuneigung seitens der Familie Engastromenos war es ihm noch immer nicht gelungen, sich mit Sophia auszusprechen. Wütend kehrte er in sein Hotel zurück und schrieb dem Mädchen einen Brief: »Verehrtes Fräulein Sophia! Bitte fragen Sie Ihre Eltern, ob es nicht möglich ist, Sie allein zu sehen, ohne die vielen Menschen, die immer um Sie herum sind ... Wenn es nach griechischer Sitte nicht möglich ist, Sie öfter allein oder auch mit Ihren Eltern zu sehen zum Zwecke des Kennenlernens, dann muß ich Sie leider bitten, mich ganz zu vergessen! H. S.«

Der aufgebrachte Freier versiegelte den Brief und schickte ihn mit einem Boten nach Kolonos. Am nächsten Morgen, dem 7. September, wurde die Antwort an der Rezeption des »Hôtel d'Angleterre« abgegeben: Besorgt um die weiteren Absichten des willkommenen Schwiegersohns wollten die Eltern ein Tête-à-tête der beiden im Hafen von Piräus arrangieren.

Das erste Rendezvous von Heinrich und Sophia endete in einer Katastrophe. Es kam nicht etwa zu zärtlichen Annäherungsversuchen, sondern Schliemann übernahm sogleich die Rolle des Schulmeisters. Er examinierte das Mädchen in griechischer Geschichte, ließ sich kurze Passagen aus der »Ilias« vortragen und stellte schließlich unvermittelt die Frage: »Sophia, warum wollen Sie mich heiraten?«

Onkel Theokletos hatte sie auf alle möglichen Fragen seines Freundes Henry vorbereitet, aber auf diese war Sophia nicht gefaßt. Was sollte sie antworten?

Der gehemmte Freier glaubte, das hübsche Mädchen würde ihn nun mit Liebesbeteuerungen, mit Bewunderung und ehrfürchtiger Dankbarkeit überhäufen; doch es kam anders. Ohne an die möglichen Konsequenzen ihrer Antwort zu denken, sagte Sophia frei heraus: »Ganz einfach, Herr Schliemann, weil meine Eltern es wollen und weil sie gesagt haben, Sie seien ein reicher Mann.«

Die Aussage des jungen Mädchens war für Heinrich Schliemann wie ein Schlag ins Gesicht. Er sah sich in seiner Meinung bestätigt, daß alle Frauen dieser Welt nur hinter seinem Geld her waren. Sophia, das halbe Kind, dem er materielle Hintergedanken noch gar nicht zugetraut hatte, machte da offenbar keine Ausnahme. Schliemann war bitter enttäuscht. Er verabschiedete sich rasch und kehrte mit dem Vorsatz in sein Hotel zurück, Athen und Griechenland auf schnellstem Wege zu verlassen.

Wenn er in den Spiegel seines Hotelzimmers blickte, dann mußte Heinrich allerdings sagen: Was hatte er schon zu bieten? Er war bei Gott kein toller Kerl, eher ein Zwerg von kränklichem Aussehen. Seine Konversation wurde, sofern es sich nicht um Homer oder griechische Geschichte handelte, bisweilen deutlich von seinen Komplexen behindert. War es ein Wunder, wenn Sophia so antwortete?

Die ehrliche Antwort des Mädchens führte Schliemann schmerzlich vor Augen, daß in der Tat vieles im Leben käuflich war, aber eben nicht die Liebe: Die Moiren, die Schicksalsgöttinnen, von denen das Lebenslos zugeteilt wird, waren unbestechliche Damen. Gedemütigt, niedergeschlagen und ratlos griff Henry zur Feder: »Es hat mich tief getroffen, verehrte Sophia, daß Sie, ein gebildetes, junges Mädchen, mir eine Sklavenantwort gegeben haben. Ich bin ein ehrlicher, schlichter Mensch. Und wenn Sie mich heiraten, so ist es, weil wir zusammen ausgraben, uns gemeinsam an Homer begeistern wollen. So aber reise ich übermorgen ab nach Neapel, und vielleicht sehen wir uns nie wieder. Brauchen Sie indes je einen Freund, so denken Sie und wenden Sie sich an Ihren ergebenen Heinrich Schliemann, Dr. phil., Place St. Michel 6, Paris.«

Wie fast alle Briefe Schliemanns war auch dieser nicht ganz ehrlich. Henry hatte ihn zwischen Hoffen und Bangen niedergeschrieben. In seinen tiefsten Empfindungen getroffen, hoffte er, Sophia würde sich entschuldigen und auf den Leichtsinn ihrer jungen Jahre verweisen, der diese dummen Worte hervorgebracht habe. Nun fürchtete er, dies könnte nicht geschehen und er müßte seine Drohung wahrmachen und abreisen.

»Es ist alles aus!« Henry wandte sich an seine letzte Hoffnung, seinen Freund Theokletos, und klagte ihm sein Leid. Vimpos verstand Schliemanns Verzweiflung nicht. Er machte ihm klar, daß er von einer Siebzehnjährigen keine diplomatische Antwort erwarten könne. Unbedachtsamkeit sei ein Vorrecht der Jugend, und Liebe brauche Zeit zum Wachsen.

LIEBE – VORERST NUR SCHRIFTLICH

Mit derselben Ehrlichkeit, mit der Sophia Henrys Frage nach ihren Heiratsabsichten beantwortet hatte, reagierte das Mädchen noch am selben Tage auf Schliemanns Abschiedsbrief. Nach ihren Worten schien sie betroffen, aber keineswegs verstört oder durcheinander, wie es in ihrer Situation verständlich gewesen wäre. »Lieber Heinrich!« antwortete Sophia. »Es tut mir leid, daß Sie abreisen. Sie dürfen nicht böse sein über das, was ich heute nachmittag gesagt habe. Ich glaubte, diese Antwort wäre angemessen für ein junges Mädchen wie mich. Es würde mich und meine Eltern sehr freuen, wenn Sie morgen wieder zu uns kämen. Ihre Sophia Engastromenos.«

Schliemann ließ erst einmal einen Tag verstreichen. Aber er konnte nicht umhin, für Sophias ehrliche Zeilen jene Zuneigung zu empfinden, die sich bei ihren persönlichen Begegnungen nicht hatte einstellen wollen. Mit seiner ersten Frau Jekaterina war das nicht anders gewesen. Im persönlichen Umgang hatte er ihr die abscheulichsten Grobheiten an den Kopf geworfen, in seinen Briefen hatte er sie mit Zärtlichkeiten bedacht. Auch jetzt bedurfte es des Schriftverkehrs, um das Eis zu brechen, in dem die Beziehung, noch kaum begonnen, eingefroren schien.

Zum Einlenken gewillt, aber immer noch mit großer Zurückhaltung erwiderte Heinrich schriftlich: »Reichtum trägt zweifellos zum Eheglück bei, aber er darf nicht Grundlage einer Ehe sein. Eine Frau, die mich wegen meines Geldes heiratet oder um in Paris eine große Dame zu spielen, wird bedauern, Athen verlassen zu haben, denn sie würde sich und mich unglücklich machen. Eine Frau, die mich heiratet, muß mich als Menschen zu schätzen wissen.«

Kein Zweifel, die Liebesbeziehung zwischen Heinrich Schliemann und Sophia Engastromenos wurde schriftlich geknüpft. Was sich beide nicht ins Gesicht zu sagen wagten, das vertrauten sie geduldigem Briefpapier an. Hemmungen und eine hohe Erwartungshaltung, die beide, trafen sie sich von Angesicht zu Angesicht, erstarren ließen, schienen verflogen, wenn sie zur Feder griffen. Mit der Zärtlichkeit eines verliebten Mädchens antwortete Sophia:

Lieber Herr Heinrich!
Mit großer Unruhe habe ich auf Ihre Antwort auf meinen Brief gewartet, denn mir lag viel daran zu erfahren, ob Sie mir noch jene Sympathie entgegenbringen, die Sie mir bei unseren Begegnungen gezeigt haben ... Aber Ihr heutiger Brief hat mir großen Kummer bereitet. Beim Lesen Ihres Briefes erkannte ich, wie Sie über unser Verhältnis denken, und ich betete zu Gott, er möge Ihnen die verlorenen Gefühle für mich wiedergeben. Sie schreiben, Sie beabsichtigen noch immer, Athen am Sonnabend zu verlassen. In diesem Fall nähmen Sie mir alle Hoffnung. Das macht mich traurig. Und wenn ich von Ihnen nichts anderes verlangen kann, so bitte ich Sie wenigstens noch um einen letzten Besuch. In der Hoffnung, daß Ihre edle Seele mir diese Bitte nicht abschlägt, sende ich Ihnen meine größte Hochachtung

Sophia Engastromenos.

Dieser aufrichtige, traurige Brief der Siebzehnjährigen zerstreute Schliemanns Zweifel. War er am Tag zuvor noch deprimiert, so wurde er durch diese Zeilen wieder aufgerichtet. Dennoch vermied er es, sofort zu antworten. Erst zwei Tage später und auf Betreiben von Theokletos Vimpos erwiderte er kühl und überheblich: »Ich gebe mich keinen Illusionen hin. Mir ist vollkommen klar, daß ein junges und schönes Mädchen sich nicht ohne weiteres in einen siebenundvierzigjährigen Mann verlieben kann, der nicht einmal besonders gut aussieht. Ich war jedoch der Ansicht, daß eine Frau mit dem gleichen Charakter wie ich und dem gleichen Hang zur Wissenschaft mich achten könnte. Und da diese lernbegierige Frau ein Leben lang meine Schülerin wäre, habe ich zu hoffen gewagt, daß sie mich lieben würde ...«

Was immer im weiteren Verlauf dieses Tages geschehen sein mag, Heinrich Schliemann und Sophia Engastromenos faßten am 18. September den Entschluß zu heiraten, und zwar sofort. Theokletos Vimpos hatte bereits die rechtliche Seite der Eheschließung nach griechisch-orthodoxem Ritus abgeklärt. Die in Amerika vollzogene Scheidung des US-Bürgers hatte auch in Griechenland Gültigkeit. Der Trauung stand also nichts im Wege.

Die Frage, warum Schliemann es nun auf einmal so eilig hatte, Sophia zu ehelichen, läßt sich nicht eindeutig klären, doch dürfte die zweihundertköpfige Verwandtschaft ihren Teil dazu beigetragen haben, seinen Entschluß zu forcieren. Großsprecherisch und prahlend wie immer gegenüber der eigenen Familie meldete er der Lieblingsschwester Doris nach Mecklenburg:

»Freudige Anzeige, daß ich morgen, den 24. September, mit Sophia Engastromenos verheiratet werde. Dies ist dieselbe, die mir schon im März von dem Erzbischof von Griechenland vorgeschlagen wurde und von deren Fotografie ich Euch von Indianapolis eine schlechte Kopie schickte. Da ihre Tugenden, ihre Sanftmut und ihr herrliches Wesen so sehr vom Erzbischof gerühmt wurden, so hatte ich mich schon in der Zurückgezogenheit von Indianapolis in das Mädchen verliebt ...

Wie ein Lauffeuer hatte sich das Gerücht verbreitet, daß ich hergekommen wäre, um mir eine griechische Frau zu holen. Infolgedessen wurde von seiten der hiesigen Damen eine furchtbare Jagd nach mir gemacht, so daß ich Gelegenheit gefunden habe, wenigstens 150 junge Damen zu erforschen. Und da ich keine fand, die Sophia gleichkommt, und da außerdem diese mir einen Heiratsantrag machte, wovon ich Kopie beilege, so entschloß ich mich am 18. des

Monats darauf einzugehen. Um so mehr, da ich gründlich erprobt habe, daß Sophia ganz Dörtchens [Schwester Doris] Charakter hat und den Mann, der gerecht und treu ist und sie mit Schonung behandelt, wie einen Gott verehren wird.

Wenn daher Sophia jemals Ursache hat, auch nur eine Träne zu vergießen, dann habt Ihr das Recht zu sagen, daß ich ein Schurke bin und meiner ersten Ehe ganzes Unglück selbst verschuldet habe. Sophia spricht nur Griechisch, hat aber einen wirklichen Enthusiasmus für Wissenschaften, so daß ich hoffen darf, sie wird in vier Jahren vier fremde Sprachen sprechen. Jedenfalls werde ich mein ganzes Leben lang ihr Lehrer bleiben, und da sie nie dahin kommen wird, wo ich jetzt schon bin, so wird sie mich immer hochachten.«

Wie gut, daß Sophia diesen auf deutsch geschriebenen Brief nicht lesen konnte, von ihm nicht einmal wußte; zeigt er doch, daß Schliemann seine zweite Frau wie ein Kind zu behandeln gedachte und in ihr nur eine Dienerin und Bewunderin sah. Dem Mädchen war auch entgangen, daß ihr Vater kurz vor der Hochzeit noch einen notariellen Vertrag unterzeichnen mußte, in dem Sophia und ihre Eltern auf alle Vermögensansprüche verzichteten. Sophia sollte nur etwas erben, wenn Schliemann sie ausdrücklich in seinem Testament bedachte.

SCHLIEMANNS ZWEITE HEIRAT

Die Trauung fand in der kleinen Meletios-Kirche in Kolonos statt. Schliemann trug einen schwarzen Gehrock und Zylinder, dazu eine weiße Weste und weiße Handschuhe. Er sah älter aus, als er war. Schuld daran waren seine tiefliegenden Augen und der buschige Schnauzbart. Obwohl dreißig Jahre jünger als der Bräutigam, wirkte Sophia gar nicht so kindhaft, wie man erwarten konnte. Sie trug das schwarze Haar in der Mitte gescheitelt, streng nach hinten gekämmt und zu einem Knoten gebunden. Das weite und lange weiße Brautkleid und der Schleier, der beinahe bis zum Boden reichte, verliehen ihr sogar eine gewisse Würde, die einer Siebzehnjährigen selten zu eigen ist. Sorgsam war Sophia darauf bedacht, nicht größer zu erscheinen als Heinrich. Und man gewinnt den Eindruck, daß die Braut auf dem offiziellen Hochzeitsfoto, das ein sehr ern-

stes, keinesfalls glückliches Paar zeigt, ein wenig in die Knie gegangen war, damit der kleine Bräutigam größer erschien.

Viktoria und Georgios Engastromenos, die Eltern der Braut, verausgabten sich für die Hochzeit auf geradezu leichtsinnige Weise.
Sie waren viel zu stolz, um für ihre Tochter, die eine so gute Partie
gemacht hatte, eine bescheidene Hochzeit auszurichten. Nur Sophia wußte, wie es um die finanziellen Verhältnisse ihrer Eltern bestellt war, und sie bat Heinrich um eine Zuwendung. Schliemann
zahlte gönnerhaft, viel mehr als erforderlich.

Bis in die späten Abendstunden feierten 200 Gäste; dann fuhren alle in Kutschen und Pferdewagen hinaus zum Hafen Piräus,
wo um Mitternacht der Luxusdampfer »Aphrodite« in Richtung Sizilien ablegen sollte. Die Abfahrt verzögerte sich jedoch bis drei
Uhr morgens. Ein letztes Winken, und Heinrich und Sophia Schliemann fuhren ihrer gemeinsamen Zukunft entgegen.

Die Hochzeitsreise des Brautpaares war nichts anderes als eine
Bildungsreise, die Schliemann ohnehin schon seit langem unternehmen wollte; aber für ein Mädchen wie Sophia, das noch nie ein
fremdes Land gesehen hatte, war sie dennoch ein großes Erlebnis.
Heinrich und Sophia verließen das Schiff in Palermo, um von hier
aus die archäologischen Stätten Agrigent, Segesta, Selinunt, Gela
und Syrakus zu erobern. Und Sophia wurde zum ersten Mal bewußt,
daß das kleine, seit Jahrhunderten unterdrückte griechische Volk
einmal eine Weltmacht gewesen war, daß Sizilien einmal zu Griechenland gehört hatte. Auch Neapel, wo sie sich sieben Tage aufhielten, war eine griechische Gründung.

In Rom bekam die junge Ehefrau einen Vorgeschmack auf das,
was sie in ihrer Ehe erwarten würde. Heinrich trieb Sophia in sieben
Tagen durch zweieinhalbtausend Jahre Menschheitsgeschichte. Fo-
rum Romanum, Kolosseum, Circus Maximus, die Thermen des Ca-
racalla, die Domus Aurea, das Mausoleum des Augustus, das Pan-
theon, das Grabmal der Caecilia Metella, die Märkte des Trajan, das
Kapitol, die Via Appia, die Cestius-Pyramide, die Katakomben, der
Vatikan, die Peterskirche und zig andere Gotteshäuser – Sophia
schwirrte nur so der Kopf. Nach einer Woche mußte sie eingestehen,
daß sie beinahe nichts von all dem in ihrem Gedächtnis behalten
hatte. In Florenz und Venedig, wo sich die Flitterwöchner jeweils
zwei Tage aufhielten, war es nicht anders.

Sophias Hauptaufgabe in diesen dreieinhalb Wochen bestand im Zuhören. Sie *konnte* zuhören und zeigte ehrliches Interesse an Schliemanns Erklärungen, auch wenn sie nur in der Lage war, einen verschwindenden Teil davon zu behalten. Heinrich hingegen genoß die Bewunderung, die ihm die siebzehnjährige Ehefrau entgegenbrachte. Sie war so ganz anders als Jekaterina. Sie widersprach nicht, stellte keine Forderungen, sie vermittelte im Gegenteil das Gefühl von Dankbarkeit.

Schliemann am 14. Oktober 1869 aus Florenz an seine Schwester Doris: »Wir haben auch beide nicht den geringsten Zweifel, daß wir stets glücklich zusammenleben werden, selbst wenn uns Gott keine Kinder geben sollte; denn Sophia ist ganz das liebende, ergebene, demütige, herrliche Wesen, das Euch ihre Briefe malten, sie ist außerdem gelehrt, denn sie versteht fertig Altgriechisch, Geschichte und Geographie; von anderen Sprachen aber auch kein Wort…«

»…selbst wenn uns Gott keine Kinder geben sollte…« Dieser scheinbar belanglose Nebensatz bedarf der Erläuterung. Wie kommt Schliemann nach zwanzig Tagen Ehe auf den Gedanken, die Ehe könnte kinderlos bleiben? Darauf gibt es nur eine Antwort: Heinrich litt, wie er befürchtet hatte, bis zu diesem Zeitpunkt tatsächlich unter Impotenz. Doch scheint Sophia ihrem Ehemann diese Schwäche nicht zum Vorwurf gemacht zu haben. Vielleicht kam sie dem unerfahrenen Mädchen sogar gelegen. Sie ließ beiden Zeit, sich aneinander zu gewöhnen.

GLÜCK UND LEID IN PARIS

Über München reiste das junge Ehepaar Ende Oktober nach Paris, um in Schliemanns Haus an der Place St. Michel Wohnung zu nehmen. Und dort scheinen sich Heinrich und Sophia auch körperlich nähergekommen zu sein. Denn zum ersten Mal ist bei beiden von Leidenschaft und Liebesglück die Rede. »Sophia«, schreibt Schliemann an die Angehörigen in Mecklenburg, »ist ein herrliches Weib, das jeden Mann glücklich machen kann; denn wie fast alle griechischen Frauen hat sie eine Art göttlicher Verehrung für ihren Mann. Sie liebt mich wie eine Griechin, mit ungeheurer Leidenschaft, und ich liebe sie nicht weniger. Ich spreche nur Griechisch mit ihr, denn dies ist die schönste Sprache der Welt. Es ist die Sprache der Götter.«

Und Sophia an die Eltern Viktoria und Georgios Engastromenos: »Paris ist das Paradies auf Erden; aber noch schöner ist die wunderbare Liebe zwischen Heinrich und mir. Wir versuchen ständig, uns gegenseitig glücklich zu machen...«

Natürlich konnte das junge Mädchen aus Athen nicht mit gleichaltrigen Pariserinnen konkurrieren. Gegen Paris war Athen Provinz. Aber Schliemann wollte auch keine emanzipierte, selbstbewußte, gebildete, fertige Frau. Er hatte sich einen hübschen Rohling gesucht, um ihn selbst zu formen. Zuerst sollte die junge Frau die Sprache des Landes lernen, in dem sie lebte. Vier Stunden täglich paukte sie mit einem Professor von der Sorbonne. Aber auch Deutsch, die Muttersprache ihres Mannes, sollte die Griechin beherrschen. Deshalb stand ihr den ganzen Tag ein Deutschlehrer zur Verfügung.

Sophia war willig, aber überfordert. Hinzu kamen Heimweh und das wachsende Gefühl der Isolierung. Denn obwohl Schliemann seine junge Frau überall herumzeigte, fühlte sich diese deplaziert und einsam. Kaum jemand sprach Griechisch, so daß Sophia auf die Übersetzungen ihres Mannes angewiesen war. Und sie war erst siebzehn, während Schliemann in der Hauptsache mit Menschen verkehrte, die noch älter waren als er selbst, Menschen, die ihre Großeltern hätten sein können. Die Folge waren Magenkrämpfe und nach drei Monaten ein Nervenzusammenbruch. Heinrich konsultierte die besten Ärzte von Paris. Ihr Befund: das Leiden der jungen Frau Schliemann sei psychosomatischer Natur. Als Therapie verordneten sie vor allem Ruhe, am besten jedoch die Rückkehr nach Athen.

Auf Schliemann, den Egozentriker, wirkte Sophias Zusammenbruch wie ein Schock, allerdings wie ein heilsamer Schock; denn weder Ärzten noch Freunden und Verwandten wäre es gelungen, Heinrich durch Argumente von der Formung und Erziehung seiner Ehefrau abzubringen. In vier Jahren, hatte er stolz verkündet, werde sie vier fremde Sprachen sprechen, und er war überzeugt, »es wird sich noch viel aus Sophia machen lassen«. Nun aber wurde Schliemann von einem Tag auf den anderen klar, daß er den Raub-

9 Sophia Schliemann als Covergirl der »Illustrierten Frauenzeitung« (1880). Wo immer die zweite Frau des berühmten Archäologen auftauchte, war sie Mittelpunkt der Gesellschaft.

bau, den er mit seiner eigenen Gesundheit trieb, nicht jedem anderen Menschen zumuten konnte, schon gar nicht einer Siebzehnjährigen, die ihr Elternhaus zum ersten Mal verlassen hatte.

Heinrich liebte diese Frau – soweit er überhaupt in der Lage war, eine Frau aufrichtig zu lieben. Er vergötterte sie, wobei man unschwer erkennen kann, daß er sich dabei auch selbst vergötterte. Immerhin begegnete Schliemann seiner gemütskranken und physisch geschwächten Frau mit Rücksicht und Anteilnahme, ja, mit Zärtlichkeit – Eigenschaften, die man bei ihm bisher nicht kannte.

FLUCHT VOR DEM DEUTSCH-FRANZÖSISCHEN KRIEG

Seit der Ankunft in Paris wartete Schliemann auf die Genehmigung der türkischen Regierung zu Ausgrabungen in Hissarlik. Aber der Firman traf und traf nicht ein, und da sich Sophias Zustand nicht besserte, faßte Heinrich Mitte Februar den Entschluß, zusammen mit seiner Frau nach Athen zu reisen.

Es wäre jedoch falsch, Schliemanns Entscheidung zu der Reise allein der Sorge um seine junge Frau zuzuschreiben. Heinrich und Sophia hatten nämlich noch einen anderen Grund, Paris auf schnellstem Wege zu verlassen. Wie so oft bewies Schliemann auch in diesem Fall politische Weitsicht. Er war ein intensiver Zeitungsleser und informierte sich ständig aus einem halben Dutzend in- und ausländischer Blätter. Und wer sich wie er eine kritische Meinung bildete, dem konnte nicht verborgen bleiben, daß zwischen Frankreich und Deutschland ein Krieg unausweichlich war. Er konnte jeden Tag ausbrechen. Was war geschehen?

Die eigentliche Ursache für den Konflikt lag zwei Jahre zurück. 1868 war Königin Isabella II. von Spanien durch eine Militärrevolte gestürzt worden. Ihr Nachfolger sollte ein Hohenzollernprinz werden. Der französische Außenminister Gramont, der eine preußische Hegemonie über Europa befürchtete, protestierte heftig: Frankreich werde nicht dulden, »daß eine fremde Macht einen ihrer Prinzen auf den Thron Karls V. setzt und dadurch zu unserem Schaden das jetzige Gleichgewicht der Mächte Europas stört und die Interessen und die Ehre Frankreichs in Gefahr bringt.«

Seit Monaten hetzten Pariser Zeitungen gegen das infame Vorhaben der Deutschen. Der französische Außenminister wies seinen Geschäftsträger in Berlin an, von Preußens König Wilhelm I. eine Verzichtserklärung hinsichtlich der spanischen Thronfolge zu erwirken. König Wilhelm, der sich zur Sommerkur in Bad Ems aufhielt, lehnte ab. Bismarck veröffentlichte ein entsprechendes Telegramm des Königs. Diese »Emser Depesche« war für Napoleon III. der Anlaß, Deutschland den Krieg zu erklären.

Die deutschen Truppen brachten Frankreich eine empfindliche Niederlage bei. Napoleon III. geriet mit 90 000 Soldaten in deutsche Kriegsgefangenschaft. Paris wurde belagert. Hunger und Bürgerkrieg zwangen die Hauptstadt zur Kapitulation.

Durch ihre rechtzeitige Flucht entgingen die Schliemanns dem Inferno. Die Abreise aus Paris muß ziemlich überstürzt vonstatten gegangen sein, denn an Bord des Dampfers »Niemen« schrieb Schliemann am 17. Februar 1870, auf der Strecke zwischen Marseille und Piräus, an den US-Konsul Frank Calvert: »Bitte informieren Sie mich bei nächster Gelegenheit, ob Sie endlich den Firman erhalten haben... Wenn ja, dann lassen Sie mir umgehend eine Liste der Werkzeuge und Gerätschaften zukommen, die ich für die Ausgrabungen brauche, denn in der Eile, in der wir Paris verlassen haben, vergaß ich einige Ihrer Briefe vom vergangenen Winter zu kopieren...«

In Athen angekommen, zeigte Heinrich den Schwiegereltern und der geldgierigen Verwandtschaft die kalte Schulter. Er quartierte sich mit Sophia im »Hôtel d'Angleterre« gegenüber dem Königspalast ein, nicht in dem wenig einladenden Vorort Kolonos. Viktoria und Georgios Engastromenos waren verstimmt, ebenso die zahlreichen Onkel, Tanten, Schwäger und Schwägerinnen, die sich von der Einheirat des Multimillionärs in ihre Familie eine ständig sprudelnde Geldquelle versprochen hatten. Aber Schliemann hielt sich zurück, was Kredite oder größere Zuwendungen anging. Er war wie alle reichen Leute geizig. Für Sophia beglich er zwar jede Rechnung, aber die junge Frau hatte nicht einmal einen kleinen Geldbetrag, über den sie frei verfügen konnte. Das kränkte sie.

Die Schwiegereltern hatten erwartet, Heinrich Schliemann würde ihre beträchtlichen Schulden begleichen und ihnen eine stattliche Summe für den Neuaufbau ihres Geschäftes aushändigen; aber sie sahen sich in ihrer Hoffnung getäuscht. Engastromenos behauptete, Schliemann habe sich gegenüber Theokletos Vimpos mündlich verpflichtet, für Sophia einen Brautpreis von 150 000 Francs in Form von Diamanten zu entrichten, für das Tuchgeschäft 40 000 Francs und als Mitgift für Sophias jüngere Schwester Marigo 20 000 Francs zur Verfügung zu stellen. Doch Heinrich leistete keine einzige Zahlung.

Er sei ein krankhafter Geizhals, warf ihm daraufhin die Familie Engastromenos vor. Schliemann hörte diesen Vorwurf nicht zum ersten Mal. Doch nun traf er ihn besonders hart, schließlich ging es um Sophia. Deshalb schrieb er dem Schwiegervater einen bösen Brief. Er beschuldigte Engastromenos, eine große Sünde zu begehen und seine Tochter für 150 000 Francs verschachern zu wollen. Nur Türken hätten die Angewohnheit, ihre Töchter zu verkaufen; aber sie seien doch Christen. Schliemann drohte sogar, einen Bericht über die Handlungsweise des habgierigen Schwiegervaters in einer Athener Zeitung zu veröffentlichen.

Und er blieb bei seiner Weigerung, auch nur die geringste Summe an Sophias Eltern zu bezahlen. Das, behauptete er standhaft, würde ihm das Gefühl geben, er habe seine Frau für Geld gekauft. Dafür bot er Engastromenos den Posten eines Athener Agenten für das Unternehmen Schliemann mit festem Gehalt an sowie eine

Bürgschaft in beliebiger Höhe, falls der Schwiegervater einen Kredit für sein marodes Geschäft aufnehmen wolle.

SCHLIEMANN EIN BIGAMIST?

Kaum hatte er diesen Ärger aus der Welt geschafft, da kam neuer, noch schlimmerer auf ihn zu. Um Sophia Aufregungen zu ersparen, hatte Heinrich seiner Frau verschwiegen, daß kurz vor ihrer Abreise in Paris die Klageschrift eines Petersburger Anwalts eingegangen war, der die neue Ehe anfocht. Als Grund wurde angegeben: Schliemanns in Indianapolis vollzogene Scheidung sei illegal, er sei weiterhin mit Jekaterina Lyschina verheiratet.

Weil der Beklagte jedoch seine amerikanische Staatsbürgerschaft nachweisen konnte, hatten sich die Pariser Gerichte für nicht zuständig erklärt und die Klage zurückgewiesen. Nach russischen Gesetzen war Schliemann tatsächlich ein Bigamist, und das war ein Delikt, das nach zaristischen Gesetzen mit Verbannung nach Sibirien bestraft wurde. Jetzt versuchte Jekaterina ihre Klage in Athen vorzubringen, und zwar über den Anwalt Vretos, der außerdem griechischer Konsul in Livorno war.

Die Hartnäckigkeit seiner ausgebooteten russischen Ehefrau versetzte Schliemann in große Unruhe. Zum einen, weil sich die Nachricht, anders als in Paris, sofort wie ein Lauffeuer verbreitete und der verhaßten Verwandtschaft nur neuen Zündstoff in die Hände gab, zum andern kamen Schliemann nun doch Bedenken wegen der verschiedenen Meineide, die er erkauft hatte, um an das ersehnte Ziel zu gelangen.

Dreh- und Angelpunkt in dem ganzen Rechtsstreit war seine amerikanische Staatsbürgerschaft. Solange er Amerikaner war, konnte Jekaterina ihm nichts anhaben, und er fürchtete wohl, die US-Staatsbürgerschaft könnte ihm in seiner Abwesenheit aberkannt werden. Deshalb schickte er persönliche Briefe an ein New Yorker Anwaltsbüro mit dem Auftrag, diese neu zu frankieren und an seinen Rechtsanwalt in Indianapolis weiterzusenden. In den Briefen gab Schliemann vor, die kalten Wintermonate in New York zu verbringen, und kündigte an, später im Jahr wieder nach Indiana zurückzukehren.

In Wahrheit war Jekaterina in keiner Weise daran gelegen, ihre 1852 geschlossene Ehe aufrechtzuerhalten. Ihre Anwälte sahen darin nur ein geeignetes taktisches Manöver, um Schliemann zu größeren finanziellen Zugeständnissen an seine erste Frau zu veranlassen. Schließlich einigten sich beide Parteien: Heinrich überschrieb Jekaterina ein Haus in St. Petersburg und verpflichtete sich gegenüber seiner Exfrau zu einer jährlichen Apanage in Höhe von 4000 Rubel auf Lebenszeit. Trotzdem dauerte es noch bis Ende 1871, ehe vor einem Petersburger Gericht die Scheidung der amerikanisch-russischen Verbindung verkündet wurde.

Zu Hause in Griechenland verbesserte sich Sophias Gesundheitszustand rasch. Des Hotellebens überdrüssig, suchte Schliemann in Athen nach einem Haus. Die Athener Grundstückspreise waren im Jahre 1870 ungewöhnlich niedrig, sie betrugen nur einen Bruchteil von denen in Paris. Kein Wunder, Athen hatte in jener Zeit gerade mal 60 000 Einwohner. In der Odos Mouson, in feinster Gegend nahe dem Syntagma-Platz, wurde Schliemann fündig. Er kaufte ein feudales Haus, richtete es mit teurem Mobiliar ein und engagierte Hauspersonal. Heinrich fand sich damit ab, daß Sophia immer noch zu geschwächt war, um ihn auf Reisen begleiten zu können. Und weil die Erlaubnis der türkischen Regierung für Ausgrabungen in Hissarlik nach wie vor auf sich warten ließ, charterte er ein Schiff mit einer vierköpfigen Mannschaft, um auf den Kykladeninseln nach Spuren der Vergangenheit zu suchen. Delos, Paros, Naxos und Thera (Santorin) faszinierten ihn besonders. Mitte März kehrte er zurück. Er beabsichtigte, nun gemeinsam mit seiner Frau nach Kleinasien zu reisen.

Sophias Eltern rieten dringend davon ab, ihr diese Anstrengung zuzumuten. Heinrich war jedoch nicht der Mann, der das beschauliche Leben eines Privatiers führen konnte: »Da ich hier keine ernsthafte Beschäftigung habe, kann ich nicht länger untätig sein.«

ALLEIN AUF DER SUCHE NACH TROJA

Die offizielle Grabungserlaubnis stand noch immer aus. Dennoch entschloß sich Schliemann, in die Troas zu reisen. Er wollte die Lage vor Ort sondieren.

Ein lichter Frühlingshimmel lag über dem Hügel, unter dem Henry das alte Troja vermutete. Immer wieder umrundete er das Terrain, auf dem nun Blumen blühten. Er prüfte jede Bodenwelle, jeden Stein auf sein besonderes Aussehen. Aber je länger er sich diesen Betrachtungen hingab, desto klarer wurde ihm, er mußte Suchgräben ziehen, wollte er eine brauchbare Aussage treffen.

Er verfluchte die Trägheit der türkischen Behörden, und in einer Art Trotzreaktion warb er am 9. April 1870 ein Dutzend Männer aus der Umgebung an, die sich bereit erklärten, für zehn Piaster pro Tag Gräben durch das Gelände zu ziehen. Gräben, die Aufschluß geben sollten über das Ruinenfeld von Troja.

Was zunächst als Protestaktion gegen die Behörden gedacht gewesen sein mag, entpuppte sich schnell als archäologisches Meisterstück. Schliemann sah sich in seinen Ansichten bestätigt. Über das Ergebnis der ersten Grabungstage berichtete Schliemann einem Justizrat aus Kolberg, der sich erboten hatte, den Ausgräber nach Hissarlik zu begleiten.

Schliemann an Justizrat Plato: »... Ich habe auf obigem Hügel mehrere tiefe, sehr breite Gräben gezogen und Trümmer von Palästen und Tempeln auf Mauern viel älterer Gebäude dieser Art gefunden, bis ich in 15 Fuß Tiefe auf riesige Mauern von 6 Fuß Dicke und herrlichster Bauart stieß. Noch 7 1/2 Fuß tiefer fand ich, daß diese Mauern auf anderen von 8 1/2 Fuß Dicke ruhten. Dies sind jedenfalls die Mauern des Palastes von Priamos oder des Tempels der Minerva; leider habe ich aber fortwährend Unannehmlichkeiten mit den beiden Türken, denen dieses Land gehört, und ich werde leider vielleicht schon morgen gezwungen sein, meine Arbeiten einzustellen. Ich werde mir aber alle Mühe geben, den Hügel zu kaufen, und dann nicht ruhen, bis ich nicht die ganze Pergamos des Priamos ausgegraben habe ...«

Auf Betreiben der türkischen Grundbesitzer intervenierte der amerikanische Botschafter in der Türkei, Wayne MacVeagh, bei seinem Landsmann Schliemann und bewegte ihn, am 22. April 1870 die Grabungen einzustellen. Die Gräben wurden auf Wunsch der Grundeigentümer wieder zugeschüttet. Dem Ausgräber schien es ratsam, die Türkei auf schnellstem Wege zu verlassen.

Nach dem ersten Grabungsversuch konnte Schliemann immerhin eine Kalkulation über die Kosten eines solchen Unternehmens aufstellen. Er schätzte die Gesamtsumme auf 100 000 Francs. Grabungsdauer mit hundert Arbeitskräften: fünf Jahre, bei dreimonatiger Arbeitszeit pro Jahr. In einem Brief an Frank Calvert äußerte Schliemann die Absicht, in Rom oder Pompeji »a pioneer in the excavating-business«, also einen alten Hasen im Ausgräber-Geschäft anzuwerben. Diesen Vorsatz scheint er jedoch bald wieder vergessen zu haben. Später engagierte er für seine Ausgrabungen einen französischen Ingenieur, der beim Bau der Eisenbahn Piräus-Camia beschäftigt war.

Der illegal durch die Landschaft gezogene Graben hatte eine Länge von 20 Metern, eine Breite von 14,5 Metern und stellenweise eine Tiefe von 3 Metern. Henry berichtete in einem langen Brief an den Präsidenten des »Institut de France« in Paris, er habe eine Mauer des homerischen Athenetempels, Brandspuren des homerischen Troja, Menschenasche und ein Bildnis der schönen Helena gefunden. Als wollte er sich selber Mut machen, teilte er wenige Tage später seinem Pariser Statthalter mit, schon bei seinem ersten Grabungsversuch habe er den Palast des Priamos entdeckt.

In einem Brief an Calvert heißt es jedoch sehr viel bescheidener: »Ich gebe mich keinen Illusionen hin, was die *vollständige* Ausgrabung von Priamos' Palast kosten wird...«

Die wichtigste Erkenntnis, die Schliemann aus seiner ersten Probegrabung gewann, war, daß die unter dem Hügel von Hissarlik verborgenen Mauerreste nicht homogen waren. Mit anderen Worten: Troja lag vermutlich unter verschiedenen Siedlungsschichten begraben.

Oder gab es nicht nur *ein* Troja? Gab es vielleicht mehrere Städte dieses Namens zu unterschiedlichen Zeiten am selben Ort? Fragen über Fragen.

Zur Tatenlosigkeit verurteilt, berichtete Schliemann in verschiedenen deutschen Zeitungen über seine Probegrabung. Er habe, prahlte er, heimlich und ohne Erlaubnis der türkischen Regierung gehandelt. Dem zuständigen Minister für öffentliche Angelegenheiten in Konstantinopel blieben diese Artikel nicht verborgen. Er zeigte sich verärgert und ließ verlauten, wenn es nach ihm ginge, werde dieser Amerikaner niemals eine offizielle Grabungserlaubnis erhalten. Vor allem Calvert war bestürzt. Er hatte Schliemann bisher stets die Treue gehalten, jetzt aber reagierte er verbittert: »Ich kann nicht umhin, Ihnen mitzuteilen, daß es unklug war, sich Ihrer Taten zu rühmen – jetzt müssen wir die Konsequenzen tragen und den Firman beschaffen, wenn die Regierung in besserer Stimmung ist.«

HEINRICH ZIEHT ES NACH PARIS

Angesichts der politischen Spannungen zwischen Deutschland und Frankreich hielt Heinrich Schliemann es für notwendig, sich um seine Pariser Immobilien zu kümmern. Sophia blieb in Athen zurück. »Wir wären vollkommen glücklich«, schrieb er einem Freund, »wenn sie gesund wäre. Leider scheint mir das Schicksal kein dauerndes eheliches Glück zuerkoren zu haben... Ich kann nicht beschreiben, wie enttäuscht ich über dieses Unglück bin.« Zur selben Zeit ließ er jedoch seine in Athen zurückgebliebene Ehefrau wissen: »Da ich an ein Eheleben gewöhnt bin, verursacht mir mein mönchisches Dasein Schlaflosigkeit. Ich stehe daher um halb vier Uhr auf, nehme eine Dusche, eine Tasse schwarzen Kaffee, gehe in die Manege, die durch Deine Reitversuche berühmt geworden ist, dort nehme ich ein Pferd und reite drei Stunden im Bois de Boulogne... Ich komme erst um halb neun nach Hause, nehme ein zweites Frühstück und arbeite für den Rest des Tages.«

Aus der Ferne versuchte Schliemann Sophia klarzumachen, wie sehr er mit ihrer Teilnahme an den Ausgrabungen in Troja rechne. Ihr größtes Vergnügen, schrieb er, werde zweifellos darin bestehen, unter dem Namen »Sophia Schliemann« ein eigenes Buch über ihre Erlebnisse zu verfassen. Dafür versprach er ihr aus Paris einen Damensattel und Reitstiefel sowie Würstchen und Sardinen in Konserven mitzubringen.

Trotz der französischen Kriegserklärung an Deutschland ließ Schliemann sich nicht davon abbringen, in Boulogne-sur-Mer einen Badeurlaub zu verbringen. Ihn beschäftigte die geplante Ausgrabung in Troja mehr als der Krieg. Er hatte mittlerweile eingesehen, daß ihm die unerlaubte Grabung nur geschadet hatte. Am Tag vor der verhängnisvollen Niederlage der Franzosen bei Sedan, wo die komplette Armee Mac-Mahons und Napoleons III. zur Kapitulation gezwungen wurde, schrieb Schliemann an den türkischen Minister für Volksbildung, Safved-Pascha, einen Entschuldigungsbrief: »Voll Bewunderung und Enthusiasmus für die immensen Reformen, die Sie auf geniale Weise zur Förderung der Humanität eingeführt haben, nehme ich mir die Freiheit, mich an Exzellenz zu wenden mit der Bitte, mein beiliegendes Buch [›Ithaka‹] als Zeichen meiner Verehrung anzunehmen. Dieses Buch handelt unter anderem von meinen archäologischen Forschungen in der Troas ... Der Zufall führte mich im letzten April erneut zu dem Hügel von Troja, und die göttlichen Verse Homers und meine Liebe zur Archäologie brachten mich dazu, in jenen Tagen auf dem Plateau des Hügels eine kleine Versuchsgrabung auszuführen, und ich bin dabei auf den Palast des Priamos und den Tempel der Minerva gestoßen ...

Zu meinem Bedauern habe ich von Herrn Calvert von den Dardanellen erfahren, daß Ihre Exzellenz böse auf mich ist, weil ich diese kleinen Ausgrabungen ohne Erlaubnis gemacht habe. Aber als ich den Hügel vor mir sah, der den Palast des Priamos in sich birgt, jenen Palast, den die Gelehrten aller Länder seit zwanzig Jahrhunderten vergeblich suchen, da verführten mich mein Enthusiasmus für die Wissenschaft und mein Fanatismus für die Archäologie. Ich arbeitete bei strömendem Regen, als herrschte strahlender Sommer; ich glaubte zu Mittag und Abend gegessen zu haben, obwohl ich den ganzen Tag nichts zu mir nahm; – jede Tonscherbe, die ich ans Tageslicht brachte, war für mich ein neues Blatt der Geschichte.

Ich bitte um Vergebung im Namen unserer gemeinsamen Mutter, der Wissenschaft, der Sie wie ich unser Leben geweiht haben; im Namen der Wissenschaft, für die wir beide die gleiche Wertschätzung haben, den gleichen Enthusiasmus; im Namen der Wissenschaft, die Sie unter Ihren nachdrücklichen Schutz gestellt haben!«

Daß seine Besitzungen in der französischen Hauptstadt, daß Paris überhaupt vor deutschen Kanonenkugeln würde zittern müssen, daran glaubte Schliemann nicht, und so kehrte er wohlgelaunt nach Athen zurück.

Das Glück schien vollkommen, als Sophia ihrem Gatten eines Abends gestand: »Ich bin schwanger.«

Schliemann war außer sich vor Freude: »Der Junge soll Odysseus heißen!« rief er aufgeregt.

10 Konstantinopel, zur Zeit Schliemanns noch türkische Hauptstadt. Im Dezember 1870 irrte der Ausgräber drei Wochen vergeblich von Behörde zu Behörde, um die Grabungslizenz für Troja zu erhalten. Der einzige Erfolg: Er lernte dabei Türkisch.

Sophia sah Heinrich verwundert an: »Wer sagt dir, daß es ein Sohn wird?«

»Ich weiß es«, erwiderte Schliemann, »ich bin ganz sicher. Der Junge wird den Namen Odysseus tragen wie der listenreiche König von Ithaka.«

Schliemann verhielt sich seiner Frau gegenüber rücksichtsvoll und zuvorkommend wie nie. Er engagierte Dr. Venizelos, den in Berlin ausgebildeten Professor an der Athener Universität und besten Gynäkologen Athens, zur Beobachtung der Schwangerschaft.

Der Herbst verging und mit ihm das Jahr 1870, ohne daß die ersehnte Grabungserlaubnis aus Konstantinopel eintraf. Ende Dezember begab sich Schliemann in die türkische Hauptstadt, um mit Unterstützung des amerikanischen Botschafters Wayne MacVeagh mit den zuständigen Regierungsstellen zu verhandeln. Seine Türkischkenntnisse umfaßten nach eigenen Angaben 6000 Wörter und mußten ausreichen, um den Sultan oder den zuständigen Minister von der Ernsthaftigkeit seiner Absichten zu überzeugen.

Drei Wochen irrte der hoffnungsvolle Ausgräber von einer Behörde zur anderen. Er wurde überall äußerst freundlich empfangen, aber mit orientalischer Gelassenheit auf den folgenden Tag, den folgenden Monat und schließlich auf unbestimmte Zeit vertröstet. Der einzige Erfolg, den Schliemann Sophia nach Athen melden konnte, war, er habe in den zurückliegenden Wochen hervorragend Türkisch gelernt.

»HAST DU NICHT EINEN GATTEN, DER DICH VERGÖTTERT?«

Sophia aber fühlte sich von Heinrich im Stich gelassen. Sie hatte den Eindruck, daß ihrem Mann die Grabungslizenz mehr bedeutete als ihre Schwangerschaft, daß sie außer mit Heinrich auch noch mit Homer verheiratet war. Als sie ihrem Mann dies schriftlich mitteilte, konterte der mit bitteren Vorwürfen. »Ich bin untröstlich«, antwortete er in französischer Sprache, »von Deiner schlechten Stimmung, Deiner Traurigkeit, Deiner Verzweiflung zu hören. Aber, mein Liebling, hat Gott Dich denn nicht in eine herrliche Lage versetzt? Hast Du nicht einen Gatten, der Dich vergöttert? Stehst Du nicht vor der Erfüllung Deiner glühendsten Wünsche? Bist Du nicht bei Deiner Mutter, in unserem lieben Athen, während unsere Pariser Freunde und mit ihnen zwei Millionen Männer, Frauen und Kinder kein Stück Holz zum Heizen haben, noch ein Stück Brot zum Essen, während Brandbomben in ihre Häuser stürzen und in ihrem Schutte Tausende der intelligentesten, höflichsten und liebenswertesten Wesen begraben, deren einziges Verbrechen war, sich von der Kanaille Napoleon täuschen zu lassen!«

In Paris wurde im September 1870 die Republik ausgerufen. Die französische Hauptstadt war von deutschen Truppen eingeschlossen, welche Kanonen und Granaten einsetzten, um die Stadt zur Aufgabe zu zwingen. Zeitungen in Konstantinopel verbreiteten Schreckensmeldungen über die Zustände in Paris: Die Menschen hungerten und froren. Große Teile der Stadt seien zerstört. Am 18. Januar 1871 kapitulierte die französische Hauptstadt. Der Krieg, der am 10. Mai offiziell zu Ende war, hatte auf deutscher Seite 49 000, auf französischer Seite sogar 139 000 Menschenleben gefordert.

Obwohl Sophia ihren Mann bestürmte, bei ihr in Athen zu bleiben, ließ sich Schliemann nicht davon abhalten, abermals nach Paris zu reisen, um nach dem Rechten zu sehen. Seine vier Mietshäuser für insgesamt 270 Familien stellten einen Wert von mehreren Millionen Francs und einen beträchtlichen Teil seines Vermögens dar.

Für einen Amerikaner war es nicht schwer, nach Frankreich zu reisen. Um jedoch nach Paris zu gelangen, bedurfte es eines besonderen Erlaubnisscheins. Eingedenk der Trägheit türkischer Behörden wandte Schliemann eine List an. In Lagny kaufte er dem Postmeister Charles Klein Uniform und Passierschein ab. Dann passierte Heinrich Schliemann als Charles Klein zwei sächsische Regimenter und ein preußisches. Bei diesem Husarenstück kamen ihm seine Sprachkenntnisse, aber auch die Tatsache zugute, daß Ausweise zu dieser Zeit noch keine Fotografie enthielten. Schliemann sprach die Kontrolleure in bestem Französisch als »Monsieur Oberst« oder »Mon Général« an. Und die so Geehrten erwiderten freundlich: »Glückliche Reise, Herr Postmeister!«

»Hätten sie den Betrug entdeckt«, schrieb Schliemann an seinen Vetter Adolph in Schwerin, »so hätten sie mich ohne weiteres arretiert und erschossen.« Er habe, meinte Schliemann weiter, während er die deutschen Linien passierte, an nichts mehr gedacht und nur instinktiv den Weg zum Boulevard St. Michel gesucht. Unterwegs habe er Leute gefragt und die Antwort erhalten, der ganze Stadtteil sei zerstört. Aber das Wunder geschah: weder eines seiner Mietshäuser noch sein Privathaus hatten Schaden genommen. Schliemann wörtlich: »Damals habe ich vor Freude die Bücher meiner Bibliothek geküßt.«

Heinrich hielt sich bis Anfang April in Paris auf, ohne sein Lebensziel, die Ausgrabung von Troja, aus den Augen zu verlieren. Er hatte inzwischen erfahren, warum die türkischen Behörden seinen Plänen mit soviel Zurückhaltung begegneten. Ausgerechnet an jener Stelle, an der Schliemann seine Probegrabung unternommen hatte, waren vor wenigen Jahren 1200 große Silbermünzen aus der Zeit Antiochus' des Großen entdeckt worden, und dieser Schatzfund ließ die türkische Regierung vermuten, daß an dieser Stelle noch mehr Schätze im Boden verborgen lagen.

Daraufhin erklärte sich der Ausgräber bereit, vor dem zuständigen Minister Safved-Pascha und in Anwesenheit des amerikanischen

Botschafters Wayne MacVeagh eine mündliche und schriftliche Erklärung abzugeben, daß alle von ihm, Schliemann, entdeckten Schätze in Gold und Silber und jede einzelne Münze in den Besitz des türkischen Staates übergehen und daß die Grabungen ständig von zwei
Beobachtern kontrolliert werden sollten.

»Ich wäre sogar bereit«, schrieb Heinrich an Frank Calvert, »dem
Minister den doppelten Wert aller von mir ausgegrabenen Schätze
zu bezahlen, denn ich habe nichts anderes im Sinn, als das Problem
zu lösen, wo Troja überhaupt liegt. Ich bin bereit, für die Ausgrabung Jahre meines Lebens zu opfern und eine hohe Summe Geld,
aber der Grund und Boden muß mir gehören, und solange das nicht
der Fall ist, werde ich nicht mit dem Graben beginnen, denn wenn
ich auf dem Boden der Regierung grabe, dann wäre ich ewigem Ärger und Kummer ausgesetzt ...«

Immerhin brachte das hochherzige Angebot des Amerikaners
Bewegung in die zähen Verhandlungen. Der Vorschlag machte den
türkischen Stellen deutlich, daß es Schliemann keineswegs um das
Auffinden von Schätzen ging, sondern um wissenschaftliche Forschung.

Nach Athen zurückgekehrt, begann Heinrich Schliemann ohne
großes Aufsehen an verschiedenen Stellen der Stadt Grundstücke
zu erwerben, insgesamt mehr als ein Dutzend. Überall in Europa
herrschte Geldknappheit, die Zinsen waren hoch, die Grundstückspreise niedrig wie nie zuvor. Unter den Grundstücken befand sich
auch eines von 5000 Quadratmetern an der Odos Panepistimiou
nahe der Staatsbibliothek. Schliemann zahlte dafür 68 000 Drachmen und versprach Sophia: »Eines Tages werde ich darauf einen
Palast bauen!«

Am 7. Mai 1871 brachte Sophia Schliemann ein gesundes Kind
zur Welt. Der Vater konnte seine Enttäuschung nicht verhehlen: Es
war ein Mädchen. Wenn das Kind schon nicht Odysseus heißen
konnte, so mußte es wenigstens ein Name aus der »Ilias« sein. Zu
den schönsten Passagen homerischer Poesie zählte das Gespräch
Hektors mit seiner Frau Andromache vor der Schlacht um Troja.

»Sie wird Andromache heißen, wie Hektors Frau!« diktierte
Schliemann.

Die Mutter hatte nichts dagegen einzuwenden. Sie wußte, sie war
chancenlos, wenn Heinrich sich etwas in den Kopf gesetzt hatte.

Die jüngsten Nachrichten aus Konstantinopel stimmten Schliemann zuversichtlich. Unter Berücksichtigung der angebotenen Konditionen konnte die türkische Regierung gar nicht anders, sie *mußte* die Grabungslizenz erteilen. Im Herbst, versprach Heinrich, wenn die Hitze des Sommers vorbei war, würde er sein Lebenswerk beginnen. Sophia, der es seit der Geburt ihres Kindes besser ging als je zuvor, versprach, ihren Mann zu begleiten, vorausgesetzt, ihr stünde eine Kinderfrau zur Verfügung.

Für Heinrich kam nur eine aus Deutschland in Frage. »Deutsche Kinderfrauen sind die besten der Welt«, behauptete er und machte sich umgehend auf den Weg nach Mecklenburg. Von dort wollte er weiter nach Berlin, um mit Professor Ernst Curtius Kontakt aufzunehmen. Curtius galt als Papst der Altertumswissenschaft und hatte Interesse für das Troja-Projekt bekundet.

Auf der Suche nach einer Kinderfrau wurde Schliemann in Neustrelitz fündig: Die Auserwählte hieß Anna Rutenick, war die unverheiratete Tochter eines Rechtsanwalts und hatte allerbeste Manieren. Schliemann stellte ihr ein fürstliches Gehalt in Aussicht, machte jedoch zur Bedingung, daß Anna dem Kind die deutsche Sprache beibringen sollte.

BERLIN IN SIEGESSTIMMUNG

Ende Juli traf Heinrich in Berlin ein. Er stieg im vornehmen Hotel »Bellevue« am Potsdamer Platz ab. In der ganzen Stadt herrschte Aufbruchstimmung. Es schien, als sei eine neue Zeit angebrochen. Vereinzelt hingen noch an den Fenstern und über den Portalen der Häuser Girlanden, Reste der vor wenigen Wochen abgehaltenen Siegesparade. Kaiser Wilhelm war durch das Brandenburger Tor eingezogen, zu Pferde flankiert von Bismarck, Moltke und Roon. Preußen feierte den Sieg über Frankreich. In Versailles war das Deutsche Reich ausgerufen worden. Noch nie war Deutschland so groß, so mächtig.

Professor Ernst Curtius residierte in einem der prachtvollen Stadtpalais an der Matthäikirchstraße. »Residieren«, das war genau das richtige Wort für die repräsentativen großbürgerlichen Wohnverhältnisse. Mit gelassen zur Schau getragenem Selbstwußtsein

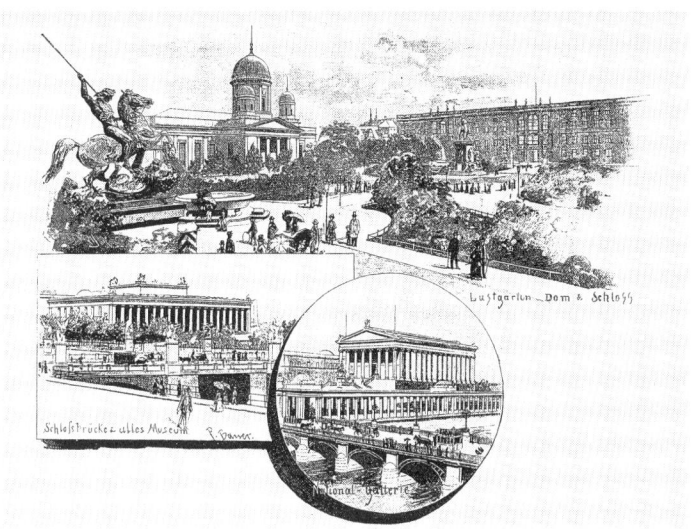

11 Als Schliemann im Sommer 1871 in Berlin eintraf, herrschte
Siegesstimmung nach dem gewonnenen Krieg. Oben der Lustgarten mit
dem Dom (links) und dem Berliner Schloß (rechts). Unten rechts die
Nationalgalerie. Links das Alte Museum.

empfing der Professor den Fremden in seiner »Blauen Stube«. Der
Salon im dritten Stock des Hauses strahlte eine großzügige Behag-
lichkeit aus. Über dem wuchtigen Sofa hingen auf blaugemusterter
Seidentapete neun Lithographien nach Raffael-Gemälden. Schwere Samtvorhänge ließen nur wenig Licht herein. Auf der Kommode gegenüber tickte eine Pendule.

»Ich habe viel von Ihnen gehört!« begrüßte Curtius den Gast.

»Ich hoffe, nur Gutes!« erwiderte Schliemann.

»Und Sie leben jetzt in Athen?«

»Ja, Herr Professor. Ich habe eine reizende junge Athenerin ge
heiratet. Unser Töchterchen ist gerade zweieinhalb Monate.«

»Dann gratuliere ich, Herr Schliemann, wie heißt denn das
glückliche Kind?«

»Andromache«, antwortete Heinrich.

Der Professor konnte ein Schmunzeln nicht verbergen, und
Schliemann meinte: »Es sollte ein Odysseus werden, ich war meiner Sache ganz sicher und habe in Paris für 2000 Francs Jungen-
kleidung eingekauft ...«

Curtius wechselte unvermittelt das Thema: »Ich habe von Ihren

Probegrabungen gelesen, Herr Doktor. Und Sie glauben tatsächlich, Troja gefunden zu haben?«

»Ich habe Troja mit eigenen Augen gesehen, ich habe die Steine berührt, auf denen Achill und Hektor kämpften. Ich habe nur ein paar Gräben gezogen und bin in fünfzehn Fuß Tiefe auf gewaltige Mauern gestoßen. Sie müssen zum Palast des Priamos gehören. Ich bin ganz sicher.«

In Fachkreisen war bekannt, daß Professor Curtius die Meinung vertrat, das verschüttete Troja liege bei Bunarbaschi. Und diese Theorie wollte er auch demnächst in einem Buch über Kleinasien erläutern.

»Und Sie sind wirklich der Ansicht, daß Troja unter dem Hügel von Hissarlik liegt?« Der weißhaarige Professor schmunzelte, als wollte er sagen: Wenn Sie sich da nur nicht verrennen, lieber Freund!

Schliemann versuchte Curtius auseinanderzusetzen, wie er zu seiner Überzeugung gelangt war: Er habe die Gegend um Bunarbaschi gründlich untersucht, aber je länger er sich dort aufgehalten habe, desto größer seien seine Zweifel geworden, ob Troja so weit vom Meer entfernt liegen könne. Er wurde heftig: »Wie sollten die griechischen Soldaten mehrmals am Tag von ihrem Schiffslager zu der feindlichen Burg und auch wieder zurück laufen, wenn Troja bei Bunarbaschi lag? Wie konnte Achilles den Hektor dreimal um die Mauern dieser Burg verfolgen, wenn die Abhänge des Hügels beinahe unzugänglich sind? Ich habe es zweimal versucht, ich brauchte, zum Teil auf allen vieren, volle zwei Stunden zur Umrundung!«

CURTIUS HÄLT HOMER FÜR EINEN PHANTASTEN

Der Professor zuckte mit den Schultern. Wie die meisten seriösen Wissenschaftler jener Zeit vertrat er die Meinung, daß Homer ein großer Dichter war, aber beileibe kein Historiker oder auch nur ein Autor, dessen Werke auf realen Begebenheiten beruhten. Curtius glaubte durchaus an Troja, an eine befestigte Stadt an der Küste Kleinasiens, aber an den Dulder Odysseus, an die Helden Achilles und Hektor und ihre von Homer gerühmten Taten glaubte er nicht.

Schliemann schien die Gedanken seines Gegenübers zu erraten. »Ich bin fest davon überzeugt«, begann er aufs neue, »daß dieser Hügel von Hissarlik das wahre Troja verbirgt. Ich habe das Schilf gesehen, das Odysseus fand, und wie Odysseus habe ich die Reiher schreien hören, die in dieser Gegend nisten. Tagelang lebte ich von schwarzem Gerstenbrot und Wasser aus dem Skamander. Es war April, und ich verbrachte die Nächte unter freiem Himmel auf einer Felsplatte, meinen Homer als Kopfkissen, die trojanischen Helden fast zum Greifen vor mir.« Bei diesen Worten leuchteten seine Augen.

Angesichts der Begeisterung, die aus Schliemann sprach und die ihm etwas geradezu Jugendliches verlieh, kam sich der siebenundfünfzigjährige Professor greisenhaft und unbeweglich vor; dabei trennte die beiden nicht einmal ein Jahrzehnt. Curtius schüttelte den Kopf. »Schliemann«, rief er, »wissen Sie überhaupt, worauf Sie sich da einlassen? Um Ihre Theorie – und um nichts anderes handelt es sich –, um Ihre Theorie zu beweisen, werden Sie den gesamten Berg abtragen müssen!«

Zum ersten Mal während ihrer Unterhaltung setzte Schliemann ein überlegenes Lächeln auf. Dann meinte er gelassen: »Die Ausgrabung der Burg des Priamos wird nicht weniger als 100 000 Francs kosten. Mit hundert Leuten, die dort jedes Jahr drei Monate arbeiten, werde ich wohl fünf Jahre brauchen. Ich werde für die Arbeiter und für mich feste Häuser errichten. Ich bin gerade auf dem Weg nach London, wo ich bei meiner alten Firma Schröder & Co. ein paar hundert Schubkarren und Schaufelwerkzeuge kaufen will.«

Aus Schliemann sprach jetzt der kühl kalkulierende Unternehmer, dem ein Projekt von so gigantischem Ausmaß durchaus zuzutrauen war. Und während der Professor den kleinen Mann mit kritischen Augen musterte, bedauerte er, daß er diesen Fanatiker nicht für seine eigenen Pläne einspannen konnte. Einen Mann mit dieser Begeisterungsfähigkeit, mit soviel Vermögen im Rücken, einen solchen Mann hätte er selbst nur allzugut brauchen können.

Ein halbes Leben beschäftigte sich Curtius mit dem Gedanken, das antike Olympia auszugraben, die heilige Stätte der Olympischen Spiele. Bisher war das Vorhaben vor allem am Geld gescheitert; aber wenn er sich diesen Schliemann betrachtete, dann muß-

te er eingestehen, daß es ihm vielleicht auch an Begeisterung ge-
mangelt hatte. Vielleicht war er zu sehr Professor und zu wenig
Abenteurer?

Plötzlich erhob sich Curtius aus seinem Sessel. »Ich habe da eine
Idee«, sagte er nachdenklich. »Ende August reise ich mit ein paar
Kollegen nach Kleinasien. Ein Straßenbauingenieur aus Essen ist
nördlich von Smyrna bei Bergama auf ein altes Bauwerk gestoßen.
In dieser Gegend lag Pergamon, die alte Hauptstadt des Perga-
menischen Reiches. Beim Bau der Straße von Konstantinopel nach
Smyrna sind gewaltige Marmorplatten zum Vorschein gekommen,
und die Türkei hat nichts Besseres vor, als diese Monumente in
ihren Kalköfen zu verbrennen. Wenn es sich einrichten läßt, werden wir einen Abstecher nach Hissarlik machen.«

Als Heinrich Schliemann sich verabschiedete, war er sich darüber klar, daß er Curtius nicht im geringsten überzeugt hatte. Der
Professor würde weiter die Ansicht verbreiten, daß das antike Troja in der Nähe des Dorfes Bunarbaschi zu suchen sei, und was immer er, Schliemann, bei Hissarlik aus dem Erdreich holen sollte,
würde ihn und die Wissenschaft nur am Rande interessieren.

Aber vielleicht gab es doch noch eine letzte, kleine Hoffnung,
Curtius zu überzeugen, wenn dieser Hissarlik wirklich in Augenschein nähme?

Am liebsten wäre Schliemann nach Athen zurückgekehrt und
zu den Dardanellen weitergereist, um auf Professor Curtius zu warten. Aber er hatte bei Schröder in London für viele tausend Francs
Karren und Werkzeuge bestellt. Daraus mußte eine Auswahl getroffen und diese umgehend nach Kleinasien verschifft werden.

BUNARBASCHI ODER HISSARLIK?

In London führte ihn, wie stets, wenn er sich in einem fremden
Land befand, der erste Weg zur amerikanischen Botschaft. Das
hatte zwei verschiedene Gründe: Zum einen entsprach es den
Meldegesetzen, und zum anderen war er auf diese Weise überall
postalisch erreichbar. Schliemann nahm einen ganzen Stapel von
Post in Empfang. Der wichtigste Brief kam vom US-Botschafter in
Konstantinopel, Wayne MacVeagh, und enthielt die von Safved-

Pascha unterzeichnete Grabungslizenz für Troja. Das war am 12. August 1871.

Zuerst benachrichtigte Schliemann seine Frau und noch am selben Tag Frank Calvert. Er wolle, schrieb er, im Oktober, sobald die größte Sommerhitze vorüber sei, mit den Ausgrabungen beginnen. Im übrigen legte er ihm dringend Professor Curtius ans Herz, der Ende des Monats an die Dardanellen kommen und Hissarlik einen Besuch abstatten wolle. »Versuchen Sie unter allen Umständen, ihn bei seinem kurzen Besuch zu treffen, oder besser: verständigen Sie den preußischen Konsul und den Hotelbesitzer, Sie sofort von seiner Ankunft in Kenntnis zu setzen. Es wird Ihnen ein Vergnügen sein, den berühmten Mann zu begleiten...«

Nur gut, daß Schliemann nicht in der Troas weilte, als Curtius dort eintraf. Ernst Curtius kam in Begleitung von fünf Experten, dem Berliner Bauhistoriker Friedrich Adler, Professor B. C. Stark aus Heidelberg, seinen Assistenten Gustav Hirschfeld und Heinrich Gelzer sowie Major Regely vom preußischen Generalstab, einem anerkannten Landvermesser.

Die sechs vornehm gekleideten Herren gingen am 3. September im Hafen von Çanakkale am Ausgang der Dardanellen an Land. Calvert erbot sich bei der Ankunft, die deutschen Herren in den schwarzen Gehröcken nach Hissarlik zu geleiten.

»Wir wollen nach Bunarbaschi!« stellte Curtius klar.

Calvert machte ein enttäuschtes Gesicht. »Aber Bunarbaschi ist nicht Troja! Hat Schliemann Ihnen das nicht erklärt?«

»Doch, doch«, erwiderte der Professor. »Trotzdem wollen wir zuerst nach Bunarbaschi reisen und uns unsere Meinung bilden, und dann nach Hissarlik.«

Der Professor und seine Begleiter mieteten ein Segelschiff und fuhren südwärts bis zum Vorgebirge Kumkalé. Von dort legten sie den Weg nach Bunarbaschi auf Eselsrücken zurück. Keiner der Männer konnte seine Enttäuschung verhehlen, als sie, nicht weit von dem Minarett, das die Mitte des Dorfes Bunarbaschi markierte, den Hügel erblickten, den ein verfallener Mauerring umgab. Was sich ihren Augen darbot, waren in der Hauptsache niedrige Bäume, Gras und Gestrüpp, braun von der Glut des Sommers. Nur dort, wo am westlichen Fuß des Hügels Quellen aus der staubigen Erde traten, färbte sich das Gras grün.

Zu sechst erklommen sie den schroffen Hügel. Oben angekommen, blickten sie ergriffen gegen die untergehende Sonne im Westen, wo am Horizont das Meer glitzerte wie Diamanten im Kerzenschein. Der Skamander zeichnete eine Schlangenlinie von grünem Buschwerk und knorrigen Weiden in die sonst eher öde Landschaft. Den Männern bereitete es Schwierigkeiten, sich vorzustellen, hier in dieser gottverlassenen Gegend habe einst das goldstrotzende Troja gelegen.

Bei Einbruch der Dämmerung suchten die Männer den Chan auf, der ihnen als Herberge diente, eine Art Gasthof, in dem vor allem für Pferde und Esel gesorgt wurde. Die Deutschen zogen es vor, auf dem blanken Boden zu schlafen.

»Was meinen Sie?« erkundigte sich Adler bei Curtius. »Ist dies das antike Troja?«

Die Antwort des Professors ließ lange auf sich warten. Dann erwiderte er: »Nach der Landschaft und dem Standort würde ich sagen, ja. Der Mauerring allein beweist allerdings noch nicht, daß wir tatsächlich Troja vor uns haben.«

»Vielleicht«, meinte Adler, »sollten wir uns die Grabung von diesem Schliemann doch einmal ansehen.«

Curtius machte eine unwillige Handbewegung: »Ach was!«

»Aber Calvert ist auch davon überzeugt, daß Troja bei Hissarlik zu suchen ist!«

»Wahrscheinlich deshalb«, antwortete der Professor, »weil ihm die Hälfte des Landes gehört. Der wittert sicher ein Geschäft.«

Keiner der sechs Männer aus Deutschland fand in dieser Nacht richtig Schlaf. Zum einen, weil sie einen Überfall fürchteten, zum anderen aber auch, weil sie der Anblick des Hügels von Bunarbaschi in tiefe Ratlosigkeit gestürzt hatte.

Völlig unerwartet meinte Ernst Curtius am nächsten Morgen: »Wir sollten, wenn wir schon einmal da sind, doch einen Blick auf die Grabungen des Herrn Schliemann werfen.« Die sechs sattelten ihre Esel und machten sich nordwärts auf den Weg.

Auch wenn der Graben, den Heinrich Schliemann quer über den Hügel von Hissarlik gezogen hatte, zum größten Teil wieder zugeschüttet worden war, so beeindruckten die Erdformationen und das freigelegte Mauerwerk hier doch weit mehr als das, was sie bei Bunarbaschi vorgefunden hatten. An verschiedenen Stellen war unterschiedliches Mauerwerk zu erkennen. Mehrere Siedlungsschichten hatten ihre Spuren hinterlassen. Aber genügte das, um die Behauptung aufzustellen: Darunter verbirgt sich das homerische Troja?

Nach ihrer Rückkehr zu den Dardanellen trafen Curtius und seine Begleiter erneut mit Frank Calvert zusammen. Der Konsul bestürmte den Professor mit der Frage, ob er nun, da er beide Orte in Augenschein genommen hatte, immer noch auf seiner alten Meinung beharre.

Curtius antwortete zurückhaltend, aber seine Antwort war trotzdem eine Ohrfeige für Schliemann und seine Theorie: »Ich halte den Ort von Schliemanns Grabung für das neue Ilion, das unter den Makedoniern und Römern seine Blütezeit erlebte. Ich glaube nicht, daß dies das alte Troja ist; das liegt bei Bunarbaschi unter der Erde.«

»DIE WELT SOLL SEHEN, DASS ICH RECHT HABE«

Glücklich, mit seinem Firman in der Tasche, kehrte Schliemann Mitte September nach Athen zurück. Begleitet wurde er von Anna Rutenick, der neuen Kinderfrau aus Neustrelitz. Andromache war schon über vier Monate alt. Anna erhielt einen neuen, angemessenen Namen: Nausikaa.

Schliemann tobte, als er einen Brief von Frank Calvert öffnete, in dem dieser Bericht erstattete vom Besuch des Berliner Professors Curtius und seiner fünf Begleiter in der Troas.

»Was hast du?« erkundigte sich Sophia.

Heinrich hielt ihr den Brief Calverts entgegen. Sophia sah, daß ihr Ehemann zitterte.

»Es ist wegen Curtius. Er ist und bleibt ein eingebildeter, überheblicher Mensch!«

Dann überflog er noch einmal den Brief, stammelte ein paar unzusammenhängende Worte und begann schließlich laut vorzulesen: »... alles, was ich nach ihrer Rückkehr aus der Troas vermelden kann, ist folgendes: Curtius und seine Männer haben die Bunarbaschi-Theorie übernommen, ungeachtet all meiner Versuche, sie vom Gegenteil zu überzeugen. Mister Hirschfeld (ich glaube, so schreibt man seinen Namen), der in Athen studiert, vertritt die Ansicht, daß die Mauern, die Sie entdeckt haben (und ebenso die, welche ich ausgegraben habe), aus jüngerer Zeit stammen und nicht von dem alten Troja. Wie Sie wissen, stimme ich mit ihm in dieser Ansicht überein. Ich sagte ihm, wenn Hissarlik erst einmal ausgegraben ist, wird man sicher auch noch auf die Mauern der legendären Stadt stoßen. Jetzt ist es noch zu früh, sich eine endgültige Meinung zu bilden...«

Schliemann schleuderte den Brief zur Seite, und Sophia versuchte ihren Mann zu trösten: »Du wirst dich doch dadurch nicht entmutigen lassen!«

Heinrich sah seine Frau schweigend an. Dann erwiderte er: »Nein, auf gar keinen Fall. Die Welt soll sehen, daß ich recht habe!«

IX
DER TROJANISCHE SCHATZ

Einst wird kommen der Tag, da das heilige Ilion hinsinkt,
Priamos selbst und das Volk des lanzenkundigen Königs!
Dann wird Zeus, der Kronide, aus strahlender Höhe des Äthers
Gegen sie alle erschüttern das Grauen der umnachteten Aigis,
Zürnend ob solchem Betrug! Geschehen wird dieses unfehlbar!

Homer, Ilias (IV. Buch)

Çanakkale an den Dardanellen. 27. September 1871.

»Effendi Schliemann! Effendi Schliemann!« Die Hafenarbeiter, Tagelöhner und Jungen in zerlumpten Kleidern, die den Hafen von Çanakkale bevölkerten, liefen aufgeregt hin und her, um einen Blick von dem kleinen Amerikaner zu erhaschen, über den die Leute wundersame Dinge erzählten. Unsagbar reich sollte er sein, und sein Kopf sei voll verrückter Ideen; nach Schätzen wolle er graben, hieß es, ausgerechnet in der gottverlassenen Troas, von der man sagte, wen Allah strafen wolle, den schicke er dorthin.

Der Effendi wurde erwartet. US-Konsul Frank Calvert begrüßte Schliemann mit orientalischer Herzlichkeit, machte den Ankommenden jedoch sofort mit der Hiobsbotschaft vertraut:

»Sie können noch nicht mit den Grabungen beginnen. Der Provinzgouverneur Achmed Pascha hat mich beauftragt, Ihnen das mitzuteilen.«

Schliemann lachte. Er hielt die Worte Calverts für einen Scherz. Er griff in die Innentasche seines Gehrocks und zog ein Papier hervor.

»Das hier«, sagte er und schlug triumphierend das Papier auf die flache Hand, »das ist der Firman des zuständigen Ministers. Ich habe lange genug darauf gewartet.«

»Ich weiß, ich weiß«, erwiderte Calvert, »der Gouverneur zweifelt die Grabungslizenz auch gar nicht an. Er hat mich nur darauf aufmerksam gemacht, daß in dem Firman nirgends davon die Rede ist, an welcher Stelle Sie graben dürfen. Hissarlik ist groß.«

»Was soll das heißen: an welcher Stelle?«

»Der Gouverneur fragt, ob sich die Grabungserlaubnis auf *meinen* Besitz bezieht oder auf den Besitz des türkischen Staates oder auf den gesamten Hügel von Hissarlik.«

»Natürlich auf *ganz* Hissarlik«, rief Schliemann wütend.

Calvert entgegnete: »Aber weder das eine noch das andere ist in dem Firman vermerkt.«

Schliemann witterte hinter dem Einspruch des Gouverneurs eine neuerliche Intrige von Safved-Pascha, dem Minister für Volksaufklärung. Der Ausgräber hatte bereits im April 1870 mit den Grundbesitzern, zwei Türken aus Kumkalé, über den Erwerb des Grundstücks am Hügel Hissarlik verhandelt. Die erste Forderung der beiden Grundbesitzer belief sich auf 5000 Francs. Schliemann handelte den in Aussicht genommenen Kaufpreis schließlich auf 1000 Francs herunter.

Im Dezember des Jahres war er nach Konstantinopel gereist, um Safved-Pascha davon in Kenntnis zu setzen, daß er über den Grund und Boden von Troja erfolgreich verhandelt habe und daß er den Kaufabschluß tätigen werde, sobald die Grabungslizenz vorliege. Damals hatte Henry dem Minister die Bedeutung von Troja erst erklären müssen. Safved-Pascha war der Name noch nie zuvor begegnet. Er hatte den begeisterten Ausführungen des Amerikaners gelauscht und ihn aufgefordert, in acht Tagen wiederzukommen.

Bei seiner Rückkehr mußte Schliemann dann erfahren, daß der Minister den Grund von Hissarlik für 600 Francs gekauft hatte. Damals hatte er ihm das Angebot gemacht, Schliemann könne graben, wo immer und solange er wolle, allerdings unter einer Bedingung: alle, auch die kleinsten Funde, müßten ihm, Safved-Pascha, übergeben werden.

»Dieser elende Hund, dieser Betrüger!« wetterte Schliemann, »ich werde mich beim Sultan beschweren. Ich werde ihm die Augen öffnen über die Zustände in seiner Regierung!«

Die Drohung war unnötig. Überall im Osmanischen Reich wußte man von der Korruption in der Regierung. Sie hatte eine regelrechte Staatskrise heraufbeschworen. Polizeimeister Hüsni-Pascha, Kriegsminister Hussein Avni-Pascha, der erste Kammerherr des Sultans, Emin-Bey, und Justizminister Mehmed Rüschdi-Pascha lebten in der Verbannung. Letzterer war dem Sultan zutiefst verhaßt. Bei den anderen verhielt es sich komplizierter: Der Polizeiminister zum Beispiel mußte die Sünden seines Vorgängers abbüßen, der jahrelang die Günstlinge des verstorbenen Großwesirs aus dem geheimen Polizeifonds besoldet hatte. Der Kriegsminister zeichnete sich durch Unterschlagungen großen Stils aus, die ihm ein luxuriöses Leben im eigenen Palast gestatteten. Und Emin-Bey, Erster Kammerherr des Sultans und einflußreichste Persönlichkeit am Hofe, hatte seine Stellung so geschickt genutzt, daß er damals auf ein geschätztes Monatseinkommen von umgerechnet 18 000 Taler kam.

»Was soll ich nur tun?« fragte Schliemann, als er sich etwas beruhigt hatte. »Ich kann doch nicht noch einmal ganz von vorne anfangen!«

Frank Calvert riet seinem Freund, den neuen US-Botschafter an der Hohen Pforte, John P. Brown, einzuschalten, einen gebildeten Mann mit breitem kulturellem Interesse. Brown war Verfasser eines Buches über das alte und neue Konstantinopel und würde sich für Schliemanns Projekt sicher einsetzen. Bis zur Klärung aller Rechtsfragen könne er schon einmal alle notwendigen Vorbereitungen treffen.

AGAMEMNON UND HEKTOR MIT SCHAUFEL UND BESEN

Schon am folgenden Tag warb Schliemann in dem nahen Dorf Renkoi acht arbeitslose Griechen an. Diese sollten für einen Tageslohn von 9 Piastern oder 1,80 Francs von Montag bis Samstag arbeiten, während er für die Arbeit am Sonntag, der den Christen bekanntlich heilig ist, acht Türken engagierte. Nikolaos Zaphyros, den aufgewecktesten unter den Griechen, machte er zum Diener, Leibwächter, Sekretär und Buchhalter in einer Person, und er honorierte seine Tätigkeiten mit 30 Piaster pro Tag.

Auf Abruf standen ihm annähernd hundert weitere Arbeitskräfte zur Verfügung. Die größte Schwierigkeit bereitete es dem Ausgräber, ihre fremdklingenden Namen zu behalten. Die griechischen Arbeiter stattete er deshalb mit wohllautenden homerischen Namen aus: Er nannte sie Äneas, Agamemnon, Laomedon oder

Hektor – während die Türken sich mit Namen wie Derwisch, Mönch, Pilgrim, Korporal, Doktor oder Schulmeister zufriedengeben mußten.

Sein Hauptquartier schlug Schliemann in dem östlich von Hissarlik gelegenen Dorf Çiblak auf. Er mietete ein kleines Fachwerkhaus mit Wänden aus Lehm. Im Inneren gab es nur einen Raum. Darin stand ein Tisch, ein Stuhl und ein Eisenbett. Immerhin hatte das Haus Glasfenster und ein Ziegeldach zum Schutz vor dem Regen, der hier im Herbst mit großer Heftigkeit einsetzen konnte.

Noch lag brütende Hitze über der vom Sommer ausgedörrten Troas. Am ersten Abend ging Schliemann bei Einbruch der Dämmerung hinüber zu dem Erdwall von Hissarlik. In den Ohren schmerzte das tausendfache Zirpen der Zikaden. Vogelschwärme stoben krächzend auseinander. Dunkel, geheimnisvoll und undurchdringlich ragte der wuchtige Hügel vor ihm auf. Als habe sich Polyphem, der homerische Riese, auf dem nackten Boden zum Schlafen ausgebreitet, lag er da, in einen schwarzen Mantel gehüllt, mit Falten aus Erde und Knöpfen aus rundem Gestein.

Wo beginnen? Schliemanns Augen wanderten über das schlafende Ungetüm. Und je länger sich sein Blick in das dunkle Erdreich bohrte, desto mehr Bilder stiegen vor ihm auf: Tempel und Paläste aus weißem Marmor, Treppen und Altäre, befestigte Straßen und Plätze, geschmückt mit edlen Skulpturen und kostbaren Gefäßen – Troja, die Stadt der homerischen Helden. Nein, diese Stadt, die Homer so eindringlich beschrieben hatte, sie konnte nicht spurlos im Hades verschwunden sein. Ilion mußte Beweise seiner Existenz zurückgelassen haben. Und er, Heinrich Schliemann, würde sie finden.

»Wenn es Tatsache ist«, schrieb er in seinem späteren Grabungsbericht, »daß Berge, die aus bloßer Erde bestehen und beackert werden, allmählich ganz verschwinden, und wenn so zum Beispiel der Wartsberg bei dem Dorf Ankershagen in Mecklenburg, den ich einst als Kind für den höchsten Berg der Welt hielt, in 40 Jahren ganz zugrunde gegangen ist, so ist es ebenso Tatsache, daß Hügel, auf denen im Laufe von Jahrtausenden fortwährend neue Gebäude auf den Trümmern der früheren Bauten errichtet werden, sehr bedeutend an Umfang und Höhe gewinnen. Dafür liefert der Berg Hissarlik den schlagendsten Beweis.«

Auch am nächsten Tag musterte Schliemann, zur Untätigkeit verurteilt, unablässig den geheimnisvollen Hügel. Und ebenso am folgenden. Er umrundete den Hügel immer wieder, bis er den kleinsten Erdwall im Kopf hatte. Über ihm zogen Kraniche und Störche in spitzer Formation gen Süden. Sie kündigten den Herbst an, und der konnte in der Troas kalt und naß und unfreundlich sein – kaum vorstellbar bei dieser Hitze. Aber es war bereits Oktober, und jeder verlorene Tag zerrte an seinen Nerven.

Aus Schliemanns Tagebuch vom 3. Oktober 1871: »Ungeduld und Untätigkeit töten mich.«

Myriaden von Stechmücken bevölkerten die Sumpfgebiete der Troas. Sie drangen in die Hütten und Häuser ein, und selbst durch Moskitonetze, wie Schliemann sie gebrauchte, fanden die Blutsauger den Weg zu ihrer Beute. Der Ausgräber zog es deshalb vor, im Freien zu übernachten. Von seinen Amerikareisen, insbesondere der Durchquerung der Landenge von Panama, kannte der Weltenbummler ein Wundermittel gegen das Sumpffieber, das hier wie dort viele Menschen dahinraffte: Chinin. Er schwor auf das weiße Pulver, von dem er täglich mindestens einen Teelöffel einnahm.

Die Nächte, in denen er im Freien keinen Schlaf fand, schienen endlos. In seinem Kopf brodelten tausend Gedanken. Zweifel marterten sein Gehirn, ob er wirklich recht hatte mit seiner Troja-Theorie, ob ihn nicht Leute wie Curtius und Adler vielleicht doch noch eines Besseren belehren würden. Er hatte die Grabungsberichte aus Troja bereits in renommierten Blättern wie der Londoner »Times« oder der »Augsburger Allgemeinen Zeitung« angekündigt. Seine Bedenken wuchsen mit jedem Tag, der verstrich, ohne daß er mit dem Graben beginnen konnte.

DIE ERSEHNTE GRABUNGSLIZENZ

8. Oktober 1871. Brief Schliemanns an den interimistischen Geschäftsträger der Vereinigten Staaten von Amerika bei der Hohen Pforte, Mr. John P. Brown:

»Um Himmels willen, bitte tun Sie alles, was in Ihrer Macht steht, die Sache zu beschleunigen, denn die Untätigkeit an diesem von Ungeziefer strotzenden Platz macht mich moralisch und physisch kaputt. Und ich kann nicht nach Athen zurückkehren, ohne nicht wenigstens sechs Wochen in Troja gegraben zu haben. Die Zeitungen haben soviel über meine bevorstehenden Ausgrabungen geschrieben, daß die gesamte Presse mich einen lächerlichen Spinner nennen würde, wenn jetzt nicht bald etwas geschieht.«

Bei der Regierung in Konstantinopel hatte inzwischen ein neuer Minister das Sagen. Kiamal-Pascha, so sein Name, war ein Mann, der, wie es den Anschein hatte, sich mehr für die Wissenschaft interessierte als für Bestechungsgelder. Auf seine Veranlassung ging an den Provinzgouverneur in Çanakkale die Weisung, Schliemanns Firman habe für den *gesamten* Hügel von Hissarlik Gültigkeit. Die Nachricht erreichte Schliemann am Abend des 10. Oktober.

Achmed-Pascha, der Provinzgouverneur, stellte dem ungeduldigen Ausgräber daraufhin, wie in der Grabungslizenz vereinbart, einen türkischen Beamten als Aufpasser an die Seite. Der Mann hieß Georgios Sarkis, war von Geburt Armenier und diente als Zweiter Sekretär in der Justizkanzlei des Gouverneurs. Zu seinem Ärger mußte Schliemann seinen eigenen Aufpasser mit täglich 23 Piaster entlohnen.

»Ich fing«, schreibt Schliemann in seinem Grabungsbericht, »endlich am 11. des Monats meine Ausgrabungen mit acht Arbeitern wieder an, konnte aber deren Zahl schon am folgenden Tag auf 35 und am 13. des Monats auf 74 Mann erhöhen, deren jeder täglich 9 Piaster (1 Frc. 80 Cent.) erhält. Da ich leider nur acht Schiebkarren von Frankreich mitgebracht habe und dieselben hier nicht zu haben sind, in der ganzen Umgebung auch nicht gemacht werden können, so muß ich zur Fortschaffung des Schutts 52 Körbe zu Hilfe nehmen. Diese Arbeit geht aber, da der Schutt eine weite Strecke geschleppt werden muß, nur langsam vor sich und ist sehr ermüdend. Ich wende daher auch vier Karren an, die von Ochsen gezogen werden und von denen jeder täglich 20 Piaster kostet. Ich arbeite mit großer Energie und scheue keine Kosten, um womöglich noch vor den Winterregen, die jeden Augenblick eintreten können, auf den Urboden zu kommen und somit endlich das große Rätsel zu lösen, ob, wie ich bestimmt glaube, der Berg Hissarlik die Burg von Troja ist.«

Schliemann hatte genug Zeit gehabt, das Terrain zu erkunden. Jetzt begann er, etwa zwanzig Meter von seinem ersten Grabungsversuch entfernt, einen sechzig Meter langen Graben von der Nordwestecke des Hügels nach Süden zu ziehen. Seine Idee war es, einen Querschnitt durch den Berg zu legen, so daß auf der Innenseite die verschiedenen Schichten zum Vorschein kommen würden, die sich beim ersten Versuch bereits angekündigt hatten.

Der Stolz der Trojaner, der große Athene-Tempel, habe, so vermutete der Ausgräber, gewiß auf der höchsten Stelle des Berges gelegen. Wenn er von hier bis auf den Fels im Innern des Hügels vorstoße, der den frühesten Siedlern als Fundament gedient hatte, so würde er alle trojanischen Siedlungsschichten durchschneiden.

In der Theorie lag Heinrich Schliemann mit seiner Ansicht gar nicht falsch; doch er ging von einer falschen Voraussetzung aus, einem Irrtum, der später seine gesamten Troja-Grabungen in Frage stellen sollte. Der Ausgräber sah es als selbstverständlich an, daß das homerische Troja, das von den Historikern in die Zeit um 1250 vor Christus datiert wurde, die älteste und damit die am tiefsten liegende Schicht war. Konnte er ahnen, daß der Trojanische Krieg, den Homer in seiner »Ilias« so eindringlich beschreibt, auf einer der jüngsten, also obersten Siedlungsschichten dieses Hügels stattgefunden hatte? Daß es vor Homers Ilium noch mindestens sechs andere Ansiedlungen dieses Namens gegeben hatte?

Schliemann, dem es darum ging, das homerische Troja auszugraben, machte es sich deshalb unnötig schwer, als er versuchte, den künstlichen Hügel von Hissarlik bis auf den Grund aufzuwühlen. Dabei grub er stellenweise bis zu sechzehn Meter in die Tiefe. Der Trojanische Krieg fand jedoch sieben bis zehn Meter unter der Oberfläche statt.

Durch diese Fehleinschätzung nahm die Arbeit gigantische Ausmaße an. Hinzu kam, daß Schuttbrocken und Gestein in den oberen Lagen von geringerer Größe und daher leichter fortzuschaffen waren als die Quader und Kolosse, die in den unteren Schichten des Hügels ausgegraben wurden. Von den Arbeitern mit ihren Ochsengespannen verlangten diese Steinkolosse den letzten Einsatz. Hatten sie die Arbeiten zunächst noch als gut bezahlte Volksbelustigung betrachtet, so begannen sie jetzt zu rebellieren. Sie fühlten sich unterbezahlt, die Ochsentreiber streikten, die Türken schimpften auf die Griechen. Schliemann hatte erste Ausfälle zu beklagen. Es bestand Verdacht auf Malaria. Da

erschien es als ein Segen, daß von einem Tag auf den anderen das
Wetter umschlug.

NACH ACHT TAGEN ARBEIT: EINE HANDVOLL STEINE

»Auf dem Berg Hissarlik in der Ebene von Troja. 18. Oktober 1871.
Regen. Kälte. Die Schwierigkeiten der Ausgrabungen in einer
Wildnis wie dieser«, schreibt Heinrich Schliemann nach einer Woche Arbeit in seinem »Bericht über die Ausgrabungen in Troja«,
»wo es an allem gebricht, sind ungeheuer, und dieselben wachsen
mit jedem Tag, da wegen des Bergabhangs der Einschnitt um so
länger wird, je tiefer ich grabe, und daher die Fortschaffung des
Schutts an Schwierigkeit zunimmt; letzterer kann auch nicht einfach vom Abhang geworfen werden, denn er wäre dann fortwährend von neuem wegzuräumen. Er muß daher in einiger Entfernung rechts und links von der Mündung des Einschnitts auf die
schroffe Bergseite geschüttet werden. Das Herausholen und Fortschaffen der Massen ungeheurer Steinblöcke, die uns fortwährend
in den Weg kommen, macht große Mühe und verursacht viel Zeit-
verlust, da in dem Augenblick, wo ein großer Steinblock bis an
den Rand des Abhangs gewälzt ist, alle meine Leute ihre Arbeiten
verlassen und hineilen, um Augenzeugen zu sein, wie die gewaltigen Lasten mit donnerndem Getöse den steilen Pfad hinunter-
rollen und erst in einiger Entfernung in der Ebene liegenbleiben.
Auch bin ich, da ich allein allem vorstehe, in der absoluten Un-
möglichkeit, jedem meiner Arbeiter die richtige Beschäftigung zu
geben und zu überwachen, daß jeder seine Schuldigkeit tut.«

Das Ergebnis von acht Tagen harter Arbeit konnte selbst einen
standfesten Charakter wie Heinrich Schliemann entmutigen. Ein
paar Körbe Muscheln, einige Klumpen gebrannter Erde und eine
Handvoll Steine mit unbekannten Schriftzeichen – die Ausbeute
hatte er sich wahrlich anders vorgestellt.

Über diese erste Woche der Ausgrabungen schreibt Heinrich
Schliemann weiter: »Meine liebe Frau, eine Athenienserin, die für
Homer schwärmt und die ›Ilias‹ fast ganz auswendig weiß, wohnt
den Ausgrabungen von früh bis spät bei. Von unserer Lebensweise
in dieser Einöde, wo es an allem fehlt und wo wir als Präservativ

gegen die pestilenzialen Sumpffieber alle Morgen vier Gran Chinin einnehmen müssen, will ich gar nicht sprechen.«

Nahezu alle Schliemann-Biographen haben die Aussage, derzufolge Sophia bei den Ausgrabungen in Troja zugegen war, ungeprüft übernommen. Sogar Emil Ludwig, der von Sophia Schliemann mit der Abfassung einer offiziellen Biographie beauftragt war, schürte diese Legende und behauptete, die Mutter habe Andromache, ihre Tochter, nicht wiedererkannt, als sie nach drei Monaten aus der Troas zurückkehrte.

In Wahrheit saß Sophia, während Heinrich in Troja grub, zu Hause und wartete gelangweilt, mitunter depressiv, auf die Rückkehr ihres Mannes. Den Beweis liefern zwei Briefe, die Schliemann zu beseitigen vergaß und die heute in der Gennadios-Bibliothek in Athen aufbewahrt werden.

Der erste stammt von Anna »Nausikaa« Rutenick, der Kinderfrau und Gesellschafterin aus Neustrelitz, ist in plattdeutscher Sprache geschrieben und am 11. (!) Oktober, also an dem Tag, an welchem Heinrich mit seinen Grabungen begann, in Athen aufgegeben. In dem Brief heißt es:

»Nehmen Sie mir nicht übel, daß ich Ihnen ein paar Worte schreibe. Ich wollte Ihnen nur erzählen, daß es mir hier recht gut gefällt, und das kommt vor allem von Ihrer lieben kleinen Frau. Sie lernt fleißig Deutsch, und wir besorgen Wirtschaft und Haus zusammen mit viel Freude.

Nun habe ich aber eine große Bitte an Sie und will mal gleich losschießen. Sehen Sie, wenn Ihre liebe Frau öfter mal betrübt ist, daß Sie so weit weg sind, dann möchte ich ihr wohl ein lustig Stückchen auf dem Klavier vorspielen, um sie ein bißchen aufzumuntern; und Frau Schliemann möchte gern selbst noch spielen lernen. Das geht aber nicht, weil wir kein Klavizimbel haben... Darum bin ich nun so frei, Sie recht freundlich zu bitten, uns zu erlauben, so ein Ding wie ein Klavier zu mieten. Darf ich hoffen, daß Sie diese Bitte nicht abschlagen und daß Sie mir diese Bitte nicht als eine große Unbescheidenheit auslegen?«

Der zweite Brief trägt das Datum vom 13. Oktober 1871 und die Ortsangabe »Troja«. Er ist von Heinrich Schliemann an seine »heißgeliebte Sophie« gerichtet: »Obwohl es wie aus Kannen goß, habe ich gestern mit 74 Arbeitern und 4 Ochsengespannen von 6 Uhr morgens bis 6 Uhr abends gearbeitet; heute habe ich nur 45 Arbeitskräfte. Die Ausgrabungen gestalten sich äußerst schwierig, aber ich treibe sie mit großer Energie voran ... Das Leben hier ist gräßlich, alles starrt vor Dreck, und die Entbehrungen sind unerträglich. Ich bin froh, daß Du nicht bei mir bist. Nicht einmal jetzt, im Sommer, sind die Ausgrabungen von Troja etwas für Dich. Du würdest das Leben hier nicht zwei Tage aushalten, trotz Deiner Begeisterung für Homer.«

WARUM LOG HEINRICH SCHLIEMANN?

Warum sagte Heinrich Schliemann die Unwahrheit? Warum behauptete er in seinem Grabungsbericht, Sophia habe den Arbeiten von Anfang an beigewohnt? Warum nahm er das Risiko in Kauf, daß damit auch andere Aussagen seines Berichtes angezweifelt werden konnten?

Wie so oft bei Schliemann überdeckt auch in dieser Ausnahmesituation seine Phantasie die Wirklichkeit, wird die Erfüllung lang gehegter Wünsche auf diese Weise beschworen. Seit den unglücklichen Tagen seiner ersten Ehe hatte er davon geträumt, zusammen mit einer liebenden Frau auf den Spuren Homers zu wandeln. Er zweifelte nicht an Sophias Liebe; aber die mittlerweile neunzehnjährige Mutter, die in Athen einem großen Haushalt mit einer vielköpfigen Dienerschaft vorstand, die obendrein Sprachen und Geschichte zu lernen hatte (sie konnte die »Ilias« keineswegs auswendig, wie Heinrich behauptete), diese junge Frau war von dem hektischen Leben Schliemanns überfordert. Die Situation hatte sich auch durch den Umzug nach Athen nicht verbessert.

Vielleicht glaubte Heinrich, seine Frau mit dieser Lüge für künftige gemeinsame Projekte begeistern zu können. Noch wußte er nicht, daß sich diese Hoffnung, zumindest was die Ausgrabungen in Troja betraf, nicht erfüllen würde.

Vielleicht hatte Schliemann, wäre ihm dies schon jetzt bekannt gewesen, sogar aufgegeben; denn nach einer Woche Grabungen war der homergläubige Forscher orientierungslos wie Theseus im Labyrinth des Minos. Die ersten Tage hatten nur Unerklärliches, Unsinniges, Unkenntliches, nur Ungereimtheiten ans Licht gebracht. Die Begeisterung, mit der er sich Hissarlik genähert hatte, war verflogen.

Schliemann aß nichts, er wurde von Leibschmerzen gequält. Im Schein einer Kerze hockte er bis in den frühen Morgen an dem kleinen, kantigen Holztisch, schrieb und skizzierte und versuchte, in das Chaos aus Schutt, Steinen und zerstörtem Mauerwerk Ordnung zu bringen. Vergeblich. War dieser Ort, der das homerische Troja beherbergen sollte, nichts weiter als eine beliebige Steinhalde, eine Müllkippe der Geschichte? Oder lag Troja etwa doch weiter südlich bei Bunarbaschi?

In den folgenden Tagen wurde mit durchschnittlich achtzig Arbeitern gegraben. Der Einschnitt von unterschiedlicher Breite, der sich schon über den halben Bergrücken zog, hatte stellenweise eine Tiefe von vier Metern erreicht. Ein mit Schutt angefüllter, gemauerter Brunnenschacht war der erste Hinweis auf eine Zivilisation, aber bei näherer Betrachtung des Mauerwerks mußte Schliemann feststellen, daß die Steine mit Mörtel verbunden waren, also bestenfalls aus römischer Zeit stammten. Seine Vermutung wurde bestätigt durch den Fund mehrerer Münzen mit Kopfbildern der Minerva und Faustina, von Aurelius und Commodus.

»Tiefer, tiefer, ihr müßt tiefer graben!« schrie Schliemann, während er über die Schutthalden hetzte. Nichts durfte ihm entgehen. Am liebsten hätte er jeden Spatenstich, jeden Einsatz einer Hacke selbst ausgeführt. So aber gellte die hohe Stimme des kleinen Mannes über den Hügel von Hissarlik, lautstark und in allen Sprachen.

Das Blatt schien sich zu wenden, als die Arbeiter auf immer mehr Mauerreste stießen, die nun auf einmal nicht mehr mit Mörtel verbunden waren. Eine gebrochene Marmorplatte, 65 Zentimeter lang und etwa 37 Zentimeter breit, trug eine griechische Inschrift, die Bezug nahm auf einen König, möglicherweise von Pergamon. Sie stammte aus dem 3. Jahrhundert vor Christus. An diesem und am folgenden Tag tauchten zwei weitere zerbrochene griechische Schrifttafeln auf, die vermutlich jünger waren als die erste.

Mit dem homerischen Troja und seinen Helden hatte das alles zwar nichts zu tun; aber immerhin, es waren griechische Spuren an der Küste Kleinasiens und damit Hinweise auf eine Zeit, in der die-

ses Land unter griechischer Herrschaft stand. Zum ersten Mal seit
dem Beginn der Grabungen fand Schliemann Zeit, vom Gipfel des
Hügels von Hissarlik aus in die Ferne zu schauen:

»Die Aussicht vom Berge Hissarlik ist eine überaus prachtvolle:
vor mir die herrliche trojanische Ebene, die sich seit dem neulichen
Gewitterregen von neuem mit Gras und gelben Butterblumen bedeckt hat und in einer Stunde Entfernung in Nordnordwesten vom
Hellespont begrenzt wird. Die Halbinsel von Gallipoli läuft hier in
eine Spitze aus, die mit einem Leuchtturm versehen ist. Links davon ist die Insel Imbros, über welche man den jetzt mit Schnee bedeckten Ida der Insel Samothraki sieht, und etwas mehr nach Westen bemerkt man auf der mazedonischen Halbinsel den mit
Klöstern bedeckten berühmten Berg Athos oder Monte-Santo, an
dessen nordwestlicher Seite man noch jetzt die Spuren jenes
großen Schiffskanals sieht, den, nach Herodot (VII, 22-23), Xerxes
dort graben ließ, um die stürmische Umfahrt des Kaps Athos zu
vermeiden.«

UNERWARTET IN DER STEINZEIT

Montag, 30. Oktober 1871. Schliemann starrte in die Tiefe seines
Grabens. Schutt, nichts als Schutt, lose Steine und Geröll bis in eine
Tiefe von viereinhalb Metern. Inmitten der Schuttmassen primitive
Werkzeuge aus schwarzem Stein, Hämmer, Äxte und steinerne
Klingen. »Ich dachte schon, die steinernen Werkzeuge rührten von
der Invasion eines Barbarenvolkes her, dessen Herrschaft nur von
kurzer Dauer gewesen ist. Ich hatte mich aber geirrt, denn am Mittwoch kam die Steinperiode in noch größerem Maße zum Vorschein,
und sie dauerte auch gestern den ganzen Tag fort.«

Ratlosigkeit und Zweifel wuchsen. Schliemann schüttelte heftig
den Kopf. Bei allen Göttern des Olymp! König Priamos hatte doch
nicht in der Steinzeit gelebt! Die Trojaner waren ein Volk von hoher Kultur und Ästhetik! Sie benutzten keinesfalls Steinäxte wie die
Wilden vor zehntausend Jahren!

»Vieles mir ganz Unerklärliche«, schrieb Schliemann, »finde ich
in dieser Steinperiode. Ich halte es daher für nötig, alles so umständlich wie möglich darzustellen, hoffend, daß der eine oder an-

dere meiner geehrten Kollegen im Stande sein wird, mir über die dunklen Punkte Aufklärung zu geben.«

Der Grund für die Verwirrung, die diese Steinzeitfunde anrichteten, lag im einfachen, zu einfachen Denkansatz Schliemanns. Es hatte zwar etwas unbestritten Logisches, aber andererseits auch etwas Einfältiges, wenn der Ausgräber die Ansicht vertrat, daß die hochentwickelte trojanische Kultur über der primitiven Steinzeitkultur gelegen haben müsse. Aber hier, in viereinhalb Metern Tiefe befand er sich bereits in der Steinzeit, und von Troja und seiner Kultur fehlte jede Spur!

Schliemann überlegte, kombinierte, verzweifelte an sich und seinem Projekt und begann von vorne darüber nachzudenken. An Konsul James Calvert: »Am Mittwochmorgen tauchte die Steinzeit wieder auf. Seitdem hält sie an, und sie verwirrt mich täglich mehr ... Es ist einfach befremdend, daß ich auf dem Gipfel des Hügels in vier Metern Tiefe auf die Steinzeit stoße, während ich in zwanzig Metern Entfernung in fünf Metern Tiefe eine römische Mauer fand. An dieser Stelle tauchten jedoch selbst in acht Metern Tiefe keine Steinzeit-Relikte auf.«

Vier Tage später, am 11. November 1871, im Brief an Botschafter John P. Brown: »Ich weiß nicht mehr, was ich von all dem halten soll. Ich bin völlig fertig, in sieben Metern Tiefe finde ich den Schutt von Menschen, die 1500 Jahre vor Christus lebten, während ich der Ansicht war, hier auf das Jahr 3000 vor Christus zu stoßen. Wer weiß, vielleicht habe ich noch nicht einmal die Schicht erreicht, auf der sich der Trojanische Krieg abspielte. Aber dann diese primitiven Steinmassen, drei Meter dick! Wo Homer doch keine Steinwerkzeuge kennt und nur Bronze und Eisen erwähnt!«

Und dann fährt er fort: »Aber all dieser Wirrwarr entmutigt mich nicht. Er stachelt mich nur noch mehr an weiterzumachen, bis ich auf unberührten Boden stoße, koste es, was es wolle. Selbst wenn ich noch zwanzig Meter tief graben muß ... Sie sehen, welche Unannehmlichkeiten und Kosten Menschen aufbringen, um die Wahrheit zu erfahren.«

Heinrich Schliemann unterliefen bei seinen Überlegungen zwei entscheidende Denkfehler. Sie scheinen heute, nach den Erfahrungen und Fortschritten, die die Archäologie seither gemacht hat, beinahe kurios. Doch es gilt zu bedenken, daß die klassische Ar-

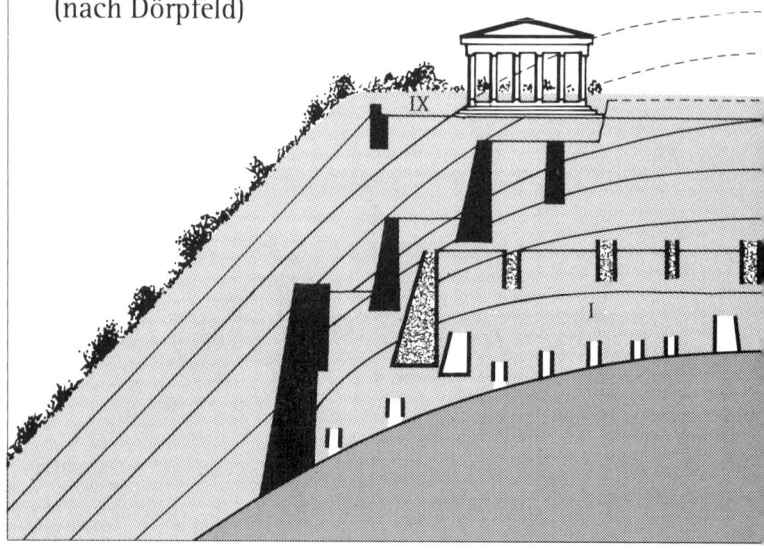

Nord-Süd-Schnitt durch den Hügel Hissarlik
mit den Siedlungsschichten von Troja I bis IX
(nach Dörpfeld)

chäologie zu dieser Zeit noch in den Kinderschuhen steckte, Schliemann also ein Pionier auf seinem Gebiet war.

Schliemann ging davon aus, daß der Hügel Hissarlik von mehreren homogenen Kulturschichten überzogen war und daß diese Schichten gleichmäßig übereinander lagerten. Diese Ansicht war falsch: Nicht jede Kultur füllte das Gebiet von Ilium in derselben Ausdehnung und in gleichbleibender Höhe aus. Vor allem aber lagerten die verschiedenen Schichten Trojas nicht wie Bücher übereinandergestapelt. Sie überzogen den Hügel vielmehr wie einen seitlich abgeflachten Pilzkopf, wiesen also interne Höhenunterschiede auf, so daß der Ausgräber, der sich dem Zentrum des Berges von außen näherte, in derselben Tiefe auf unterschiedliche Schichten stieß. Richtig lag Schliemann nur mit seiner Vermutung, daß nicht die Mitte des Hügels das Zentrum Trojas darstellte, sondern die außerhalb des Zentrums gelegene höchste Stelle.

Dort vermutete er den Tempel der ilischen Athene, wo Königin Hekabe und die trojanischen Frauen den Segen für ihre Stadt erfleht hatten. Irgendwo davor mußte also der Königspalast des

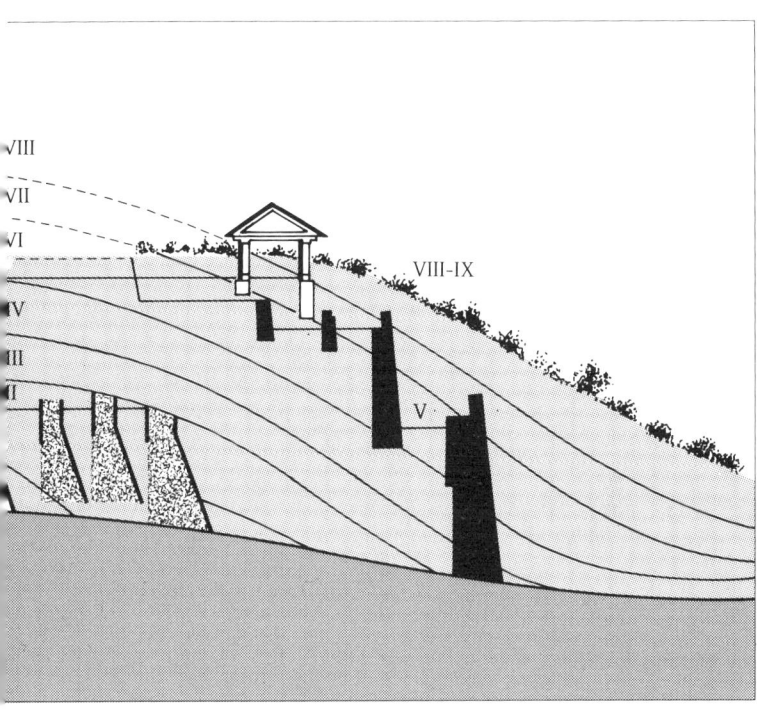

VIII
VII
VI
VIII-IX
V
IV
III
II
V
I

Priamos gestanden haben. Wie groß er war und nach welcher Seite ausgerichtet, darüber hatte Schliemann keine Vorstellung. Die von Homer mehrfach erwähnten Festungsmauern, ein gewaltiges Werk von Poseidon und Apollon, leiteten den Ausgräber ebenfalls in die Irre. Er glaubte Homer und seiner Behauptung, daß der Hügel vor Gründung des Königssitzes unbewohnt war, und meinte folglich, die Mauern des Poseidon müßten auf dem Urboden der Troas errichtet worden sein. Erst später stellte sich heraus, daß sich Homer hierin geirrt hatte, und mit ihm Heinrich Schliemann.

IN SIEBEN METER TIEFE EIN LICHTBLICK

Einen Lichtblick in die Sphären der homerischen Götter erlaubte der 6. November. Die Arbeiter hatten sich bis auf eine Tiefe von sieben Metern vorgearbeitet, als der Steinzeitschutt abrupt endete und einer deutlich anders gearteten Kulturschicht Platz machte. Schliemanns Herz begann zu rasen. Zwar konnte er sich keinen Reim darauf machen, aber Tatsache war, daß unter der primitiven steinzeitlichen Lage auf einmal Nägel, Messer, Lanzen und Streitäxte aus Kupfer zum Vorschein kamen. Sie waren so zierlich gearbeitet, wie sie nur ein höchst zivilisiertes Volk hervorbringen konnte. »Ich muß daher nicht nur widerrufen, daß ich schon auf die Steinperiode geraten sei, sondern ich kann nicht einmal zugeben, daß ich die Bronzeperiode erreicht habe, denn die Werkzeuge und Waffen, die ich finde, sind zu schön gearbeitet.«

Hatten Hektor und Achilles und alle Helden vor Troja ihm den Kopf verdreht? Oder hatten die frischen Wasser des Skamander, der ihm seit Wochen als einzige Trinkwasserquelle diente, eine ähnliche Wirkung wie der Unterweltfluß Lethe, der alle Erfahrung auslöschte? Was auch immer die Ursache sein mochte, die Grabungen verliefen entgegen jeder Vernunft: denn »je tiefer ich von sieben Metern abwärts grabe, desto mehr Spuren höherer Zivilisation finde ich.« Sogar zweischneidige Messerklingen aus vulkanischem Glas kamen ans Tageslicht. Sie taugten, nach Schliemanns Urteil, sogar noch zum Rasieren.

In der Tat wuchs die Qualität der Funde, je tiefer Schliemann sich in den Hügel von Hissarlik wühlte. Die ersten Tongefäße wurden sichtbar, zwar einfarbig und ohne Verzierungen, aber von einer solchen Eleganz, daß der Ausgräber ins Schwärmen geriet und sie als Champagnergläser mit Henkeln bezeichnete. Außerdem legte er irdene Urnen von über einem Meter Höhe frei.

Am 19. November setzten Herbstregen von solcher Heftigkeit ein, daß an geregelte Arbeit nicht mehr zu denken war. Die Grabungen versanken im Morast. Immer mehr Arbeiter klagten über Schüttelfrost und Fieber. Glücklicherweise verfügte Schliemann über einen großen Vorrat an Chinin. Das Wunderpulver des Ausgräbers sprach sich schnell herum, und Schliemanns tägliche Krankenstunde endete schließlich damit, daß die Viehzüchter der Umgebung mit ihren kranken Kamelen, Pferden und Maultieren vorstellig wurden.

Nachdem sich das Wetter nicht besserte, entschloß sich Schliemann, die Grabungen für dieses Jahr einzustellen. Eine schwere Entscheidung angesichts der Erfolge in den letzten Tagen. Am 22. November hatte der Ausgräber eine Tiefe erreicht, in der gewalti-

12 Portrait Heinrich Schliemanns aus dem Jahre 1877.
Das Gemälde des Londoner Society-Malers Sydney Hodge zeigt den
55jährigen Schliemann auf der Höhe seiner Popularität
und wurde von der Royal Academy bestellt, nachdem Schliemann
den Schatz des Priamos in London ausgestellt hatte.
Seiner Frau Sophia berichtete er in einem Brief, er sei »auch
weiter der Löwe der Saison«.

13 Ankershagen in Meckelburg. Hier, fernab von jeder großen Stadt, verbrachte Heinrich Schliemann seine Kindheit. Vater Ernst Schliemann war Pastor in der kleinen Dorfgemeinde. Kirche, Pfarrhaus (rechts) und ein Stallgebäude in der Mitte ließen kaum vermuten, daß Ankershagen zu den reichsten Pfarrgemeinden im Land gehörte. In dieser Gegend, meinte er später, sei seine Neigung für alles Geheimnisvolle und Wunderbare geprägt worden.

14 Heinrichs Kinderzimmer unter dem Dach des alten Fachwerkhauses (die zwei Fenster in der Mitte) gab den Blick frei auf einen großen Garten mit Trauerweiden und einen Tümpel, genannt »Silberschälchen«, von dem gespenstische Geschichten erzählt wurden.

15 und 16 (oben) Sophia und Heinrich
Schliemann Anfang der siebziger Jahre.
Sophia, etwa 22 Jahre alt, trägt das
große Diadem, Hals- und Ohrgehänge
aus dem Schatz des Priamos. Schliemann selbst sorgte für die Verarbeitung
dieser Photographie in allen großen
Zeitungen der Welt. Das wurde ihm vor
allem von den deutschen Altertums-
forschern verübelt.

17 Die Erstausgabe von Schliemanns
5. Buch »Ilios – Stadt und Land der
Trojaner«. Das Bild erschien 1881
in Leipzig. Insgesamt schrieb Heinrich
Schliemann zehn Bücher über sich
und seine archäologischen Forschungen.
Mit Vorliebe schickte er seinen Büchern
eine ausführliche Beschreibung seines
Lebens voran.

18 und 19 Kopien aus dem Schatz des Priamos: Nachdem der Schatz ein
halbes Jahrhundert als verschollen galt, wurden in neuerer Zeit mehrfach Kopien nach
alten Photographien hergestellt. Oben die Reproduktion eines Halskragens.
Das Schmuckstück wurde aus vorhandenen Einzelheiten rekonstruiert. Unten Becher,
Flasche und doppelseitiges Trinkgefäß. Im Gegensatz zu den Originalen sind
die Kopien »nur« aus vergoldetem Silber gefertigt.

20 Die sogenannte Goldmaske des Agamemnon.
Insgesamt fand Schliemann im Gräberrund A von Mykene fünf goldene
Totenmasken. Diese aus dem Grab Nr. 5 ordnete er zunächst
Agamemnon zu, mußte später jedoch seinen Irrtum eingestehen.
Die Löcher an den Ohren der Maske zeigen, daß diese mit
einem Faden befestigt waren.

21 Puschkin-Museum Moskau, 24. Oktober 1994. Nach beinahe einem halben Jahrhundert kommt der Schatz des Priamos zum ersten Mal ans Tageslicht. In einem engen Raum der Studiensammlung der Antikenabteilung sitzen Experten aus Deutschland und Rußland um drei Tabletts mit Teilstücken aus dem legendären Schatz. Von links: Dr. V. Tolstikov von der Abteilung Kunst und Archäologie der Alten Welt und Professor M. Treister, der Chefrestaurator des Puschkin-Museums,

Dr. Klaus Goldmann, Oberkustos am Museum für Vor- und Frühgeschichte in Berlin, der Berliner Chefrestaurator Hermann Born, verdeckt der Direktor des Berliner Museum für Vor- und Frühgeschichte Professor Wilfried Menglin und Irina Antonova, die Leiterin des Puschkin-Museums.

22 (oben) Das alte Pfarrhaus im mecklenburgischen Ankershagen
wurde schon in DDR-Zeiten liebevoll restauriert. Heute befindet sich darin ein
sehenswertes Museum mit Bildern, Dokumenten und einer kleinen
Sammlung trojanischer Ausgrabungen. In der Glasvitrine im Vordergrund
eine Reproduktion eines Diadems aus dem Schatz des Priamos.

23 (unten) Autor Philipp Vandenberg am Grab der Mutter von Heinrich
Schliemann auf dem kleinen Dorffriedhof von Ankershagen.

ge, behauene Blöcke, wie er sie früher schon in Mykene gesehen hatte, zum Vorschein kamen. Waren das die ersehnten Fundamente der trojanischen Burg? In einem der Steinkolosse glaubte Schliemann die Schwelle eines Portals zu erkennen. Um den Fels zu beseitigen, benötigten 65 Arbeiter 3 Stunden.

Die Anzahl griechisch-römischer und prähistorischer Funde war zwar groß, dennoch gab sich der Ausgräber nicht zufrieden. Von etwa 1000 Fundobjekten stammten 950 aus prähistorischer Zeit, doch nicht eines gab einen Hinweis auf das homerische Troja. Schliemann hatte erwartet, Schriftzeugnisse zu finden, mit denen sich alle Zweifel ausräumen ließen. Allerdings war keineswegs sicher, ob es überhaupt welche gab. Zwar gebrauchte Homer in seinen zigtausend Versen nur zweimal das griechische Wort »graphein«, dem in klassischer Zeit die Bedeutung von »schreiben« zukommt, aber bei Homer bedeutet »graphein« soviel wie »einritzen«.

»Dennoch«, schrieb Schliemann, »bin ich fest überzeugt, daß im alten Troja die Buchstabenschrift bekannt war, und ich hege die bestimmte Hoffnung, im nächsten Frühjahr durch Inschriften und durch andere Monumente zu beweisen, daß ich begonnen habe, die Trümmer des lange gesuchten Troja aufzudecken.«

Erschöpft, aber glücklich reiste der Ausgräber zwei Tage später ab. Obwohl er nur eine Tagesreise von Athen entfernt gearbeitet hatte, verlangten die griechischen Behörden, Schliemann müsse sich elf Tage in Quarantäne begeben. Dafür bot sich die vor der Küste gelegene Insel Salamis an, die den Athenern schon während der Perserkriege als Zufluchtsort gedient hatte. Schliemann ließ die Prozedur ohne Murren über sich ergehen, ja, er berichtete seinem Vetter Adolph mit gewissem Stolz aus Salamis: »Ich habe Dir von Troja nicht schreiben können, denn die Arbeiten gingen weit über meine Kräfte ...« Aber, läßt er einen ehemaligen Geschäftsfreund wissen, »mein Erfolg in Troja hat mir tausendmal mehr Freude bereitet als das glücklichste Geschäft, das ich je im Leben gemacht habe.«

ANGST VOR DER BLAMAGE

Mitte Dezember kehrte Schliemann zurück in das Haus in der Odos Mouson. Andromache war nun schon sieben Monate alt, und Sophia hatte mit Nausikaas Hilfe beachtlich gut Deutsch gelernt.

Sophia merkte sofort, daß mit Heinrich etwas nicht stimmte. Er war nachdenklicher, ernsthafter als früher, zog sich oft in sein karg möbliertes Arbeitszimmer zurück, setzte sich auf den unbequemen Holzstuhl und starrte vor sich hin.

»Was hast du nur?« erkundigte sich Sophia vorsichtig.

Schliemann gab keine Antwort.

»Hast du an deiner Frau etwas auszusetzen?«

Heinrich schüttelte den Kopf. »Es hat nichts mit dir zu tun, meine teure Gemahlin!« Er zog die »Ilias« aus der Tasche, die er ständig bei sich trug, und hielt sie Sophia vors Gesicht. »Ich glaube noch immer, daß dies kein Märchenbuch ist. Aber ich hätte nie gedacht, daß es so schwer ist, den Beweis zu erbringen.«

Sophia nickte voller Mitgefühl. Ihr erster Eindruck nach der Rückkehr ihres Mannes hatte sie nicht getäuscht. Heinrich lebte nur noch in den Hexametern Homers. Aber das Unternehmen war ihm über den Kopf gewachsen.

»Wie kann ich dir nur helfen?« fragte Sophia.

Heinrich lachte, aber in seinem Lachen lag Bitterkeit: »Du kannst mir nicht helfen! Niemand kann mir helfen. Für mich gibt es nur die eine Möglichkeit, ich muß den einmal eingeschlagenen Weg weitergehen, auch auf die Gefahr, mich vor der ganzen Welt unsterblich zu blamieren.«

»Was redest du für Unsinn!« Sophia nahm Heinrich in den Arm. »Oder glaubst du selbst nicht mehr an deine Idee?«

Schliemann zuckte die Schultern. Er antwortete nicht.

Bis tief in die Nacht saß Schliemann an den folgenden Tagen in seiner Studierstube, erstellte Skizzen anhand seiner Aufzeichnungen und versuchte vergeblich, einen Sinn in die merkwürdige Abfolge der von ihm aufgedeckten Schichten zu bringen. Aber je mehr Skizzen er anfertigte, je mehr er über die Baugeschichte Trojas nachdachte, desto unerklärlicher erschien ihm das Ergebnis seiner Ausgrabungen. Heinrich hatte Angst. Er fürchtete, sich zu blamieren, und er fürchtete nichts mehr als das. Die eitlen Männer der Wissenschaft warteten doch nur darauf, daß er, der Außenseiter, sich eine Blöße gab. Und für ihn würde es die größte Niederlage seines Lebens bedeuten.

Zutiefst verunsichert, in der Hoffnung, den berühmten Altertumsforscher doch noch für sich zu gewinnen, wandte Schliemann sich am 6. Januar 1872 an Ernst Curtius:

»Ich bin äußerst gespannt, was ich in und unter jenen kolossalen Ruinen finde, die ich in zehn Metern (oder 33 engl. Fuß) Tiefe aufdeckte und in welchen ich zum ersten Mal seit fünf Fuß Tiefe eine große Masse behauener Steine sah. Ich glaube bestimmt, das sind die Ruinen der Pergamos des Priamos, denn, wenn dieselbe je existiert hat, so kann sie nur auf jenem Berge, wo ich grabe, gewesen sein, und ich bin fest überzeugt, daß sie existiert hat. Aber die Steinblöcke jener Ruinen sind von so ungeheurer Größe, daß ich nicht imstande bin weiterzuarbeiten, ehe ich nicht meinen jetzt 60 Meter langen Einschnitt bedeutend breiter gemacht habe, ja ich bin entschlossen, ihn um 18 Meter breiter zu machen. Das ist aber eine riesenmäßige Arbeit, für die ich eine Feldbahn bauen muß.

Sollte ich, wie ich keinen Augenblick zweifle, auf jenem Berge die Pergamos des Priamos entdecken, dann werde ich noch jahrelang damit beschäftigt sein; sollte ich mich aber getäuscht sehen, dann habe ich große Lust, die Akropolis von Mykene aufzugraben; außerdem das Grab der Klytämnestra.

Ich bitte Sie recht sehr, meine Berichte von Troja zu lesen und mir darauf Ihre aufrichtige Meinung zu sagen, was Sie von der Sache denken.«

Curtius' Antwort umfaßte fünf formlose Zeilen. Später mußte Schliemann erfahren, daß der Professor sich über seinen Brief sogar lustig gemacht hatte. Gewiß, er hatte noch keinen einzigen Beweis für seine Troja-Theorie gefunden; aber konnte Curtius einen Beweis für die seine vorlegen?

Schliemann war wütend und enttäuscht. Er suchte weiter Hilfe in der Welt der Wissenschaftler und Professoren, bei dem Münchner Archäologen Heinrich von Brunn, bei dem Religionswissenschaftler Ernest Renan, zu dem er ein freundschaftliches Verhältnis pflegte, und bei Émile Burnouf von der französischen Archäologenschule in Athen. Aber keiner wagte sich so weit vor, dem Außenseiter ohne Vorbehalte recht zu geben. Schliemann war verdammt, sich allein bis auf die Knochen zu blamieren oder aber allein den Ruhm für seine Entdeckung zu ernten.

Während des feuchten, kalten Winters in Athen, den er in der

Hauptsache mit dem Studium wissenschaftlicher Werke verbrachte, fieberte er dem Frühling in der Troas entgegen und dem ersehnten Augenblick, da er die Grabungen wieder aufnehmen konnte.

»Zu meinem Bedauern«, schrieb er Mitte Februar an James Calvert, »muß ich Ihnen mitteilen, daß Mr. Curtius auf seiner Annahme beharrt, das antike Troja sei in Bunarbaschi gelegen... Sein ›Veni, vidi, vici‹ ekelt mich an.« Schliemann nahm damit auf den Kurzbesuch des Professors in Troja Bezug und machte sich nun seinerseits lustig über den rasenden Professor, »der in einer Stunde mehr entdeckt als die fähigsten Männer, die ihr ganzes Leben in der Ebene von Troja verbracht haben.«

78 545 KUBIKMETER TROJA

Mit großer Akribie bereitete Heinrich Schliemann seine zweite Grabungskampagne vor. Er wußte nun, was ihn erwartete, und er plante und kalkulierte die Fortführung des Unternehmens im Stile eines Großkaufmanns: Hundert Arbeiter sollten vom 1. April 1872 an bei der Grabung zum Einsatz kommen. Von John Latham, Direktor der Eisenbahn Piräus-Athen, bekam Schliemann zwei der besten Aufseher ausgeliehen, Theodorus Makrys aus Mitylene und Spiridion Demetrios aus Athen. Er zahlte jedem 150 Francs Monatslohn. Als Kassierer, Lohnbuchhalter, Diener und Koch verdingte sich wie schon in der ersten Saison Nikolaos Zaphyros aus dem türkischen Dorf Renkoi. Zaphyros erhielt wie im vorangegangenen Jahr 30 Piaster oder 6 Francs täglich.

»Außerdem«, schrieb Schliemann in seinem ersten Grabungsbericht der neuen Saison, »hatte Herr Piat, der den Bau der Eisenbahn von Piräus nach Lamia übernommen hat, die Güte, mir seinen Ingenieur Adolphe Laurent auf einen Monat zu überlassen, dem ich dafür 500 Francs und die Reisekosten vergüte. Es sind aber außerdem noch bedeutende Ausgaben zu bestreiten, so daß sich die Gesamtkosten meiner Ausgrabungen täglich auf nicht weniger als 300 Francs belaufen.«

Die Kosten waren so hoch, daß Schliemann mit dem festen Vorsatz ans Werk ging, »auf all und jeden Fall die trojanische Frage in diesem Jahr gründlich zu lösen.« Der Erfolg sollte durch einen 70

Meter langen und 14 Meter tiefen Schnitt von unterschiedlicher Breite durch den gesamten Hügel in Nord-Süd-Richtung sichergestellt werden. Bauingenieur Adolphe Laurent berechnete die abzugrabende Schuttmasse auf 78 545 Kubikmeter. Schliemann hoffte, in 14 Metern Tiefe auf den felsigen Urgrund Trojas zu stoßen.

Gleich am ersten Tag sandten die Götter warnende Zeichen: Aus dem Steinschutt von Hissarlik krochen unzählige giftige Schlangen. Sie versetzten die Arbeiter in Panik. Unter den Schlangenarten war auch jene kleine, braune Antelion, deren Biß ein Mensch, wie es hieß, nur bis zum Abend überlebte. War es frevelhaftes Verhalten, das, wie einst bei dem trojanischen Priester Laokoon, die Schlangen herbeirief?

Nach drei Wochen hatten sich die Ausgräber fünfzehn Meter in den Berg gewühlt, ohne auf Urgestein zu stoßen. Nach Laurents Berechnungen entsprach das gerade einem Volumen von 8500 Kubikmetern. Sieben Tage, klagte Schliemann, seien durch Regen, Feste und Aufruhr verlorengegangen. Bei dem Aufruhr handelte es sich um einen handfesten Streik. Anlaß war ein Rauchverbot Schliemanns. Dem Streik begegnete Schliemann, indem er aus den umliegenden Dörfern neue Arbeiter anwarb und die Protestierer entließ. Gleichzeitig erhöhte er die Arbeitszeit um eine Stunde. Von nun an wurde von fünf Uhr morgens bis sechs Uhr abends gegraben.

Auf der Westseite des Hügels ließ Schliemann auf der höchsten Stelle für sich ein Wohnhaus aus Holz bauen. Das Haus verfügte über drei Zimmer zum Wohnen, Arbeiten und Schlafen und war mit wasserdichtem Filz gedeckt. Im rechten Winkel dazu wurde ein Magazingebäude zur Aufbewahrung von Werkzeugen, Verpflegung und Fundstücken errichtet. Es diente auch als Küche – die Arbeiter erhielten täglich um halb zwei eine Mahlzeit.

Inzwischen hatte der Einschnitt in den Hügel von Hissarlik eine gefährliche Tiefe erreicht. Es kam häufig zu Erd- und Gesteinsabbrüchen. Eines Tages erschien auf der Baustelle ein Grieche. Er heiße Georgios Photidas, erklärte der Mann, stamme aus Paxos, habe aber die letzten sieben Jahre als Minen-, Tunnel- und Brunnenbauer in Australien zugebracht. Das Heimweh habe ihn zurückgetrieben. Aus Leichtsinn und Patriotismus habe er eine fünfzehnjährige Griechin geheiratet. Nun suche er dringend Arbeit.

Schliemann engagierte Photidas auf der Stelle. Seine Hauptauf-

12 Die Troja-Ausgrabungen von 1871–1873 verliefen zunächst enttäuschend. Die Mauern in der Bildmitte identifizierte Schliemann als »Turm von Ilion, das Tor und die Trümmer eines großen Hauses.« Auf dem Plateau des Hügels von Troja das hölzerne Wohnhaus des Ausgräbers, links ein Magazingebäude, das auch als Küche diente, rechts ein früheres türkisches Wohnhaus.

gabe bestand in der Absicherung der Grabungsarbeiten. Und weil der Grieche auch noch eine passable Handschrift aufweisen konnte, übernahm er zusätzlich den Posten eines Briefkopierers. Photidas schrieb vornehmlich Schliemanns Berichte und Aufsätze ab, die an Zeitungen und wissenschaftliche Gesellschaften geschickt wurden.

Trotz umfangreicher archäologischer Funde brachten die ersten Wochen Schliemann seinem eigentlichen Ziel um keinen Schritt näher. Immer häufiger stießen die Ausgräber nun auf Blöcke aus Muschelkalkstein. Diese lagen oft dicht aufeinander, so daß sie wie Mauerreste von Gebäuden aussahen, die durch eine gewaltige Katastrophe eingestürzt waren. Dazwischen kamen silberne Haarnadeln, mehrere zerbrochene Grab- oder Wasserurnen, Nägel aus Kupfer, viele Messerklingen, eine schwere Lanze und verschiedene kleine Gegenstände aus Elfenbein zum Vorschein. Mehrfach entdeckte Schliemann auf Marmorblöcken Eulengesichter mit menschlichen Zügen.

In seinem Grabungsbericht schrieb er: »Die auffallende Ähnlichkeit dieser Eulengesichter mit den auf vielen Vasen und Bechern befindlichen und mit einer Art Helm bedeckten Eulenköpfen bringt mich zu der festen Überzeugung, daß alle Idole und alle behelmten Eulenköpfe ein und dieselbe Göttin darstellen ... Die wichtige Frage drängt sich nun auf, welche die Göttin sei, die hier so vielfältig, aber ganz allein auf den Idolen, Trinkbechern und Vasen vorkommt. Die Antwort ist: sie muß notwendigerweise die Schutzgöttin von Troja, sie muß die ilische Minerva (Athene) sein, und dies stimmt vollkommen mit der Angabe Homers überein, welcher sie fortwährend die Göttin Athene mit dem Eulengesicht nennt.«

Mit 120 Arbeitern, von denen jeder pro Tag vier Kubikmeter Schutt und Erdreich beseitigte, kam Schliemann ein gutes Stück vorwärts. »Aber«, notierte der Ausgräber am 25. April 1872, »morgen fängt das griechische Osterfest an, welches leider sechs Tage dauert, an denen nicht gearbeitet wird.«

HOMER ALS ZEUGE

Bei angenehmen Temperaturen um 20 Grad setzte Heinrich Schliemann am 1. Mai die Ausgrabungen fort. Auf sein Kommando hörten 85 Arbeiter, 45 weitere standen Georgios Photidas zur Verfügung. Während er selbst den Grabenschnitt von Norden weiterführte, versuchte ihm Photidas von Süden mit einer zweiten Grabung entgegenzukommen.

Die Arbeiter, die von nun an für zehn Piaster (zwei Francs) schaufelten, fanden nichts dabei, wenn Schliemann am brüchigen Grabenrand stehend in die faulig stinkende Tiefe starrte und Verse vor sich hinmurmelte, die keiner verstand. Er zahlte gut, und dafür hätte er sogar Opernarien singen dürfen.

Schliemann kannte die »Ilias« nahezu auswendig. Jetzt verglich er alles, was sich seinen Augen darbot, mit den Versen des wortgewaltigen Dichters Homer. So wie er zuvor in Bunarbaschi häufig Widersprüche zu den Beschreibungen Homers festgestellt hatte, stieß er nun in Hissarlik auf immer mehr Übereinstimmungen zwischen dem überlieferten Text und der trojanischen Wirklichkeit. »Ich bin«, schrieb er am 11. Mai in sein Grabungstagebuch, »fest davon überzeugt, daß bei einem Blick auf meine Ausgrabungen jeder der noch übrigen Verteidiger der veralteten Theorie, Troja hinter der Ebene, auf den Höhen von Bunarbaschi zu suchen, sofort diese Theorie verdammen wird; denn die dortige Akropolis und Stadt, die durch die Trümmer der Ringmauern und durch Abgründe bezeichnet ist, reicht kaum für eine Bevölkerung von 2000 Seelen; auch ist die Schuttaufhäufung dort nur äußerst geringfügig; man sieht sogar an vielen Stellen, in der Mitte der Akropolis, den nackten Fels. Zwischen dieser kleinen Stadt und Bunarbaschi zeigt der unebene Felsboden, daß niemals ein Dorf, geschweige denn eine Stadt darauf gestanden haben kann ... Der Urboden von Hissarlik ist zwar keine 20 Meter höher als die Ebene unmittelbar am Fuß des Berges, aber jedenfalls ist auch die Ebene selbst und besonders der an den Berg grenzende Teil seit 31 Jahrhunderten bedeutend gestiegen. Aber selbst wenn dies nicht der Fall wäre, so würde dennoch das auf diesem Hügel erbaute Troja durch seine imposante hohe Lage die homerischen Beiwörter ›am Bergvorsprung gebaut‹, ›hochgelegen‹ und ›windig‹ verdienen, und besonders das letztere; denn mein größtes Leiden hier ist der fortwährende Sturm, und es kann zu Homers Zeiten unmöglich anders gewesen sein.«

Am folgenden Tag – Schliemann beaufsichtigte gerade den Fortgang der Arbeiten auf der Südseite – rannte ein Arbeiter den Hügel hinan. »Doktor! Doktor!« rief er von weitem. »Unglück, großes Unglück!«

Schliemann gab Photidas ein Zeichen, er möge ihn begleiten. Sie hetzten quer über den Hügel in die Richtung, aus der laute Schreie kamen. Beim Näherkommen sah Schliemann, was geschehen war: Eine der Mauern aus gewaltigen Quadern war unter der einseitigen Last, die von der Mitte des Hügels nach außen drückte, ins Wanken geraten und eingestürzt. Die wuchtigen Steinkolosse hatten Tonnen von Geröll in Bewegung gesetzt und sechs Arbeiter mit sich fortgerissen – zum Glück für die Männer; denn auf diese Weise gerieten sie aus der Fallinie des schweren Gesteins, das alle erschlagen hätte. Schliemann in seinem Tagebuch: »Ich kann noch immer nicht ohne Entsetzen daran denken, was aus der Aufdeckung Iliums und aus mir geworden wäre, wenn die sechs Mann von der fallenden Mauer zermalmt worden wären. Kein Geld und keine Versprechungen hätten mich dann retten können ...«

In den tieferen Schichten von Hissarlik stießen die Ausgräber auf zahlreiche Pithoi, riesige Vorratskrüge von einem Meter Durch-

13 Mehrere Dutzend mannshohe Vorratskrüge aus Ton, sogenannte Pithoi, kamen unterhalb von Schliemanns Grabungshaus ans Tageslicht. Die sieben besterhaltenen
schickte er an das Ottomanische Museum in Konstantinopel. Mit ihrem ausgeklügelten
Kühlsystem waren diese Pithoi die Kühlschränke der Antike.

messer und bis zu zwei Metern Höhe. Kellerräume waren in klassischer, vor allem aber in prähistorischer Zeit unbekannt; deshalb
mußten alle zur Vorratshaltung geeigneten Lebensmittel in solchen
Krügen aus rohgebranntem Ton aufbewahrt werden. Mit Wasser
besprüht, erzeugten die Gefäße Verdunstungskälte. Auf diese Weise wurden Nahrungsmittel auch im Sommer kühl gehalten. Schliemann schickte sieben unversehrte Pithoi an das Museum in Konstantinopel, drei behielt er an der Grabungsstelle zurück.

Obwohl kein Tag verging, an dem der Schutt der Jahrtausende
nicht kostbare Funde freigab (die Arbeiter erhielten eine Prämie
von 10 Paras für jede Entdeckung), war Heinrich Schliemann unzufrieden. Die Grabungskosten beliefen sich inzwischen auf 400
Francs pro Tag. »Sie sind«, klagte Schliemann, »zu groß für ein Pri-
vatvermögen.« Zwar hatte er inzwischen »hundertmal mehr« gefunden als im vorigen Jahr, aber irgendeine Inschrift, die bezeugen
konnte, daß der Ort seiner Forschungen auch das Troja Homers
barg, blieb ihm bisher versagt. Nur Symbole zierten die zahlreichen
Krüge, Schüsseln und Scherben. Das am häufigsten wiederkehren-
de war das Hakenkreuz, ein arisch-indisches Glückssymbol. Kannten die Trojaner wirklich noch keine Schrift?

Zwei Monate nach Wiederaufnahme der Arbeiten wurde Schliemann auf eine 34 Meter lange und 23 Meter breite viereckige Sen-
kung des Bodens aufmerksam, die nur durch Grabungen entstanden sein konnte. Schon vor Jahrhunderten hatten hier türkische
Marmorsucher ganze Arbeit geleistet. Nur vereinzelt kamen noch
Marmorblöcke zum Vorschein. Die meisten waren, als Baumaterial
für Häuser und Friedhöfe verwendet, über die gesamte Troas verteilt.

DER SONNENGOTT HELIOS GIBT RÄTSEL AUF

Dann, am 13. Juni, der bisher aufregendste Fund: ein Block aus pa-
rischem Marmor, 2 Meter lang und 86 Zentimeter hoch, in der Mitte eine Darstellung des Helios mit sonnenumkränztem Haupt und
mit seinen vier unsterblichen, das Weltall durcheilenden Rossen.
Die zwei Felder mit jeweils drei Kerben auf beiden Seiten des Hoch-
reliefs gaben den Hinweis, worum es sich bei dem Fund handelte.
Der Fachmann nennt das Ornament mit drei Kerben Triglyphe, das
dazwischen liegende, oft reliefgeschmückte Feld Metope. Triglyphen
und Metopen sind typische Architekturelemente im Fries dorischer
Tempel. Das Bild des Sonnengottes war für Schliemann ebenso
verwirrend wie vieles andere während der Ausgrabungen; denn
von einem trojanischen Helios-Tempel wußte Homer nichts zu berichten. Nein, mit dem homerischen Troja hatte diese Marmorplatte nichts zu tun. Stilistische Merkmale wiesen eher auf Zusammenhänge mit der hellenischen Kultur.

Immerhin wurde damit belegt, daß an dieser Stelle einmal ein
Tempel gestanden haben mußte. Bei den weiterverzweigten und
komplizierten Verwandtschaftsverhältnissen in der griechischen
Mythologie – jeder war mit jedem verwandt – durfte man davon
ausgehen, daß diese Darstellung vom Tempel der ilischen Minerva
stammte, dessen Fundamente Schliemann bereits gefunden zu haben glaubte. In seinem Grabungstagebuch notierte Heinrich am 18.
Juni:»Daß ich nun das Kunstwerk auf dem steilen Abhang des Berges fand, während es doch notwendigerweise auf der entgegenge-
setzten Seite, über dem Eingang des Tempels, gestanden haben muß,
ist nur dadurch erklärlich, daß die Türken, welche hier Grabsteine

suchten, diese Skulptur verschmähten, weil sie lebendige Geschöpfe darstellt, deren Nachahmung im Koran streng verboten ist.«

Die sogenannte Helios-Metope – heute Schmuckstück im Berliner Pergamon-Museum – entzweite Schliemann und seinen alten Freund Frank Calvert. Der Ausgräber wollte das Teilstück eines Marmorfries' unbedingt im Garten seines Athener Hauses aufstellen. Weil aber der Fund auf Calverts Grund und Boden gemacht worden war, beanspruchte dieser die Hälfte des Wertes. Calvert veranschlagte nach Besichtigung des Kunstwerks einen Wert von 500 Britischen Pfund. Schliemann schwor einen »heiligen Eid«, das Objekt sei nicht einmal 50 Pfund wert, erklärte sich aber »großzügig« bereit, diese Summe als Entschädigung zu zahlen – abzüglich einem Pfund für den Transport bis zum nächsten Hafen. So geschah es.

In einer Schätzung für den Pariser Louvre taxierte Schliemann wenig später die Helios-Metope auf 4000 Britische Pfund. Als Calvert davon erfuhr, nannte er Schliemann einen Betrüger.

Der Juli neigte sich dem Ende zu, und die heißen Winde – kein Tag, an dem das Thermometer nicht über 30 Grad kletterte – färbten die Troas gelb und braun. Die Trockenzeit zog ein Netzwerk von Rissen über den ausgedörrten Boden. Und die Ausgräber auf dem Hügel von Hissarlik banden sich feuchte Tücher vor Mund und Nase, zum Schutz vor den Staubwolken, die ihre Arbeit entfachte.

Wieder einmal war Schliemanns Stimmung auf dem Nullpunkt. Er fühlte sich ausgelaugt und am Ende seiner Kräfte. Hinzu kam, daß die Kosten von Tag zu Tag stiegen. Um Bauern und Tagelöhner von der Erntearbeit wegzulocken, zahlte er nun zwölf Piaster Tageslohn, ein Drittel mehr als zu Beginn der Arbeiten. Außerdem grub er jetzt mit 150 Männern.

»In zwölf Tagen«, schrieb er an Professor Ernst Curtius, von dem er noch immer Unterstützung erhoffte, »in zwölf Tagen bin ich mit der Durchstechung des ganzen Berges fertig, dann lasse ich die Bloßlegung der Mauer bis zum 1. März, denn ich bin müde; der unaufhörliche furchtbare Sturm jagt uns den feinen Staub in die Augen und blendet uns; außerdem haben wir jetzt hier die giftigen trojanischen Fieber, an denen täglich eine Menge meiner Arbeiter erkrankt; ich habe aber bis jetzt alle mit Chinin geheilt. Meine Kosten waren früher 300 und sind jetzt 400 Francs täglich; aber das ist nichts, denn eine neue Welt decke ich auf...«

Die großen Worte sollten über seine tiefe Verzweiflung hinwegtäuschen. Noch immer hatte Schliemann keinen einzigen Beweis
ausgegraben, der seine Troja-Theorie bestätigte. Es gab spärliche In-
dizien, aber keinen Beweis. Von Troja hatte Schliemann seine eigenen Vorstellungen: schöngefügte, wuchtige Mauern, edel gestaltete
Tempel und hoch gewölbte Paläste. All das sollte vom sagenhaften
Reichtum der Könige und ihres glücklichen Volkes künden. Hatte
Homer nicht von diesem blendenden Reichtum, von prachtvollen
Schätzen, vom Glanz der ehernen Waffen und dem funkelnden
Schmuck der schöngelockten Frauen geschwärmt? Hatte Homer all
das etwa nur aus seiner Phantasie geschöpft? Wo waren die festge-
fügten Mauern, wo die sagenhaften Schätze?

HOMERISCHE MAUERN

Nach langen Wochen erhörten die unsterblichen Götter endlich
die Klagen des Ausgräbers: In einer Tiefe von zehneinhalb Metern
kam ein zwei Meter dickes und drei Meter hohes Gemäuer zum
Vorschein. Weitere lose herumliegende Steine brachten Schliemann zu der Annahme, daß die Mauer ursprünglich viel höher gewesen sein mußte. Die Art der Steinschichtung ohne Bindemittel
deutete auf eine Entstehung in prähistorischer Zeit hin. War es der
Unterbau eines trojanischen Tempels? Oder gehörten die Steine zu
der von Poseidon und Apollon errichteten Ringmauer?

Während Schliemann Hoffnung schöpfte und über den Ursprung dieses Mauerwerks nachdachte, meldete Photidas vom
südlichen Grabungsabschnitt eine weitere Entdeckung: Fundamente eines Turms, zwölf mal zwölf Meter im Quadrat. Daß es sich
um einen Turm handelte, schloß Schliemann aus der gewaltigen
Mauerstärke. Als die Ausgräber weiter in die Tiefe drangen, stellten sie fest, daß der Turm auf Felsgrund gebaut war.

Schliemann, der noch immer glaubte, das homerische Troja sei
die älteste – und damit tiefste – Siedlungsschicht, war nun sicher, auf
ein Bauwerk aus der Zeit von Hektor und Achilles gestoßen zu sein.
In Gedanken rezitierte er Homers »Ilias«: literarische Spurensuche
nach einem trojanischen Turm. Im dritten Gesang wurde er fündig.
Er vergegenwärtigte sich die Verse, in denen die schöne Helena in

Begleitung ihrer Dienerinnen zum Skäischen Tor kommt, auf dem sich Priamos mit den »Gebietenden« Trojas berät (III, 145–157).

Trotz Chinin wütete das Sumpffieber unter den Arbeitern. Aber in dieser Situation die Arbeiten einzustellen erschien Schliemann undenkbar. Das »trojanische Fieber«, wie er das Sumpffieber nannte, befiel nahezu die ganze Mannschaft. Heinrich wagte sich nicht mehr an die Sonne. Er glaubte, sein Kopf müsse zerspringen vor Schmerz. Des Nachts, wenn er in brütender Hitze auf seinem Eisenbett lag, schüttelten ihn Fieberanfälle. Und von der Ebene herauf scholl das vieltausendfache Quaken, Schnarren und Sägen der Frösche. Wie einst der schiffbrüchige Dulder Odysseus verstopfte er seine Ohren. Taubheit kann eine Wohltat sein.

Auch als alle drei Aufseher und Nikolaos, der Diener, vom Sumpffieber befallen wurden, gab Schliemann nicht auf. Die Arbeiter kippten reihenweise um. Schliemann ließ neue anwerben. Die olympischen Götter hatten ein Zeichen gegeben, jetzt galt es, die Spur aufzunehmen. In diesen von Krankheit und Arbeitswut gezeichneten Tagen war Nikolaos Zaphyros für seinen Herrn die größte Stütze. Obwohl selbst von Malariaanfällen geplagt, verteilte er Schliemanns schriftliche Befehle, ja, ihm gelang sogar ein schier unglaublicher Coup: Er charterte ein griechisches Schiff, die »Taxiarches«, ließ den Segler in der Bucht von Karanli ankern und transportierte die Helios-Metope ohne Aufsehen mit einem Ochsengespann zur Küste. Zwei Tage später landete die »Taxiarches« mit ihrer kostbaren Fracht im Hafen von Piräus.

Heinrich Schliemann hatte mit seinen Kräften Raubbau getrieben. Er wollte nicht einsehen, daß er kein junger Mann mehr war, Schliemann war fünfzig, ausgebrannt, verbraucht. Zum ersten Mal in seinem Leben mußte er eingestehen, daß er sich überschätzt hatte. »Meine Tage sind gezählt«, wandte er sich in depressiver Stimmung an Professor Curtius, »und ich möchte so gerne noch vor meinem Tode den Tempel des delphischen Orakels, die Akropolis in Mykene und das Grab der Klytämnestra ausgraben und große Exkavationen in Delos machen.« Und kleinlaut fügte er hinzu: »Findet sich aber niemand anderes für Troja, dann bin ich gezwungen, meine Ausgrabungen dort am 1. März 1873 fortzusetzen …«

SCHLIEMANN IST AM ENDE

Am liebsten wäre es Schliemann gewesen, wenn eine ausländische Regierung oder ein internationales Institut die Fortführung der Ausgrabungen übernommen hätte. Zum einen wegen der immensen Kosten, die jeder weitere Grabungstag verursachte, andererseits hätten sich dann Fachwissenschaftler, Archäologen und Altphilologen die Arbeit teilen können. Er selbst fühlte sich kaum noch in der Lage weiterzumachen.

Curtius war der erste, an den Schliemann mit diesem Vorschlag herantrat. Für den Fall einer Übernahme bot er der deutschen Regierung die von ihm errichteten Häuser, alle Transportfahrzeuge, Werkzeuge und Maschinen als Geschenk an. »Die Bloßlegung der Göttermauer Trojas ist jetzt leicht, da sie notwendigerweise in Verbindung stehen muß mit dem von mir aufgedeckten ›großen Turm von Troja‹.«

Um in Berlin etwaige finanzielle Bedenken zu zerstreuen, schrieb Schliemann: »Bei Gott, die Ausgrabungen machen sich *reichlich* bezahlt durch die vorhistorischen Gegenstände, die man findet, ganz abgesehen von dem ungeheuren Interesse für die Wissenschaft, die Ringmauer des wirklichen Troja ans Licht gebracht zu haben.« Wohlweislich verlor Schliemann bei diesen Vorschlägen kein Wort über die vertraglichen Vereinbarungen mit der türkischen Regierung, nach denen der Ausgräber die Kosten zu 100 Prozent zu tragen hatte, während ihm von den Funden nur 50 Prozent zufielen. Es sei denn...

Es sei denn, der Ausgräber verstand es, die besten Fundstücke heimlich beiseite zu schaffen. So geschah es mit der Helios-Metope. Als Schliemann Mitte August todkrank nach Athen zurückkehrte, fand der kostbare Marmorblock in seinem Garten bereits vielfache Bewunderung.

Sophia teilte die Begeisterung über die Entdeckung ihres Mannes nicht, sie hatte andere Sorgen. Heinrich schien um Jahre gealtert. Seine Wangen waren eingefallen, die Augen wirkten wie tot, er konnte sich kaum auf den Beinen halten und schluckte löffelweise Chinin.

»Und wozu das alles?« fragte Sophia Schliemann resigniert.

»Wozu?« entgegnete Heinrich aufbrausend, »du fragst mich, wozu ich Troja ausgrabe? Schließlich habe ich die Hoffnung, daß mir die zivilisierte Welt als Belohnung für meine Entbehrungen, Drangsale und Leiden in dieser Wildnis, vor allem aber für meine Entdeckungen das Recht zuerkennt, diese heilige Stätte umzutaufen.«

»Du willst ihr deinen Namen geben?«

»Meinen Namen?« Heinrich mußte lachen. »Nein, nicht meinen Namen! Ich gebe dem Hügel von Hissarlik den alten homerischen Namen zurück, ich taufe ihn Troja und Ilion, und ich nenne die Burg Pergamos von Troja, und nie soll jemand einen anderen Namen gebrauchen.«

Auf dem Krankenbett verfaßte Schliemann Berichte für die Londoner »Times« und die »Augsburger Allgemeine«, und dabei genas er zusehends. Schon nach einer Woche war Heinrich wieder auf den Beinen. Er schmiedete neue Pläne. Mit Troja hatte er abgeschlossen. Troja war entdeckt. Was jetzt noch kam, so sagte sich Schliemann, war Sache der Altertumsforscher.

Sein neues Interesse galt Delphi, Delos und Mykene. In der Hoffnung, für eine der historischen Stätten eine Grabungslizenz zu erhalten, stellte er der griechischen Regierung den Helios-Block, seine gesamten trojanischen Ausgrabungen und 200 000 Francs in Aussicht. »Verweigert mir aber die hiesige Regierung diese Erlaubnis«, so Schliemann in einem Brief, »so werde ich keine Rücksichten auf Griechenland nehmen, gar nichts vermachen, die Skulptur verkaufen und fortfahren mit meinen Ausgrabungen in der Türkei.«

Die Regierung des jungen griechischen Staates war jedoch weniger korrupt als die türkische. Die Griechen zeigten Nationalstolz, Schliemann war für sie nichts weiter als irgendein reicher Amerikaner, der eine junge Griechin geheiratet hatte. Jedenfalls reagierten die Behörden nicht – zum Ärger Schliemanns, der sich daraufhin wieder Troja zuwandte.

In Begleitung des griechischen Landvermessers Sisilas und eines Fotografen namens Siebrecht reiste Heinrich am 10. September 1872 abermals nach Troja. Er wollte den Versuch unternehmen, auf der Basis der ausgegrabenen Mauerreste einen Plan der Burg von Troja und ihrer Mauern zu erstellen. Außerdem mußte er, was bei der überstürzten Abreise im August unterblieben war, seine Häuser auf dem Gipfel des Hügels und die Ausgrabungen winterfest machen. In Schliemanns Grabungsbericht hießt es: »Mit Schrecken sah ich bei meiner Ankunft, daß der von mir zurückgelassene Wächter treulos gewesen und eine ungeheure Menge großer, aus meinen Ausgrabungen stammender Steine weggeschleppt war. Mit ihnen hatte ich an verschiedenen Stellen Mauern errichtet, um zu verhindern, daß der Winterregen den ausgeworfenen Schutt wegschwemme. Er entschuldigte sich damit, die Steine seien zu guten Zwecken verwendet worden, nämlich zum Bau eines Glockenturms im christlichen Dorf Yenischahir und zur Errichtung von Wohnhäusern im türkischen Dorf Çiblak. Ich jagte ihn weg und nahm an seiner Stelle einen mit einer Flinte bewaffneten Wächter, welcher treu sein soll und durch seine körperliche Stärke den Steinräubern Respekt einflößen wird. Was mich am meisten ärgerte, war, daß letztere sich sogar an das von mir auf der Südseite dieses Berges ans Licht gebrachte herrliche Bollwerk aus der Zeit des Lysimachos gewagt und zwei große Steine aus demselben entwendet hatten; bestimmt wäre diese Bastion ganz verschwunden, wenn ich auch nur eine Woche länger weggeblieben wäre.«

Um so wichtiger erschien dem Ausgräber die exakte Aufzeichnung aller bisher freigelegten Mauerreste durch Sisilas. Siebrecht fotografierte, und Schliemann verglich jede einzelne Mauer mit den Angaben in den Versen Homers. Aber seine Homergläubigkeit hatte unter der Knochenarbeit des vergangenen Sommers gelitten. Wer mit wachem Auge die »Ilias« las, mußte in Troja eine riesige Stadt mit himmelhoch ragenden Häusern und prachtvoller Ausstattung erkennen. Doch was er bisher durch seine Grabungen ans Tageslicht gebracht hatte, erschien verwirrend, beinahe ärmlich, ganz und gar nicht der Dichtung Homers angemessen. Und unangemessen erschien es Schliemann auch, daß die blühende Kultur Trojas keine Schrift hervorgebracht haben sollte. »Falls es in Troja eine Schriftsprache gab«, bemerkte Heinrich am Ende des Jahres, »so werde ich wahrscheinlich Inschriften in den Ruinen der beiden Tempel finden. Ich bin aber in dieser Hinsicht nicht mehr sanguinisch, da ich bisher in den kolossalen Trümmerschichten der vier Völker, welche der griechischen Kolonie vorhergegangen sind, keine Spur von Schrift gefunden habe.«

Wohl eher aus Ärger über die Zurückhaltung der griechischen Regierung als in der Überzeugung, in Troja doch noch den Fund seines Lebens zu machen, setzte Heinrich Schliemann zu Beginn des Jahres 1873 seine Ausgrabungen fort. Er sei, schrieb der Ausgräber in seinem ein Jahr später erschienenen Erlebnisbericht, am 31. Januar in Begleitung seiner Frau nach Troja gereist.

Dies aber war wieder einmal eine bewußte Irreführung. Sophia blieb zu Hause in Athen. In Schliemanns Begleitung befanden sich nur der Aufseher Georgios Photidas, ein Albanese von der Insel Salamis, den er als Aufseher vorgesehen hatte, dann aber wegen Unfähigkeit wieder nach Hause schickte, ein Zeichner zur Aufnahme aller Fundobjekte und Georgios Barba Tsirogiannis, ein Schiffskapitän von der Insel Euböa, dessen Kommandoton Schliemann begeisterte. Ein guter Aufseher, pflegte Schliemann zu sagen, sei nützlicher als zehn gewöhnliche Arbeiter. Im übrigen sei die Gabe, ein richtiges Kommando zu führen, ohnehin nur Seeleuten gegeben.

In den Dörfern der Troas hatte es sich herumgesprochen, welch hohe Anforderungen der homerbesessene Amerikaner stellte; daß er herumschrie wie ein Sklaventreiber, den Arbeitern keine Zigarettenpause gönnte und keinen bezahlten Krankenurlaub. Statt dessen verteilte er weißes Pulver. In diesem Jahr hatte ihm ein Kaufmann aus Smyrna 150 Arbeiter weggeschnappt. Der zahlte 12 bis 23 Piaster Tageslohn für die Suche nach der Süßholzwurzel Glykorrhiza, aus der Lakritzensaft gewonnen wurde.

Gerade hatte Schliemann in den Dörfern Kalifatli, Yenischahir und Neo-Chori 120 Arbeitskräfte (für einen Tageslohn von 9 Piaster) angeworben, da setzte eisiger Nordsturm ein. Das Thermometer fiel unter null Grad. Selbst das Waschwasser im Haus gefror zu Eisklumpen. An Weiterarbeiten war nicht zu denken. Schliemann bemerkte bitter: »Des Abends hatten wir nichts als unseren Enthusiasmus für das große Werk der Aufdeckung Trojas, um uns zu erwärmen.«

Für kurze Zeit überlegte er, die Arbeiten ganz einzustellen, nach Athen zu reisen und den Frühling abzuwarten. Aber dann verwarf er den Gedanken wieder; er wußte, daß er keine Woche Untätigkeit aushalten würde. Also blieb er und besprach mit den Aufsehern den Fortgang der Grabungen.

14 Der Hügel von Troja nach den dreijährigen Grabungen Anfang der siebziger Jahre des vorigen Jahrhunderts. Deutlich erkennbar der gigantische Einschnitt von 14 Metern Tiefe und 70 Metern Länge, den Schliemann in Nord-Süd-Richtung durch das gesamte Areal legte.

Montag, 24. Februar 1873. Lauer Frühlingswind über der Troas. Schliemann bot 158 Arbeiter auf, um im Nordosten die große Mauer aus weißen unbehauenen Steinen, die er im vergangenen Jahr entdeckt hatte, bis auf den Grund freizulegen. Glaubte er anfangs noch, die Reste einer Stützmauer, die zur alten Stadtbefestigung gehören mochte, auszugraben, so brachte ihn eine kleine griechische Inschrift auf eine ganz andere Fährte. Die Inschrift lautete »to hieron« – das Heiligtum. Das Heiligtum! Schliemann dachte nach. Damit konnte nur der Athene-Tempel gemeint sein!

Die Mauer, die er in den folgenden Tagen ausgrub, hatte eine Länge von 87,7 Metern. Es war die nördliche Längswand des Tempels, die, wie die verschiedenen Gesteinsschichten zeigten, auf einem älteren Tempel errichtet wurde, und dieser wiederum auf einem noch älteren Heiligtum. Von seiner Ausdehnung her war der Tempel das größte Bauwerk in Troja. Schliemann in seinem Grabungsbericht: »Von Anfang an habe ich nach diesem wichtigen Heiligtum gesucht, habe, um es zu finden, über 100 000 Kubikmeter Schutt von den schönsten Stellen der Pergamos weggeschleppt, und jetzt entdecke ich es gerade an jener Stelle, wo ich es am allerwenigsten erwartet hätte. Ich habe diesen wahrscheinlich von Lysimachos erbauten, neuen Tempel gesucht, weil ich glaubte und glaube, daß ich in den Tiefen desselben die Trümmer des urältesten Minervatempels und darin mehr als irgendwo anders Aufschluß über Troja finden werde.«

Minerva ist das römische Pendant zur griechischen Göttin Athene, der Tochter des Göttervaters Zeus, der Göttin der Weisheit und des Verstandes, der hilfreichen Beschützerin der griechischen Helden. Die Eule galt ihr als heilig, und zahlreiche Eulen aus Terrakotta hatten Schliemann den Weg gewiesen. Hier am Fuße der Außenmauer des Tempels kamen nun haufenweise Tonscherben mit Eulendarstellungen ans Tageslicht.

15. März 1873. »Die Nächte sind kalt, und das Thermometer fällt noch häufig gegen Morgen auf den Gefrierpunkt, während die Sonne am Tag schon anfängt, lästig heiß zu werden, und das Thermometer oft um Mittag 18 Grad Réaumur im Schatten zeigt. Die Blätter der Bäume beginnen hervorzubrechen, während die trojanische Ebene bereits mit Frühlingsblumen bedeckt ist. Schon seit 14 Tagen hört man das Quaken von Millionen Fröschen in den umliegenden Sümpfen, und seit 8 Tagen sind die Störche zurückgekehrt. Zu den Unannehmlichkeiten des Lebens in dieser Wildnis gehört das entsetzliche Geschrei unzähliger Eulen, die in den Löchern der Wände meiner Ausgrabungen nisten. Dieses Geschrei hat etwas Geheimnisvolles und Grauenhaftes und ist besonders in der Nacht unerträglich.«

Schliemann im Ausgräberfieber. Er setzt bald hier, bald da den Spaten an, läßt sogar außerhalb des Hügels graben. Mit der »Ilias« in der Hand verfolgt er beinahe jeden Tag eine neue Idee. So kehrt er an die Westseite des im vergangenen Jahr freigelegten Turmes zurück und hebt einen 14 Meter großen quadratischen Schacht aus. »Es ist«, schreibt er, »eine Reise um die Welt wert, diesen Turm zu sehen, dessen Lage einst so hoch war, daß er nicht nur die Ebene, sondern auch das im Süden vor ihm gelegene Plateau beherrschte, während selbst sein Gipfel jetzt mehrere Meter tief unter dem Niveau des Plateaus liegt.«

Schon in zwei Meter Tiefe deckten die Ausgräber die Ruinen eines großen Gebäudes aus griechischer Zeit auf. Es mußte, kombinierte Schliemann, einem reichen Mann gehört haben, denn die Böden des Hauses waren aus roten, polierten Steinplatten gefügt, wie man sie nur in vornehmen Häusern antreffen konnte.

Steine, die nicht augenfällige Merkmale von Bearbeitung trugen oder die sich in kein Mauerwerk einfügen ließen, wurden von
Schliemann auf mehreren um den Hügel von Hissarlik verteilten
Schuttplätzen gelagert. Dort bedienten sich die Bewohner der umliegenden Dörfer mit dem kostbaren Baumaterial. »So wird jetzt
unter anderem mit meinen ilischen Steinen eine Moschee und ein
Minarett im elenden türkischen Dorf Çiblak und ein Kirchturm im
christlichen Dorf Yenischahir gebaut.«

DIE FOLGEN DES KUNSTRAUBS

Konsul Calvert fühlte sich – nicht zu Unrecht – durch den Coup mit
dem Helios-Relief betrogen, zumal Schliemann sich öffentlich damit brüstete, der tatsächliche Wert der Marmorplatte sei hundertmal höher als der Preis, den er Calvert genannt und auch bezahlt
hatte. Die Genehmigung zu Grabungen auf seinem Grund und Boden mochte Calvert nicht zurückziehen (vermutlich hatte er eine
bedeutende Geldsumme dafür erhalten), aber er rächte sich auf andere Weise.

Er, der zu Beginn der Ausgrabungen Schliemanns Troja-Theorie
geteilt hatte, hegte nun auf einmal Zweifel.

In der Zeitung »The Levant Herald« vertrat Calvert die Meinung,
keine der von Schliemann bisher ausgegrabenen Schichten könne
das homerische Troja sein. Die Schuttschicht, die unmittelbar auf
die bis in zwei Meter Tiefe reichenden griechischen Bruchstücke
folgt, sei um mehr als tausend Jahre älter als der Trojanische Krieg.

Mit dieser Beurteilung lag Calvert gar nicht so verkehrt. Schliemann wollte das jedoch nicht wahrhaben. Es *durfte* einfach nicht
wahr sein. Schliemann drohte dem Konsul die Freundschaft »auf
Lebenszeit« zu kündigen. Er schrieb: »Ich sage ganz offen, daß in
einer Zeit, in der die gesamte zivilisierte Welt den Ergebnissen meiner dreijährigen Ausgrabungen entgegenfiebert, meine Arbeit in
dieser Einöde und unter verheerenden klimatischen Verhältnissen
durch Ihre irreführenden Berichte in den Schmutz gezogen wird!«

Inzwischen hatte sich der Raub der Helios-Metope bis Konstantinopel herumgesprochen. Dr. Dethier, der französische Direktor
des dortigen Altertümermuseums, forderte die Regierung auf, die

Grabungserlaubnis zu annullieren. Schliemann rechtfertigte sich, er habe die Marmorplatte schließlich auf Calverts Landbesitz gefunden und dem Grundeigentümer die ihm zustehende Hälfte abgekauft.

Aufgestachelt durch diese Ereignisse, verstärkte Schliemann seine Anstrengungen. Er hatte jetzt täglich 160 Arbeiter im Einsatz, grub gleichzeitig an drei, manchmal vier Stellen und brachte Hunderte prähistorischer Terrakottafunde, in der Hauptsache Krüge, Gefäße und Geschirr, ans Tageslicht. Der Frühling war warm wie selten um diese Zeit, und Schliemann machte seiner Frau in einem Brief den Vorschlag, für ein paar Tage in die Troas zu kommen.

Seit der Geburt ihrer Tochter zeigte Sophia noch weniger Interesse für die wissenschaftlichen Eskapaden ihres Mannes als zuvor. Sie duldete sie nur deshalb ohne Murren, weil sie dadurch von Zeit zu Zeit die Situation genießen konnte, von Heinrich nicht belehrt, erzogen und herumkommandiert zu werden. Schliemann hingegen hatte die Hoffnung noch nicht aufgegeben, daß Sophia den Sommer mit ihm verbringen und zusammen mit ihm Troja ausgraben würde. Andromache war beinahe zwei Jahre alt. Und die deutsche Kinderfrau hatte das volle Vertrauen der Eltern.

Ende März traf Sophia auf dem Hügel von Hissarlik ein. Schliemann war überglücklich. Er brauchte einen ganzen Tag, bis er seiner Frau alle freigelegten Mauern und Ruinen gezeigt und erklärt hatte. In einem der beiden Häuser, die von Heinrich auf der höchsten Stelle des Hügels errichtet worden waren, stand Sophia ein eigenes Zimmer zur Verfügung. Photidas sorgte dafür, daß es der jungen Frau an nichts mangelte.

Natürlich waren Sophia die Attacken von seiten Calverts gegen ihren Mann nicht entgangen. Die Gerüchte, die türkische Regierung wolle Schliemann die Grabungslizenz entziehen, waren bis nach Athen gedrungen. »Ach, hättest du nur den Stein des Sonnengottes hier gelassen«, meinte sie entmutigt, »er bringt dir nur Unglück!«

Schliemann antwortete: »Ich habe die Platte Calvert abgekauft. Ich mußte ihn nicht zur Herausgabe zwingen. Er erklärte sich mit fünfzig Pfund einverstanden, und fünfzig Pfund hat er erhalten. Also. Und die türkische Regierung hat mit der Angelegenheit überhaupt nichts zu tun. Der Stein lag auf Calverts Grund.«

»Aber Calvert fühlt sich hereingelegt.«

»Hereingelegt? Er ist eben ein schlechter Kaufmann.« Heinrich lachte schrill. »Außerdem hat er von der ›Ilias‹ keine Ahnung.«

Sophia wußte, es hatte keinen Sinn, Schliemann in einer Situation wie dieser zu widersprechen. Er war wütend auf Calvert, und in seiner Wut schoß Schliemann oft über das Ziel hinaus – ohne daß es ihm später leid getan oder er sich gar entschuldigt hätte.

»Er hat von der ›Ilias‹ keine Ahnung«, wiederholte Heinrich mit hoher Stimme. »Er glaubt, die homerischen Helden hätten mit Werkzeugen und Steinäxten hantiert. Aber was tat Hektor, um das verschlossene Stadttor der Argeier zu sprengen? Calvert glaubt, er griff zu Axt und Säge. Aber im zwölften Gesang der ›Ilias‹ ist genau beschrieben, daß er einen Felsblock aufhob, ihn gegen das Tor schleuderte, woraufhin das Tor krachend aufsprang. Wenn Mister Calvert sich die Mühe gemacht hätte, bei Homer nachzulesen, dann hätte er entdeckt, daß die Wörter Hammer und Zange in der ganzen ›Ilias‹ nur ein einziges Mal vorkommen, und zwar im Zusammenhang mit Hephaistos, dem Gott des Feuers.«

»ES BRENNT, ES BRENNT!«

Sophia nickte. Es war spät geworden. Bis tief in die Nacht saßen sie vor dem primitiven offenen Kamin, den Schliemann nachträglich in seinem Holzhaus auf dem Hügel von Troja hatte einbauen lassen. Bevor sie sich in das auf der Nordseite gelegene Schlafzimmer begaben, legte Heinrich reichlich Holz nach. Die Nächte waren kühl. Gegen drei Uhr wachte Schliemann plötzlich auf. Beißender Qualm stieg ihm in die Nase. Als er die Tür zum Wohnzimmer öffnete, schlugen ihm Flammen entgegen. Der hölzerne Fußboden vor dem Kamin hatte Feuer gefangen.

»Sophia, es brennt, es brennt!« schrie Heinrich und stürzte ins Schlafzimmer. Er packte seine schlaftrunkene Frau, trug sie ins Freie, dann lief er zurück ins Haus. Schliemann gelang es nicht, das Feuer zu löschen. Aber Photidas, der im Nebenzimmer geschlafen hatte, war ebenfalls aufgewacht und holte aus dem Nebenhaus Hilfe herbei. Zum Löschen fehlte Wasser; verzweifelt versuchten die Männer, das Feuer mit Sand und Erde zu ersticken. Aber das gelang nur zum Teil. Mit schweren Hämmern und Hacken rissen sie schließlich die brennenden Bodenbretter heraus und zerrten sie ins Freie. Auf diese Weise konnten sie verhindern, daß das Holzhaus vollständig niederbrannte.

Sophias Anwesenheit beflügelte Schliemann ungemein. Für seine Frau inszenierte er die »Ilias« mit dem Ideenreichtum eines großen Regisseurs. Er ließ die antiken Helden aus dem Schutt der Jahrtausende auferstehen, und wie Theaterkulissen zauberte er Gebäude und Straßen in die Landschaft; Krüge und Kannen, Werkzeug und Schmuck dienten als Requisiten. Sophia war ein dankbares Publikum. Sie schenkte dem großen Regisseur uneingeschränkte Bewunderung, zollte Beifall und stellte keine kritischen Fragen. Von früh morgens bis spät am Abend begleitete Sophia Heinrich bei seinen Kontrollgängen. Sie bemühte sich redlich, seinen ausschweifenden Gedanken zu folgen, mit der Kraft der Phantasie aus drei scheinbar planlos herumliegenden Steinblöcken ein ganzes Mauerwerk, aus einem Mauerrest ein ganzes Gebäude erstehen zu lassen.

5. April 1873: »Am interessantesten ist ein in dieser Woche in sieben und acht Meter Tiefe auf dem großen Turm, gerade unterhalb des griechischen Minervatempels ans Licht gebrachtes Haus, von dem bis jetzt acht Zimmer freigelegt sind. Die Wände bestehen aus kleinen, mit Erde zusammengesetzten Steinen und scheinen verschiedenen Zeitabschnitten anzugehören; denn während einige unmittelbar auf den Steinen des Turmes ruhen, wurden andere erst gebaut, als dieser schon mit 20 Zentimeter, in mehreren Fällen sogar mit einem Meter Schutt bedeckt war... Wie das uralte Haus mit seinen kleinen Zimmern jetzt dasteht, hat es viel Ähnlichkeit mit einem pompejanischen Haus... Neben dem Haus und in den größeren Räumen desselben fand ich eine große Menge Menschenknochen, aber bis jetzt erst zwei ganze Gerippe, welche Kriegern angehört haben müssen; denn sie wurden in sieben Meter Tiefe mit kupfernen Helmen auf den Köpfen gefunden, und neben einem Gerippe fand ich eine große Lanze...«

16. April 1873: »Seit meinem Bericht vom 5. des Monats habe ich durchschnittlich 160 Arbeiter gehabt und viele wunderbare Dinge ans Licht gebracht. Darunter muß ich eine unmittelbar neben meinem Haus in neun Meter Tiefe im großen Turm entdeckte, fünf Meter breite Straße der Pergamos besonders hervorheben. Sie

ist mit dicken, 118 bis 150 Zentimeter langen und 89 bis 134 Zentimeter breiten Steinplatten gepflastert. Dieselbe läuft in südwestlicher Richtung sehr steil zur Ebene ab ... Diese herrlich gepflasterte Straße führt mich zu der Vermutung, daß ein vornehmes Gebäude sich in geringer Entfernung oberhalb derselben befunden haben muß. Ich habe daher sofort 100 Mann angestellt, um das nordöstlich liegende Terrain in 24 Meter Länge, 24 Meter Breite und bis 10 Meter Tiefe abzugraben ...«

In diesen Tagebuchnotizen wird Schliemanns besonderes Gespür für Entdeckungen deutlich. Worin es genau bestand, woher es kam, ist sicher nicht restlos zu erklären: Es handelt sich um ein außergewöhnliches Talent, um die übersinnliche Gabe eines archäologischen Wünschelrutengängers, die spezielle Ahnung von Möglichem und Verborgenem, es ist die nur wenigen Menschen eigene Fähigkeit, Phantasie und Realität in einer Weise zu vereinigen, daß sie eine tragfähige Grundlage für Neues, Unerhörtes bildet. Die Phantasie, die Schliemann später in seiner Lebensbeschreibung oder in den Berichten über seine archäologischen Entdeckungen oft einen Streich spielte, die vorwitzig die Realität übertrumpfte, diese Phantasie war gleichzeitig sein größter Antrieb und der wichtigste Wegweiser bei seinen Ausgrabungen.

Heinrich Schliemann war überzeugt, daß die mit großen Platten gepflasterte Prachtstraße – und um eine solche handelte es sich in seinen Augen – zum Hauptgebäude der trojanischen Stadtbefestigung führen müsse. »Um dies ans Licht zu bringen«, notierte er in seinem Grabungstagebuch, »bin ich jedoch zu meinem allergrößten Leidwesen gezwungen worden, drei große Wände eines neueren Hauses wegzubrechen. Meine Hoffnungen sind aber durch das Resultat weit übertroffen worden, denn ich fand nicht nur zwei große Tore, die 6,13 Meter voneinander abstehen, sondern auch die beiden großen kupfernen Bolzen derselben ... Ich wage jetzt die Behauptung, daß das von mir ans Licht gebrachte große doppelte Tor notwendigerweise das Skäische Tor sein muß ...«

Schliemann stand stundenlang vor dem tiefen Graben, der sich zu beiden Seiten der Straße auftat. Er starrte auf die rechtwinkligen Mauerreste, und in seiner Phantasie fügte sich Stein auf Stein zu einem wuchtigen Bau. Dahinter ragte die Burg von Troja in den Himmel.

Sophia trat zu ihm. Sie ahnte, was in Heinrich vorging. Sie wußte, daß er mehr als zweitausend Jahre entfernt war mit seinen Gedanken, und deshalb wagte sie auch nicht, ihn anzusprechen.

DAS SKÄISCHE TOR

Nach langem, schier endlosem Schweigen nahm Heinrich Sophia an der Hand und wies mit dem Kopf zu den Mauerresten. »Hier«, sagte er andächtig, »spielen die ergreifendsten Szenen der ›Ilias‹.« Und wie im Traum begann er, Homer zu zitieren, Verse aus dem dritten Gesang.

Bald nun kamen sie hin, allwo das Skäische Tor war.
Aber Priamos dort und Panthoos neben Thymoites,
Lampos und Klytios auch und Ares' Sproß Hiketaon,
Auch Antenor, der Held, und Ukalegon, beide voll Weisheit,
Saßen, die Ältesten der Stadt, umher auf dem Skäischen Tore,
Welche, betagt vom Krieg, ausruheten; doch in Versammlung
Redner voll Rat, den Zikaden nicht ungleich, die in den Wäldern
Aus der Bäume Gesproß hellschwirrende Stimmen ergießen:
Gleich so saßen der Troer Gebietende dort auf dem Turme.
Als sie nun mehr die Helena sahen zum Turme sich wenden,
Leise redete mancher und sprach die geflügelten Worte:
Tadelt nicht die Troer und hellumschienten Achaier,
Die um ein solches Weib so lang ausharren im Elend.

Die andächtige Rezitation wurde unterbrochen vom lauten Geschrei eines reitenden Boten, der sich von Kumköi her dem Hügel näherte und über dem Kopf einen Brief schwenkte wie eine Trophäe.

»Telegramm aus Athen für Mr. und Mrs. Schliemann!« rief er noch im Galopp.

Heinrich riß den Umschlag auf, ohne nach dem Absender oder Adressaten zu sehen. Für ihn war klar: Die türkische Regierung forderte die Einstellung der Grabungsarbeiten. Aus. Das war das Ende seines trojanischen Traums.

Deshalb dauerte es eine Weile, bis Heinrich sich in der Wirklichkeit zurechtfand. Das Telegramm war adressiert an Frau Sophia Schliemann, Çiblak via Çanakkale. Der knappe Text lautete: »Vater liegt im Sterben. Komme sofort. Mutter.«

Ohne ein Wort zu sagen, reichte Heinrich Sophia das Telegramm. Als sie es gelesen hatte, brach sie in Tränen aus.

Schliemann nahm seine Frau in die Arme. »Ich begleite dich«, sagte er. Diese Worte fielen ihm nicht leicht.

Sophia spürte das, trotz ihres Schmerzes. Deshalb erwiderte sie: »Nein, Heinrich, du bleibst hier. Gerade jetzt, in dieser schwierigen Situation, ist deine Anwesenheit nötiger als je zuvor. Wer weiß, ob du jemals zurückkommen würdest, wenn du jetzt von hier weggehst!«

Schliemann war erleichtert. Mit Georgios Engastromenos, seinem Schwiegervater, verband Heinrich ein nicht gerade herzliches Verhältnis. Engastromenos war ein despotischer Schwächling, ein großsprecherischer Verlierertyp, kurz, ein Mann, den er nicht ausstehen konnte. Das hatte er ihm von Anfang an gezeigt. Sophia hingegen liebte ihren Vater sehr. Sie hatte in ihm nie den erfolglosen, gescheiterten Geschäftsmann gesehen, sondern immer nur den sich aufopfernden Familienvater. Ihm verdankte sie alles, sogar den Mann an ihrer Seite. Es war der Wunsch ihres Vaters gewesen, Heinrich zu heiraten. Sie selbst hätte diesen Schritt nie gewagt.

Heinrich begleitete Sophia nach Çanakkale, wo sie das nächste Linienschiff nach Piräus nahm. Als Sophia Schliemann in Athen eintraf, war ihr Vater bereits tot.

»Mein heißgeliebtes Weib!« schrieb Schliemann, als er vom Tod des Schwiegervaters erfuhr. »Tröste Dich, meine Teure, mit dem Gedanken, daß über ein Kurzes wir alle Deinem ausgezeichneten Vater folgen werden. Tröste Dich für das Wohl unseres lieben Töchterchens, das seine Mutter nötig hat und dessen ganzes Lebensglück ohne dieselbe vernichtet sein würde. Tröste Dich, indem Du bedenkst, daß Deine Tränen Deinen lieben Vater nicht wieder aufwecken können und daß er, als guter, braver Mensch – fern von den Mühen, Sorgen und Qualen dieses Lebens – jetzt das wahre, reine Glück des jenseitigen Lebens genießt und jedenfalls viel glücklicher ist als wir, die wir ihn bejammern und beweinen. Kannst Du aber Deinen Kummer um den geliebten Hingeschiedenen nicht bemeistern, dann komme doch ja mit dem nächsten Dampfer zu mir zurück, und ich werde schon Mittel und Wege finden, Dich aufzuheitern. Unsere Ausgrabungen haben ohne Dich keinen Fortgang, und wir denken mit Freudentränen an Deine baldige Rückkehr...«

Ob Sophia in ihrem Schmerz wahrnahm, daß Heinrich im Pluralis majestatis von sich redete? – »*Wir* denken mit Freudentränen an Deine baldige Rückkehr.«

Wie jedes Jahr im Frühling färbten Millionen von Sumpfdotterblumen die Troas gelb. Schliemann sah es nicht. Mit zusammengekniffenen Augen musterte er von früh bis spät die Mauerreste, die seine Arbeiter freilegten. Immer kühner wurden seine Überlegungen und Theorien, immer selbstbewußter seine Aussagen. Er hatte in der Fortsetzung der Prachtstraße hinter dem Skäischen Tor ein großzügig angelegtes Gebäude entdeckt und zögerte keinen Augenblick, die entsprechende Zuweisung vorzunehmen: »Die Lage des Gebäudes unmittelbar oberhalb des Tores auf einer künstlichen Anhöhe sowie die solide Bauart desselben lassen keinen Zweifel, daß es das vornehmste Gebäude Trojas, ja, daß es das Haus des Priamos gewesen sein muß.«

Einen Beweis für diese Behauptung konnte Schliemann nicht liefern. Er ließ sich von seinen Gefühlen leiten. Das Skäische Tor im Südwesten der Stadt hatte in der »Ilias« zentrale Bedeutung. Es war Schauplatz der wichtigsten Begegnungen, des vielfachen Abschiednehmens, des Bangens der Daheimgebliebenen. Von hier wurden die kriegerischen Auseinandersetzungen beobachtet. Das Skäische Tor war ein Symbol für Troja wie das Brandenburger Tor für Berlin. Und wie das Brandenburger Tor darüber hinaus zum Wahrzeichen für Deutschland und die deutsche Nachkriegsgeschichte wurde, so stellt das Skäische Tor ein Symbol für den Trojanischen Krieg und die homerische »Ilias« dar.

Priamos, dessen Palast Schliemann hinter dem doppeltürmigen Tor entdeckt zu haben glaubte, tritt uns als die zentrale Figur der »Ilias« entgegen. Er, der Sohn des Laomedon, war verheiratet mit Hekabe, unterhielt aber noch ein paar außereheliche Verbindungen, aus denen zahlreiche Kinder hervorgingen, darunter welche mit so illustren Namen wie Hektor, Kassandra, Paris, Polydoros und Polyxena. Sein Tod war spektakulär wie sein Leben: Bei der Eroberung Trojas durch die Griechen floh er zum Altar des Zeus und wurde dort von Neoptolemos erschlagen.

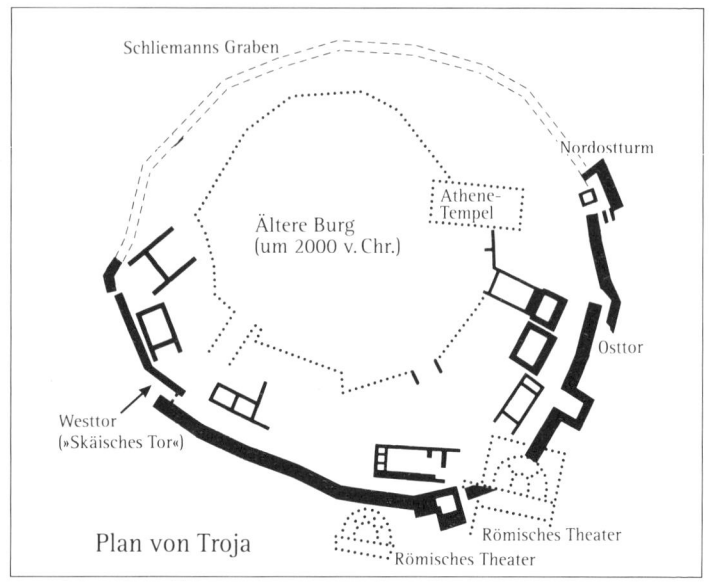

Schliemanns Graben

Nordostturm

Athene-Tempel

Ältere Burg
(um 2000 v. Chr.)

Osttor

Westtor
(»Skäisches Tor«)

Plan von Troja

Römisches Theater

Römisches Theater

Mit der Ausgrabung des Skäischen Tores und des Palastes des Priamos hätte Heinrich Schliemann – vorausgesetzt, es handelte sich wirklich um diese Gebäude – den Beweis für seine Troja-Theorie erbracht. Denn die beiden Kernaussagen dieser Theorie lauteten: Homers »Ilias« beruht auf historischen Tatsachen; der Schauplatz des trojanischen Krieges lag unter dem Hügel von Hissarlik verschüttet.

Kein ernsthafter Altertumsforscher hätte gewagt, die kümmerlichen Mauerreste als Palast des Priamos zu bezeichnen. Jedenfalls gab es innerhalb der Mauern keinen einzigen Fund, der diesen Schluß nahegelegt hätte. Zwar brachte Schliemann eine Ansammlung tönerner Vasen mit Darstellungen der eulenköpfigen Athene ans Tageslicht, außerdem sechs polierte Beile aus Diorit, vier Becher und Bruchstücke einer großen Urne sowie Fragmente von Gebrauchsgeschirr, daraus jedoch abzuleiten, es müsse sich um den Königspalast des Priamos handeln, bedurfte entweder einer übersteigerten Phantasie oder der Besessenheit eines Mythomanen. Heinrich Schliemann verfügte über das eine wie das andere.

»Zu meiner Freude«, schrieb er selbstbewußt dem Archäologen und Museumsdirektor Professor Alexander Conze, »kann ich Ihnen melden, daß Ihre Ansicht und die Ihrer geehrten Herren Kollegen sich als richtig erwiesen hat und auf der mit großen Platten gepflasterten Straße zwei Tore ans Licht gekommen sind, wovon das eine circa sechs Meter hinter dem anderen steht ... Vor dem zweiten Tor befindet sich ein großes Haus, dessen Ruinen und Schutt drei Meter hoch die Tore bedeckte ... Dies ist jedenfalls das Haus des Priamos. Das Tor ist das Skäische ...«

In Briefen und Zeitungsbeiträgen posaunte Heinrich Schliemann seinen Erfolg hinaus in die Welt. Und der unerwartete Erfolg war es wohl auch, der die türkische Regierung davon abhielt, die Grabungslizenz zurückzuziehen.

Der Ausgräber hatte nach dem Streit mit Frank Calvert die Arbeiten auf dessen im Norden gelegenen Grund und Boden eingestellt. Weil er sich, wie er sagte, mit Calvert nicht mehr einigen könne. Das wahre Motiv war jedoch, daß die Ausbeute auf Calverts Grund verschwindend gering ausfiel im Vergleich zu den Funden auf dem Boden der Regierung.

DIE BURG VON TROJA – EIN FÜLLHORN

Mit diesen Funden gab sich Schliemann offenbar erst einmal zufrieden. Bereits am 24. Mai meldete er in einem Bericht an die »Augsburger Allgemeine«, er habe seine Aufgabe »vollkommen gelöst« und werde die Ausgrabungen in Troja am 15. Juni »für immer« einstellen. »Die Burg von Troja«, so Schliemann wörtlich, »ist ein überaus reiches, ja unerschöpfliches Füllhorn der mannigfaltigsten merkwürdigsten und noch nie vorgekommenen Gegenstände des häuslichen Gebrauchs und der Gottesverehrung des ruhmreichen trojanischen Volkes und seiner Nachfolger, und, abgesehen von den Monumenten unsterblichen Ruhms, die ich hier ans Licht gebracht, habe ich mit den gefundenen Altertümern eine neue Welt für die Archäologie aufgedeckt ...

Wenn man sich aber bei der Ansicht des Planes von Troja in seinen Erwartungen getäuscht sieht und findet, daß Troja für die großen Taten der ›Ilias‹ viel zu klein war und Homer alles mit dichterischer Freiheit übertrieben hat, so muß man doch andererseits hohe Genugtuung in der nunmehr erlangten Gewißheit finden, *daß es wirklich ein Troja gab, daß dies Troja aufgedeckt ist und daß den homerischen Gesängen wirkliche Tatsachen zu Grunde liegen.*

Die Entdeckung Trojas verdanke ich nur meinem Enthusiasmus für die griechische Philologie und besonders für Homer. Ich vermache daher in meinem Testament meine ganze Sammlung trojanischer Altertümer der griechischen Nation, in deren Mitte ich für den Rest meines Lebens meinen Wohnsitz aufgeschlagen habe. Ich bin zu jeder Zeit mit Vergnügen bereit, dieselbe Besuchern zu zeigen, wenn ich in Athen bin.«

Als er diese Zeilen am 24. Mai 1873 niederschrieb, ahnte Schliemann nicht, daß seine größte Entdeckung noch bevorstand, ein Fund, der ihn über Nacht berühmt machen sollte – so wie er sich das immer gewünscht hatte.

Um diesen Fund gab es von Anfang an Gerüchte, Zweifel und jede Art von Mutmaßungen. Es scheint beinahe, als habe Heinrich Schliemann mit seinem Verwirrspiel Maßstäbe gesetzt für spätere große archäologische Entdeckungen wie die Auffindung des Tontafel-Archivs von Boghazköi, der Büste der Königin Nofretete oder der Goldmaske des Tut-ench-Amun. Alle diese Entdeckungen umgibt bis heute eine Aura des Geheimnisvollen und Kriminellen, und bis heute sind über jeden dieser bedeutsamen Funde verschiedene Entdeckungsgeschichten in Umlauf.

Die Ereignisse in Troja unterscheiden sich von anderen Entdeckungsgeschichten nur dadurch, daß es der Ausgräber selbst war, der unterschiedliche Versionen in die Welt setzte. In Briefen, Zeitungsberichten und seinen Büchern »Trojanische Altertümer« und »Selbstbiographie« tischt Schliemann der erstaunten Leserschaft gleich ein halbes Dutzend unterschiedlicher Entdeckerberichte auf, so daß es beinahe unmöglich ist, die Wahrheit herauszufinden über das Geschehen zwischen dem 31. Mai und dem 7. Juni 1873.

Gewißheit besteht nämlich nicht einmal hinsichtlich des genauen Zeitpunktes der Entdeckung. Die früheste Tagebuchnotiz mit einem Hinweis auf diesen Fund stammt vom 31. Mai. Unbekannt ist jedoch, ob Schliemann dabei den griechischen oder den gregorianischen Kalender zugrunde legte. In seinem Troja-Buch erscheint der Bericht über die Entdeckung erst unter dem 17. Juni, als der Ausgräber seine Arbeiten bereits eingestellt hatte.

Eine bewußte Fälschung ist ganz sicher Schliemanns Behauptung, seine Frau sei bei der Entdeckung anwesend und später dabei behilflich gewesen, den Schatzfund zu bergen und außer Landes zu bringen. Daß Sophia ausgerechnet zu dem Zeitpunkt nicht anwesend war, an dem er die Entdeckung seines Lebens machte, das wollte Heinrich nicht in den Sinn. Und wie wir mehrfach gesehen haben, entspricht es durchaus seinem Charakter, das Schicksal, so es nicht seine Vorstellungen erfüllte, eigenmächtig zu korrigieren. Jedenfalls stimmen alle Entdeckungsberichte Schliemanns in der Falschaussage überein, Sophia habe ihm bei der Bergung zur Seite gestanden.

DIE WAHRHEIT ÜBER SCHLIEMANNS GRÖSSTE ENTDECKUNG

Der Wahrheit am nächsten kommt vermutlich jener erste Grabungsbericht, den Heinrich Schliemann wenige Tage später aufgezeichnet hat. Eigenartigerweise fehlt gerade dieser Niederschrift jene Rührung und Begeisterung, die Schliemanns spätere Berichte über das Ereignis auszeichnen. Man kann nur spekulieren, warum das so ist; vielleicht kam es Schliemann darauf an, mit einer möglichst nüchternen Schilderung die Anerkennung der Professoren zu erlangen, die seinen Forschungen bis dahin skeptisch oder ablehnend gegenüberstanden.

»Hinter dem Haus (des Priamos) legte ich in 8 bis 10 Meter Tiefe die vom Skäischen Tor weitergehende trojanische Ringmauer bloß und stieß beim Weitergraben auf dieser Mauer unmittelbar neben dem Hause des Priamos auf einen großen kupfernen Gegenstand höchst merkwürdiger Form, der um so mehr meine Aufmerksamkeit auf sich zog, als ich hinter demselben Gold zu bemerken glaubte. Auf dem kupfernen Gegenstand ruhte eine 1 1/2 bis 1 3/4 Meter dicke steinfeste Schicht von roter Asche und kalzinierten Trümmern, auf welcher die vorerwähnte 1,80 Meter dicke, 6 Meter hohe Festungsmauer lastete, die aus großen Steinen und Erde bestand und aus der ersten Zeit nach der Zerstörung Trojas stammen muß. Um den Schatz der Habsucht meiner Arbeiter zu entziehen und ihn für die Wissenschaft zu retten, war allergrößte Eile nötig; und obgleich es noch nicht Frühstückszeit war, so ließ ich doch sogleich ›paidos‹ ausrufen; und während meine Arbeiter aßen und ausruhten, schnitt ich den Schatz mit einem großen Messer heraus, was nicht ohne allergrößte Kraftanstrengung und furchtbarste Lebensgefahr möglich war; denn die große Festungsmauer, welche ich zu untergraben hatte, drohte jeden Augenblick auf mich einzustürzen. Aber der Anblick so vieler Gegenstände, von denen jeder einzelne einen unermeßlichen Wert für die Wissenschaft hat, machte mich tollkühn, und ich dachte an keine Gefahr.

Die Fortschaffung des Schatzes wäre mir aber ohne die Hilfe meiner lieben Frau unmöglich gewesen, die immer bereitstand, die von mir herausgeschnittenen Gegenstände in ihren Schal zu packen und fortzutragen.«

Deutlich ist Heinrich Schliemann in seinem Bericht bemüht, den Wert des Schatzes für die Wissenschaft herauszustreichen. Für ihn hatte der Fund keinen materiellen Wert, freilich auch nicht nur einen wissenschaftlichen: Jetzt konnte er den gelehrten Professoren, die ihn bisweilen wie einen dummen Jungen behandelt hatten – denken wir nur an Ernst Curtius –, seine archäologischen Fähigkeiten und seine wissenschaftliche Reputation beweisen.

Für Schliemann stand von Anfang an fest, daß es sich bei den nahe dem Haus des Priamos gefundenen Kostbarkeiten um dessen eigenen Schatz handeln mußte. Wer anders als der König von Troja hätte über Waffen und Geschirr aus Gold und Silber verfügen können? Und daß der Schatz unter einer eineinhalb Meter dicken Ascheschicht begraben lag, war für den Ausgräber nur ein weiteres Indiz. Hatten königstreue Trojaner versucht, die Kostbarkeiten vor den Feinden zu retten, während ihre Stadt bereits brannte?

Die heimliche Bergung des Schatzes war ein mühevolles Unternehmen. Immerhin waren es insgesamt 8833, zum Teil winzige Einzelstücke, die wegtransportiert werden mußten. Nur 83 Stücke hatten ein »griffiges« Format. Bei den übrigen Teilen handelte es sich um kleine Blättchen, Sternchen, Ringe und Knöpfe aus Gold, um Bestandteile von Ketten und Diademen, mit denen sich Schliemann verständlicherweise erst später beschäftigte.

Zuoberst lag ein ovaler kupferner Schild von 50 Zentimeter Durchmesser, mit einem feinen faustgroßen Nabel in der Mitte und einem vier Zentimeter hohen Rand. Als Schliemann ihn vorsichtig hochhob, kam zunächst ein Kupferkessel, dann eine 44 Zentimeter lange, 16 Zentimeter breite Kupferplatte zum Vorschein. Unter der Einwirkung von Feuer hatte sie sich gewellt, und die Glut des Feu-

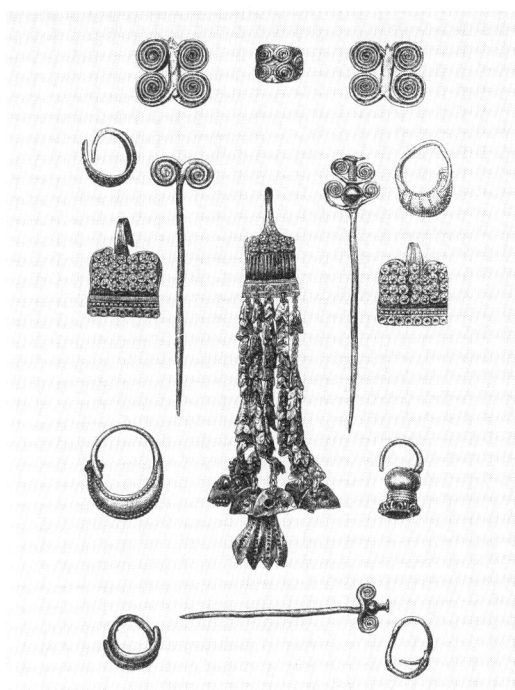

15 Kleinfunde aus Gold gaben Schliemann erste Hinweise auf den »Schatz des Priamos«. Der Ausgräber ließ jedes einzelne Objekt von einem Zeichner festhalten und versah es mit einer Kennnummer. Die abgebildeten Schmuckstücke, Ohrringe, Haarringe, Ziernadeln und ein Gehänge, tragen die Nummern 836 bis 850.

ers war es wohl auch gewesen, die den Sockel einer Silbervase an die Kupferplatte geschweißt hatte. Der fünfte Gegenstand, den Schliemann aus dem Schutt holte, war eine kugelrunde Flasche aus purem Gold, 400 Gramm schwer. Daneben lag, ebenfalls aus Gold und 226 Gramm schwer, der zugehörige Becher.

Mit einem Messer schälte Schliemann die Schätze aus dem Erdreich. Er war in höchstem Maße darauf bedacht, nichts zu zerstören. Andererseits saß ihm die Zeit im Nacken. Schliemann barg den Schatz ganz allein, weniger aus den genannten Gründen – um ihn »der Habsucht meiner Arbeiter zu entziehen und ihn für die Wissenschaft zu retten« –, nein, für ihn stand von Anfang an fest, er wollte den Schatz für sich haben und heimlich aus dem Land schaffen.

Der Ausgräber verstaute die Gegenstände in einem Korb und trug sie in sein nur wenige Schritte entferntes Holzhaus. Dann setzte er die Bergung fort. Er stieß auf ein seltsames Objekt aus Gold, mit dem er zunächst nichts anzufangen wußte. Es hatte die Form eines Schiffchens mit zwei ohrenförmigen Henkeln an beiden Längsseiten. Zwei Münder an Bug und Heck des Schiffchens und Schliemanns ausgezeichnete Homer-Kenntnisse brachten den Ausgräber schließlich zu der Erkenntnis, daß er ein »dépas amphikýpellon« gefunden hatte, ein seltenes Trinkgefäß, das von Gast und Gastgeber gleichzeitig benutzt werden konnte.

Aus seinen Aufzeichnungen vom selben Tag: »Ich fand dort ferner sechs mit dem Hammer getriebene Stücke allerreinsten Silbers in Form von großen Klingen, deren eines Ende abgerundet, das andere in Gestalt eines Halbmondes ausgeschnitten ist... Da ich alle vorgenannten Gegenstände, einen viereckigen Haufen bildend, zusammen oder ineinander verpackt auf der Ringmauer fand, so scheint es gewiß, daß sie in einer hölzernen Kiste lagen, wie solche in der ›Ilias‹ im Palast des Priamos erwähnt werden. Dies scheint um so gewisser, als ich unmittelbar neben den Gegenständen einen 10 1/2 Zentimeter langen kupfernen Schlüssel fand, dessen 5 Zentimeter langer und breiter Bart die größte Ähnlichkeit hat mit den großen Kassenschlüsseln in Banken. Merkwürdigerweise hat dieser Schlüssel einen hölzernen Griff gehabt; das wie bei Dolchmessern in rechtem Winkel umgebogene Ende des Schlüsselstiels läßt keinen Zweifel darüber.«

In Schliemanns Kopf begann es zu arbeiten. Ein schlüsselförmiges Stück Metall – das setzte seine Phantasie in Bewegung. Szenen wurden lebendig. Kampf um Troja. Der Ausgräber wörtlich: »Vermutlich hat jemand aus der Familie des Priamos den Schatz in aller Eile in die Kiste gepackt, diese fortgetragen, ohne Zeit zu haben, den Schlüssel herauszuziehen, ist aber auf der Mauer von Feindes Hand oder vom Feuer erreicht worden und hat die Kiste im Stich lassen müssen, die sogleich mit roter Asche und den Steinen des daneben stehenden königlichen Hauses verschüttet wurde. Vielleicht gehörten dem Unglücklichen, welcher den Schatz zu retten versucht hat, die einige Tage früher in einem Raume des königlichen Hauses und unmittelbar neben dem Fundort des Schatzes entdeckten Gegenstände, ein Helm und eine 18 cm hohe, 14 cm breite, dicke silberne Vase, in welcher ein eleganter, 11 cm hoher, 9 cm breiter Becher von Elektron steckte. Der Helm wurde zertrümmert, kann jedoch vielleicht wieder zusammengeleimt werden, da ich alle Stücke habe. Die beiden oberen Teile desselben sind unversehrt.

16 In seinem 1881 erschienenen Troja-Buch zeigte Heinrich Schliemann in diesem Holzstich, wie eines der Diademe aus dem Schatz des Priamos getragen wurde. Er ließ den Stich anfertigen, obwohl es bereits zahlreiche Fotografien seiner Frau Sophia mit dem Diadem auf dem Kopf gab. Der Grund: Die Graphik sollte möglichst seriös erscheinen.

Daß man den Schatz bei furchtbarer Lebensgefahr, in zitternder Angst zusammengepackt hat, davon zeugt unter anderem auch der Inhalt der größten silbernen Vase, in welcher ich ganz unten zwei prachtvolle goldene Diademe, ein Stirnband und vier herrliche, höchst kunstvoll gefertigte Ohrgehänge aus Gold fand; darauf lagen 56 goldene Ohrringe von höchst merkwürdiger Form und 8750 kleine goldene Ringe, durchbohrte Prismen und Würfel, goldene Knöpfe und so weiter, die offenbar von anderen Schmucksachen herrühren; darauf folgten sechs goldene Armbänder, und ganz oben lagen die beiden kleinen goldenen Becher.«

DIE GOLDENEN DIADEME

Die Diademe und das Stirnband erlangten unter allen Objekten des Schatzfundes die größte Popularität: Schliemann ließ seine Frau Sophia, angetan mit dem kostbaren Schmuck, fotografieren, und diese Aufnahmen gingen um die Welt und wurden in allen großen Zeitungen veröffentlicht. Das kleinere Diadem besteht aus einer 51 Zentimeter langen goldenen Kette, die um die Stirne gelegt wird.

Über den Schläfen sind auf jeder Seite 8 jeweils 39 Zentimeter lange Ketten angebracht. Sie sind aus kleinen goldenen Darstellungen von Baumblättern zusammengefügt, und das untere Ende bildet ein Eulenkopf, Symbol der ilischen Schutzgöttin. Die Stirn wird von insgesamt 74, nur 10 Zentimeter langen Goldkettchen bedeckt, die wie die Schläfenkettchen aus Nachbildungen von Baumblättern zusammengesetzt sind. Das unterste Blatt der Reihe ist jeweils größer und etwa 2 Zentimeter lang.

Das zweite goldene Diadem ähnelt dem ersten in der Machart, seine abweichenden Maße legen jedoch die Vermutung nahe, daß es nicht derselben Trägerin diente. Jedenfalls ist das Stirnband um 4 Zentimeter länger. An ihm sind über den Schläfen je 7 aus 11 Blättern bestehende Kettchen mit einem Eulenkopf am Ende angebracht. Mit nur 26 Zentimetern sind sie bedeutend kürzer als die entsprechenden des ersten Exemplars. Zwischen den Schläfenketten hängen 47 Stirnkettchen herab, 10 Zentimeter lang und am unteren Ende ebenfalls mit dem Symbol der ilischen Schutzgöttin verziert.

Besondere Mühe bereitete Schliemann die Bergung der vier feinen Ohrgehänge, von denen nur zwei einander entsprechen. Die beiden anderen sind Einzelstücke. Alle haben eine Länge von acht bis neun Zentimetern. Sie waren nur in separaten Teilen erhalten, und es bedurfte einer zeitraubenden Rekonstruktion.

Durch ihre Winzigkeit zeichneten sich sechs goldene Armbänder aus; zwei von ihnen waren einfache geschlossene Reifen von vier Millimeter Dicke, ein dritter, ebenfalls geschlossener Reif bestand aus einem verzierten Band von sieben Millimeter Breite. Die drei anderen waren offen und trugen an den Enden jeweils einen Kopf. »Die Prinzessinnen, die diese Armbänder getragen haben«, notierte Schliemann, »müssen eine ungemein kleine Hand gehabt haben; denn sie sind so klein, daß ein Mädchen von zehn Jahren Mühe haben würde sie aufzustecken.«

Bei der heimlichen Ausgrabung des Schatzes mußte Heinrich Schliemann mit einem Sieb arbeiten, um sicherzugehen, daß sich unter dem aussortierten Schutt nicht weitere Goldperlen oder -plättchen befanden. Die kleinsten Gegenstände waren winzige ring-, kugel- und zylinderförmige Objekte von drei Millimetern Durchmesser, die einst auf Schnüren aufgereiht waren. Zwar befanden sich alle diese winzigen Pretiosen in einer großen silbernen Vase;

17 Eine der ältesten Fotografien des gesamten Priamos-Schatzes aus dem Jahre 1873: Oben die aufgereihten Ohrgehänge und Diademe, darunter die Goldgefäße, unten die großen Zierschalen. Die kleinsten Objekte waren nur millimetergroß. Sie mußten mit Hilfe eines Siebes aus dem Schutt gelöst werden.

Schliemann konnte jedoch nicht ausschließen, daß die Vase umgestürzt und das Gold weit verstreut war.

In seinem Grabungstagebuch resümierte er: »Der ganze Schatz, so scheint mir, war einst in einer Truhe verwahrt; denn alles lag dicht zusammengepackt in einem viereckigen Haufen. Irgend jemand aus der königlichen Familie muß aus Angst und Verzweiflung beim Untergang Trojas versucht haben, die kostbaren Schätze zu retten und aus der Burg zu schaffen. Doch hier auf der Mauer, nahe am Tor, wurde er vom Feind oder vom Feuer überrascht und der Schatz unter Asche und Ziegelschutt begraben.«

IST DER SCHATZ DES PRIAMOS ECHT?

Schliemann-Kritiker haben die Behauptung aufgestellt, bei dem Fund, den der Ausgräber als »Schatz des Priamos« bezeichnete, habe es sich um keine einzelne, zusammengehörige Entdeckung gehandelt, sondern um eine Ansammlung verschiedener Fundobjekte, die im Laufe seiner dreijährigen Ausgrabungen ans Tageslicht gekommen seien. Schliemann habe die Stücke gesammelt und erst am Ende seiner Troja-Grabungen sozusagen mit einem Paukenschlag als einmaligen Schatzfund präsentiert.

Ohne Zweifel würde eine derartige Inszenierung in das Charakterbild Heinrich Schliemanns passen. Schliemann also ein Wichtigtuer, der die Welt an der Nase herumgeführt hat?

Daß Schliemann die Entdeckung des trojanischen Schatzes mit Sicherheit nicht inszeniert hat, dafür spricht ein scheinbar unbedeutender Brief an seine Verleger F. und A. Brockhaus. Der Ausgräber hatte Ende Mai einen seiner zahlreichen Grabungsberichte nach Leipzig geschickt, mit der Bitte, diesen in verschiedenen Blättern, darunter in der »Leipziger Allgemeinen Zeitung« zu veröffentlichen. In dem Bericht war von verschiedenen anderen Funden die Rede. Nach Entdeckung des Schatzes fürchtete Schliemann nun, die türkische Regierung könnte erneut auf ihn aufmerksam werden, noch bevor das trojanische Gold ihrem Zugriff entzogen war.

Drei Tage, nachdem er auf den Schatz gestoßen war, schrieb Schliemann an Brockhaus: »Ich habe hier im Palast des Priamos Sachen von höchster Wichtigkeit gefunden, die mich in die Notwendigkeit versetzen, die ganze Baustelle desselben aufzugraben, wozu ich noch 14 Tage brauche. Ich bat Sie infolgedessen telegrafisch, meinen Artikel für die ›Allgemeine Zeitung‹ noch nicht zu veröffentlichen, denn derselbe wird sogleich in den türkischen Zeitungen reproduziert und würde die sofortige Kündigung meines Firmans zur Folge haben.

Ich werde mir erlauben, Ihnen das genaue Datum anzugeben, wann der Artikel ohne Gefahr für mich erscheinen kann. Die gefundenen Sachen allein werden reichen, unserem Werk kulanten Absatz zu sichern.«

Der Brief an Brockhaus zeigt, die Entdeckung kam für Heinrich Schliemann unerwartet. Hätte er den Fund inszeniert, so hätte er sich gewiß nicht durch die vorzeitige Übersendung des Berichts in Schwierigkeiten gebracht.

Inzwischen befand sich der Schatz des Priamos, auf sechs Weidenkörbe verteilt, im Grabungshaus Schliemanns auf dem Gipfel des trojanischen Hügels. Noch wußte niemand von der wahren Bedeutung des Fundes, auch die Vorarbeiter nicht, die ohne Zweifel die Bergungsaktion mitbekommen hatten. Während Schliemann im Norden der Fundstelle weitergraben ließ, weil er hoffte, eine weitere Entdeckung zu machen, quälte ihn vor allem die Frage: Wie konnte er den Schatz des Priamos unbemerkt nach Athen bringen?

Der Ausgräber selbst und Sophia Schliemann haben nie öffentlich darüber gesprochen, wie das trojanische Gold vom Hügel von Hissarlik nach Athen gelangt ist. Seine von ihm selbst kolportierte Version, Ehefrau Sophia sei ihm bei dem Coup behilflich gewesen, hat Schliemann später gegenüber dem Londoner Museumsdirektor Charles T. Newton revidiert. Er gestand freimütig, seine Frau nur deshalb ins Spiel gebracht zu haben, um sie für spätere Ausgrabungen in Griechenland zu begeistern. Weder Heinrich noch Sophia Schliemann, die einzigen, denen die Hintermänner des Unternehmens bekannt waren, haben diese je preisgegeben.

Was aber geschah damals, Mitte Juni 1873, wirklich?

Nach dem Bruch mit Frank Calvert, der sich – mit gutem Grund – von Schliemann hintergangen fühlte, hatte dieser mit Calverts Bruder Frederic Verbindung aufgenommen. Die beiden verstanden sich gut, jedenfalls zeugen davon mehrere Briefe. Frederic Calvert wohnte in dem kleinen Ort Thymbria, und dort ging Anfang Juni folgender Brief Schliemanns ein: »Leider muß ich Sie davon in Kenntnis setzen, daß ich scharf überwacht werde und gefaßt sein muß, daß der türkische Aufsichtsbeamte, der aus einem mir unerfindlichen Grund böse auf mich ist, morgen bei mir eine Hausdurchsuchung vornimmt. Ich nehme mir daher die Freiheit, bei Ihnen sechs Körbe und einen Sack zu deponieren und bitte Sie, diese freundlicherweise einzuschließen und auf keinen Fall zuzulassen, daß die Türken sie anrühren ...«

Ob es sich bei der Hausdurchsuchung des türkischen Beamten Amin-Effendi um eine Routinekontrolle handelte oder ob die Regierung in Konstantinopel über die Entdeckung informiert worden war, bleibt ein Geheimnis. Als Amin-Effendi am folgenden Tag im Grabungshaus auf dem Hügel eintraf, war der Schatz verschwunden.

Unklar ist die Rolle Frederic Calverts in diesem Husarenstück. Angeblich schaffte er die sechs verschlossenen und mit der Aufschrift »Obst und Gemüse« versehenen Körbe sowie den Sack zum nächsten Linienschiff nach Athen. Adressat der Sendung soll Sophia Schliemann gewesen sein. Doch diese Version wirft zwei Fragen auf: Hat Heinrich Schliemann tatsächlich einen so risikoreichen Transportweg gewählt? Und: Ist es glaubhaft, daß Calvert – wie Schliemann später behauptete – den wahren Inhalt der Körbe nicht kannte?

Tatsache ist: Als Heinrich Schliemann Mitte Juni 1873 nach Athen zurückkehrte, befand sich der Schatz des Priamos bereits in seinem Haus. Es ist nicht auszuschließen, daß Schliemann sowohl Frederic Calvert als auch Amin-Effendi mit einer großen Geldsumme bestochen hat. Denn für beide ergriff der Ausgräber später, als sich die Vorwürfe gegen sie häuften, energisch Partei.

So wandte er sich, nachdem er erfuhr, daß Amin-Effendi sogar der Prozeß gemacht werden sollte, mit einem Brief an den Gouverneur Safved-Pascha, um den Aufseher der Regierung zu entlasten. Keiner, versicherte er, hätte die Ausgrabungen in Troja besser beaufsichtigt als Amin-Effendi. Wenn es ihm dennoch gelungen sei, den Schatz aus der Türkei herauszuschmuggeln, so nur deshalb, weil in Troja ständig an fünf Stellen gegraben wurde. Schließlich habe Amin nicht an fünf Orten gleichzeitig sein können.

»Wenn Sie gesehen hätten, wie verzweifelt dieser arme Mann war, als er später von Arbeitern erfuhr, daß ich einen Schatz gefunden hatte, und wenn Sie gesehen hätten, wie aufgebracht er in mein Zimmer stürzte und mir im Namen des Sultans befahl, alle Schränke und Kisten zu öffnen, und wie ich ihn wortlos hinauswarf – Sie würden sicher Mitleid mit ihm gehabt haben.«

DER ZWEIFELHAFTE RUHM DES GOLDES

Natürlich wäre es klüger gewesen, wenn Schliemann die Entdeckung des Schatzes zunächst verheimlicht hätte, wenn er eine gewisse Zeit hätte verstreichen lassen, ohne den Sensationsfund publik zu machen. Aber Zurückhaltung war nicht seine Art. Es entsprach viel mehr seinem Charakter, sich und seine Taten stets ins Rampenlicht zu rücken. Sollte er da die Entdeckung seines Lebens geheimhalten?

Die ersten von ihm selbst verfaßten Reportagen über den Schatz des Priamos und seine Entdeckung erschienen in der »Augsburger Allgemeinen« und der »Leipziger Allgemeinen Zeitung«, dann folgte die Londoner »Times«, und schließlich wurde die Sensation von allen großen Zeitungen verbreitet. Im Gegensatz zu den Berichten über die Entdeckung Trojas interessierten sich für den Schatzfund nicht nur gebildete Leute. Schließlich hatte der Ausgräber verlauten lassen, sein trojanischer Schatz sei eine Million Francs wert. Es gab kaum ein Wochenblatt oder Monatsheft, welches das Ereignis nicht gebührend feierte.

Heinrich Schliemann war mit einem Mal weltberühmt. Er sonnte sich in seinem Glück. »Es schmeichelt mir«, schrieb er stolz an Charles T. Newton, »daß ich für die Archäologie eine neue Welt entdeckt habe ...«

Kaum hatten griechische Zeitungen von dem Schatzfund und auch davon, daß er in Schliemanns Haus aufbewahrt werde, berichtet, da bildeten sich schon am Morgen Menschentrauben vor dem Haus in der Odos Mouson. Alle wollten den Schatz sehen. Zunächst betrachtete Schliemann den Andrang mit Wohlgefallen; aber als dieser auch nach einer Woche nicht enden wollte, da verschloß er sein Haus vor der Öffentlichkeit. Seinem Verleger Brockhaus gestand Schliemann, er finde kaum noch Schlaf, seit der Schatz des Priamos im Haus sei.

Es lag nahe, das trojanische Gold der griechischen Staatsbank zur Aufbewahrung anzuvertrauen. Schliemann nahm jedoch von dieser Möglichkeit Abstand; denn auf diese Weise wäre der Schatz dem Zugriff der Behörden ausgesetzt gewesen. Aus Konstantinopel kam nämlich inzwischen die Aufforderung der türkischen Regierung, die griechischen Behörden sollten den Schatz bis zur Klärung der Besitzverhältnisse beschlagnahmen. Schliemann kam dem zuvor und griff zu einer List. Er verteilte den Schatz in sechs versiegelte Kisten unter der vielköpfigen Verwandtschaft seiner Frau und forderte absolutes Stillschweigen, bis der Streit entschieden sei.

»Mehr als hundert Firmans«, wetterte er in einem Brief an seinen Leipziger Verleger Brockhaus, »sind seit zehn Jahren für Ausgrabungen in der Türkei erteilt worden, und in allen ohne Ausnahme ist die Bedingung gestellt worden, die Hälfte abzugeben; und doch bin ich bis jetzt der einzige gewesen, von dem die Türken wenigstens etwas gekriegt haben; denn ich habe sieben Pithoi, auch vier

Säcke mit steinernen Werkzeugen geschickt, während sie sonst von niemandem je das Allergeringste erhalten haben... Auch hat nur diesmal die Nichtbeachtung des Firmans Aufsehen erregt, weil ich so nahe bei Konstantinopel die berühmteste aller berühmten Städte in so ungeheurer Tiefe ans Licht gebracht und mit Freimütigkeit in Zeitungsartikeln die gefundenen Sachen aufgezählt habe.«

In der Tat galt das Interesse der türkischen Regierung in allererster Linie dem materiellen Wert des Schatzes. Der historische Wert der trojanischen Funde spielte für die Türkei eine untergeordnete Rolle. Es war bekannt, daß man am Bosporus wenig Wert auf die Güter der Vergangenheit legte. Schliemann argwöhnte nicht zu Unrecht, »daß die gefundenen Sachen in dem für das Publikum verschlossenen Pferdestall, den man türkisches Museum nennt, auf ewig für die Wissenschaft verloren gehen würden.«

Der junge Griechenstaat hingegen, der einen besonderen Nationalstolz pflegte, betrachtete die Ausgrabungen in Troja zu Recht als Wiederbelebung seiner eigenen Geschichte, und die zuständigen Stellen bekundeten von Anfang an Interesse, den Schatz des Priamos zu übernehmen und in einem Museum öffentlich auszustellen. Schliemann war nicht abgeneigt, doch knüpfte er an eine Übergabe gewisse Bedingungen. Für die dreijährigen Ausgrabungen hatte der wohlhabende Mann einen nicht geringen Teil seines Vermögens – er sprach von einer halben Million Francs – ausgegeben. Den wollte er als Entschädigung zurückhaben. Doch Griechenland war ein armes Land, und die Summe überstieg die Möglichkeiten der Regierung.

Heinrich Schliemann war andererseits auf das Geld nicht angewiesen. Es gab etwas, das ihm viel wichtiger zu sein schien als Geld, und das war der Ruhm. Von der weltweiten Anerkennung angestachelt, die ihm der Schatz des Priamos eingebracht hatte, wollte Schliemann sich selbst ein Denkmal setzen. Er schlug der griechischen Regierung vor, in Athen ein Museum zu errichten, das seinen Namen tragen sollte. Die griechische Regierung sollte ihm dafür die Erlaubnis erteilen, die alten Stätten Olympia und Mykene auszugraben.

Eigentlich stellte Mykene für Schliemann das interessantere Grabungsobjekt dar. Schließlich hatte er schon bei seinen ersten Funden auf dem Hügel von Hissarlik erkannt, daß zwischen Troja und Mykene eine kulturgeschichtliche Verbindung bestand. Doch nun hatte er es plötzlich auf eine Grabungslizenz für Olympia abgesehen. Sie bot die Chance, dem eingebildeten Preußen Ernst Curtius, der ihn und seine Forschungen nie ernst genommen hatte, eins auszuwischen. Für den alten Professor würden Ausgrabungen in Olympia die Krönung seines Lebens bedeuten, und die preußische Regierung hatte bereits eine entsprechende Genehmigung für Olympia beantragt.

»Mein Vorschlag«, schrieb Schliemann in einem Brief an den Schweriner Museumsdirektor Friedrich Schlie, mit dem ihn eine alte Freundschaft verband, »wurde im Parlament mit Jubel einstimmig angenommen, aber das Ministerium ist gegen mich. Auch erzeugen meine Erfolge hier bei der archäologischen Gesellschaft furchtbaren Neid, so daß Olympia an die preußische Regierung, die darum ebenfalls eingekommen ist, zum Ausgraben überlassen wird. Man will mir nur Mykene geben, und dafür gebe ich die Kunstschätze nicht her, fühle mich auch gekränkt und will hier gar nicht graben...«

SCHLIEMANN WILL ATHEN VERLASSEN

Als Georgios Kaliphournas, der griechische Minister für öffentliche Angelegenheiten, die Entscheidung dem selbstbewußten Amerikaner mitteilte, bekam dieser einen Tobsuchtsanfall. Es wollte ihm nicht in den Kopf, daß die Regierung gegen ihn votiert hatte. Das Land, das er so geliebt, der Staat, dem er so viel Vertrauen entgegengebracht hatte, sie waren ihm mit einem Mal verhaßt. Und schon damals, im Juli 1873, faßte Schliemann den Entschluß, dem Schatz des Priamos irgendwo in Europa eine neue Heimat zu suchen. Ja, er trug sich sogar mit dem Gedanken, Griechenland zu verlassen.

Sein Freund Friedrich Schlie hatte seine Ausbildungszeit am Deutschen Archäologischen Institut in Rom verbracht. Er war also mit den italienischen Verhältnissen bestens vertraut. Voller Wut über die Athener Entscheidung bat Schliemann den Schweriner Museumsdirektor um Rat, ob er sich in Zukunft Italien zuwenden solle: »Ich glaube, wenn ich der italienischen Regierung den Vorschlag mache, in Sizilien Ausgrabungen zu machen, in Palermo oder Neapel ein großes Haus zu bauen und alles, was ich finde, dort zu lassen und der italienischen Nation zu vermachen, so bin ich auch dort willkommen, ohne daß ich es nötig hätte, den Schatz des Priamos zu versprechen. Die trojanische Sammlung will ich aber gerne dem italienischen Volk vermachen, wenn ich mich sonst dort einigen kann.«

Wie ernst es Schliemann mit diesem Gedanken war, zeigt ein weiterer Brief an den Londoner Museumsdirektor Charles T. Newton, in dem er die Ansicht vertritt, er habe durch seine trojanischen Ausgrabungen ein Anrecht auf die Dankbarkeit der gesamten zivilisierten Welt, insbesondere aber Griechenlands. »Deshalb breche ich mit Griechenland und werde in Zukunft in Italien ausgraben, wo ich mit Sicherheit ein willkommener Gast sein werde...«

Die Reaktionen aus Konstantinopel auf den Diebstahl des trojanischen Goldes waren zunächst eher gemäßigt. P. A. Dethier, der deutschstämmige Direktor des Kaiserlichen Museums, schrieb Schliemann einen versöhnlichen Brief. Er erhob keinen Anspruch auf den Schatz des Priamos und bat nur, ihm einige von den Eulengesichtern zu überlassen, die Schliemann in Troja ausgegraben hatte. Schliemann lehnte ab. Statt dessen schlug er vor, drei weitere Monate mit 100 bis 150 Mann in Troja zu graben und *alle* dabei gemachten Funde der türkischen Regierung auszuhändigen. Einzige Bedingung: Die Türkei müsse sein Eigentumsrecht an allen bisher gefundenen Objekten anerkennen, also auch das Recht am Schatz des Priamos.

Der Plan war ebenso einfach wie raffiniert, und der amerikanische Botschafter in Konstantinopel, George K. Boker, hatte beträchtliche Schwierigkeiten, ihn den zuständigen Regierungsstellen nahezubringen. Schliemann versuchte den türkischen Minister für öffentliche Angelegenheiten, Djevded-Pascha, für sich zu gewinnen, indem er darauf hinwies, er kenne in der Türkei mindestens 500 Plätze, an denen es sich lohne, Ausgrabungen zu veranstalten, und er sei gerne bereit, sein Wissen und seine Arbeitskraft der türkischen Regierung zur Verfügung zu stellen.

Inzwischen hatte sich der Fall Troja jedoch, vor allem durch Zeitungsberichte Schliemanns, zu einem Skandal ausgeweitet. Die türkische Regierung konnte gar nicht mehr anders, sie mußte jeden Kompromiß mit dem Ausgräber ablehnen. Im Auftrag seiner Regierung reichte der für das Kaiserliche Museum in Konstantinopel zuständige Minister für Erziehung Klage ein gegen den Amerikaner Heinrich Schliemann. Die Forderung, die in der Klage gestellt wurde, lautete: Herausgabe des Schatzes oder Schadenersatz in Höhe von 625 000 Francs. Die Regierung in Konstantinopel verlangte außerdem von der griechischen Regierung die Beschlagnahme sämtlicher Aktien Schliemanns, die in der Athener Nationalbank lagerten, bis der Fall gerichtlich entschieden wäre. Dem Antrag wurde stattgegeben.

Heinrich Schliemann war realistisch genug, um zu erkennen, daß er sich aus eigener Schuld in eine äußerst bedenkliche Lage gebracht hatte. Er mußte damit rechnen, daß ihm das Eigentumsrecht an dem Schatz des Priamos aberkannt würde. Doch dieser Schatz war für Schliemann der Inhalt seines Lebens geworden. Also sann er auf eine neue List. Doch was zunächst als hilfreiche Finte gedacht gewesen sein mag, brachte den Ausgräber schon bald in große Bedrängnis.

Daß Schliemann wirklich ein unehrliches Spiel trieb, beweisen zwei Briefe, die erst in neuerer Zeit in der Gennadios-Bibliothek der »American School of Classical Studies« gefunden wurden. In dieser Bibliothek wird der gesamte schriftliche Nachlaß Schliemanns aufbewahrt, von dem bisher nur ein Bruchteil gelesen und wissenschaftlich erfaßt ist. Beide Aufgaben, das Lesen wie die wissenschaftliche Einordnung, stellen die Forscher vor nicht gerade geringe Probleme, angesichts der erdrückenden Menge von 80 000 Briefen und Schriftstücken in diesem Archiv sowie Schliemanns oft nur schwer entzifferbarer altdeutscher Handschrift, noch dazu in einem Dutzend Sprachen.

EIN FURCHTBARER VERDACHT

Immer wieder kommen Dokumente ans Tageslicht, denen bisher keine Beachtung geschenkt wurde, die aber von großer Bedeutung sind. So auch der nachfolgende Briefwechsel in französischer Sprache zwischen Heinrich Schliemann und seinem Pariser Agenten P. Beaurain, der seine Bankgeschäfte wahrnahm und für die Vermietung seiner 270 Wohnungen in der Seinestadt Sorge trug. Diese beiden Briefe bringen Schliemann und den Schatz des Priamos in einen furchtbaren Verdacht. Hier die beiden Briefe in deutscher Übersetzung:

Persönlich!   Athen 28. Juni 1873
Lieber Monsieur Beaurain:
Wie es scheint, hat mich die göttliche Vorsehung auf einmal belohnt für meine lange, harte Arbeit in Troja, denn wenige Tage vor meiner Abreise fand ich den Schatz des Priamos, eine Ansammlung von 60 Ohrringen, zwei Diademen, einer großen Flasche und drei Bechern aus purem Gold sowie eine Menge Objekte aus Silber von unschätzbarem Wert für die Wissenschaft.
Nach der Veröffentlichung des Fundes in einer Zeitung mußte ich zu meinem Bedauern feststellen, daß sich die türkische Regierung mit dem Gedanken trägt, die Hälfte des Schatzes gerichtlich einzuklagen. Ich werde das alles in meinem Buch veröffentlichen, das in wenigen Monaten erscheint. Gewiß bin ich in der Lage, mich vor einem griechischen Gericht selbst zu verteidigen. Ich werde erklären, daß ich den Schatz gekauft und, nur um berühmt zu werden, verbreitet habe, ich hätte ihn im Palast des Priamos gefunden. Jetzt bin ich sehr besorgt und bitte Sie, teilen Sie mir mit, gibt es in Paris einen Goldschmied, dem man absolut vertrauen kann. So sehr, daß ich ihm den Auftrag erteilen kann, alle Objekte zu kopieren. Sie sollen echt antik aussehen und natürlich keine Goldschmiedemarke tragen. Aber es ist absolut notwendig, daß er mich nicht verrät und daß er die Arbeiten zu einem annehmbaren Preis ausführt. Vielleicht könnte er sogar die Silbervasen aus galvanisiertem Kupfer, das später geschwärzt wird, herstellen. Erwähnen Sie bei Ihren Verhandlungen bitte stets Objekte, die in Norwegen gefunden wurden, erwähnen Sie um Himmels willen nie das Wort »Troja«.
Ich wiederhole, der Goldschmied, an den Sie sich wenden, muß jemand sein, dem man absolutes und unbegrenztes Vertrauen entgegenbringen kann. Mit dem Ausdruck meiner Wertschätzung für Sie, Monsieur,

H. Schliemann

Ich habe hier eine Menge Arbeit, so daß ich zu meinem großen Bedauern wohl nicht vor Ende August nach Paris kommen werde.

Dieser Brief Schliemanns gibt Anlaß zu vielen Spekulationen. Die Aufschrift »Privée (Persönlich)«, die der Ausgräber sonst nie gebrauchte, ist ein deutlicher Hinweis auf die Brisanz des Schreibens. Was hatte Schliemann vor? Schliemanns härteste Kritiker behaupten, der Schatz habe nur in seiner Phantasie existiert, und er habe das trojanische Gold nach seinen Zeichnungen anfertigen lassen.

Wollte er die Kopien des Schatzes an die türkische Regierung zurückgeben und die Originale behalten? Oder wollte er – wie in dem Brief an Beaurain angedeutet – vor aller Welt eingestehen, daß er ein Betrüger war, daß er den Schatz habe anfertigen lassen, um berühmt zu werden?

Die letztgenannte Möglichkeit würde gewiß am wenigsten zu Schliemanns Charakter passen. Schliemann war kein Verlierertyp. Und wenn er verlor, gestand er es nicht ein. Vor allem aber hätte ein solches Bekenntnis das Ende seiner Karriere als Ausgräber bedeutet.

Beaurains Antwort erfolgte postwendend, und er bezog sich dabei auch auf einen zwei Tage zuvor abgefaßten Brief Schliemanns, in dem es um die Vermietung leerstehender Wohnungen geht:

»Paris, 8. Juli 1873

Monsieur,

Ich habe die Ehre, Ihnen anzuzeigen, daß ich Ihre zwei Briefe vom 26. und 28. Juni erhalten habe.

Bereits ein paar Tage, bevor ich Ihren ersten Brief erhielt, habe ich die leerstehenden Wohnungen besucht, und heute beschäftige ich mich mit der im zweiten Brief erwähnten Angelegenheit.

Ich bin glücklich, daß Ihre anstrengenden und ausdauernden Bemühungen von Erfolg gekrönt sind, und ich verstehe Ihre Freude. Ich glaube, Monsieur Froment-Meurice, Goldschmied und Juwelier von Weltruf, sollte die Garantie und diskrete Sicherheit bieten, die Sie suchen. Ich habe mich mit ihm getroffen, ohne ihm genauere Informationen zu geben, und er meinte, er könne jedes Objekt zu einem annehmbaren Preis kopieren.

Natürlich will ich Ihnen sagen, was ich selbst tun würde, allerdings ohne eine Verantwortung zu übernehmen, und ich möchte hinzufügen, daß es in dieser so wichtigen Angelegenheit auf jeden Fall besser wäre, die Stücke persönlich zu übergeben, wenn Sie nach Paris kommen.

Es wäre sinnlos, wenn ich mit aller Diskretion und Vorsicht vorginge, wenn dann auf irgendeine dumme Weise Ihr Quasi-Geheimnis herauskäme. Sie würden wohl annehmen, daß ich nicht die nötige Sorgfalt aufgebracht hätte, und ich wäre beunruhigt über diesen Gedanken. Dies sind ganz offen meine Eindrücke; aber davon abgesehen stehe ich Ihnen zur Verfügung, um Ihre Instruktionen so gut wie möglich auszuführen.

Ich muß nicht betonen, daß man Reproduktionen niemals für Originale halten wird. Ich kann nicht beurteilen, ob Ihre schlimmsten Befürchtungen im Hinblick auf die türkische Regierung berechtigt sind, denn ich kenne die Gesetze dieses Landes nicht.

Im übrigen gibt es heute nichts zu berichten.

Wir haben den König der Könige hier, und aus diesem Grund werden hier große Feste veranstaltet; je mehr, desto besser, denn das schafft Arbeit und bringt Geld in die Kassen unserer Kaufleute – sie brauchen es.

Monsieur, empfangen Sie meine ergebensten Grüße

P. Beaurain

Der Goldschmied Emile Froment-Meurice unterhielt in der Rue St. Honoré 372, in vornehmster Gegend, ein renommiertes Ladengeschäft. Er galt als erste Adresse der feinen Pariser Gesellschaft, und seine Diskretion war mindestens ebenso gefragt wie sein Gold und seine Juwelen.

Beaurain allerdings war nicht wohl bei dem Ansinnen seines Patrons. Ihm wäre es am liebsten gewesen, mit dem geplanten Betrugsmanöver Schliemanns gar nichts zu tun zu haben. In seinem Antwortbrief wand er sich in verklausulierten Sätzen. Er fürchtete, in einen Riesenskandal hineingezogen zu werden, und das konnte er sich als Bankier und Wohnungsmakler nicht leisten. Deshalb schlug er vor, Schliemann möge selbst mit Emile Froment-Meurice verhandeln.

Doch dazu kam es nicht. Anhand seiner Briefe läßt sich lückenlos nachweisen, daß Heinrich Schliemann von Juni 1873 bis April 1875 Griechenland nicht verlassen hat. Vielleicht erschien ihm das Risiko zu hoch, den Goldschatz durch mehrere Zollschranken zu schleusen. Schließlich gab es auch in Athen Goldschmiede von Rang.

In einem Beitrag der Zeitung »Levant Herald« stellte Konsul Frank Calvert die Behauptung auf, Schliemann habe zwar eine Reihe von Ornamenten und Schmuckstücken auf dem Hügel von Hissarlik gefunden, die Schalen, Krüge und Becher aus purem Gold jedoch bei einem Athener Goldschmied in Auftrag gegeben. Den Beweis für diese Behauptung blieb Calvert schuldig. Daß der Konsul auf den Ausgräber schlecht zu sprechen war, haben wir bereits gehört; dennoch sind Calverts Ausführungen nachdenkenswert: Als Schliemann im Herbst 1878 die Troja-Grabungen wieder aufnahm, da entdeckte er nämlich an anderer Stelle weitere Ohrringe, vergleichbar jenen aus dem Fund von 1873. Ein goldenes Geschirr wie beim Schatz des Priamos kam jedoch nicht zutage.

War Heinrich Schliemann ein Betrüger, ein Hochstapler, ein Mann, der vor nichts zurückschreckte, wenn es galt, sich und seinen Namen ins Rampenlicht zu stellen?

X
WIE DER SCHATZ NACH
DEUTSCHLAND GELANGTE

Ich mache niemandem einen Vorwurf, wenn er Orden nimmt oder trägt.
Ja, ich bin gerne bereit, jedem guten Mann etwas zu helfen, wenn er ein Bedürfnis
nach Orden empfindet. Wenn ich Sie recht verstehe, so haben Sie Ihre
Gedanken auf den Orden Pour le Mérite gerichtet. Das ist nun freilich eine Art
von Würfelspiel ...

Rudolf Virchow an Heinrich Schliemann

Den Deutschen erschien die Entdeckung des trojanischen Schatzes von Anfang an suspekt. Ernst zu nehmende Wissenschaftler reagierten auf die Sensationsmeldung mit Neid, Skepsis und Überheblichkeit. Vor allem die Professoren Ernst Curtius, Adolf Furtwängler und Ulrich von Wilamowitz-Moellendorf machten sich lustig über den Außenseiter der Altertumswissenschaft, der sich in die freie Landschaft stellte und versuchte, mit der Schaufel und einem respektablen Bankkonto die Vor- und Frühgeschichte umzuschreiben. Schliemann aber war auf das Wohlwollen dieser Männer angewiesen. Ohne sie, das wußte er, würde er in Deutschland keine Anerkennung finden.

Am 3. Februar 1872 schrieb Schliemann an Ernst Curtius: »Dringend bitte ich Sie aber, mir zu schreiben, wie und was Sie über diese Gegenstände denken und ob es Ihnen angenehm ist, wenn ich Ihnen ... wöchentlich über meine Ausgrabungen berichte ... Mir fehlt es dazu weder an der Zeit noch an Energie noch an Mitteln, mir fehlt aber manchmal der gute Rat eines Mannes wie Sie ...«

Curtius nahm den Außenseiter und seinen Schatz nicht ernst. Gegenüber Freiherr von Bülow nannte er Schliemann noch 1877 einen Flickschuster, einen Pfuscher und Schwindler. Curtius glaubte nicht an Troja, sein Glaube galt Olympia.

Adolf Furtwängler, Vater des Komponisten Wilhelm Furtwängler, einer der berühmtesten Archäologen des 19. Jahrhunderts und

seit 1884 Professor in Berlin, wurde von Schliemann inständig gebeten, sich seine trojanischen Funde einmal anzusehen, vor allem
die Tonscherben; »denn ich halte dafür, daß, in ihrer Art, die vergleichende Keramik ebenso wichtig ist wie die komparative Philologie.« Furtwängler sah das anders. An seine Mutter schrieb der Professor: »Schliemann ist und bleibt ein halbverrückter und verwirrter
Mensch, der keine Ahnung hat, was er überhaupt ausgräbt ... Trotz
seiner Liebe zu Homer, in seinem Herzen ist er ein Spekulant und
Geschäftsmann. Davon kann er sich nie befreien.«

Selbst Ulrich von Wilamowitz-Moellendorf, der populärste und
modernste Altphilologe seiner Zeit, fand kein gutes Wort für den
Schatzgräber. Aus einem Brief an seine Eltern: »Ihr fragt mich nach
dem Schatz des Priamos, und anstatt den Quatsch der Journalisten
zu glauben, ist es gut, daß Ihr die Wahrheit hört. Denn das Reich
des Königs Priamos liegt in demselben Land wie das himmlische
Jerusalem, Dantes Inferno, Schillers Böhmische Wälder, das Schloß
von König Lear und jenes Island, wo Brunhilde regiert ...«

In das gleiche Horn stieß das 1848 gegründete satirische Berliner Wochenblatt »Kladderadatsch« im Jahre der Entdeckung des
Goldschatzes:

Herr Heinrich Schliemann hat, wie wir hören, seine Nachforschungen
jetzt auch auf den Platz des ehemaligen griechischen Lagers vor
Troja ausgedehnt, und auch hier hat die göttliche Vorsehung seine
Arbeiten bereits mit Erfolg gekrönt. Aus der reichen Menge aufge-
fundener Gegenstände heben wir nachstehende als für den Laien besonders interessant hervor:
1. Eine Wagendeichsel mit danebenliegender Peitsche, offenbar dem
Wagen herstammend, dessen Athene sich so oft zu ihren Fahrten ins
griechische Lager bediente.
2. Eine Schachtel ägyptischer Streichhölzer, gekrönt auf der internationalen Ausstellung zu Memphis, 1400 v. Chr., mit denen Achilles
den Scheiterhaufen des Patroclus anzündete.
3. Mehrere chirurgische Instrumente, sowie zwei Flaschen mit der
Inschrift: *äußerlich, Machaons Apotheke vor Troja,* zweifelsohne vom
Zelt der beiden Ärzte [Machaon ist der Sohn des Asklepios, in der
»Ilias« einer der Ärzte der vor Troja kämpfenden Griechen].
4. Eine Bonbonniere mit der außen aufgedruckten Inschrift: »Paris«

18 Die zeitgenössische Zeichnung zeigt Heinrich Schliemann im Alter von 67 Jahren. Sie ist keine Karikatur des kleinen Mannes, sondern offensichtlich am 28. März 1889 nach dem lebenden Vorbild gezeichnet. Die Lebensdaten 1822 – 1890 wurden später hinzugefügt.

Athen, 28. März 1889
Dr. Heim. Schliemann
1822 – 1890

und dem innen befindlichen Bild einer Frau, das die Unterschrift trägt: »La belle Hélène«, über deren erste Worte noch Unklarheit herrscht. Das Ganze ist ohne Zweifel ein Beutestück aus der Wohnung des Paris, welches er einst seiner Frau mit deren Bildnis geschenkt und das von dem Erbeuter als wertlos fortgeworfen wurde.

Damit noch nicht genug. Im gleichen Jahr verulkte dieselbe Zeitschrift – und Zeitschriften hatten im vorigen Jahrhundert einen Stellenwert wie heute das Fernsehen – Heinrich Schliemann mit der folgenden »Privat-Depesche«: »Absender: Dr. Schlaumann. Soeben den Nibelungenhort mitten im Rhein gefunden. Beinahe dabei ersoffen, aber – Dank der guten Vorsehung – glücklich gerettet.

Leider bekam das Plaid meiner Frau beim Forttragen des Schatzes ein Loch, so daß zehn goldene, ein Meter lange Messer zum Aufschneiden wieder in den Rhein plumpsten. Außerdem gefunden: die Krone des Königs Alberich und, besonders merkwürdig, eine Fotografie von Siegfried, und zwar die Hinterseite des Helden mit der berühmten ungehörnten Stelle. Weiteres später!«

MIT SCHLIEMANN WAR ES WIE MIT RICHARD WAGNER

Man kann sich vorstellen, wie tief Schliemann, der Empfindsame, auf seinen Ruf so sehr Bedachte, der penible Selbstdarsteller, von diesen Verunglimpfungen getroffen wurde. Da hatte er sich einen Doktortitel der Philologie erbettelt, ertrotzt oder soll man sagen, erkauft, und dennoch behandelten ihn die Deutschen wie einen Trottel, einen wissenschaftlichen Parvenü, einen miesen kleinen Emporkömmling. »Schliemanns sichtbarer Mangel an archäologischer Vorbildung«, meinte Ausgräberkollege Arthur Evans mitfühlend, »war den systematischen Deutschen ein Ärgernis.« Mit Schliemann war es eben wie mit Wagner: Die eine Hälfte der Deutschen liebte ihn, die andere haßte ihn; gleichgültig stand ihm niemand gegenüber.

Wie muß dieser Mann, der sogar seine privaten Briefe in schwülstigem Gartenlauben-Deutsch abfaßte und sie vor dem Absenden kopierte, um sie der Nachwelt zu erhalten, wie muß Schliemann gelitten haben, wenn die »Frankfurter Zeitung« einen von ihm eingesandten Artikel, in dem er seine Seriosität unter Beweis stellen wollte, ablehnte oder wenn das erwähnte »Humoristisch-Satirische Wochenblatt« in Gedichtform über ihn und seine Entdeckung herzog:

Mein Schatz ist gefunden, das freut mich so sehr!
Hurra Schliemanns Heinrich und vivat Homer!

Holdrio

Nicht zum ersten Mal fiel Heinrich Schliemann in Depressionen, zweifelte er an sich und seiner Arbeit. Seinen deutschen Verleger Brockhaus ließ er wissen, die Anfeindungen, denen er seit Jahren in Deutschland ausgesetzt sei, hätten in ihm den Wunsch aufkommen lassen, die deutsche Sprache am liebsten ganz zu vergessen.

Damit wollte Schliemann jedoch nur provozieren. In seinem Innersten brannte er darauf, seine wissenschaftlichen Erfolge gerade in Deutschland, seiner alten Heimat, zu publizieren. Und weil Verleger Brockhaus nicht so recht an den Erfolg eines Werkes über Ausgrabungen in Troja glaubte – Archäologie hatte zu jener Zeit noch nicht den Stellenwert wie nach den Ausgrabungen von Pergamon und Olympia –, zögerte er mit der Veröffentlichung von Schliemanns »Bericht über die Ausgrabungen in Troja in den Jahren 1871 bis 1873«. Erst als Schliemann die Zusage erteilte, er würde die gesamte Auflage von 1000 Exemplaren aus eigener Tasche finanzieren, willigte der Verleger ein. Das Buch erschien am 1. Januar 1874.

Für einen begleitenden Bildband hatte Schliemann von dem Athener Lichtbildmeister Panago Zaphyropoulos über 100 000 Fotografien aufnehmen lassen, ein teures Unternehmen beim damals erforderlichen technischen Aufwand. Von dem Bildband wurden schließlich weniger als 500 Exemplare verkauft.

Und Schliemann erntete nur Kritik. Die Fachwelt bemängelte den unwissenschaftlichen Charakter seiner Veröffentlichungen, das breite Publikum aber, für das Heinrich Schliemann eigentlich schrieb, fand seine Bücher ziemlich langweilig. Nicht anders urteilten die Rezensenten. In Frankreich, wo der Ausgräber ebenfalls sein Buch auf eigene Kosten publizierte, erging es ihm nicht besser. England, das Land, in dem Abenteurer und Amateure höheres Ansehen genossen als anderswo, England war die letzte Hoffnung für seine Geltungssucht und den Drang nach Anerkennung, und nicht etwa Griechenland, für dessen Ruhm er – wie er in einem Brief an den Kulturminister versicherte – ohne Unterlaß arbeitete.

Nein, die Griechen waren mit Schliemann wirklich nicht glimpflich umgegangen, sie hatten ihn wie einen Kriminellen behandelt, sein Haus in Athen umstellt und nach Funden durchsucht, nur weil der türkische Gesandte in Athen, nachdem der Schatzraub ruchbar geworden war, entsprechende Maßnahmen gefordert hatte.

Von den Ausgrabungen des antiken Troja, seiner Mauer und Fundamente einmal abgesehen, bestand Schliemanns »Ausbeute« nicht nur aus einem Goldschatz. Von weit größerer Zahl und auch von größerem kulturhistorischem Wert waren die Keramik- und Bronzefunde, Gebrauchsgeschirr und Waffen – alles in allem etwa 300 Körbe und viele Kisten, die allein ein Museum gefüllt hätten.

Ursprünglich hatte der Entdecker Trojas den Plan, in Athen ein

19 In London – hier eine Fotografie aus dem Jahre 1870 – wurde der Ausgräber
Heinrich Schliemann mit offenen Armen emfangen. William E. Gladstone,
von 1868 bis 1874 britischer Regierungschef, hieß Schliemann im Burlington House
zu einem Vortrag persönlich willkommen.

Heinrich-Schliemann-Museum zu errichten. Die dafür erforderlichen 200 000 Goldfrancs wollte er dem griechischen Staat schenken. Der Ausgräber hatte geglaubt, das Angebot würde die Regierung in Athen in einen Taumel der Begeisterung versetzen; aber er
sah sich bitter enttäuscht. Mit überaus freundlichen Worten – es
klingt beinahe, als mache er sich über das hochherzige Angebot
lustig – antwortete der Kulturminister: »… Und so haben wir mit
Entzücken Ihr Angebot gelesen und werden sorgsam prüfen, auf
welche Art wir davon Gebrauch machen können … Wir beglückwünschen Griechenland zu seinen Altertümern, die Männer Ihres
Wertes hergezogen haben.«

Schliemann war beleidigt, mehr noch: wütend über die Arroganz,
mit der man ihm in Griechenland begegnete. Dabei fällt es schwer,
zu glauben, daß er die politischen Hintergründe, den uralten Konflikt zwischen Griechenland und der Türkei nicht erkannte. Heinrich
sah für die Ablehnung seines Ansinnens offenbar nur eine Ursache:
In Athen sollte kein Museum erstehen, das seinen Namen trug. Das
aber war für ihn eine unumstößliche Bedingung. Er glaubte, daß »der
Neid aller griechischen Gelehrten gegen mich keine Grenzen kennt
und sie mich kreuzigen, braten und spießen könnten.«

IN ENGLAND GELIEBT, IN DEUTSCHLAND VERACHTET

Seine Berichte in der Londoner »Times« erregten weit mehr Aufmerksamkeit als die gleichlautenden Beiträge in deutschen Blättern. Jedenfalls war es die hochangesehene »Society of Antiquaries
of London«, die Schliemann zu einem Vortrag auf die Insel bat, und
diese vornehme Society zählte immerhin so große Männer wie
Charles T. Newton, Direktor des British Museum, und William E.
Gladstone zu ihren Mitgliedern. Gladstone, »the grand old man«,
von 1868 bis 1874 britischer Regierungschef – ein Amt, das er, mit
Unterbrechungen, noch drei weitere Male innehatte –, war ein bedeutender Altphilologe und Homerspezialist. 1858 hatte er »Studies
on Homer and the Homeric Age« in drei Bänden veröffentlicht.

Daß ausgerechnet Gladstone Schliemann zu seinem Vortrag im
Burlington House – es wurde auch Tee gereicht – mit einer »glänzenden Lobrede« willkommen hieß, muß auf den verkannten Gelehrten wie eine Wiedergutmachung gewirkt haben. Eine deutsche
Zeitung ließ er wissen: »In London hat man mich voriges Jahr sieben Wochen lang aufgenommen, als ob ich einen neuen Weltteil
für England erobert hätte. Wie ganz anders dagegen in Deutschland! Dort höre ich nur Beschimpfungen von den Zunftgelehrten
und Anfeindungen von allen Seiten, besonders aber von den
preußischen oder an Preußen verkauften Blättern.«

In dem deutschstämmigen Oxford-Professor Max Müller, der
sich bereits vor Ort für seine Grabungen interessiert hatte, fand
Schliemann einen wohlmeinenden Freund, und Müller war es
auch, der den Ausgräber ermunterte, den Schatz des Priamos zuerst in England einer breiten Öffentlichkeit zugänglich zu machen.
Nur auf diese Weise könne seine Arbeit jene Wirkung entfalten, an
der ihm, Schliemann, so gelegen sei.

Schliemann zögerte, obwohl ihm die Engländer auf jede er-
denkliche Weise entgegenkamen, denn es war sein eigentlicher
Herzenswunsch, den Schatz in Berlin auszustellen. Dort hatte er jedoch alle führenden Gelehrten und Meinungsmacher gegen sich,
allen voran den Altertumspapst Ernst Curtius. Curtius fürchtete –
nicht zu Unrecht übrigens –, der unkonventionelle Ausgräber und
gewiefte Selbstdarsteller könnte ihn und *sein* Lebenswerk in den
Schatten stellen.

Ernst Curtius, Historiker, Archäologe, Philologe und Erzieher des späteren deutschen Kaisers Friedrich III., hatte nämlich dasselbe Ziel vor Augen, das auch Schliemann im Kopf herumspukte: Er wollte Olympia ausgraben. Schon allein deshalb waren die beiden von vornherein Rivalen, wenn nicht sogar Feinde. Jedenfalls ließ der renommierte Berliner Professor an dem Dilettanten aus Ankershagen in Mecklenburg kein gutes Haar und verweigerte seinen Forschungsergebnissen jede Anerkennung.

Wie anders in England: Gladstone, als Politiker und Forscher gewiß ruhmreicher als Curtius, fand Gefallen an dem Selfmadearchäologen und führte ihn in die vornehme Londoner Gesellschaft ein. Schliemann erlebte und fühlte, wovon er seit vielen Jahren geträumt hatte: Er war jemand.

»Nie in meinem Leben«, schrieb er seiner Frau Sophia nach Athen, »habe ich solchen Reichtum an Räumen und an Toiletten gesehen. Hier traf sich der ganze Adel Londons. Ich machte viele Bekanntschaften, da Gladstone mich überall vorstellte. Endlich, nachts um eins, dinierten wir. Das Essen hat wenigstens 20 000 Francs gekostet; stelle Dir vor: sogar herrliche Trauben in Mengen!«

Derart umworben, ergriff Schliemann die Gelegenheit, persönliche Rache an der Berliner Gelehrtenclique zu nehmen, und gab die Zustimmung, seinen Schatz erstmals im Londoner South Kensington-Museum auszustellen. Zur Realisierung des Projektes brauchte es jedoch noch beträchtliche Zeit, so daß zwischen Entdeckung und Ausstellung insgesamt vier Jahre vergingen. Im November 1877 übernahm Schliemann eigenhändig die Präsentation seines Schatzes in 24 Vitrinen, und wie nicht anders zu erwarten, wurde die Ausstellung ein sensationeller Erfolg.

Die angesehene Society machte ihn zum Ehrenmitglied. Schliemanns Name erschien in den Londoner Klatschspalten. Und diese Form der Publizität war ihm beinahe so kostbar wie der Schatz selbst, der ihn berühmt gemacht hatte. An seine Frau Sophia: »Ich bin auch weiter der Löwe der Saison – und Du wärest die Löwin.«

Stolz berichtete der Salonlöwe, eine Presseagentur habe von ihm fotografische Aufnahmen angefertigt und ihm sogar 40 Britische Pfund für die Presserechte an seinem Konterfei bezahlt. Der Maler Sydney Hodge, einer der berühmtesten Porträtisten der fei-

20 Vor der »Society of Antiquaries of London« hielt Schliemann einen vielbeachteten Vortrag. Mit einem Schlag war er in England berühmt. Sieben Wochen wurde der Ausgräber herumgereicht. Er fühlte sich, »als ob ich einen neuen Weltteil für England erobert hätte«.

nen Gesellschaft, bat Schliemann (»natürlich ohne Honorar«) zur Porträtsitzung. Er malte den Ausgräber für die Royal Academy und glaubte, so zumindest die Meinung seines Modells, er mache sich einen großen Namen, wenn er den großen Schliemann abbilde.

Es schien, als wäre Schliemanns Rechnung aufgegangen: Der Schatz des Priamos hatte ihn berühmt gemacht. Zum ersten Mal mußte er sich Popularität nicht erkaufen. Er *war* nun berühmt und sonnte sich ausgiebig in seinem Ruhm. Lords und Dukes baten ihn zu Dinner und Tea, und seinen Briefen aus London ist zu entnehmen, dies sei die glücklichste Zeit seines Lebens gewesen.

Um die Bewunderung vollends auskosten zu können, fehlte ihm nur noch Sophia an seiner Seite. Die aber kränkelte wie gewöhnlich zu Hause in Athen. Es bedurfte zahlreicher Briefe und Telegramme, sie per Schiff und Bahn und unter präziser Angabe aller Abfahrts- und Ankunftszeiten nach London zu locken; nicht ohne den ausdrücklichen Befehl, zuvor noch ein Bad im Meer zu nehmen – trotz eisiger Temperaturen.

Schliemann stellte Sophia eine Ehrung besonderer Art in Aussicht. Er hatte nicht mit Hinweisen gespart, daß seine Leistungen nur mit Hilfe seiner Frau möglich gewesen seien, und vermutlich machte er die Annahme der Ehrenmedaille der Royal Archaeological Society sogar davon abhängig, daß diese auch seiner Frau So-

phia verliehen wurde. Sophia reiste also an, und Schliemann inszenierte die Ehrung als perfekte PR-Show.

Man schrieb den 8. Juni 1877. Der Bibliothekssaal der Society
war dezent erleuchtet. Um einen großen quadratischen Tisch, auf
dem zwei hohe Gaslampen zischendes Licht verbreiteten, saßen die
Honoratioren. Heinrich und Sophia hatten auf der dem Publikum
zugewandten Tischseite Platz genommen. Mehr als tausend Au-
genpaare verfolgten gespannt das dargebotene Schauspiel. Heinrich Schliemann, 56, im schwarzen Gehrock und mit Zwicker, benutzte für seinen Vortrag ein Manuskript. Noch mehr als die Worte
des Ausgräbers fanden jedoch Sophias Ausführungen das Interesse der Members. Die Sechsundzwanzigjährige las den englischen
Text vom Blatt, und was sie vortrug, konnte den Duktus Heinrich
Schliemanns nicht verleugnen.

Charmant und mit einfachen Worten schilderte sie die Grabungen aus der Sicht einer Frau, der die große Aufgabe zugefallen war,
eine Horde Arbeiter zu beaufsichtigen. Sie endete mit der Aufforderung an ihre englischen Zuhörer, sie sollten ihre Kinder erst Neu-
griechisch und später dann Altgriechisch lernen lassen.

Obwohl das Auftreten der Schliemanns in London bisweilen
einen hohen Grad von Peinlichkeit erreichte – wenn Sophia zum
Beispiel auf einem griechischen Bankett mit Lorbeerkranz im Haar
auftrat –, so war doch der gesellschaftliche wie der wissenschaftliche Erfolg unübersehbar und blieb auch in Berlin nicht unbemerkt.

EIN KLUGER SCHACHZUG VIRCHOWS

Seit einem Deutschlandaufenthalt im August 1875 hatte Schliemann in Berlin neben all den Kritikern auch einen Freund, den
Mediziner, Physiologen und Politiker Rudolf Virchow. Die beiden
besaßen nicht nur eine äußerliche Gemeinsamkeit – ihre Kleinwüchsigkeit –, beide waren auch von kleinbürgerlicher Herkunft
zu hohem Ansehen gelangt, und sie verstanden sich sofort. Wie
Schliemann liebte Virchow Homer, aber in seinem Verhalten dem
Ausgräber von Troja gegenüber war keine Spur von jener Arroganz, mit der ihm die meisten Professoren in Berlin begegneten.

Woher kam es, daß Schliemann Virchow so schätzte?

Virchow stammte aus Mittelpommern. Seine Eltern waren genauso arm wie Schliemanns Eltern, und um studieren zu können, wählte er den – kostenlosen – Ausbildungsgang eines Militärarztes. Ein Militärarzt genoß nicht gerade hohes Ansehen, aber dank hervorragender wissenschaftlicher Leistungen, vor allem auf dem Gebiet der Pathologie, gelang Virchow ein rascher Aufstieg. In der Zeit, in welcher Schliemann in St. Petersburg auf dem Höhepunkt seines wirtschaftlichen Erfolges war, gründete der nun schon international renommierte Mediziner in Berlin das erste Pathologische Institut.

Wenn es überhaupt etwas gab, das die beiden Männer trennte, dann war das die Politik. Schliemann war ein absolut unpolitischer Mensch, Virchow dagegen überzeugter Republikaner. »Als Naturforscher«, sagte Virchow, »kann ich nur Republikaner sein, denn die Verwirklichung der Forderungen, welche die Naturgesetze bedingen, welche aus der Natur des Menschen hervorgehen, ist nur in der republikanischen Staatsform wirklich ausführbar.« Der Liberale Virchow, preußischer Landtagsabgeordneter und Mitglied des Deutschen Reichstages, galt als erklärter Gegner Bismarcks.

Im Umgang mit Schliemann fühlte sich Virchow sogar zum Eheberater berufen: »Ihre Frau«, schrieb er auf der Rückreise von Troja, »habe ich in einem immer noch aufgeregten Zustand verlassen. Sie verlangt dringend Ihre Rückkehr und fürchtet schon jetzt, Sie könnten sie im Laufe des Sommers noch einmal verlassen. Ich möchte in der Tat raten, daß Sie sich entschließen, ihr etwas mehr Zeit zu widmen. Sie fühlt sich offenbar verlassen, und da sie die vielen kranken oder wenigstens nervösen Familienmitglieder um sich hat, so gibt ihr das die nötige Zerstreuung nicht. Es fehlt ihr offenbar an einer angenehmen und nicht aufregenden Zerstreuung. Sie ist durch die großen Verhältnisse, in welche sie gesetzt ist, und durch Ihre Erziehung auf höhere Ansprüche gekommen, und Sie müssen danach trachten, den sozialen Verkehr mehr zu pflegen ...«

Niemand aus seiner Familie hätte sich diese Kritik an Schliemanns ehelichem Verhalten erlauben dürfen. Schliemann akzeptierte sie, wenn er sie sich auch nicht zu Herzen nahm. Virchow war für Schliemann viele Jahre lang Ansprechpartner und Sprachrohr in Deutschland. Ihm schickte er Schmollbriefe, die bisweilen von Selbstmitleid trieften.

15. August 1876: »Ich empfehle Ihrer Beachtung meinen an die Londoner ›Times‹ gesandten Artikel ›Tiryns‹, der jedenfalls nächste Woche erscheinen muß. Da die deutschen Zeitungen seit Anfang der Ausgrabungen in Olympia meinen Namen nur noch in bösem Sinne gebrauchen, nur Schmähschriften gegen mich publizieren, sich aber entschieden weigern, meine Antworten zu veröffentlichen, so schreibe ich jetzt nur an die ›Times‹ und dann und wann an die ›Academy‹, schreibe auch mein Werk über Tiryns auf Englisch, denn in England achtet man mich und liebt mich.«

Virchows Antwort vom 11. Januar 1877: »Ihre Klagen über die deutsche Presse sind, glaube ich, nicht ganz berechtigt. Es mag sein, daß ein Teil derselben mißgünstig ist. Aber im ganzen scheint es mir, daß man sich allerseits der möglichen Objektivität befleißigt, und Sie können sicher sein, daß die allgemeine Teilnahme Ihnen zugewendet ist. Wir, die wir selbst forschen, sind glücklich, daß endlich einmal ein Forscher auf diesem so viel durchwühlten Boden ganz glücklich ist, und wir beglückwünschen Sie zu Ihren Ergebnissen von Herzen.«

Inzwischen hatte man in Berlin eingesehen, daß es falsch gewesen war, Schliemann mit seinem Schatz nach London ziehen zu lassen. Virchow übernahm die Aufgabe, das Porzellan zu kitten, das vor allem durch die überhebliche Haltung von Curtius zu Bruch gegangen war. Der gewitzte Virchow wußte genau, auf welche Weise er Schliemanns Sympathien für Berlin zurückgewinnen konnte. Er war Mitglied der Deutschen Anthropologischen Gesellschaft, und es bedurfte keiner großen Überredungskunst, um die honorigen Mitglieder des Komitees von der »Notwendigkeit« zu überzeugen, Schliemann zu ihrem Ehrenmitglied zu ernennen.

Zwar hatte die Anthropologie, die Wissenschaft vom Menschen, mit Schliemanns Forschungen soviel zu tun wie der Schatz des Priamos mit dem letzten König von Troja, nämlich gar nichts, aber diese erste deutsche Auszeichnung für den inzwischen berühmt gewordenen Ausgräber, die ihm bei der September-Tagung des Jahres 1877 in Konstanz zugesprochen wurde, war vortrefflich geeignet, den Ruhm der Gesellschaft selbst zu mehren. In altertümelnder Sprache – und auf Latein – rühmte das Präsidium »die schöpferische Energie und den glühenden Erkenntnisdrang«, mit denen er sich größte Verdienste um die Erforschung der griechischen Frühzeit und der homerischen Epen erworben habe.

Der kluge Schachzug Virchows kann in seiner Bedeutung nicht hoch genug eingeschätzt werden; denn er brachte Schliemann zum Umdenken, was seine Haltung gegenüber Deutschland und die weitere Entwicklung der Haßliebe zwischen den beiden betraf. Virchow machte Schliemann in Deutschland ordens- und auszeichnungsfähig. Und Schliemann liebte nichts mehr als Orden und Auszeichnungen. Kritisch betrachtet, war sogar der Schatz des Priamos nichts anderes als eine glitzernde Auszeichnung, die er sich zu seinem Ruhme am liebsten stolz an die Brust geheftet hätte.

Inzwischen war der Prozeß, den die türkische Regierung gegen Schliemann wegen der illegalen Ausfuhr der Ausgrabungsobjekte angestrengt hatte, zu einem Abschluß gekommen. Schliemann erhielt ein Strafmandat über 10 000 Francs, das Verfahren ging für ihn also äußerst günstig aus. Er durfte den Schatz rechtmäßig behalten – ein Tatbestand, der noch von großer Wichtigkeit sein wird. Großzügig, wie er nun einmal war, wenn es um hohe Summen ging (in Kleinigkeiten war er eher geizig), wies er dem türkischen Minister Safved-Pascha 50 000 Francs an, die dem Kaiserlichen Museum in Konstantinopel zugute kommen sollten. Die türkische Regierung nahm das Geld dankbar entgegen; und der Schatz gehörte nun auch völkerrechtlich Heinrich Schliemann.

Spätestens jetzt wird deutlich, wie umsichtig Schliemann vorgegangen war, als er den Schatz für eine Ausstellung nach England schaffte. Der Prozeß hätte ja auch anders ausgehen können. Schliemann mußte damit rechnen, zur Herausgabe des Goldes verurteilt zu werden. Das wäre für ihn keinesfalls in Frage gekommen. In England, das an der Angelegenheit in keiner Weise beteiligt war, hatte er sich in dieser prekären Situation seines Besitzes sicher sein können. Nach dem türkischen Urteil mußte er sich jedoch keinerlei Sorgen mehr um seinen Besitzstand machen.

Die Londoner Ausstellung wurde zum Publikumsmagnet; aber der Ausgräber wußte von Anfang an, daß der Schatz hier nicht bleiben konnte. Er sollte dort für ihn Ruhm ernten, wo ihm am übelsten mitgespielt wurde und wo er dennoch am meisten nach Ruhm lechzte: in Deutschland.

Das verkannte Genie, steinreich, weltberühmt und in der großen Gesellschaft zu Hause, versuchte sich abwechselnd als Schmeichler und als Wüterich, wenn es um sein wichtigstes Anliegen ging. Konnten ihm die namenlosen Schreibstubengelehrten, die Herausgeber irgendwelcher kaum gelesener Blätter nicht gleichgültig sein? Nur äußerst selten – und auch dann nur für den Augenblick – fand er jene Größe und Gelassenheit, wie sie einem bedeutenden Mann zukam, wenn er schrieb, auch Nero sei beschimpft worden wie er, das gehöre eben zum Schicksal auserwählter Menschen.

Aber schon im nächsten Augenblick jammerte er gegenüber dem Münchner Altertumswissenschaftler Heinrich von Brunn, der sich kritisch über seine Schwächen geäußert hatte: »Zu höchstem Dank würden Sie mich verbinden, wollten Sie mir sagen, worin diese Schwächen bestehen, damit es mir möglich wird, mich zu verbessern; denn es ist ja so schwer, mich selbst zu kennen. Ich glaube bestimmt, mich nirgends bloßgestellt zu haben, und rechnete nun endlich einmal auf Anerkennung in meinem Vaterlande. Sie sind für mich die allerhöchste Autorität, und Ihr Urteil nehme ich als Dogma an. Antworten Sie mir nicht, so entmutigen Sie mich für immer.«

Oder er beschwerte sich bei dem Herausgeber der »Jenaer Literaturzeitung«, in der sein Buch über Troja als »sinnverwirrender Humbug« bezeichnet worden war: »Ich sehe mich genötigt, Ihnen inliegend meine Antwort darauf einzusenden, die ich auf all und jeden Fall genau so, wie sie ist, sofort in Ihrer Literaturzeitung zu publizieren bitte ... Ich will Ihnen die Kosten der Aufnahme bezahlen, und ich abonniere mich vom 1. des Monats ab auf Ihr Blatt. Wollen Sie aber meinen Artikel nicht so aufnehmen, wie er ist, nachdem Sie die abscheulichsten Schweinereien gegen mich aufgenommen haben, dann kriegen Sie weder mein großes Werk, noch will ich ein Abonnement Ihres Blattes haben oder sonst was von Ihnen wissen.«

EIN GESCHENK AN DAS DEUTSCHE VOLK

Obwohl die Ausstellung des Schatzes in London von vornherein zeitlich befristet war, endete das Unternehmen nach dreieinhalb Jahren ziemlich unerwartet. Engländer wie Deutsche waren er-

staunt, als Schliemann verkündete, er wolle den Schatz des Priamos vielleicht und unter bestimmten Bedingungen dem deutschen
Volk zum Geschenk machen.

Im Sommer 1880 schloß er die Arbeit an seinem großen Buch
»Ilios« ab, das dann ein paar Monate später in Deutschland und
England erschien; aber anders als bisher erntete Schliemann nun
auf einmal auch in Deutschland Anerkennung, während einige
englische Blätter über ihn herfielen. Gegenüber seinem Freund
Virchow beklagte sich Schliemann verbittert:

»Im ›Athenaeum‹, einer Liverpooler Zeitung, und zwei anderen
Zeitungen, darunter die ›Times‹, waren vortreffliche, günstige Rezensionen über ›Ilios‹, dagegen brachten ›Daily News‹, ›Pall Mall Ga-
zette‹ und ›Saturday Review‹ schreckliche Schmähschriften, worin
das Buch auf entsetzliche Weise verspottet wird, und besonders in
der ›Saturday Review‹, die sich besonders lustig darüber macht, daß
ich den homerischen doppelhenkeligen Becher gefunden haben will
und dergleichen mehr. Aber doch wird mir alle Welt Dank wissen,
daß ich letztere Worte richtig gedeutet habe, denn meine Deutung
wird ja überall in Deutschland angenommen.«

Zudem hatte ihn Max Müller, der Oxforder Sanskritprofessor
und Experte für vergleichende Sprachwissenschaft, den er bislang
zu seinen Freunden zählte, wissen lassen, daß er nach wie vor seine Arbeit als Ausgräber bewundere, daß er seinen Homerwahn jedoch nicht teile. Auf der anderen Seite fand nun sogar Curtius
wohlmeinende Worte für den Außenseiter. Der Berliner Professor
hatte sich inzwischen in Olympia erfolgreich als Ausgräber betätigt
und wußte nun selbst ein Lied davon zu singen, wie schwer es ist,
sich mit ungerechtfertigter Kritik zurechtzufinden.

Virchow kam also eine Schlüsselrolle zu bei der von beiden Seiten gehegten Absicht, den Schatz des Priamos nach Deutschland zu
bringen. Die Freundschaft der beiden hatte sich durch Virchows Teilnahme an Grabungen in Troja im Jahre 1879 noch vertieft. Nun aber
benutzte Schliemann den großen Wissenschaftler auf infame Weise
für seine Zwecke. Natürlich blieb Virchow nicht verborgen, daß es
Schliemann darum ging, ihn vor seinen Karren zu spannen; doch er
wollte die Chance wahren, den Schatz des Priamos nach Deutschland zu bringen. Also mußte er gute Miene zum bösen Spiel machen.

Heinrich Schliemann ließ Virchow wissen, er sei bereit, den

Schatz »franko aller Kosten« in einem Berliner Museum anzuliefern und ihn dort als Geschenk an das deutsche Volk zu belassen. Dafür stellte er allerdings beinahe unerfüllbare Forderungen, die er im Laufe der Zeit sogar noch weiter in die Höhe schraubte.

Genau kalkulierend, nannte der geniale Selbstvermarkter Heinrich Schliemann folgende Bedingungen: Die Verleger Eduard und Arnold Brockhaus, die inzwischen zu seinen Bewunderern zählten, sollten zu Beginn des Jahres 1881 seine Schenkungsabsicht publizieren. Dann müsse er, Virchow, den Berliner Magistrat überzeugen, daß er, Schliemann, der ideale Kandidat für das Ehrenbürgerrecht sei. »Sobald die Schenkung allgemein bekannt wird, wird sie eine Sensation hervorrufen, während welcher aller Neid verschwindet, und ich rate Ihnen, dieselbe zu benutzen, um das Ehrenbürgerrecht für mich zu erlangen, denn dann ist es leicht, später schwieriger zu erhalten.«

Die Hauptstadt des Deutschen Reiches hatte bis zu diesem Zeitpunkt nur zwei Wissenschaftler mit der Ehrenbürger-Urkunde ausgezeichnet: Alexander von Humboldt 1856 und im Jahr darauf August Boeckh. Aber vermutlich war es gerade dies, was Schliemann reizte: auf einer Stufe zu stehen mit dem großen Alexander von Humboldt. Natürlich wußte auch Schliemann, daß dies ein hoher Preis war; aber schließlich habe er, gab er zu bedenken, ein Vermögen (16 000 Britische Pfund – der Gegenwert von fünf bis sechs Häusern) aufgewendet, um an den Schatz des Priamos und die übrigen Funde heranzukommen. Er habe einen Mammutprozeß geführt, der ihn (einschließlich der »Versteckungskosten« während dieser Zeit und der gezahlten Geldbuße) 150 000 Francs gekostet habe. Die Stadtverordneten, die über das Ansinnen zu entscheiden hätten, sollten auch daran denken, daß er im Herzen ein Deutscher, vom Paß her aber Amerikaner sei und daß er sich durch diese Schenkung »die ganze amerikanische Nation verfeinde«.

IMMER NEUE FORDERUNGEN

Aber Schliemann wollte noch mehr. Auf Soupers und Empfängen trat er noch immer mit »nackter Brust« in Erscheinung, er hatte keinen einzigen Orden. Deshalb forderte er Virchow auf, sich beim deutschen Kaiser dafür einzusetzen, man möge ihm gnädigst den Orden Pour le Mérite verleihen. Max Müller hatte die Auszeichnung bereits erhalten. Virchow verfügte über gute Kontakte zum Kaiserhaus. Dem eigensüchtigen Parvenü einen Orden zu verschaffen war deshalb viel einfacher, als unter den 126 Stadtverordneten Berlins eine Mehrheit zu finden, die bereit war, Schliemann zum Ehrenbürger hochzuloben.

Mit Engelszungen versuchte Virchow dem schwierigen Freunde klarzumachen, Magistrat und Stadtverordnete seien »schwerfällige Körper« und es bedürfe eines langen Atems, um diese Leute für eine solche Aktion zu erwärmen. »Ich muß sagen, ich würde es am schönsten finden, wenn dieser höchste Lohn, den die Hauptstadt des Reiches zu erteilen vermag, dann erteilt wird, wenn die Aufstellung Ihrer Sammlung erfolgt ist und die Sammlung dem Publikum eröffnet werden kann.«

Da aber hatte Rudolf Virchow die Rechnung ohne den schlauen Kaufmann, den gewieften Pfennigfuchser Heinrich Schliemann gemacht. Denn nun brachte dieser seine ewig kränkelnde Ehefrau Sophia ins Spiel, die den Schatz des Priamos eigentlich in Griechenland behalten wolle. Es bedürfe großer Überredungskunst, um Sophia von seinem Ansinnen, den Schatz den Deutschen zu schenken, zu überzeugen.

Paris, 6. Januar 1881,
Grand Hôtel; 12, Boulevard des Capucines.

Verehrter Freund.
Wie ich Ihnen mündlich mitteilte, bestand meine Frau darauf, ich sollte die trojanische Sammlung nach Athen bringen und damit unseren Palazzo schmücken. Die Nachricht der Schenkung an das deutsche Volk hat sie in Verzweiflung gebracht, der sie mehrmals täglich per Telegraf an mich Ausdruck gibt. Da sie sehr nervös und leidend ist, so fürchte ich das Ärgste. Sie wissen, wie nichtig weltliche Auszeichnungen für mich sind, hier aber steht das Leben meiner Frau und mein ganzes Familienglück auf dem Spiel ... Veranlassen Sie doch, daß die Stadt Berlin meine *Frau* und mich zu Ehrenbürgern ernennt, und tun Sie sonst, was nur irgend von anderen Auszeichnungen erreichbar ist ... und retten Sie mir so meine Frau und mein häusliches Glück ...

Auch ohne feste Zusage für sein Ordensglück hatte Schliemann es mit einemmal sehr eilig, seinen Schatz aus London abzuziehen. Er hatte erfahren, daß mehrere Museumsbeamte im Besitz von Schlüsseln zu den Schränken und Vitrinen mit dem Schatz des Priamos waren und fürchtete einen Diebstahl. Seine Furcht war nicht unbegründet. In der Tat gab es in Londoner Museen im vergangenen Jahrhundert einige spektakuläre Kunstraube, und der Schatz des Priamos war nicht versichert.

Völlig unerwartet beauftragte Schliemann die Speditionsfirma Elkan & Co. mit dem Transport des Schatzes nach Berlin. Schliemann an den Generaldirektor der Berliner Museen, Richard Schöne: »Der Schatz ... ist mit 4000 Pfund, der Rest mit ebensoviel versichert, obwohl der Wert hundertmal größer ist.« Ob Schliemann bei der Versicherungssumme knauserte oder ob es die Assekuranzgesellschaft ablehnte, den Schatz für den Schiffstransport zu versichern, bleibt unbekannt.

Am 17. Januar 1881 trafen 40 Kisten mit dem Schatz des Priamos und den trojanischen Keramikfunden unbemerkt von der Öffentlichkeit in Berlin ein. Der Ausgräber befand sich zu dieser Zeit bereits wieder in Athen, und Richard Schöne telegrafierte: »40 Kisten richtig eingegangen. Goldsachen auf Reichsbank deponiert. Ganze Angelegenheit erwünschter Erledigung nahe. Schöne.«

Nach Schliemanns Wünschen sollte der Schatz des Priamos erst im Sommer des Jahres 1881 der Öffentlichkeit zugänglich gemacht werden. Zwar waren für den Schatz eigene Räume im neuen Ethnologischen Museum vorgesehen, die seinen, Schliemanns, Namen tragen sollten, aber die Fertigstellung dieses Museums ließ auf sich warten. Deshalb war beabsichtigt, den Schatz zunächst im Kunstgewerbemuseum zu präsentieren.

Jetzt stellte Schliemann neue Bedingungen: Er forderte eine eiserne, diebstahlsichere Vitrine für den Goldschatz. Er gab an, daß das Gold im Londoner Kensington-Museum sehr gut bewacht gewesen sei, und verlangte entsprechende Maßnahmen in Berlin. »Da Sie weder détectives noch constables haben, die, wie in den Londoner Museen, beständig bei den Sachen stehen, so ist ein solcher am Morgen zu öffnender und am Abend zu schließender Schrank mit inneren Glasscheiben von höchster Notwendigkeit.«

Kaiser Wilhelm I. höchstpersönlich dankte Schliemann schriftlich für die Schenkung der trojanischen Altertümer und verlieh seiner Hoffnung Ausdruck, daß es Schliemann auch ferner vergönnt sein möge, in seinem uneigennützigen Wirken »der Wissenschaft zur Ehre des Vaterlandes gleich bedeutende Dienste zu leisten wie bisher«. Kaiser Wilhelm versprach, dem Spender in dem neuen Museum so viele Säle zur Verfügung zu stellen, wie es eine würdige Präsentation erfordere, und alle diese Säle sollten seinen Namen tragen.

Das Handschreiben des Kaisers ließ Schliemann vieles Leid vergessen. Er schwebte wie auf Wolken: Wilhelm I. dankte ihm im Namen des deutschen Volkes! Mit einem Mal waren alle Zweifel dahin, ob die Deutschen seine Schenkung überhaupt zu schätzen wüßten. Sofort machte sich bei dem Spießbürger wieder jene Überheblichkeit bemerkbar, die sich ständig mit quälenden Selbstzweifeln abwechselte.

Keine zwei Wochen nach dem Eingang des kaiserlichen Dankschreibens wandte sich Schliemann in rüdem Ton an Museumsdirektor Schöne: Er solle ihm nun endlich den Orden Pour le Mérite verschaffen, schließlich habe er ihn verdient. Im übrigen möge er sich gefälligst um weitere Orden bemühen – »so viele zu kriegen sind«.

Schöne machte gute Miene zum bösen Spiel. Er wagte nicht, den Spender zu vergraulen, und schlug Schliemann beim Kaiser für den Kronenorden 2. Klasse vor. Der wurde, nach Befürwortung durch Reichskanzler Bismarck und Kulturminister Puttkamer, allergnädigst bewilligt, die Verleihung für den Sommer in Aussicht gestellt, wenn der Schatzgräber zur Ausstellungseröffnung nach Berlin komme. Bis dahin sollte auch über die Ehrenbürgerschaft von Berlin entschieden sein.

Schliemann reiste Mitte Juni 1881 in Begleitung seiner Ehefrau Sophia an. Das Ehepaar stieg im vornehmen »Hotel Tiergarten« ab. Einladungen häuften sich. Daneben waren Heinrich und Sophia mit dem Auspacken der 40 Kisten und der Präsentation der Troja-Funde im Kunstgewerbe-Museum beschäftigt, bisweilen zwölf Stunden am Tag, zusammen mit fünf Schreibern und mehreren Museumsdienern. Schliemann nörgelte am vorhandenen Mobiliar herum, vor allem aber an der mangelnden Gasbeleuchtung.

Rudolf Virchow hatte inzwischen seine guten Beziehungen spielen lassen, um dem Freund das ersehnte Ehrenbürgerrecht zu verschaffen. »Wenn 126 Stadtverordnete abstimmen«, hatte er zuvor noch gewarnt, »dann gibt es immer eine große Zahl von Querköpfen, und es ist nicht ganz so einfach, eine sichere Mehrheit zu schaffen. Aber ich will gerne das Meinige tun, und ich habe die beste Hoffnung.«

SCHLIEMANN AM ZIEL SEINER WÜNSCHE

Der Coup gelang. Trotz heftiger Widersprüche fand sich eine Mehrheit, die Schliemann (von Ehefrau Sophia war nicht mehr die Rede) das Ehrenbürgerrecht zusprach. Der Name Schliemanns wurde nach Reichskanzler Bismarck, Generalfeldmarschall von Moltke und einer lokalen Berühmtheit namens Kochhann als 40. in das Ehrenbürgerbuch der Stadt Berlin eingetragen.

Am Donnerstag, den 7. Juli 1881, um 13 Uhr erschienen der Berliner Oberbürgermeister Max von Forckenbeck und Stadtverordnetenvorsteher Dr. Schraßmann in Schliemanns Hotel und überbrachten ihm die Ehrenbürgerurkunde. Sie hatte den folgenden Wortlaut:

Wir, der Magistrat der königlichen Haupt- und Residenzstadt Berlin urkunden und bekennen hierdurch, daß wir im Einverständnisse mit der mitunterzeichneten Stadtverordneten-Versammlung Herrn Dr. Heinrich Schliemann, welcher durch scharfsinnig geplante und beharrlich ausgeführte Ausgrabungen neue Grundlagen für die homerische Archäologie gewonnen, welcher die mit Aufwendung eigener Mittel gesammelten Reste trojanischer Kultur dem deutschen Volke zugeeignet und zur ungetrennten Aufstellung in der Reichshauptstadt bestimmt hat, welcher dadurch unsere Stadt zum Sitze einer unvergleichlichen, die Blüte der klassischen Literatur beleuchtenden Sammlung kostbarer Denkmäler gemacht hat, der in der Vereinigung praktischer Tätigkeit mit idealem Streben dem deutschen Bürgertume ein Vorbild geworden ist, zum Ehrenbürger unserer Stadt ernannt haben. Dessen zu Urkunde ist dieser Ehrenbürgerbrief mit unserer Unterschrift und unter Anhängung unseres großen Stadtsiegels ausgefertigt worden.

Berlin, den 4. Juli 1881.

Am Abend gab es einen Festakt im Großen Saal des Berliner Rathauses. Die Plätze des Festsaals reichten nicht aus, um den großen Andrang zu bewältigen, und die neugierigen Berliner drängten sich auf dem Vorplatz, um einen Blick zu erhaschen von dem wundersamen kleinen Mann und seiner stets schwarz gekleideten griechischen Frau. Zwar hatte noch niemand den Schatz des Priamos gesehen, aber das weckte nur noch mehr Interesse und Erwartung bei den Berlinern. Schliemann, der Entdecker, der Ausgräber und Millionär, war ein Mann, der wie kaum ein anderer den Zeitgeist verkörperte.

Insofern paßten die schwülstigen Reden, die im Festsaal des Rathauses gehalten wurden, genau zu der Person, der sie galten, und zu der Situation. Alle redeten Schliemann nach dem Mund, geradezu bis zur Peinlichkeit. Selbst Virchow machte keine Ausnahme, als er sagte: »Sie, verehrter Freund, sind heimgekehrt, nachdem sie länger als ein Menschenalter hindurch draußen in der Fremde in harter Arbeit beschäftigt waren. Nachdem Sie das Vaterland verlassen hatten als ein armer, schwacher und fast hilfloser Junge, kehren Sie zurück als ein fertiger Mann, gesegnet mit Weib und Kindern, mit reichen Glücksgütern und vielen Ehren und überdies im Besitze der seltensten Schätze, welche Sie mit eigener Hand dem dunklen Schoß der Erde entrissen haben. Was der Knabe in schwärmerischem Enthusiasmus versprochen hatte, das hat der Mann gehalten. Sie bringen dem deutschen Volke zur ewigen Aufbewahrung in unserer Stadt die Überbleibsel jener uralten Kultur, von der nur noch Sage und Dichtung zu erzählen wußten ... und schon das würde genügen, um Ihnen unseren ganzen Dank zu sichern. Aber ich glaube im Sinne der städtischen Behörden sagen zu können, daß sie durch die Verleihung des Bürgerrechts mehr ausdrücken wollten: die Anerkennung des Strebens, daß ein Kaufmann im reifen Mannesalter in uneigennütziger Weise einen großen Teil seines Vermögens an so ideale Zwecke setzte, die Entschädigung für viele Angriffe und Schädigungen, welche die Idealität dieses Strebens Ihnen eingebracht hat, den Preis dafür, daß ein solcher Mann, nachdem ihm das Höchste geglückt, den Ertrag seiner Arbeiten dem Vaterlande darbringt, obwohl es ihm so lange entfremdet war ...«

Zwei Wochen später reisten die Schliemanns zur Kur nach Karlsbad, wo um diese Zeit die Großen der Welt verkehrten. Die Eröffnung der Sammlung in Berlin ließ beinahe noch ein halbes Jahr auf sich warten. Am 4. Februar 1882 meldete endlich die Morgenausgabe der »Vossischen Zeitung«: »Die Schliemannsche Sammlung wird, wie nunmehr bestimmt ist, von Dienstag, dem 7. an täglich (außer montags) zwischen 10 und 3 Uhr ... geöffnet sein.« Der Andrang war unbeschreiblich.

Im selben Jahr begann Heinrich Schliemann, unter Mitarbeit von Wilhelm Dörpfeld, mit neuen Grabungen in Troja. Die dabei gemachten Funde fielen, laut Vertrag, dem türkischen Staat zu. Der legte zwar Wert auf die Ausgrabungen, ging mit den Objekten, die zutage gefördert wurden, aber sehr unachtsam um. Im Ottomanischen Museum von Konstantinopel stapelten sich inzwischen über hundert Kisten mit Troja-Funden, in der Hauptsache Keramik und Werkzeuge. Als Schliemann zu Ohren kam, daß verschiedene Ausgrabungsgegenstände gestohlen worden waren, bestürmte er den deutschen Botschafter in der Türkei, Joseph Maria von Radowitz, das Deutsche Reich solle der türkischen Regierung zumindest einen Teil der Troja-Funde abkaufen.

Mit Radowitz pflegte Schliemann ein sehr persönliches Verhältnis, seit dieser den ersten Brief Kaiser Wilhelms eigenhändig überbracht hatte. Radowitz war oft Gast im Hause Schliemann in Athen; über diese Besuche machte er sich bisweilen lustig, etwa wenn er mitteilt, daß er »die genaue Besichtigung von über tausend alten Töpfen aus Troja« über sich ergehen lassen mußte. Dem Botschafter gelang immerhin der Freikauf von 25 Kisten mit Troja-Funden aus türkischem Besitz. Bevor sie der Berliner Sammlung hinzugefügt wurden, setzte Schliemann in Athen fünf Restauratoren – »Künstler«, wie er sagte – an die Scherbenfunde. Lohn der Arbeit war eine Reihe hochwertiger Tongefäße und Kleinskulpturen.

Im Dezember 1886 wurde das Völkerkunde-Museum in der Königgrätzer Straße (heute Stresemannstraße) mit den Schliemann-Sälen eröffnet. Der Entdecker selbst war nicht anwesend. Er hatte erreicht, was er wollte, und zog es vor, den Winter im warmen Ägypten zu verbringen. Allein. Ehefrau Sophia harrte zu Hause in Athen aus.

Der Schatz des Priamos und die übrige Sammlung trojanischer Funde blieb bis 1922 in der Prähistorischen Abteilung des Völkerkunde-Museums. Der gesamte Bestand der Sammlung umfaßte 8455

Objekte und überdauerte den Ersten Weltkrieg ohne Schaden. Im Jahre 1922 wurde das Kunstgewerbe-Museum verlegt. Der alte Gropius-Bau stand leer, und der Schatz des Priamos wurde nun in jenem Gebäude untergebracht, der ihm schon einmal als provisorischer Aufenthaltsort gedient hatte. Das Museum mit Schliemanns Goldschatz erhielt den Namen »Museum für Vor- und Frühgeschichte«.

Die Art und Weise, wie Heinrich Schliemann mit dem Schatz des Priamos umging, wie er ihn für sich und seinen Ruhm einsetzte, mag durchaus fragwürdig sein, aber sie wirft ein bezeichnendes Licht auf den Ausgräber, der nach seinen eigenen Worten nur noch für die Wissenschaft lebte. Und sie vermag, zu einem Teil wenigstens, seinen immensen Erfolg zu erklären.

Schliemann, der Held der Gründerzeit, erkannte früh – man ist versucht zu sagen, hundert Jahre zu früh – den Stellenwert der Reklame. Reklame, wie Schliemann ein Kind des 19. Jahrhunderts, verdeckt lautstark die Schwächen eines Produkts. Das Produkt, um das es hier ging, das es zu vermarkten galt, war Schliemann selbst. Lebte er heute, würde der Held aus dem verträumten Land Mecklenburg – über das Bismarck einst sagte, wenn die Welt einmal untergeht, so geht sie in Mecklenburg drei Monate später unter – allein wegen seiner perfekten Selbstdarstellung gefeiert werden.

Die Geschichte des trojanischen Schatzes ist auch die Geschichte eines komplexbeladenen Egomanen, eines leichenfleddernden Nekromanen, eines besessenen Mythomanen und eines Psychopathen, der Held und Schurke zugleich ist im Roman seines Lebens, eine extreme Mischung von Phantastischem und Realem, die er selbst gesponnen hat. Das heißt: Zuerst war da die Idee seines Lebens, dann versuchte sich Schliemann an der Ausführung.

Sophia Schliemann, auch sie, wie alles, womit er sich umgab, Produkt ihres Mannes, führte Schliemanns Egomanie in seinem Sinne fort, als sie 1925 den erfolgreichen deutschen Modeschriftsteller Emil Ludwig mit der Abfassung einer Biographie ihres verstorbenen Mannes beauftragte. Was heißt, *einer* Biographie – *die* Biographie sollte es werden. Ludwig, geboren in Breslau, lebte am Lago Maggiore und hatte bereits vielgelesene Lebensbeschreibungen über Wilhelm II., Bismarck, Goethe und Napoleon verfaßt. Er war also ein würdiger Schliemann-Biograph.

Das Vorwort schrieb der britische Knossos-Ausgräber und in

bezug auf die Geschäftstüchtigkeit seelenverwandte Sir Arthur Evans, der Schliemann in »unheimlicher Erinnerung« hatte und der die »kühle, ja sogar feindliche Aufnahme« Schliemanns in dessen Vaterland beklagte, während »seine Popularität bei den Gebildeten Englands außerordentlich« gewesen sei. Ludwig, der Lebensbeschreiber, ging beinahe ehrfürchtig mit seinem Gegenstand, dem großen Schliemann, um, dem er noch im Vorschulalter die Hand reichen durfte, und er kam zu dem Schluß: »Alles um ihn her war romantisch.« Es war dies freilich eine psychopathologische Romantik, in die Schliemann sich flüchtete und die er selbst so beschrieb: »Ich muß ausgraben, um leben zu können.«

Schliemann – ein Mann ohne Vorbild, ein unvergleichbarer Charakter: Schurke, Genie oder nur eine bemitleidenswerte Erscheinung?

XI
SCHLIEMANN AUF DER COUCH
DES PSYCHOLOGEN

Schliemann war krank wie ein Alkoholiker, ein Kinderschänder oder ein
Drogenabhängiger. Er kannte nicht den Unterschied zwischen richtig und falsch.
Aber wir müssen dankbar sein für diese seine Krankheit. Sie machte ihn groß.

William M. Calder,
amerikanischer Historiker

Von Heinrich Schliemann, einem der berühmtesten Männer des 19.
Jahrhunderts, gibt es kein einziges Kinder- oder Jugendbildnis. Die
früheste erhaltene Darstellung, eine Daguerreotypie, wurde durch
Zufall in Mecklenburg entdeckt. Sie gehörte der Frau eines Försters.
Der Neununddreißigjährige hatte sie ihr am 11. August 1861 »zum
Andenken an Henry Schliemann, St. Petersburg« gewidmet. Die
spätere Förstersfrau, deren Name vergessen ist, war Schliemann
während seiner Lehrlingsjahre als Krämergehilfe in Fürstenberg begegnet und hatte offensichtlich bei dem armen Jungen einen nachhaltigen Eindruck hinterlassen.

Die kunstlose Fotografie aus dem Jahre 1861 dokumentiert besser als jedes Schriftstück den eigentümlichen Charakter dieses
Mannes. Sie zeigt die Karikatur eines Emporkömmlings: Ein kleinwüchsiger Mann von 156 Zentimetern Körperlänge steckt in prot-
zig-teuren Kleidern. Er trägt eine schwarze Fliege zum blüten-
weißen Stehkragen. Der dunkle Mantel mit vornehm nach innen
gewendetem Wolfspelz ist ihm drei bis vier Nummern zu groß. Er
reicht bis zum Boden und überdeckt sogar die Fußspitzen. Die Är-
mel sind so lang, daß nicht einmal die Finger hervorragen. Auf dem
Kopf sitzt ein viel zu breiter Zylinder, der von den abstehenden Ohren festgehalten wird.

Ein junges, für einen Neununddreißigjährigen beinahe jugendliches Gesicht verrät Entschlossenheit. Breite Augenbrauen und
schmale dunkle Augen verstärken diesen Eindruck. Im Gegensatz

dazu steht der bis über die Unterlippe geschwungene Oberlippenbart, ein in dieser Zeit eher geckenhaftes Attribut, ein hilfloser Versuch des Biedermanns, einen Lebemann darzustellen.

Auf der Rückseite dieser Postkarte steht in schöner Handschrift der folgende Text:

Fotografie von Henry Schliemann,
früher Lehrling des Herrn Hückstädt
in Fürstenberg;
jetzt St. Petersburger Großhändler 1. Gilde,
erblicher russischer Ehrenbürger,
Richter im St. Petersburger Handelsgericht und
Direktor der Kaiserlichen Staatsbank zu St. Petersburg

Früher Lehrling des Herrn Hückstädt, jetzt ... Dazwischen liegen 20 Jahre, und für Schliemann liegt dazwischen eine ganze Welt. Aus den wenigen Zeilen spricht Genugtuung über das Erreichte, auch Stolz, aber beileibe nicht das Selbstbewußtsein, das einem Mann wie Schliemann in dieser Lebenssituation gut zu Gesicht gestanden hätte.

Er war kein einfacher Charakter, weil es ihm an Gradlinigkeit fehlte und an innerer Ordnung. Wechselhaftigkeit, Haß, Hilflosigkeit, Wut und Wahn sind wesentliche Bausteine seiner Biographie. Vieles von seinem Verhalten ist Ersatzhandlung und Sublimation. Psychologen, die es sich einfach machen, deuten seine Ausgräbersucht als Versuch, die eigene armselige Vergangenheit zu erforschen und zu bewältigen. Eine gewiß nicht abwegige Denkmöglichkeit, aber doch zu einfach, um die Motive dieses Mannes, seine übersteigerte Einbildungskraft, seine Hirngespinste zu erklären.

Im Jahre 1866 – Heinrich Schliemann lebte damals schon in Paris und widmete sich dem Studium der Sprachen und Philosophie – schrieb der späte Student dem preußischen Generalkonsul in Amsterdam, Wilhelm Hepner, einen Brief, dessen Inhalt unbekannt blieb. Hepner, Teilhaber des Handelshauses Hoyack & Co., der vor 25 Jahren dem Schiffbrüchigen mit Kleidung ausgeholfen hatte, antwortete wie folgt:

»Unwillkürlich mußte ich mir nach Durchlesung Ihres Briefes

wiederholen: welch ein interessanter Mensch, als das lebendige
Beispiel, was fester Wille und Ausdauer zu schaffen vermag, und
ein beneidenswerter Mensch im Überfluß selbsterworbener irdi-
scher wie geistiger Güter, denn auch Zufriedenheit und Ruhe scheinen mehr wie sonst Ihr Eigentum geworden zu sein, und ich kann
nicht umhin, Freund, Ihnen von Herzen zu gratulieren, Ihnen aber
auch offen zu bekennen, daß ich mit einer Art Stolz mich unserer
näheren Bekanntschaft rühme.«

Welch ein interessanter Mensch! Hepners Bewunderung entsprach der Reaktion der meisten Menschen, die Schliemann begegneten. Zehn Jahre später, im Oktober 1876, traf Arthur Milchhöfer,
damals noch junger Stipendiat des Archäologischen Instituts in
Athen, Heinrich Schliemann in Griechenland. Er bezeichnete ihn
als »eine der merkwürdigsten und am meisten bemerkten Persön-
lichkeiten, welche die Altertumsforschung jemals in ihren Reihen
hatte« und beobachtete ihn über mehrere Wochen in Mykene und
Athen. Sein Urteil: »Immer wieder leuchteten Energie und Begeisterung aus seinen Reden heraus, und dann erhielt die sonst einfache, nicht allzu lebhafte Sprechweise, welcher man die mecklenburgische Heimat noch recht wohl anmerken konnte, eine etwas
pathetische Färbung.« Zeitungen beschreiben seine Stimme als
dünn und hoch und nicht gerade sehr einnehmend.

Milchhöfer nennt Schliemann eine »eigenartige Persönlichkeit«
und verneigt sich vor ihm in tiefer Bewunderung. In seinen »Erinnerungen an Heinrich Schliemann« versucht er ein Resümee über
diesen Charakter:

»Die scheinbar widerstrebenden Eigenschaften des Enthusia-
sten – um nicht zu sagen des Schwärmers – und des vielgewand-
ten Praktikers vereinigten sich in ihm zu einem realistischen, von
zähester Energie und Überzeugungstreue getragenen Idealismus.

Schliemann hat selber diese persönliche Seite seiner Leistungen
durchaus in den Vordergrund gerückt; sein ganzes früheres Leben,
die wechselvollen Schicksale seiner Jugendzeit, wie den kühnen
und rapiden Aufstieg zum großen Kaufherrn, zum vielfachen Millionär, betrachtet und schildert er ausdrücklich nur als Vorstufen
zur Verwirklichung seiner letzten Ziele. Auch in dieser Epoche, den
zwei Dezennien seiner Forschertätigkeit, ist er der gleiche geblieben, bei allen Wandlungen, die er an sich vollzog. Vorzüge und

Schwächen entspringen aus demselben Grunde, und so lenkt sich das Interesse immer wieder auf das Charakterbild des Mannes zurück.«

DIE WAHREN URSACHEN SEINES CHARAKTERS

Wer den zwiespältigen Charakter dieses Mannes ergründen will, muß weit zurückgehen in seine Kindheit. Die Biographie eines jeden Menschen findet ihre Motive in der gesellschaftlichen Ursituation der Familie. Heinrich Schliemann ist dafür das beste Beispiel. Sein Leben wird geprägt von familiären Defekten und Komplexen, von Not und materieller Entbehrung, einem ausgeprägten Ödipus- und Kastrationskomplex, vor allem aber einem Bildungskomplex, von Standesdünkeln und der Angst des Kleinbürgers vor dem Abstieg ins Asoziale. Diese Aspekte bilden die wahren Ursachen für den Charakter eines Menschen, der in seiner schillernden Vieldeutigkeit zu einer der interessantesten, bekanntesten, aber auch umstrittensten Figuren seiner Zeit wurde.

Heinrich Schliemanns Leben war von Anfang an eine Flucht aus der Wirklichkeit, die Suche nach Ersatzglück, ein Anlauf, die Erdenschwere zurückzulassen und in eine Scheinwelt aufzusteigen. Da blieben für einen Pastorensohn aus dem mecklenburgischen Ankershagen nicht viele Möglichkeiten: Er konnte ein notorischer Säufer und Weiberheld werden wie sein entwurzelter Vater oder aber Mönch in einem Kloster, das immerhin noch die Möglichkeit gewährte, dem Seelenchaos mit Gesang und Gebet zu begegnen. Mehr bot sich nicht an zu dieser Zeit, an diesem Ort für einen wie ihn.

Kaufmann und Spekulant zu werden, Homerforscher und Ausgräber gar, lag außerhalb jeder Perspektive. Und wenn Schliemann später behauptete, er habe von frühester Kindheit an damit geliebäugelt, das antike Troja auszugraben, und sei, um die finanziellen Grundlagen für dieses Unternehmen zu schaffen, Großkaufmann geworden, so ist dies eine Lüge – eine von vielen, denn Schliemann log leidenschaftlich, vor allem, wenn es darum ging, seinen Lebensweg so darzustellen, wie es der schöne Schein erforderte.

Heinrich Schliemann war ein Künstler im Konstruieren von Legenden, vor allem aber wob er zeit seines Lebens an seinem eigenen Lebensroman, der stellenweise nach Retusche durch den Hauptdarsteller verlangte. Und wer so viel schrieb wie Schliemann, der lief Gefahr, sich bisweilen in seinen erfundenen Geschichten zu widersprechen, bewußt oder unbewußt.

Wer sich eingehend mit den Dokumenten aus Schliemanns Leben beschäftigt, macht eine erstaunliche Feststellung: Bis zu seinem 46. Lebensjahr hat Heinrich Schliemann nicht einen einzigen Gedanken daran verwendet, Archäologe zu werden oder gar Troja auszugraben. Selbst sein zwei Jahre zuvor begonnenes Studium hatte nicht antike Geschichte zum Inhalt, sondern Sprachen, Literatur und Philosophie.

»Ich wurde«, beginnt Schliemann seine romantisch-verklärte Lebenslegende, »am 6. Januar 1822 in dem Städtchen Neubukow in Mecklenburg-Schwerin geboren, wo mein Vater, Ernst Schliemann, protestantischer Prediger war und von wo er im Jahre 1823 in derselben Eigenschaft an die Pfarre von Ankershagen, einem in demselben Großherzogtum zwischen Waren und Penzlin gelegenen Dorf, berufen wurde. In diesem Dorfe verbrachte ich die acht folgenden Jahre meines Lebens, und die in meiner Natur begründete Neigung für alles Geheimnisvolle und Wunderbare wurde durch die Wunder, welche jener Ort enthielt, zu einer wahren Leidenschaft entflammt. In unserm Gartenhause sollte der Geist von meines Vaters Vorgänger, dem Pastor von Rußdorf, ›umgehen‹; und dicht hinter unserem Garten befand sich ein kleiner Teich, das sogenannte ›Silberschälchen‹, dem um Mitternacht eine gespenstische Jungfrau, die eine silberne Schale trug, entsteigen sollte. Außerdem hatte das Dorf einen kleinen, von einem Graben umzogenen Hügel aufzuweisen, wahrscheinlich ein Grab aus heidnischer Vorzeit, ein sogenanntes Hünengrab, in dem der Sage nach ein alter Raubritter sein Lieblingskind in einer goldenen Wiege begraben hatte. Ungeheure Schätze aber sollten neben den Ruinen eines alten runden Turmes in dem Garten des Gutseigentümers verborgen liegen; mein Glaube an das Vorhandensein aller dieser Schätze war so fest, daß ich jedesmal, wenn ich meinen Vater über seine Geldverlegenheiten klagen hörte, verwundert fragte, weshalb er denn nicht die silberne Schale oder die goldene Wiege ausgraben und sich dadurch reich machen wollte?«

HASS AUF DEN VATER

Der Sonntagsroman in der »Gartenlaube« hätte nicht schöner beginnen können. Doch die Wahrheit war eine andere. Derselbe Autor, der dieses Märchen zu Papier brachte, skizzierte an anderer Stelle das Bild einer zerrütteten Familie im ausgehenden Biedermeier. Im Schliemann-Nachlaß der Gennadios-Bibliothek wurde ein Übungsheft entdeckt, in dem der etwa Vierzigjährige Sprachübungen in Italienisch absolvierte. Der Inhalt dieser Übungspassagen macht deutlich, wie sehr Schliemann noch als Familienvater und erfolgreicher Geschäftsmann unter seinen traumatischen Kindheitserlebnissen litt.

»Mein Vater war Pastor«, heißt es dort, »er hatte viele Kinder und wenig Geld, er war ein liederlicher Mensch, ein Sybarit; er enthielt sich nicht ehebrecherischer Beziehungen zu den Mägden, die er seiner eigenen Frau vorzog. Seine Frau mißhandelte er, und ich erinnere mich aus meiner frühesten Kindheit, daß er sie wüst beschimpfte und bespuckte. Er schwängerte sie, um sie loszuwerden, und mißhandelte sie mehr denn je während ihrer [letzten] Schwangerschaft. So kam es, daß ein Nervenfieber, an dem sie erkrankte, schnell zu ihrem Tod führte. Mein Vater täuschte daraufhin schweres Leid und großen Kummer vor und veranstaltete ein prunkvolles Begräbnis für die, die er aus Schlechtigkeit getötet hatte.«

Daß Heinrich seinen Vater haßte und sich später auch nicht scheute, ihn zu erniedrigen, wird aus zahlreichen Briefen deutlich. »Ich hasse und verabscheue diesen Mann«, ließ er die Schwestern wissen, »ich schäme mich furchtbar, der Sohn dieser verwünschten Kanaille zu sein.« Mit 33 Jahren, als er bereits im Geld schwamm, ließ Heinrich, wie erwähnt, seinem versoffenen, mittellosen Vater 500 Taler zukommen, unter der Bedingung, daß er sein Geschirr ordentlich spülte und den Fußboden dreimal wöchentlich schrubbte. Kann ein Sohn den Vater tiefer demütigen?

Die Erklärung dafür liegt auf der Hand: Heinrich rächte sich – und das ein Leben lang – für den vom Vater verschuldeten Tod seiner ödipal geliebten Mutter Luise. Wenn der Sohn in anderen Briefen sich gegenüber dem Vater in einer beinahe rührenden Weise äußerte, so tat er dies offensichtlich in dem Bewußtsein, diese Dokumente später zu veröffentlichen. Ihm lag daran, die Fassade zu wahren.

Heinrich Schliemann lebte hundert Jahre zu früh, um seine gestörte Kindheit in einer Lebensbeschreibung einzugestehen. Denn wenn der erfolgreiche Parvenü etwas noch mehr haßte als seinen Vater, so war es das Odium des Asozialen. Heinrich Schliemann war ein typisches Kind der harmoniesüchtigen Zeit des Biedermeier, jener kurzen Epoche der deutschen Geschichte, in der unter einer idyllisch-maßvollen Oberfläche bereits all jene gesellschaftlichen, wirtschaftlichen und geistigen Kräfte gärten, welche die weitere Dynamik des 19. Jahrhunderts bestimmten.

Es war zweifellos die Schuld des Vaters, daß Heinrich Schliemann, sobald er zu denken anfing, in eine tiefe Identitätskrise fiel. Psychiater, die sich eingehend mit seinem Charakter beschäftigt haben, vertreten sogar die Ansicht, es sei die Suche nach seiner Identität gewesen, die ihn schließlich zum Ausgräber machte. Wie kam es zu dieser Krise und zur Verformung der Persönlichkeit?

DEN MENSCHEN HEINRICH SCHLIEMANN GAB ES ZWEIMAL

Tatsache ist: Den Menschen Heinrich Schliemann gab es zweimal – er hatte dieselben Eltern und lebte zur selben Zeit, im selben Ort. Der zweite Heinrich Schliemann war ein Ersatzmensch. Und das kam so: Im Jahre 1813 heiratete der Schullehrer Ernst Schliemann Luise Bürger, die Tochter seines Rektors im mecklenburgischen Sternberg. Er zog mit ihr nach Neubukow, wo die zierliche Frau in acht Jahren fünf Kinder zur Welt brachte. Die ersten vier trugen die Namen Heinrich, Elise, Dorothea und Wilhelmine.

Bei der Geburt des fünften Kindes am 6. Januar 1822 war Heinrich, der Erstgeborene, acht Jahre und bereits vom Tode gezeichnet. Vater Ernst, der in Neubukow die Stelle des Pastors innehatte, gab dem fünften Kind denselben Namen wie dem ersten: Heinrich. In das örtliche Taufregister schrieb er eigenhändig die vier Vornamen: Johann Ludwig *Heinrich* Julius. Der erstgeborene Heinrich starb zweieinhalb Monate später, am 24. März.

Als der zweitgeborene Heinrich später davon erfuhr, brach für ihn eine Welt zusammen. Er fragte sich, ob nicht in Wahrheit er der tote Bruder sei, und von dieser Zeit an fühlte sich der Junge magisch angezogen von allem Morbiden, vor allem von Gräbern. Als die Familie ins nahe Ankershagen wechselte, da verbrachte Heinrich, anders als andere Kinder, einen Großteil seiner Zeit auf dem gegenüber dem Pfarrhaus liegenden Friedhof und in dem nahegelegenen Schloß des Raubritters Henning von Holstein, wo furchtbare Gespenster umgingen.

Mit neun Jahren, zu einer Zeit, als Heinrich gerade anfing, seine Rolle als Ersatzkind zu begreifen, traf ihn der schwerste Schlag seines Lebens. Die Mutter starb kurz nach der Geburt ihres neunten Kindes Paul. Der sechzigjährige Schliemann widmet dem Ereignis in seiner Biographie einen einzigen Satz: »Es war dies ein unersetzlicher Verlust und wohl das größte Unglück, das mich und meine sechs Geschwister treffen konnte.« Die nüchternen Worte des sonst so emotionsbeladenen Schreibers verraten, daß er noch im Alter nicht darüber hinweggekommen war.

Heinrich Schliemann hatte schon in den Tagen der Kindheit erkannt, daß seine Mutter auf keine natürliche Weise aus dem Leben schied. Die angegebene Todesursache »Nervenfieber« deutet auf Neurasthenie hin, eine pathologische Erregbarkeit der psychischen Funktionen, die von pathologischen Erschöpfungszuständen begleitet wird. Mit anderen Worten: Der Pastor von Ankershagen richtete seine Frau systematisch zugrunde. Obwohl er nie angeklagt wurde, war er in Heinrichs Augen ein Mörder.

Der Trunkenbold im Pastorenkittel hatte die empfindsame, schwächliche Frau geschlagen, sie immer wieder mit Schwangerschaften gequält, obwohl bereits die Geburten sieben und acht Luise das Letzte abgefordert hatten. Er schwängerte sie mit geradezu sadistischer Wollust, damit er selbst freie Bahn hatte für seine Ausschweifungen. Dazu gehörten neben der Sauferei, die die Familie an den Rand des finanziellen Ruins brachte, allerlei Weibergeschichten, deren übelste sich vor den Augen seiner Frau im eigenen Haus abspielte.

Ernst Schliemann hatte an den üppigen Formen einer minderjährigen Maurerstochter aus Ankershagen Gefallen gefunden. Das mit einem unehelichen Kind und derben Umgangsformen gesegnete Fräulein hieß Sophie Schwarz und war im ganzen Dorf bekannt für seine Leichtfertigkeit. Aber offenbar reizte gerade dies den geilen Pastor, und er stellte Sophie gegen den Willen seiner Ehefrau als Hausmagd ein. Wie nicht anders zu erwarten, ging die Hausmagd mehr dem Herrn als der Frau zur Hand. Ganz Ankershagen redete darüber. Schließlich warf Luise Schliemann die Schlampe aus dem Haus.

Von Stund an machte der Pastor seiner Frau das Leben zur Hölle. Seiner Konkubine mietete er im nahen Ort Waren ein Zimmer. Als das muntere Treiben der beiden dort ruchbar wurde, setzte man sie auf die Straße. Darauf quartierten sie sich in einem Gasthof in Serrahn ein und schließlich bei Ernst Schliemanns Bruder Friedrich in Kalkhorst.

Kam er nach Hause, dann tyrannisierte der Pastor seine Familie. Der kleine Heinrich empfand hilflose, maßlose Wut über das Scheusal, das sein Vater war. Irgendeinmal wird er sicher den letzten Brief seiner Mutter an Elise, die älteste Schwester Heinrichs, die sich zu dieser Zeit bei Verwandten in Pflege aufhielt, gelesen haben. Darin bedankte sich die Pastorin auf rührende Weise bei Elise für die »liebevollen Empfindungen«, die sie ihr entgegengebracht habe. Sie schrieb wörtlich: »Die Tage, die dann kommen, kannst du jeden Augenblick denken, daß ich im Kampf zwischen Leben oder Tode bin. Solltest du von letzterem benachrichtigt werden, so gräme Dich nicht viel, sondern freue Dich vielmehr, daß ich ausgelitten habe auf dieser für mich so undankbaren Welt, wo alles Dulden, Bitten und Beten zu Gott im Stillen um Änderung meines harten Schicksals doch nichts hilft ... Wenn Gott mir sollte mein Schmerzensjahr glücklich überstehen helfen und mein Leben vielleicht nachher noch einmal wieder so werden, daß ich mit Lust und Vergnügen unter Menschen bin, so verspreche ich Dir, die schöne Haube auch recht fleißig zu tragen ... Ich muß schließen, weil ich beim Schlachten der Schweine bin und es mir so, so sauer wird.«

Ob mit dem »Schmerzensjahr« Luises neunte Schwangerschaft gemeint ist oder ihre allgemeine, von Depressionen gekennzeichnete Situation, kann nicht geklärt werden. Zweifellos war Luise Schliemann gegen Ende des Jahres 1830 ohne jeden Lebensmut. Sie war gerade 36 Jahre.

EINE ZYNISCHE TODESANZEIGE

Am 22. März 1831 starb Heinrichs Mutter. Ihr Grab wurde in Sichtweite des Wohnhauses geschaufelt, wo sie die grausamsten Stun-

21 Minna Meincke, verheiratete Richers. Nach Erscheinen von Schliemanns Autobiographie nahm die Mutter von drei Töchtern mit Erstaunen zur Kenntnis, daß sie Heinrichs Jugendliebe gewesen sein sollte. Als sie mit einer Klage drohte, entschuldigte sich Schliemann bei ihr mit dem Hinweis, er habe sie mit seiner erfundenen Geschichte unsterblich machen wollen.

den ihres Lebens durchmachen mußte. Der versoffene Pastor reagierte auf den Tod seiner Ehefrau, der Mutter von sieben Kindern (zwei waren gestorben), in geradezu zynischer Weise. Er gab am folgenden Tag in der Lokalzeitung, den »Mecklenburg-Schwerinischen Anzeigen« eine auf peinliche Weise protzige, von Lügen und Selbstmitleid triefende Anzeige auf:

Gestern war für mich der unglücklichste Tag meines bisherigen Lebens, indem der unerbittliche Tod mir meine treue, seit beinahe siebenzehn Jahren mit mir ehelich verbunden gewesene Lebensgefährtin und meinen sieben unmündigen Kindern die zärtlichste Mutter, Luise Therese Sophia, geborene Bürger, entriß. Sie, die gute, uns ewig unvergeßliche Gattin und Mutter, starb an den Folgen eines hitzigen Nervenfiebers an dem genannten Tage, morgens 5 1/2 Uhr, in einem Alter von noch nicht völlig vollendeten 37 Jahren, nachdem sie am 13ten Januar d. J. von einem gesunden Knaben, unserm neunten Kinde, glücklich entbunden worden. Vom tiefsten Schmerze durchdrungen stehe ich, umringt von meinen jetzt mutterlosen Waisen, die zum Teil die Größe ihres Verlustes noch nicht zu fühlen imstande sind, und bete: Gott lohne die nun Vollendete für alle mir und meinen Kindern erwiesene Liebe und zärtliche Fürsorge mit dem Genusse der reinsten und ungestörtesten Seligkeit; verlaß mich und meine Kinder nicht und gieße lindernden Balsam in unsre tief verwundeten Herzen! Diese Worte widme ich allen meinen und meiner verewigten Gattin Verwandten und Freun-

den, so wie allen denen, deren Herz Gefühl für fremde Leiden hat, und
halte mich überzeugt, daß sie mir und meinen Kindern eine stille Träne
des Mitleids nicht versagen werden.

Schliemann
Pastor zu Ankershagen.

Niemand in Ankershagen und den umliegenden Ortschaften konnte sich erinnern, in dem Lokalblatt je eine so ausführliche Todesanzeige gelesen zu haben. Vor allem aber ärgerte die Mecklenburger die Verlogenheit ihres Pastors. Der Mann hatte sich und seine
Familie unmöglich gemacht.

Ernst Schliemann schien das nicht weiter zu stören. Kaum war
die Ehefrau unter der Erde, holte der Witwer seine Konkubine
zurück ins Pfarrhaus – als Wirtschafterin, wie er verkündete. Die
Leute warfen dem Pastor die Scheiben ein. Statt in die Kirche kamen sie an den Sonntagen vor das Pfarrhaus und trommelten auf
mitgebrachte Töpfe und Pfannen.

Der junge Heinrich durchlebte eine schwere Zeit. »Meiner Mutter
Tod«, schrieb er, »fiel noch mit einem anderen schweren Mißgeschick
zusammen, infolgedessen alle unsere Bekannten uns plötzlich den
Rücken wandten und den Verkehr mit uns aufgaben.« Heinrich wurde zum Einzelgänger, zum Sucher, Forscher, Träumer; aber die Wunden, die ihm die Jugendjahre geschlagen hatten, heilten nie.

Dennoch war diese Zeit der Einsamkeit wichtig für Heinrich,
nicht nur weil sie Raum bot für seine Träume und Phantasien, sie
heizte auch die Wut an über seine hilflose Situation und nährte die
Pläne, es allen zeigen zu wollen, sich zu rächen mit einem atem-
beraubenden Aufstieg.

Durch das liederliche Leben ihres Vaters wurden Heinrich und
seine Geschwister zu Asozialen gestempelt. Andere Kinder durften
nicht mit ihnen spielen. Er habe, bemerkte Schliemann trotzig, sich
nicht sehr gegrämt darüber, nur daß auch Minna Meincke der Umgang mit ihm verboten war, das habe er »tausendmal schmerz-
licher« empfunden als den Tod seiner Mutter.

Das Geständnis mag verwundern angesichts der starken Mut-
terbindung Schliemanns, aber es ist zu bedenken, daß es sich hier
um die Aussage des beinahe Sechzigjährigen in seiner geschönten

Autobiographie handelt. Darin nimmt das gleichaltrige Mädchen eine weit bedeutendere Position ein, als ihm im Leben Heinrich Schliemanns zukommt. Minna war seine Schulfreundin, sie mag sogar – soweit man das für einen Jungen im Alter von neun Jahren sagen kann – seine erste Liebe gewesen sein, aber prägend hat Minna auf Heinrich nicht gewirkt. Er suchte in seinen späteren Liebschaften nie Minnas Typ.

Minna Meincke ist vielmehr *ein* Beispiel für zahlreiche bewußte Über- und Untertreibungen, Mißdeutungen und Fälschungen in der Beschreibung des eigenen Lebens. Der selbstbewußte, geltungsbedürftige Schliemann benutzte Menschen mit Vorliebe dazu, mit ihnen seine Biographie auszuschmücken. Ob es nun Millard Fillmore war, der Präsident der Vereinigten Staaten, oder Minna Meincke, die Tochter des Gutspächters aus dem Dorf Zahren, spielte keine Rolle; von Belang war allein, inwieweit die jeweilige Person das Lebensbild des Heinrich Schliemann ergänzen oder auch glorifizieren konnte.

Ebenso wie Schliemann vom US-Präsidenten nie empfangen wurde – sein scheinbar authentischer Bericht über Fillmore und seine Familie ist aus der Zeitung abgeschrieben –, ist die rührselige Liebesgeschichte mit Minna eine dichterisch überhöhte Reminiszenz, die darüber hinwegtäuschen soll, daß der radikale Einzelgänger von Liebesunfähigkeit geplagt wurde und mehr über Goethes Liebschaften zu berichten wußte als über seine eigenen.

Minna war für Heinrich bloßes Mittel zum Zweck. Aber das wußten nur die Beteiligten. Im Jahre 1880 entschuldigte sich Schliemann bei der seit 1847 mit dem Gutspächter August Friedrich Richers verheirateten Jugendfreundin, inzwischen Mutter von drei Töchtern. Die Entschuldigung ist eigentlich eine neuerliche Unverschämtheit. Schliemann an Minna Richers:

»Mein ›Ilios‹ wirst Du erhalten haben. Solltest Du finden, daß ich unsere Freundschaft vor 50 Jahren übertrieben habe, so mußt Du es nicht übelnehmen und lediglich meiner alten Anhänglichkeit zuschreiben. Wie sich die Umstände gestaltet haben, können Dir ja alle meine Ausführungen nur zur allerhöchsten Ehre gereichen, und alle deutschen Frauen möchten auf ähnliche Weise unsterblich gemacht werden ...«

Minna Richers Antwort erfolgte postwendend und versöhnlich,

obwohl sie – oder ihr Mann August Friedrich – zunächst irritiert gewesen war und sich mit dem Gedanken getragen hatte, eine Richtigstellung zu verlangen. Minnas Nichte Ida Fröhlich, zu der sie ein sehr persönliches Verhältnis unterhielt, hatte ihr das Vorhaben ausgeredet. Wenn Schliemann, hatte sie argumentiert, sie dauernd im Herzen getragen oder wenn seine Phantasie sich lebhaft mit ihr beschäftigt habe, so sei ihm daraus kein Vorwurf zu machen. »In Märchen und Sagen ist es häufig eine Königstochter, die den Helden zu großen Taten begeistert; im Leben unserer großen Staatsmänner und Dichter begegnen wir vielfach dem Einfluß einer Frau. Warum sollte nicht auf den nun auch berühmten Doktor Schliemann ein weiblicher Genius bestimmend eingewirkt haben?«

Also fühlte sich Minna geschmeichelt. Aus ihrem Antwortbrief vom 4. Januar 1881:

Du, lieber Heinrich, hast mir in Deiner Selbstbiographie wirklich eine große Ehre erwiesen. Deine lebhafte, jugendliche Phantasie idealisierte die Gestalt der kleinen Minna Meincke und stattete sie mit besonderen Vorzügen und Begabungen aus. – Für Dich war es aber ein Glück, daß Du sie später nicht wiedersahst, denn sie ist nur eine gar zu prosaische, alltägliche Natur geworden, die Deine dichterischen Ausschmückungen der Jugendbekanntschaft gar nicht so erinnert. Geradezu gesagt, Du hast es »ein wenig übertrieben«, wie Du selbst in einem früheren Brief schreibst, und dafür verdienst Du alter Freund nun mehr eine Strafe als ein Lob von mir ...

Deine Freundin Minna Richers

EINE ERFUNDENE LIEBSCHAFT

Was mag Schliemann veranlaßt haben, eine heftige Jugendliebe zu erfinden, die es nie gegeben hat?

Als Schliemann seine erste Lebensbeschreibung aufzeichnete, wurde er sich bewußt, daß sein wechselvolles Leben unter einem katastrophalen Liebesdefizit litt. Er mußte erkennen, daß er in seinen ersten fünfzig Lebensjahren ohne Liebe gelebt hatte. Was er bisher für Liebe gehalten hatte, war nichts anderes als Sex – mit dem Zweck, Nachkommen in die Welt zu setzen und auf diese Weise nach außen ein intaktes Familienleben vorzugaukeln. Das Planungsziel, die erste Ehe, war erreicht, Heinrich Schliemann jedoch unzufrieden. Von Liebe konnte keine Rede sein.

Über seine erste Frau Jekaterina Petrowna Lyschina, mit der er beinahe siebzehn Jahre – unglücklich – verheiratet war, erfahren wir in Schliemanns Autobiographie nicht einmal einen Bruchteil von dem, was Minna Meincke zukommt. Der Grund ist einfach: Jekaterina zwang Heinrich zum seelischen Offenbarungseid. Minna hingegen blieb eine schöne Fiktion. Der meisterhafte Ausgräber und Forscher war ein Künstler im Verschütten der seelischen Realität, und er war ein virtuoser Erfinder, wenn es galt, seinen zweifellos gestörten Charakter in einem besseren Lichte erscheinen zu lassen oder seine Mythomanie zu erklären.

Für Heinrich Schliemann war Minna Meincke ein unerfüllbarer Traum, das Idealbild der Frau, dem auch Sophia, seine zweite Ehefrau, nicht gerecht wurde: »Minna war es vorzugsweise, die das größte Verständnis für mich zeigte und die bereitwillig und eifrig auf alle meine gewaltigen Zukunftspläne einging. So wuchs eine warme Zuneigung zwischen uns auf, und in kindlicher Einfalt gelobten wir uns bald ewige Liebe und Treue ... Es stand fest, daß wir, sobald wir erwachsen wären, heiraten würden und daß wir dann unverzüglich alle Geheimnisse von Ankershagen erforschen, die goldene Wiege, die silberne Schale, Hennings ungeheure Schätze und sein Grab, zuletzt aber die Stadt Troja ausgraben wollten; nichts Schöneres konnten wir uns vorstellen, als so unser ganzes Leben mit dem Suchen nach den Resten der Vergangenheit zuzubringen. Gott sei es gedankt, daß mich der feste Glaube an das Vorhandensein jenes Trojas in allen Wechselfällen meiner ereignisreichen Laufbahn nie verlassen hat! – Aber erst im Herbst meines Lebens und dann auch ohne Minna – und weit, weit von ihr entfernt – sollte ich unsere Kinderträume von vor fünfzig Jahren ausführen dürfen.«

Es ist stark zu bezweifeln, ob Minna Meincke Schliemann dabei behilflich war, seine phantastische Welt aufzubauen und die Flucht aus der Wirklichkeit zu vollziehen. Minna wurde in der Rückschau jedoch zur Symbolfigur seiner Hoffnungen und Träume, zur hehren Göttin der homerischen Welt. Wie litt Heinrich, als Minnas Eltern ihrer Tochter den Umgang mit dem asozialen Jungen aus dem Pfarrhaus verboten! Stundenlang, so weiß er zu berichten, habe er vor dem Porträt einer Vorfahrin geweint, nur weil die Dargestellte Minna ähnlich sah. »Die Zukunft«, schrieb Schliemann, »schien mir finster und trübe, alle geheimnisvollen Wunder von Ankershagen, ja Troja selbst hatte eine Zeitlang keinen Reiz mehr für mich.«

Auch das ist eine Erfindung. Um das Jahr 1833 verschwendete Schliemann keinen Gedanken an Troja. Und Minna hatte gewiß seine Zuneigung erfahren, aber daß er sie liebte und beweinte, davon kann keine Rede sein. Viel mehr übrig hatte Heinrich in jener Zeit für seine gleichaltrige Cousine Luise, der er sogar »glühende Küsse« zukommen ließ. In seiner Autobiographie fiel das Techtelmechtel mit Luise jedoch zugunsten der rührenden, aber erfundenen Geschichte mit Minna Meincke unter den Tisch.

Schliemanns Verhältnis zu Frauen war von Grund auf gestört. Dabei war die Geschichte seines Lebens nichts anderes als die Suche nach Liebe. Wahre Zuneigung erfuhr er erst im Alter. Bis dahin begegnet uns eine beklagenswerte männliche Erscheinung, jener auf der Petersburger Fotografie dargestellte Biedermann, der so gerne ein Lebemann gewesen wäre.

Daß er nicht schön war, auch nicht stattlich, ja nicht einmal männlich wirkte, das wußte Heinrich Schliemann. Mit 156 Zentimetern Körpergröße, kurzen Armen und Beinen und einem viel zu großen Kopf war nun mal kein Staat zu machen. Aber auch Cäsar, Kant und Napoleon waren von kleinem Wuchs; trotzdem hatten sie großen Erfolg bei Frauen.

Für Heinrich waren die Begriffe Liebe und Partnerschaft von Anfang an mit Ruhm und Geld verknüpft. Ruhm und Geld waren *seine* Art von Attraktivität. Sein gescheitertes Abenteuer mit der Petersburgerin Sophie Hecker schmerzte noch immer. Erst nachdem er es zu Reichtum gebracht hatte, wagte sich Schliemann an eine Frau heran – und geriet natürlich an die falsche. Jekaterina Petrowna Lyschina hatte einen früheren Antrag des jungen Deutschen abgelehnt. Nun, da er ganz offensichtlich zu Reichtum gelangt war, sagte sie ja. Es wurde eine Horrorehe.

Daß Jekaterina Heinrich nie wirklich geliebt hat, darf als sicher gelten; Jekaterina war lesbisch. Sein »eheliches Recht«, gestand Schliemann, habe er sich oft mit Gewalt geholt. Für ihn war das selbstverständlich; denn die Petersburger Ehe basierte schließlich auf einem Vertrag, und dieser Vertrag mußte eingehalten werden – von beiden Seiten.

EIN MANN MIT SEXUELLEN ÄNGSTEN

Da Heinrich Schliemann sich in seinen späteren Briefen recht freimütig über Sexualität äußerte, das Thema bis zu der Zeit seiner ersten Ehe aber nie berührt hatte, dürfen wir annehmen, daß Jekaterina die erste Frau war, mit der er schlief. In bemerkenswerter Offenheit berichtete Heinrich, als die zweite Heirat bevorstand, von seinen sexuellen Ängsten nach achtjähriger Enthaltsamkeit: Er befürchtete als nunmehr Siebenundvierzigjähriger, er könnte die jugendliche Sophia sexuell nicht mehr zufriedenstellen.

Die Voraussetzungen für Schliemanns 1869 geschlossene zweite Ehe waren im Grunde nicht besser als jene bei der ersten. In Schliemanns Wesen war bis zu diesem Zeitpunkt keine Änderung festzustellen. Er betrachtete die Ehe noch immer als einen Vertrag mit genau verteilten Rechten und Pflichten und wählte seine Braut aus dem Fotokatalog. Seine Ankündigung der bevorstehenden Hochzeit gegenüber Vater und Geschwister klang eher wie die Mitteilung, er habe in Griechenland ein Ferienhaus erworben: »Der Erzbischof von Griechenland, mein früherer Lehrer, hat mir die Porträts mehrerer Athenienserinnen zur Auswahl geschickt; ich habe davon Sophia Engastromenos als die Liebenswürdigste ausgesucht ... Ich habe von Sophias Fotografie 12 Kopien bestellt und schicke Euch eine davon ...«

Im Gegensatz zu Jekaterina verfügte Sophia über ein »liebendes, ergebenes, demütiges, herrliches Wesen« – so Schliemann an seine Schwester Doris –, und dieses Wesen war wohl verantwortlich für den langsamen Wandel Heinrichs vom Kaufmann zum rücksichtsvollen, liebenden Mann. Die schwülstigen Briefe mit Liebesbeteuerungen an Sophia dürfen nicht darüber hinwegtäuschen, daß auch die zweite Ehe zu Beginn nur eine Zweckverbindung war. Schwülstige Liebesbriefe schrieb Heinrich seiner ersten Frau Jekaterina auch; dennoch war die Ehe eine Katastrophe.

Zu Beginn seiner zweiten Ehe hatte Schliemann zumindest etwas gelernt: Rücksichtnahme. Dennoch war sein Verhalten insgesamt noch immer von erschreckender geschäftsmäßiger Nüchternheit. An seinen Schulfreund Wilhelm Rust: »Ich habe mit dieser Frau leider nur erst ein Töchterchen, Andromache, denn viermal hat die Arme ausgeworfen und jetzt sogar zweimal in zwei Monaten, und vor allen Dingen und um jeden Preis muß ich sie daher wieder zu Kräften bringen lassen.«

Immerhin führte Schliemann in einem Alter, in dem sein Freund Rust, wie dieser bekannte, »den Trieb zur Befruchtung verloren« hatte, zum ersten Mal ein geregeltes Sexualleben. Für den Sechsundfünfzigjährigen war Rusts Problem nicht nachvollziehbar. Er riet dem Freund und Bankier: »Es ist die Folge Deines vielen Sitzens, denn der Same geht bei Dir in Fett über; er kommt aber wieder, wenn Du durch viele Bewegung magerer wirst. Der Trieb zur Befruchtung bleibt auch bei mir manchmal durch furchtbare geistige Anstrengung auf einige Zeit aus, stellt sich aber mit doppelter Kraft wieder ein, sobald ich mir etwas Muße gönne.«

Dabei paßten Heinrich und Sophia Schliemann überhaupt nicht zusammen, weder von ihrem Äußeren noch in charakterlicher Hinsicht. Eine Zeitzeugin, die Dresdnerin Helene Schellberg, begegnete der Familie Schliemann im Sommer 1885 in St. Moritz. Der berühmte Ausgräber kurte dort während der Sommermonate mit Frau und Kindern. Besonders Sophia Schliemann machte auf Helene Schellberg großen Eindruck:

»Sie war eine schöne Frau, einen halben Kopf größer als ihr Mann, mit starkem, schwarzem Haar. Ihr Gesichtsausdruck war immer ernst. Ich habe sie nie lachen sehen.«

Die Dresdnerin spielte mit Andromache Schliemann, am liebsten »Troja ausgraben«. Zu diesem Zweck wurde Schokolade auf dem Spielplatz versteckt. Eines Tages kam ein Mann, und Helene meinte zu Andromache: »Da kommt Dein Großpapa!« Andromache, die sehr gut deutsch sprach, erwiderte entrüstet: »Es ist mein Papa!«

Die Onkelehe wurde – zumindest für Heinrich – zur Erfüllung seines Lebens. Sophidion (»Sophiechen«), wie er seine Frau nannte, wandelte sich vom hübschen Anhängsel zur bewunderten Partnerin, vom Sexualobjekt zur wahren Geliebten. Nach Sophias erstem Nervenzusammenbruch mußte Schliemann erkennen, daß seine junge Frau der andauernden Belastung durch seine Erziehungs-

und Bildungsmaßnahmen nicht gewachsen war und daß er sich anschickte, auch diese Ehe zu zerstören.

Er hatte ohne Zweifel nur deshalb eine um dreißig Jahre jüngere Ehefrau auserwählt, um sie nach seinen Vorstellungen formen zu können. Diese Pläne gab er ebenso wieder auf wie den Versuch, Sophia als Schatzgräberin in Troja darzustellen. Auch davon, daß die Athenerin Homers »Ilias« und »Odyssee« auswendig herzusagen wußte, konnte keine Rede sein. So wurde Sophidion in bestimmter Hinsicht zur geliebten Fiktion wie einst Minna Meincke. Aber letztlich war Heinrich Schliemanns ganzes Leben eine Fiktion.

Der alternde Mann hat seine zweite Frau auf seine Weise wirklich geliebt. Vergleicht man die angelesene, zur Übertreibung neigende Sprache seiner Liebesbeteuerungen an Minna Meincke oder Jekaterina Lyschina mit der Äußerungsweise in jenem letzten Liebesbrief, den er am 28. September 1890 seiner Frau Sophia zum 21. Hochzeitstag schickte (sie hielt sich zu der Zeit gerade zur Kur in Deutschland auf), so fällt ein deutlicher Wandel der Gefühle Schliemanns auf. Von den zigtausend Briefen, die Heinrich Schliemann in seinem Leben schrieb, ist dies der eindrucksvollste und schönste:

Athen, 28. 9. 1890

Mein geliebtes Sophidion!

... Zu unserem Hochzeitstag möchten die Götter, das ist mein Wunsch, uns vergönnen, diesen Tag nicht nur im kommenden Jahr, sondern von heute an weitere 21 Jahre hindurch alljährlich zusammen zu feiern in Gesundheit und Wohlbefinden. Heute blicke ich zurück auf die lange Zeit, die mir im Zusammenleben mit Dir verging, und sehe, daß die Parzen uns viel bitteres Leid, aber auch viel süße Freude zugesponnen haben. Wir Menschen sind gewöhnt, was vergangen ist, durch einen rosenfarbenen Schleier zu betrachten; wir vergessen dabei, was an dem Gewesenen schlecht war, und behalten nur das Angenehme im Gedächtnis. Mir fehlen die Worte, unsere Ehe zu preisen. Du warst mir alle Zeit eine liebevolle Gattin, ein guter Kamerad und zuverlässiger Steuermann in schwierigen Lagen, außerdem ein lieber Weggefährte und eine Mutter, wie es kaum eine zweite gibt. Ich habe mich gefreut, wenn ich Dich so im Schmuck Deiner Tugenden sah. Darum verspreche ich Dir heute schon die Ehe auch für das künftige Leben.

22 Äneas trägt seinen Vater Anchises aus dem brennenden Troja – eine Abbildung aus Georg Ludwig Jerrers »Weltgeschichte für Kinder«. Dieses Bild, behauptete Schliemann später, habe ihn schon in jungen Jahren auf die Idee gebracht, das homerische Troja auszugraben. Eine Erfindung – wie vieles in Schliemanns Autobiographie.

SCHLIEMANNS EIGENE RELIGION

Die Unberechenbarkeit in Schliemanns Charakter, die keine eindeutige Typisierung zuläßt, hat noch andere unerwartet positive Seiten. In seiner Autobiographie versucht Heinrich den Anschein zu erwecken, als habe ihn der Vater nur deshalb zu seinem Bruder Friedrich nach Kalkhorst in Pflege gegeben, damit er die unglückliche Geschichte mit Minna vergesse. In Wahrheit mußte der Pastor seine Kinder bei der Verwandtschaft unterbringen, weil er völlig mittellos war. Die nachtragenden Bürger von Ankershagen hatten den verlotterten Pastor nämlich beschuldigt, er habe zum eigenen Wohl in die Kirchenkasse gegriffen, und daraufhin wurde Ernst Schliemann seines wohldotierten Amtes enthoben.

Onkel Friedrich war ebenso Pastor wie Heinrichs Vater Ernst, und man könnte meinen, die ersten vierzehn Jahre seines Lebens, die der junge Schliemann in Pfarrersfamilien verbrachte, hätten sich prägend auf sein späteres Leben ausgewirkt; doch das war nicht der Fall. Weder das bigotte Verhalten seines Vaters noch die fromme Redlichkeit seines Onkels haben Heinrichs Verhältnis zur Religion auf irgendeine Weise beeinflußt.

Das widerwärtige Treiben des Vaters, der von der Kanzel des Ankershagener Kirchleins Zucht und Sittlichkeit predigte, selbst aber dem Laster verfallen war, wäre durchaus dazu angetan gewesen, aus Heinrich einen militanten Ungläubigen, einen Antiklerikalen oder erklärten Nihilisten zu machen, wie es beispielsweise bei seinem Zeitgenossen Karl Marx der Fall war, der im Alter von sechs Jahren vom Judentum zum Protestantismus übertreten mußte und später einen strikt atheistischen Standpunkt vertrat. Auf Heinrich Schliemann trifft das alles nicht zu. Er hat die Bigotterie seines Vaters ohne seelischen Schaden überstanden und ist weder zum treuen Kirchenanhänger noch zum glühenden Kirchengegner geworden; er hat sich seine eigene Religion gebildet.

Seine erste Bibel war eine »Weltgeschichte für Kinder« von Georg Ludwig Jerrer, die er im Alter von acht Jahren zum Weihnachtsfest geschenkt bekam. Und das Aufregendste in diesem Buch, berichtete er später, sei eine Abbildung gewesen, die Äneas zeigt, der seinen Vater Anchises aus dem brennenden Troja trägt. Fragen nach dem Sinn der Darstellung beantwortete zunächst der Vater und schließlich der Lehrer Carl Andreß, dem Heinrich zeit seines Lebens die Treue hielt.

Nein, Schliemann war alles andere als fromm im christlichen Sinn. Dabei nahm er das Wort Gott gar nicht selten in den Mund. Schliemann gebrauchte es im Sinne von Vorsehung. Gott war für ihn das Schicksal, das jedem Menschen bestimmt ist. Kirchliche Institutionen und kirchliche Diener erschienen dem Pfarrersohn ebenso verachtenswert wie der eigene Vater. Seinen frommen Schwestern Doris und Wilhelmine schrieb er im Jahre 1842 – Heinrich war gerade zwanzig Jahre alt: »Über meinen Glauben macht Euch keinen Kummer, denn ich glaub' an einen Gott, und was kümmert mich weiter das Nebengeschwätz der Derwische, Priester, Mönche und Pfaffen, die doch nur alle Zusätze erdichtet haben? Ich tue recht und scheue niemand und glaube, was ich kraft meiner Vernunft glauben kann.«

In diesem Sinn müssen auch Schliemanns Worte aus seiner Autobiographie interpretiert werden. Dort heißt es unter Bezugnahme auf ein Ereignis im Oktober 1854: »Die göttliche Vorsehung beschützte mich oft in der wunderbarsten Weise, und mehr als einmal wurde ich nur durch einen Zufall vom gewissen Untergang gerettet.« Beim Stadtbrand von Memel hatte Schliemann, wie berichtet, Waren im Wert von 150 000 Talern gelagert, und er dachte natürlich, er hätte dieses Vermögen verloren. Zu seiner Verblüffung erfuhr er jedoch, daß einzig sein Lagerhaus vom Brand verschont geblieben war. Schliemann nahm dies jedoch nicht zum Anlaß für eine Bekehrung zum christlichen Glauben, sondern als Bestätigung dafür, daß ihn das Schicksal für ganz besondere Ereignisse ausersehen hatte.

Bis in die Mitte seines Lebens betrachtete Heinrich Schliemann keineswegs Troja als seine »religiöse« Bestimmung, sondern seinen geschäftlichen Erfolg. Auch der Kindheit in Ankershagen wurde bis zu dieser Zeit noch keine prägende Rolle zuerkannt. Im Jahre 1851, als Schliemann nach seiner Amerikareise zum ersten Mal über sich und sein bisheriges Leben schrieb, war das homerische Troja noch kein Thema, und seine Kindheit in Ankershagen erwähnte er nur, um seinen Aufstieg vom mittellosen Pflegekind zum steinreichen Kaufmann hervorzuheben.

Am 31. Dezember 1868 beendete Heinrich Schliemann in Paris das Manuskript mit der Schilderung seiner ersten Griechenlandreise, der er wiederum eine Lebensbeschreibung voransetzte. Er hatte zu diesem Zeitpunkt, also mit 47 Jahren, bereits den Entschluß gefaßt, ein neues Leben zu beginnen, das Leben eines Forschers und Ausgräbers. Erst jetzt, 18 Jahre nach der ersten Lebensbeschreibung, gewann für Schliemann seine Kindheit mit einem Mal an Bedeutung.

DER VERSUCH, SEINE MYTHOMANIE ZU ERKLÄREN

»Als ich«, beginnt Schliemann den biographischen Abschnitt in seinem 1869 erschienenen Buch »Ithaka«, »im Jahre 1832 zu Kalkhorst, einem Dorfe in Mecklenburg-Schwerin, im Alter von zehn Jahren meinem Vater als Weihnachtsgabe einen in schlechtem Latein geschriebenen Aufsatz über die Hauptbegebenheiten des Trojanischen Krieges und die Abenteuer des Odysseus und Agamemnon überreichte, ahnte ich nicht, daß ich 36 Jahre später dem Publikum eine Schrift über denselben Gegenstand vorlegen würde, nachdem ich das Glück gehabt hatte, mit eigenen Augen den Schauplatz dieses Krieges und das Vaterland der Helden zu sehen, deren Namen durch Homer unsterblich geworden sind.

Sobald ich sprechen gelernt, hatte mir mein Vater die großen Taten der homerischen Helden erzählt. Ich liebte diese Erzählungen; sie entzückten mich, sie versetzten mich in hohe Begeisterung. Die ersten Eindrücke, welche ein Kind empfängt, bleiben ihm während seines ganzen Lebens…«

Schliemann führt hier eine ganze Reihe prägender Kindheitseindrücke mit dem Ziel an, seine Mythomanie zu erklären. Der Wahrheitsgehalt seiner Aussagen ist in diesem Fall von untergeordneter Bedeutung; selbst wenn Schliemann die eine oder andere Szene erfunden haben sollte (was durchaus wahrscheinlich ist), so trägt sie doch dazu bei, den Charakter des Autors zu erklären.

Der elfjährige Heinrich ging zunächst als Kostgänger und Pflegekind seines Onkels Friedrich aufs Gymnasium Neustrelitz, mußte aber nach drei Monaten in die Realschule zurückkehren, weil sein Vater das Schulgeld nicht zahlen konnte oder wollte. Heinrich war auf der Realschule nicht gerade ein guter Schüler. Ein Zeugnis aus dem Jahre 1835 weist ihn weder als Sprachgenie aus, noch zeigt es eine gewisse Begabung für Geschichte und Geographie. Ausgerechnet im Lateinischen, das ihm später neben dem Griechischen zu einer weiteren Muttersprache werden sollte, erhielt der Schüler die schlechteste Note:

Realschule Neustrelitz
Zeugnis von Ostern bis Michaelis 1835
für Heinrich Schliemann

Aufführung:	gut
Religion:	bemerkt
Geometrie und Arithmetik:	bemerkt, doch wird er bei größerer Anstrengung schneller und leichter auffassen.
Physik und Chemie:	fehlen meist, doch auch hier muß er selbst denken.
Naturgeschichte:	zufrieden, zeigt Teilnahme.
Geographie:	geht an.
Geschichte:	zufrieden.
Deutsche Sprache:	Die Aufsätze waren meist fleißig gearbeitet.
Französische Sprache:	zufrieden.
Lateinische Sprache:	befriedigte nicht; die Übersetzung flüchtig und schwülstig.
Englische Sprache:	geht an.

Zeichnen:	langsam.
Lesen:	unbedeutend.
Kalligraphie:	erfreuliche Fortschritte.
Versäumt:	22 Stunden.

Der Streber und das Genie Heinrich Schliemann wurden erst viel später geboren, aber das war bei vielen Genies nicht anders. In jedem Fall war die unzulängliche Schulbildung die zweite große Wunde nach dem Tod seiner Mutter, die das Schicksal ihm schlug. Heinrich Schliemann hat bis zur dubiosen Erlangung seines Doktortitels schwer unter seinem Bildungsdefizit gelitten. Er hat immer die familiären Verhältnisse dafür verantwortlich gemacht.

Es ist gleichgültig, ob die folgende Szene aus der Lebensbeschreibung des Jahres 1868 sich tatsächlich so zugetragen hat oder ob sie von Schliemann erfunden wurde. Wichtig ist allein, was der Verfasser damit sagen wollte: Zwar komme er aus kleinen Verhältnissen, zwar mangle es ihm an höherer Schulbildung, aber in seinem Innersten habe er schon in jungen Jahren die besondere Liebe zur Antike gespürt.

Heinrich Schliemann kleidet das in die folgende Geschichte: »In dem kleinen Laden ... bestand meine Beschäftigung darin, Heringe, Butter, Branntwein, Milch, Salz im Detail zu verkaufen, die Kartoffeln zum Destillieren zu mahlen, den Laden zu fegen usw.; ich kam immer nur mit der niedern Klasse der Gesellschaft in Berührung.

Von fünf Uhr morgens bis elf Uhr abends war ich im Geschäft und hatte keinen freien Augenblick zum Studieren. Auch vergaß ich schnell das wenige, was ich in meiner Kindheit gelernt hatte, verlor aber trotzdem nicht die Lust zum Lernen; ja, ich verlor sie nicht und werde mein Lebelang daran denken, wie eines Abends ein betrunkener Müllergesell in den Laden kam. Er war der Sohn eines protestantischen Pfarrers in einem Dorfe bei Teterow und hatte seine Studien auf dem Gymnasium beinahe beendigt, als er wegen schlechter Aufführung relegiert wurde. Um ihn dafür zu bestrafen, hatte der Vater ihn das Müllerhandwerk ergreifen lassen. Mit seinem Lose unzufrieden, hatte sich der junge Mann dem Trunk ergeben, der ihn indes nicht den Homer hatte vergessen lassen; denn er sagte ungefähr hundert Verse mit Beachtung des Rhythmus her. Obwohl ich kein Wort davon verstand, so machte doch diese

24 bis 27 Vier Gesichter eines Mannes:
Heinrich Schliemann in den dreißiger, vierziger, fünfziger und sechziger Jahren.
Das Bild oben links zeigt Schliemann als selbstbewußten
dynamischen Kaufmann von St. Petersburg. Rechts daneben der
von Zweifeln geplagte Millionär, der nach einer
neuen Lebensaufgabe sucht und mutterseelenallein um die Welt reist.
Unten links der Archäologe Schliemann, der Gelehrte –
wie er sich selbst sah. Unten rechts Schliemann von schwerer Krankheit
und von Schicksalsschlägen gezeichnet.
Die Aufnahme entstand wenige Monate vor seinem Tod.

28 Der Bergrücken Hissarlik ließ nicht einmal ahnen, daß unter Geröll und Erdreich mehr
    als ein Dutzend verschiedener Siedlungsschichten des alten Troja verborgen lagen.
Der Streit, ob hier oder im nahen Bunarbaschi das homerische Troja zu suchen sei, trennte
    Schliemann und die Fachwissenschaftler. Diese Darstellung von Hissarlik zeigt den
Bergrücken zu Beginn der ersten Grabungen. Im Vordergrund eine Brücke über den alten
    Skamander. (Holzstich aus Schliemanns Buch »Ilios«.)

29 Zusammen mit Wilhelm Dörpfeld begann Schliemann 1882 die sechste Grabungs-
    kampagne in Troja. Die Aufnahme zeigt die Ausgräber mit der Grabungs-
mannschaft vor einer Mauer der sechsten Schicht. Die Steinquader im Vordergrund
    gehören zum homerischen Troja.

30 Das Löwentor von Mykene. Schon 1868 hatte Schliemann den Plan gefaßt, die
Königsburg von Mykene auszugraben. Er konnte dies aber erst 1876 unter großen Schwierigkeiten verwirklichen. Mehr als das Tor, das nie ganz verschüttet war, interessierte den
Ausgräber das Gräberrund im Inneren. Hier fand er die fünf Schachtgräber und die goldenen Totenmasken. Die Aufnahme zeigt Wilhelm Dörpfeld (links stehend) mit Besuchern.

31 Rudolf Virchow, Pathologe, Anthropologe und Vorsitzender der Fortschrittspartei
gehörte zu den wenigen Freunden Schliemanns.
Virchow beteiligte sich an den Troja-Grabungen und bereiste mit Schliemann Ägypten.

32 Heinrich und Sophia Schliemann 1881 bei der Aufstellung der Troja-Sammlung
und des Schatzes des Priamos im Berliner Kunstgewerbe-Museum (Martin-Gropius-Bau).
Die Sammlung schenkte Schliemann »dem deutschen Volk«.

33 Zum 100. Jahrestag der Französischen Revolution wurde 1889 in Paris die
Weltausstellung eröffnet. Wahrzeichen der Ausstellung war der von dem
französischen Ingenieur Gustave Eiffel errichtete Ausstellungsturm. Die Aufnahme
zeigt das Bauwerk im August 1888. Schliemann war fasziniert von der
technischen Leistung und bestieg die zweite Plattform noch vor Eröffnung des Turmes.

34 (oben) Das Museum für Völkerkunde an der Prinz-Albrecht-Straße in Berlin.
Dort befand sich der Schatz des Priamos bis zum Ausbruch des Zweiten Weltkrieges.
Im August 1939 wurde der kostbare Schatz in Kisten verpackt.

35 (unten) In Paris – hier eine Photographie aus dem Jahre 1880 – hatte Heinrich
Schliemann den größten Teil seines Vermögens angelegt. Er besaß Aktien, Wertpapiere
und drei Mietshäuser mit mehr als 300 Wohnungen.

36 Schliemanns Haus in Athen
trug den Namen »Iliou Melathron«
– »Hütte von Ilion«. Die Baukosten
betrugen 890 000 Francs. Es gab
einen Ballsaal für 300 bis 400
Gäste, in dem nie ein Ball stattfand. Marmortafeln verkündeten
Sinniges: »Nur nicht übertreiben«
oder »Am besten ist es, Maß zu
halten.«

37 Der Archäologe Wilhelm
Dörpfeld (1853 bis 1940). Der
junge Dörpfeld grub 1882 zusammen mit Schliemann in Troja und
setzte nach Schliemanns Tod dessen Arbeit fort.

38 Zweite Troja-Konferenz 1890. Neben einem türkischen Leibwächter von links: Rudolf Virchow, Geheimer Sanitätsrat Wilhelm Grempler aus Breslau, Gulip-Bey, Heinrich Schliemann, Madamme Calvert, Wilhelm Dörpfeld, Madame und Monsieur C. Babin, der Archäologe Friedrich von Duhn und Carl Humann. Sitzend Frank Calvert, Osman Hamdi-Bey und Charles Waldstein.

39 Wilhelm Dörpfeld (untere Reihe Mitte, im hellen Anzug) setzte 1893/94 die Ausgrabungen in Troja fort.

40 Das Grabmal mit Blick auf die Akropolis in Athen hatte Schliemann
bereits zu Lebzeiten entwerfen lassen. Stararchitekt Ernst Ziller, der Erbauer
seines Hauses »Iliou Melathron«, arbeitete fünf Jahre an den Plänen und
veranschlagte zunächst 70 000 Francs. Das erschien selbst Schliemann zuviel.
Die danach entstandene Sparversion auf dem Athener Zentralfriedhof
verschlang jeoch immer noch 50 000 Francs. Hier wurde Heinrich
Schliemann am 4. Januar 1891 bestattet. Die Inszenierung der Trauerfeier und
Beisetzung hatte Schliemann selbst besorgt.

klangvolle Sprache einen tiefen Eindruck auf mich, und ich weinte bittere Tränen über mein unglückliches Schicksal. Dreimal ließ ich mir diese göttlichen Verse wiederholen, indem ich ihm drei Gläser Branntwein mit den wenigen Pfennigen, die mein ganzes Vermögen ausmachten, bezahlte.«

Es ist beinahe unvorstellbar, daß sich diese filmreife Szene so zugetragen haben soll. Doch sie wurde von Hermann Niederhöffer, dem Müllergesell, bestätigt. Der Unglückliche erhielt 1844 eine Anstellung als Gemeindeschreiber in Wiedenhagen, wurde Chausseegeld-Einnehmer und heiratete eine Frau, die ihn von der Flasche wegbrachte. Mit 65 setzte er sich zur Ruhe – und zitierte noch immer homerische Verse.

ALS VATER GESCHEITERT

Die Strenge, mit der ihn das Leben erzogen hatte, ließ Schliemann auch den eigenen Kindern zuteil werden. Für die nachgiebigen Zärteleien, mit denen seine erste Frau Jekaterina die Kinder verhätschelte, brachte er kein Verständnis auf. Diese Haltung trieb die Kinder in die Arme der Mutter und ließ ihn selbst als Bösewicht erscheinen. Wie alle Überväter mußte Schliemann schon bald, noch vor seinem Abschied aus St. Petersburg, einsehen, daß alle Ansprüche, die er in seinen Sohn Sergej hineinprojizierte, von seiten des Jungen nicht zu erfüllen waren, daß aus Sergej ein verzogener, phlegmatischer, wie seine Mutter an allem uninteressierter Mensch, daß nie ein zweiter Schliemann aus ihm werden würde. Dennoch verhielt sich der Vater, was die materiellen Bedürfnisse des Sohnes betrifft, stets korrekt und versuchte immer wieder, sich als nachahmenswertes Vorbild darzustellen.

Wie sehr er sich dabei im Ton vergriff, zeigt ein Brief, geschrieben am 30. Mai 1873 in Troja, also kurz vor Entdeckung des Schatzes des Priamos, in dem er dem Achtzehnjährigen über seine erfolgreichen Ausgrabungen berichtet:

»Wie es bei Deiner verpfuschten Erziehung nicht anders sein kann, hast Du natürlich keinen Sinn für das Große, das Schöne, das Erhabene. Aber vielleicht kriegst Du einen Sohn und gibst ihm eine vernünftige Erziehung, so daß er Sinn für das Schöne und Erhabene hat und für das klassische Altertum schwärmt. Und wenn so, dann schicke ihn doch nach Troja, damit er hier die Ausgrabungen seines Großvaters sieht, die auf ewige Zeiten ein Wallfahrtsort der wißbegierigen Jugend sein werden. Schicke ihn auch nach meinem heißgeliebten Athen und trage ihm auf, dort das ›Museum Schliemann‹ zu sehen, welches wir jetzt im Begriff stehen, aus Eisen und Marmor bauen zu lassen, und welches wir nebst unserer ganzen Sammlung von trojanischen und anderen Altertümern der griechischen Nation hinterlassen ...«

Konnte ein Junge diesen Vater lieben? – Sergej ging später nach Paris. Er studierte Jurisprudenz und wurde zum Trinker. Es heißt, er sei 1940, mitten im Krieg, verhungert.

Ehefrau Nummer zwei, Sophia, und die Kinder begegneten Heinrich Schliemann mit großem Respekt, ja mit Ehrfurcht. Das entsprach seinem ausdrücklichen Wunsch. Er wollte selbst im engsten Familienkreis als der große, den Kleinlichkeiten des Lebens entrückte Ausgräber bewundert werden, der sich um so profane Dinge wie Gesundheit und Wohlbefinden der Familie nicht kümmern konnte. Dabei ging von Schliemann jene Ruhelosigkeit aus, die ihn schon in jungen Jahren auszeichnete. Diese Rastlosigkeit legte sich auch im Alter nicht. Selbst im Urlaub in St. Moritz stand er morgens um vier Uhr auf, ging spazieren und erledigte seine Korrespondenz. Eigenhändig brachte er täglich Stöße von Briefen zur Post.

Schliemann redete viel. Das hatte zwei unterschiedliche Gründe. Zum einen hörte er sich gerne reden, er war äußerst mitteilsam, zum anderen versuchte er damit seine schon früh einsetzende Schwerhörigkeit zu überspielen. Mit fortschreitender Taubheit wurde diese Eigenart zum ausgeprägten Komplex: Wenn er selbst redete, mußte er eben nicht fragen »Wie bitte?« Aus demselben Grund mied er Unterhaltungen auf der Straße oder bei großen Empfängen. Das wurde ihm oft als Arroganz ausgelegt.

Schliemanns Charakter zeigt bisweilen schizophrene Züge. Da ist einmal der penible Rechner, nüchterne Kaufmann und abstoßende Geizhals, auf der anderen Seite begegnet uns in derselben Person der grenzenlose Verschwender, der unverstandene Träumer. Hier der Realist und Materialist, dort der Phantast, der in seiner eigenen homerischen Welt lebt.

Schliemann selbst war sich dieses Zwiespalts bewußt. Ob ihm

jedoch bekannt war, daß sich hinter seinem janusköpfigen Wesen quälende Frustrationen verbargen, das bleibt fraglich. Seiner Tante Magdalena Schliemann aus Kalkhorst, zu der er ein vertrauensvolles Verhältnis hatte, schrieb Heinrich Ende 1856, also zu einer Zeit, da er in St. Petersburg auf dem Höhepunkt des geschäftlichen Erfolges stand, aber gleichzeitig erkennen mußte, daß seine Ehe zum Scheitern verurteilt war, einen ehrlichen Brief. Darin weist er selbst in aller Deutlichkeit auf das Widersprüchliche seines Charakters hin, ohne jedoch auf die Ursachen einzugehen:

»... Wissenschaften und besonders Sprachstudium«, schrieb Schliemann, »sind bei mir zur wilden Leidenschaft geworden, und jeden freien Augenblick darauf verwendend, ist es mir gelungen, in den zwei Jahren noch die polnische, slawonische, schwedische, dänische sowie im Anfang des Jahres die neugriechische und später die altgriechische und lateinische Sprache fertig zu erlernen, so daß ich jetzt 15 Sprachen geläufig spreche und schreibe. Die furchtbare Passion für Sprachen, die mich Tag und Nacht quält und mir fortwährend predigt, mein Vermögen den Wechselfällen des Handels zu entziehen und mich entweder ins ländliche Leben oder in eine Universitätsstadt wie z.B. Bonn zurückzuziehen, mich dort mit Gelehrten zu umgeben und mich ganz und gar den Wissenschaften zu widmen, ist jetzt schon seit Jahren in blutigem Kampf mit meinen zwei anderen Leidenschaften: dem Geiz und der Habsucht. Und leider im ungleichen Streit unterliegend, vergrößern die beiden letzteren siegreichen Passionen täglich das Gewühl meiner Geschäfte.«

Zu dieser Zeit bewegte sich Heinrich Schliemann noch nicht in den nebulösen Regionen des homerischen Troja. Entgegen seiner eigenen Behauptung, die Heroen der Ilias hätten ihn schon seit Kindertagen fasziniert, setzte seine Mythomanie erst viel später, im Jahre 1868, ein. Erinnern wir uns: Das erste Buch des später so bedeutsamen Altertumsforschers hatte weder Troja noch seine Helden, nicht einmal das alte Griechenland zum Thema, sondern »La Chine et le Japon au temps présent« (China und Japan in heutiger Zeit).

Doch wie alles, was Schliemann anpackte, wurde auch diese Leidenschaft für die Antike zur Manie, zu einem ins Groteske übersteigerten Vorhaben. Seine Kleinwüchsigkeit mag eine Rolle dabei gespielt haben, warum alle seine Projekte in Gigantomanie ausarteten: Seine Ideen wurden zur Weltanschauung, sein Leben zum

Heldenepos, seine Firma zum Imperium, seine Fahrten zu Weltreisen, sein Reichtum zum Protz, sein Haus zum Palast.

SEIN HAUS – PERFEKT INSZENIERT WIE SEIN GANZES LEBEN

Dieses Haus, das 890 000 Francs gekostet haben soll, ist ein Spiegel seines Charakters. Schliemann ließ es von dem sächsischen Architekten Ernst Ziller an der Odos Panepistimiou, der Universitätsstraße, errichten; es war ein Palast à la Hollywood, ein bißchen Renaissance, ein bißchen Pompeji, Kitsch und Phantasie, in jedem Fall aber staunenswert.

»Iliou Melathron« prangte in goldenen Lettern zwischen den Loggien des ersten und zweiten Geschosses. Die homerische Wortschöpfung bedeutet wörtlich Dachgebälk oder Wohnung von Troja. Schliemann selbst übersetzte es: »Hütte von Ilion«. In Zeitungsberichten hieß es jedoch nur »Palast von Ilion«. Schliemanns »Iliou Melathron« war so perfekt inszeniert wie sein ganzes Leben. Hinter der pompösen Fassade, die die Frontseite des griechischen Königspalastes in den Schatten stellte, verbarg sich ein Gedankengebäude, eine hehre Philosophie – an Wohnen dachte der Hausherr zuallerletzt. Es war eine eigene Welt, in die der Besucher trat, die selbsterdachte, schattenhafte, phantastisch-übersteigerte Welt des Heinrich Schliemann, Alptraum und Wunderwerk zugleich, auch darin ein genaues Abbild des zwiespältigen Charakters dieses Mannes.

Umgeben von Gärten mit Statuen und Springbrunnen, geriet »Iliou Melathron« zu einem repräsentativen Museumswohnpalast mit Denkmalcharakter. Besser als die Inschrift »Iliou Melathron« hätte gepaßt: »In Memoriam Heinrich Schliemann«. Über dem Eingang zum Erdgeschoß, das mit seinem Säulengang und Mauernischen ausschließlich musealen Zwecken diente, präsentierte sich ein Abguß der aus Troja stammenden Helios-Metope. Eine breite, weiße Marmortreppe führte zum ersten Stockwerk, in dem sich die Gesellschaftsräume befanden, unter anderem ein Ballsaal für 300 bis 400 Gäste, ein Speisezimmer und mehrere Salons, insgesamt 25 Zimmer. Fußböden und Wände waren mit Mosaiken im pompejanischen Stil verziert. Zwischen Säulen und Pilastern Putten als Ausgräber, und über jeder Tür, jedem Durchgang in großen Buchstaben Homer-Zitate und Sprüche der Sieben Weisen wie: »Erkenne Dich selbst«. »Nachdenken ist alles«. »Am besten ist es, Maß zu halten«. »Unwissenheit ist lästig«. »Nur nicht übertreiben«.

Wie es scheint, hat Schliemann diese Sinnsprüche nur zum geringen Teil befolgt. Geld, hatte er seinen Architekten Ernst Ziller wissen lassen, spiele keine Rolle. Allein die Wandmalereien, für die ein 1829 in Berlin erschienenes Buch »Die schönsten Ornamente und merkwürdigsten Gemälde von Pompeji, Herculanum und Stabiae« die Vorlagen lieferte, verschlangen ein Vermögen. Der in Wien lebende Maler Juri Subic war ein volles Jahr damit beschäftigt. Der Bauherr selbst bereiste unterdessen alle europäischen Hauptstädte auf der Suche nach klassizistischem Mobiliar. Zum Teil wurden die Möbel nach Schliemanns Entwürfen angefertigt, insbesondere Stühle.

Im »Iliou Melathron« gab es Stühle, auf denen nur der Hausherr Platz nehmen durfte. Kaum ein Besucher bemerkte, warum. Dabei hatte das Geheimnis eine verblüffend einfache Lösung: Diese Stühle hatten ebenso kurze Beine wie Schliemann.

Den Stühlen im Hause war gemein, daß sie zu allem taugten, nur nicht zum Sitzen; sie waren dekorativ, aber unbequem. Schliemann, der Asket, haßte bequeme Stühle, er liebte es zu stehen. Seine Bücher und Briefe besorgte er an den Stehpulten in seinen beiden Arbeitszimmern, die zusammen mit der Bibliothek im zweiten Stock über dem Ballsaal lagen. Mit Sophia, die bei der Einrichtung des Hauses nicht viel mitzureden hatte, kam es zum Krach, weil Heinrich die Anschaffung eines bequemen Ohrensessels ablehnte. Selbst Architekt Ziller, der nie mit größerem Aufwand gebaut hatte, gab zu bedenken, das Haus werde, bei allem Luxus, kalt und ungemütlich werden. Es gab zwar einen Ballsaal mit zwölf Dutzend vergoldeten Stühlen, aber keine einzige gemütliche Sitzecke. Einen Ball hat »Iliou Melathron« übrigens nie erlebt.

Es wurde ein pompöses Boudoir eingerichtet; aber dieses entsprach nicht den Bedürfnissen Sophias, sondern der Vorstellung, die Heinrich von einem solchen Gemach hatte. Ein Windrad im Garten pumpte Wasser in das im zweiten Stock gelegene Badezimmer, und wie nicht anders zu erwarten, wurde bei Schliemanns nur kalt gebadet. Allein das Wort Hygiene brachte Heinrich ins Schwärmen. Redete er in Gesellschaft nicht über Homer oder irgendwelche vorgeschichtlichen Themen, so ließ er sich gewiß über Hygiene aus.

Gäste empfing Schliemann mit Vorliebe in der Bibliothek. Von diesem Raum ging noch am meisten Wärme aus, weil er in pompejanischem Rot gehalten war. An drei Wänden halbhohe Bücherregale, an der vierten, der Schmalseite, ein marmorner Kamin, darauf eine Büste Homers, die täglich mit einem frischen Ölzweig bekränzt werden mußte. Über dem Kamin hing eine große Fotografie von Sophia Schliemann in griechischer Landestracht, auf dem Kopf eines der trojanischen Diademe. Daneben Diplome von archäologischen Gesellschaften und Akademien. In der Mitte des Raumes standen drei Tische, zwei Vitrinentische mit einer Sammlung griechischer Münzen und ein gewöhnlicher Tisch mit Zeitungen und Zeitschriften. Seine Büchersammlung beschränkte sich in der Hauptsache auf die Thematik der klassischen Antike. Daneben schätzte Schliemann Bulwer, Dickens, Hugo, Racine, Goethe, Schiller, Leibniz und Kant.

Schliemann verfügte über zwei Arbeitszimmer, eines für den Winter, das andere für den Sommer. Das Zimmer für die kalte Jahreszeit war nach Süden ausgerichtet, das andere nach Osten. Über dem Eingang zu diesem standen die Worte des Pythagoras: »Wer nicht die Geometrie studiert hat, der bleibe draußen!«

In einem Zeitungsbericht aus dem Jahre 1884 schilderte ein amerikanischer Besucher, wie er bis in das Arbeitszimmer Heinrich Schliemanns vordrang: »Während wir (in der Bibliothek) am Tische saßen und die letzten englischen Zeitungen lasen, wurde uns Kaffee gebracht. Im selben Augenblick öffnete sich die Tür des Winter-Studierzimmers; der Doktor trat ein, die Feder in der Hand, und sprach mit uns über die Lebensmittelvorräte, die er für die neue Ausgrabungskampagne nach Troja schicken wollte. Dann bat Dr. Schliemann uns in sein Studierzimmer.

Hier standen mehrere Schreibtische, in der Mitte des Raumes ein hohes Pult, denn der Doktor ist gewöhnt, im Stehen zu arbeiten. Schränke mit Altertümern standen an den Wänden, und darüber hingen die wichtigsten Diplome des Doktors. Er zeigte uns auch einige Briefe, einen von Gladstone, einen anderen von Kaiser Wilhelm und einen dritten von einem Kaufmann (vermutlich aus La Guaira), der ihm in seiner Jugend einen jährlichen Lohn von 45

Pfund zusagte. Dieser Brief hat bei einem Schiffbruch gelitten und ist vom Seewasser zitronengelb geworden; aber Schliemann bewahrt ihn sorgfältig auf und zeigt ihn jedem Besucher mit Stolz als Beweis des geringen Anfangs. Hier bewahrt er auch Fotografien aus seinem Geburtsland auf...«

SOPHIA, DAS DRESSIERTE HÜNDCHEN

Sophia Schliemann gefiel »Iliou Melathron« überhaupt nicht. Ihre stille Sehnsucht galt dem Elternhaus in der Vorstadt, wo es zwar ärmlich zuging, aber gemütlich war. »Ich habe nicht einmal ein bequemes Sofa, auf dem ich mich ausruhen könnte«, klagte Sophia ihrer Mutter. Daraufhin kaufte Mutter Engastromenos ihrer Tochter ein Sofa. Schliemann war entsetzt über solch »unnützes Mobiliar«. Als Sophia wohlmeinend ihrem Mann doch noch einen Lehnstuhl schenkte, ließ er ihn entfernen.

Jede andere Frau hätte das eigensinnige, oft unverschämte Verhalten dieses Eigenbrötlers zum Anlaß genommen, ihn zu verlassen. Sophia aber duldete all seine Eskapaden. Sie war zum Dulden erzogen worden; außerdem liebte sie Heinrich. Vor allem liebte sie das Geniehafte an ihm. Nur Genies, sagte sie, dürften sich ein derartiges Verhalten erlauben. Also nahm sie seine Demütigungen und Kränkungen, seine Knausrigkeit und Verschwendungssucht auf sich.

Der Multimillionär Heinrich Schliemann, der über funfzig von einem Londoner Schneider gefertigte Anzüge, ebenso viele Paar Schuhe, zwanzig Hüte und dreißig Spazierstöcke verfügte, verlangte von seiner Frau, daß sie ein Haushaltsbuch führte. Sämtliche Ausgaben wurden wöchentlich kontrolliert. Während er in den teuersten Geschäften Europas nach kostbaren Kronleuchtern und Wohnaccessoires für das neue Haus suchte, ließ er Sophia ohne ausreichend Geld in Paris zurück. Sophia war schwanger und vermochte kaum ihre Wut zurückzuhalten. Ins Gesicht werde sie diesem Schliemann spucken, kündigte sie an; aber dabei blieb es. Kaum trat ihr Heinrich gegenüber, wurde Sophia weich wie Wachs, kannte sie keine Widerrede, gehorchte sie wie ein dressiertes Hündchen. Es kam zu unglaublichen Szenen: Verschmähte sie einen Wein, den

Heinrich mochte, so legte er eine Goldmünze unter Sophias Glas. Trank sie aus, durfte sie das Goldstück behalten.

Waren sie auch nur ein paar Tage voneinander getrennt, so tauschten sie glühende Liebesbriefe aus. Überliefert sind nur wenige. Sophia, die den Nachlaß ihres Mannes besorgte, wollte nicht, daß ihre Briefe veröffentlicht wurden.

Heinrich an Sophia: »Seit vier Tagen bin ich ohne Nachricht von Dir. Gegen Deinen ärgsten Feind könntest Du Dich nicht schlimmer betragen!«

Sophia an Heinrich: »Mein Seelchen, was ist das für ein Leben. Immer getrennt! Glaubst Du denn nicht, es wäre schön, wenn Du in der Nähe Deiner armen Frau leben würdest, die Dich vergöttert, die das Eheleben nur im Traum kennt?«

Zurück im »Iliou Melathron«, setzte er seinen psychischen Terror fort, verlangte von Sophia eine bestimmte Sprechweise und verbot ihr, unpräzise Wörter wie »vielleicht«, »ungefähr« oder »beinahe« in den Mund zu nehmen. Schliemann überraschte seine Frau beinahe jeden Tag mit einer neuen Manie, mit einem neuen Verbot oder Gebot, einer neuen Angewohnheit, die eine andere ablöste.

Der Exzentriker lebte ein atemberaubendes Tempo. Jeden Tag schrieb er – nebenbei – bis zu 20 Briefe. Von Cäsar, der ihm in vielfacher Hinsicht als Vorbild diente, war bekannt, daß er stets mehrere Dinge zugleich tat. In seiner Rastlosigkeit, die jeden, der ihm zum ersten Mal begegnete, zur Verzweiflung trieb, eiferte Schliemann dem berühmten Römer nach. Beim Essen, dem Heinrich zum Leidwesen seiner Frau am wenigsten Beachtung schenkte, erledigte er Post, empfing Journalisten und trug seinen Lebenslauf in altgriechischer Sprache vor, oder er rezitierte aus der »Ilias«. Es gab Tage, da dauerte sein Tischvortrag drei Stunden.

Schliemanns Gräkomanie übertraf bisweilen alle Vorstellungen; die Witze, die in satirischen Zeitschriften erschienen und die die Besessenheit des Ausgräbers von Troja zum Thema hatten, waren durchaus nicht übertrieben. So übernahm Heinrich Schliemann in seiner mecklenburgischen Heimat die Patenschaft für mehrere Kinder, freilich unter der Bedingung, ihnen Vornamen aus der »Ilias« und »Odyssee« geben zu können. Nausikaa Meyer zum Beispiel, die Enkelin seines ehemaligen Prinzipals Theodor Hückstädt aus Fürstenberg, erhielt aus Athen eine jährliche Zuwendung von hundert Mark.

Mit geradezu missionarischem Eifer betrieb Schliemann die homerische Namensgebung. Seine 1871 geborene Tochter erhielt den Namen Andromache. Am 16. März 1878 kam in Paris Agamemnon zur Welt. Warum er selbst den urdeutschen Namen Heinrich nicht ablegte, bleibt ein Rätsel. Schließlich mußte sich jeder in der Umgebung Schliemanns seinem Namensdiktat unterwerfen. Der Türsteher in seinem Haus, dem der griechische Name Demetrios in die Wiege gelegt worden war, wurde bei Schliemanns Bellerophon genannt. Der Gärtner durfte sich mit dem Namen Priamos brüsten, der Kutscher hieß Kalchas, und zwei Kindermädchen wurden Danae und Polyxena gerufen.

Wie ernst es ihm dabei war, zeigt ein Brief aus dem Jahre 1879 an seinen Freund Virchow. Das Ehepaar Schliemann befand sich zur Kur in Bad Kissingen. Hekabe, die deutsche Kinderfrau und Gesellschafterin, hatte gerade ihren Dienst quittiert, und Schliemann hatte Virchow gebeten, er möge ihnen eine Nachfolgerin für »Miss Hekabe« empfehlen. Virchow schlug Marie Mellien vor, Tochter eines Rechtsanwalts aus Berlin.

Schliemann zeigte sich erfreut und antwortete:

»Fräulein Mellien würde uns nach der Beschreibung, die Sie von ihrem Äußeren, ihren Fähigkeiten und ihren Leistungen machen, vollkommen konvenieren, und bewilligen wir ihr gerne 1500 Mark Gehalt sowie Ersatz der Reisekosten. Nur müssen wir darauf bestehen,

1.) daß sie sich verbindlich macht, zwei Jahre bei uns zu bleiben, es sei denn, daß sie Gelegenheit findet, sich zu verheiraten, für welchen Fall sie uns zu jeder Zeit verlassen kann;

2.) daß sie, solange sie bei uns ist, einen anderen Namen trägt; falls ihr der Name Hekabe nicht zusagt, so mag sie sich Klytämnestra, Laodike, Briseis, Nausikaa, Tyró, Hippokaste oder bei welchem anderen homerischen Namen sie sonst will nennen lassen, nur nicht Marie, denn wir leben in der griechischen Welt...«

SCHLIEMANNS VERHÄLTNIS ZUM GELD

Auch was sein Verhältnis zum Geld betrifft, sprengt Heinrich Schliemann alle normalen Maßstäbe. Zum einen blieb er zeit seines Lebens der Kleinkrämer, der er nach der Entlassung aus der

Realschule in Fürstenberg zunächst geworden war. Zum anderen warf er das Geld mit vollen Händen zum Fenster hinaus. Sein Athener Haus »Iliou Melathron« verschlang so viel Geld, daß er mit der Summe einen ganzen Straßenzug hätte bebauen können. Schliemanns Kommentar: »Ich habe mein ganzes Leben hindurch in einem kleinen Haus gewohnt, den Rest meiner Lebensjahre will ich in einem großen verbringen.«

Wenn Heinrich Schliemann in Paris nach dem Rechten sah und die Mieteinnahmen seiner 270 Wohnungen sowie seine Bankdepots kontrollierte, dann pflegte er im »Grand Hôtel«, Rue des Capucines, der vornehmsten Adresse, abzusteigen. Ging seine Frau Sophia allein auf Reisen, was selten genug vorkam, so reservierte er nur Mittelklassehotels für sie und forderte die Logis-Rechnung zur Kontrolle. Ja, er schämte sich nicht einmal, von Sophia zu verlangen, sie solle das teure Hotelfrühstück einsparen und das Déjeuner im Café um die Ecke einnehmen.

Mit Hotels und Restaurants stand Schliemann ohnehin auf Kriegsfuß. Sie waren für seinen Geschmack allesamt zu teuer. Zwar wählte er für sich stets die besten Etablissements, doch er scheute sich nicht, die jeweils billigsten Zimmer zu buchen, ja, er schreckte nicht einmal davor zurück, im obersten Stockwerk beim Personal zu nächtigen.

Während seiner Ausgrabungen in Tiryns bevorzugte der vierundsechzigjährige Multimillionär das Kaffeehaus »Agamemnon«, weil dort die Tasse schwarzen Kaffees »noch immer zum alten billigen Preis von zehn Lepta oder acht Pfennigen« zu haben war, »während alles übrige enorm im Preis gestiegen« war. Entgegen seiner Gewohnheit, während der Ausgrabungen privat oder in selbstgezimmerten Hütten zu wohnen, logierte Heinrich Schliemann während der Tiryns-Grabungen im »Grand Hôtel des Étrangers« in Nauplia. Aber nur deshalb, weil ihm der Hotelbesitzer ein Sonderangebot machte: sechs Zimmer für sechs Francs täglich. Unter der Bedingung, eigene Vorräte mitbringen zu dürfen, nahm Schliemann sogar das Abendessen im Hotel ein. Während die Hotelküche Gemüse, Fisch, Hammelfleisch und Käse lieferte, stellte der Ausgräber dem Koch eigene Konserven mit Chicago Corned Beef, Liebig's Fleischextrakt und Wein zur Verfügung, die Schröder & Co. aus London geliefert hatte – zum Einkaufspreis, versteht sich.

Essen bedeutete Schliemann wenig. Es diente nur der Sättigung. Seine bescheidene Herkunft und die abenteuerlichen Reisen, die einen bedeutenden Teil seines Lebens ausmachten, hatten ihn in dieser Hinsicht anspruchslos gemacht. Erst spät, gegen Ende der siebziger Jahre und ausgerechnet in England, erkannte er den lustvollen Reiz großer Diners. Bis dahin bevorzugte er eher die derbe Hausmannskost seiner mecklenburgischen Heimat: Speckpfannkuchen, sogenanntes Zusammengekochtes, Erbsen mit Schweinsohren. Ein Kurgast in Warnemünde erinnerte sich in einem 1891 in der »Mecklenburg-Strelitzer Landeszeitung« erschienenen Artikel, Schliemann habe bei einem Badeaufenthalt in dem Seebad vergeblich versucht, seine Frau Sophia für diese Kost zu begeistern. Das Vorhaben scheiterte jedoch ebenso wie der Versuch, Sophia in die Geheimnisse der plattdeutschen Sprache einzuweihen.

Selbst bei den großen Soupers in seinem Haus in Athen, zu denen Wissenschaftler und Professoren, Diplomaten aus aller Welt und sogar Griechenlands König Georg I. geladen waren, blieb das Essen bescheiden, es hatte sogar etwas Fremdartiges für einen kultivierten Europäer. Ein Gast erinnerte sich: »Das Mahl schien in seinem kulinarischen Teil mehr dem Geschmack, der im alten Troja geherrscht haben mag, angepaßt als den Bedürfnissen des modernen Magens.« Wichtiger als Essen war dem Ausgräber, der Zigarren und Zigaretten rauchte, die regelmäßige Einnahme von Chinin.

Briefe und Dokumente aus Schliemanns Leben lassen kaum einen Zweifel daran, daß Heinrich eher zum Kaufmann geboren war als zum Archäologen. Während er als Forscher mit der Naivität des Dilettanten über Jahrtausende hinweghuschte, zeigte er sich schon in jungen Jahren als peinlicher Pfennigfuchser, und er blieb es bis an sein Lebensende. Seinen Schwestern Wilhelmine und Doris teilte er Anfang 1842 in einem Brief mit, wie er das mütterliche Erbe verbraucht habe, von dem nach Abzug aller Schulden gerade 29 Reichstaler übrig geblieben waren:

Miete	5,-	Reichstaler
Unterricht im Buchhalten und Englischen	20,-	
9 dazu nötige Bücher	4,-	
Beköstigung und Nebenausgaben für Papier usw.	10,-	
Wasserkur bei T. F. Vick	11,-	

div. Tuch	10,-
Schneiderrechnung	13,-
Schuster do.	6,-
Schneider do., die noch von damals herstammte, als ich bei Otto war	9,32
	88,32 Reichstaler

Diese Pedanterie war zweifellos aus der Not geboren; aber es gelang ihm auch im Alter nicht, sich davon zu befreien. Während er bei den Ausgrabungen in Troja täglich 400 Francs ausgab, hielt er über den Bau seines Hauses auf dem Hügel von Hissarlik in seinem Tagebuch fest: »Alles zusammen kostet, inklusive Bedeckung mit wasserdichtem Filz, nur tausend Francs, denn das Holz ist hier billig, und man kauft das Brett von 3 Meter Länge, 25 Zentimeter Breite und 1 Zoll Dicke für 2 Piaster oder 40 Centimes.« Bisweilen gewinnt man den Eindruck, daß die Auflistung der Kosten die Beschreibung der Grabungen in der Genauigkeit übertrifft.

Die Korrespondenz mit seinen Verlegern Eduard und Arnold Brockhaus umfaßte in 18 Jahren nicht weniger als 900 Briefe, davon 120 allein im Jahre 1880. Aber es ging in ihnen weniger um inhaltliche Fragen im Zusammenhang mit seinen Büchern als um Abrechnungen, Auflagen und Vertrieb. Für sein Werk, das der Archäologie eine neue Welt aufstoße, so der Autor, solle Verleger Brockhaus geeignete Übersetzer für Übertragungen ins Englische und Französische suchen, aber »für einen ganz billigen Preis«. Zweitausend Exemplare seines Troja-Buches werde er »im Nu« verkaufen.

Aus einem dieser Briefe geht hervor, daß Heinrich Schmiergelder an Zeitungsrezensenten zahlte: »Es sind aber andere, deren Rezensionen Ihnen den Verkauf enorm erleichtern, denen ich aber auch enorm dafür bezahle.« Andererseits konnte Schliemann wegen ein paar Mark einer Honorarabrechnung, die insgesamt weniger als hundert Mark ausmachte, wochenlang korrespondieren.

VERSCHWENDER UND WOHLTÄTER

Weil sie »wohltätig auf Geist und Körper« wirkte, unternahm Schliemann 1886 eine dreimonatige Ägyptenreise, ohne seine Ehefrau, nur in Begleitung seines Dieners Pelops. Sophia konnte sich nicht entschließen, die Kinder allein zu lassen. In Kairo mietete sich der Urlauber ein Schiff mit kompletter Mannschaft. Gesamtkosten 9000 Mark. Dafür konnte man damals ein Haus kaufen. Den unverhältnismäßig hohen Aufwand kommentierte Schliemann mit der Bemerkung: »Ich tröste mich in dem Gedanken, daß ich, wenn ich jetzt – wie es beabsichtigt war – in Kreta ausgrübe, das Dreifache ausgeben würde.«

Schliemann selbst meinte über sich, er habe im Leben immer mehr Glück als Verstand gehabt, und aus seinen größten Dummheiten, etwa als er seine Petersburger Stellung aufgab und nach Kalifornien ging, sei stets sein größtes Glück entstanden. Aus diesem Gefühl heraus entwickelte sich eine gewisse Demut gegenüber der Vorsehung – ein Gefühl, das ihm sonst völlig fremd war und das ihn veranlaßte, nicht unerhebliche Summen für wohltätige Zwecke aufzuwenden, vor allem in seiner mecklenburgischen Heimat, wo Schulfreund Wilhelm Rust, Bankier und Kaufmann, häufig als Geldbote fungierte.

Lästig waren ihm Bettelbriefe, die in großer Zahl bei ihm eingingen, nachdem sein Reichtum – nicht ohne eigenes Zutun – bekanntgeworden war. Da meldeten sich Schulfreunde und Spielgenossen, an die sich Schliemann gar nicht erinnerte, oder weitläufig Verwandte, die in Not geraten waren. Viele dieser Bettelbriefe hob Schliemann auf – auch solche, die er abschlägig beschied. Etwa jenen der Müllerin Luise Pless aus dem Jahr 1859, in dem die resolute Frau aus der Useriner Mühle bei Neustrelitz, Mutter von vier kleinen Kindern, 300 Reichstaler erbat – 100 zur Existenzgründung ihres nach Amerika ausgewanderten Mannes Wilhelm und 200 für sich und die Kinder zur »Rüberreise nach Amerika«: »Es ist zu schmerzlich für uns, welches Sie gewiß empfinden werden, da ich doch schon oft gehört, daß Ihnen ein weiches fühlendes Herz eigen ist.« Schliemann und Pless kannten sich angeblich von ihrer gemeinsamen Schulzeit in Neustrelitz; aber zu einer Zahlung konnte sich Schliemann nicht durchringen.

Andere hingegen wie der Tagelöhner Friedrich Suhrweier, der arme Schneider und Totengräber Fritz Wöllert oder sein Lehrer Carl Andreß, dem er seine Lateinkenntnisse verdankte, erfuhren von Schliemann lebenslange Unterstützung. Andreß schrieb 1862 einen

Bettelbrief in lateinischer Sprache. Er war nahe daran zu verhungern und phantasierte von den großen Gesellschaften, in denen sich sein ehemaliger Schüler jetzt in St. Petersburg bewegte. »Erinnern Sie sich bitte«, schrieb er an Schliemann, »wenn Sie an solch froher Gesellschaft teilnehmen, Ihres alten Lehrers, der in seiner großen Not an die Worte Vergils denken muß: Weiche nicht vor dem Unheil, sondern gehe ihm aufrecht entgegen. Die zuständigen Männer der Regierung haben mir zugesagt, es würde mir bald besser gehen, aber sie zaudern und bringen meine Sache nicht zu Ende, so daß ich immer nur sagen kann: Doppelt gibt, wer schnell gibt.«

Im April desselben Jahres bedankte sich Schneider Fritz Wöllert aus Ankershagen bei seinem Gönner, weil er ihm »aus aller Not« geholfen habe. Ohne seine Zuwendungen hätte Wöllert seine zweite Tochter nicht einmal konfirmieren lassen können, was auf einem mecklenburgischen Dorf einer Schande gleichkam. »Aus mancher Not haben Sie mir geholfen; die Zeiten sind hier sehr schlecht, so daß ich kaum so viel verdiene, daß ich mit Frau und Kindern uns das Leben erhalte.«

Heinrichs Geschwister, vor allem die Lieblingsschwester Doris, wurden von Schliemann immer wieder überaus großzügig bedacht. Für 4000 Reichstaler, genug zum Erwerb eines ansehnlichen Grundstückes, bedankte Doris sich mit den Worten: »Heißer, inniger Dank gegen Gott und Dich, mein guter Heinrich, bewegt mein Herz ... Gott segnete Dich so reich, daß Du eine Stütze für die armen Deinigen warst, aber Gott gab Dir auch dies edle, liebevolle Herz gegen die Deinen, und nicht wahr, mein Heinrich, es ist ein schönes beglückendes Gefühl, Deine Angehörigen sorgenfrei durch Deinen Fleiß und Deine Tätigkeit zu wissen!«

Bisweilen muß sich Heinrich Schliemann wie ein Wohltätigkeitsinstitut vorgekommen sein, etwa wenn sein um fünf Jahre älterer Vetter Adolph ihn verzweifelt um eine nicht genannte Summe Geld anflehte. Der einflußreiche Justizrat war eine Spielernatur und hatte 1869 beim Kartenspiel eine große Summe verloren, groß genug, um ihn und seine Familie zu ruinieren. Heinrich half dem spielwütigen Vetter aus, aber »nur unter der Bedingung, daß fortan keine Karten mehr angerührt werden«.

Schliemann liebte es, Geldzuweisungen mit Bedingungen zu

verknüpfen. Das gab ihm das Gefühl, moralisch überlegen zu sein. Der Vetter Adolph durfte keine Spielkarte mehr anrühren, Vater Ernst Schliemann mußte zu Ordnung und Sauberkeit zurückfinden und den Boden schrubben, Schneider Wöllert durfte keinen Tropfen Alkohol mehr zu sich nehmen, und Schwester Doris sollte das Geld auf die hohe Kante legen, um bei Bedarf auf einen Notgroschen zurückgreifen zu können. Alle, denen er Geld gab, sollten werden wie er – sparsam, sauber und ordentlich und dem Spielteufel sowie dem Alkohol abhold.

Dabei übersah Schliemann allzu bereitwillig die erbärmlichen Seiten seines eigenen Charakters. Aber das wagte dem steinreichen Selfmademan niemand ins Gesicht zu sagen. Seine erste Frau Jekaterina tat es nicht ungestraft. Es gab nur einen weiteren Menschen, der Schliemann wirklich die Meinung gesagt hat: der Bankier Johann Heinrich Schröder. Er schrieb an den damals fünfundzwanzigjährigen Schliemann, der für ihn in Hamburg tätig war:

»Sie haben durchaus keine Kenntnisse von Menschen und Welt, schwatzen und versprechen viel zu viel, schwärmen immerwährend für Hirngespinste, nur in Ihrer Einbildungskraft erreichbar, in der Wirklichkeit niemals. – Wenn Sie Ihr Ziel erreicht glauben, werden Sie grob und arrogant gegen Freunde, die nur an Ihr eigenes Bestes denken und die allein sich wahrhaft für Sie interessieren und Ihnen die Wahrheit sagen und so für Ihr eigenes Bestes aufzuklären und zu bilden suchen. Statt dankbar dafür zu sein, werden Sie grob und arrogant... Befleißigen Sie sich, ein praktischer Mensch zu werden und angenehme bescheidene Manieren zu erwerben, träumen Sie nicht von spanischen Schlössern etc. etc., sondern nehmen Menschen und Welt, wie sie sind.«

Bei kritischer Betrachtung hat sich Schliemann keinen einzigen von Schröders wohlgemeinten Ratschlägen zu Herzen genommen; und wie es scheint, war gerade dies das Geheimnis seines Erfolges.

XII
MYKENE: DIE GOLDMASKE
DES AGAMEMNON

Siehe, drei vor allen sind mir die geliebtesten Städte,
Argos und Sparta zugleich und die weitdurchwohnte Mykene:
Diese verdirb im Zorn, wann etwa dein Herz sie erbittern;
Niemals werd' ich solche verteidigen oder dir wehren.
Wenn ich ja gleich mißgönnend dir wehrte, sie zu verderben,
Nichts doch schaffte mein Tun; denn weit gewaltiger bist du.

Göttin Hera zu ihrem Gemahl Zeus (Ilias, IV. Buch)

7. August 1876: »Ich fing das große Werk mit 63 Arbeitern an, welche ich in 3 Haufen teilte: 12 Mann stellte ich an das Löwentor, um den Eingang in die Akropolis freizugraben, 43 Mann ließ ich in einer Entfernung von 40 Fuß vom Tor einen 113 Fuß langen, 113 Fuß breiten Einschnitt machen und stellte die übrigen 8 Mann an der Südseite des in der unteren Stadt nahe beim Löwentor gelegenen Schatzhauses auf, um einen Einschnitt zu machen und den Eingang zu finden...«

Mykene war die letzte große Herausforderung im Leben des Ausgräbers Heinrich Schliemann. Mykene? Beim Zeus, warum gerade dieser Ort? Was suchte der Troja-Ausgräber Schliemann in Mykene?

Anders als das homerische Troja, das schon in alter Zeit als verschollen galt, so daß es von Reisenden, Abenteurern und Eroberern an den verschiedensten Orten gesucht wurde, hatte Mykene nie aufgehört zu existieren. Zwar blieb nur eine Ruinenstätte erhalten, aber das kyklopische Mauerwerk dieses legendären Ortes hatte zu allen Zeiten die Menschen fasziniert. In der Universalgeschichte des Diodorus Siculus, eines Zeitgenossen Julius Cäsars, ist zu lesen: »Diese Stadt, die einst mit Reichtum und Macht gesegnet war, die so große Männer hervorbrachte und so große Taten erlebte, wurde...zerstört und blieb bis zur jetzigen Zeit unbewohnt.«

Zweihundert Jahre später beschäftigte sich in viel ausführlicherer Form der Baedeker des Altertums, der aus Kleinasien stammende Grieche Pausanias mit Mykene. In seiner »Beschreibung Griechenlands« (II, 16, 5-6) schreibt er:

»Mykene wurde von den Argivern aus Eifersucht zerstört. Denn während die Argiver beim Perserfeldzug unbeteiligt blieben, schickten die Mykener achtzig Mann zu den Thermopylen, die mit den Spartanern am Kampf teilnahmen. Dieser Eifer brachte ihnen Verderben, da er die Argiver reizte. Trotzdem stehen noch die Reste der Stadtmauer und vor allem das Tor. Über ihm stehen Löwen, und auch diese Mauern sollen ein Werk der Kyklopen sein, die dem Proitos die Mauer in Tiryns bauten. In den Trümmern von Mykene befinden sich die Perseia genannte Quelle und die unterirdischen Gebäude des Atreus und seiner Söhne, in denen sich ihre Geldschätze befanden. Auch das Grab des Atreus ist da und die Gräber derer, die, mit Agamemnon aus Troja zurückgekehrt, Aigisthos bewirtete und tötete ...«

Diese wenigen Zeilen wirkten elektrisierend auf Heinrich Schliemann. Wenn Pausanias die Gräber von Agamemnons Vater Atreus und seiner trojanischen Kämpfer gesehen hatte, so war das der Beweis, daß es den Trojanischen Krieg und seine Helden wirklich gegeben hatte. Aber wie konnte Schliemann die Aussagen von Pausanias bestätigen? Es gab nur einen Weg: Er mußte in Mykene den Königspalast Agamemnons oder eines der genannten Gräber finden. Dann hätte er den endgültigen Beweis erbracht, daß Homer kein Phantast war, sondern eine historische Quelle.

Schon bei seiner ersten Griechenlandreise im Jahre 1868 trug sich Heinrich Schliemann mit dem Gedanken, hier in Mykene seine Troja-Theorie zu verifizieren. Während der Ausgrabungen in Kleinasien hatte er sich bei der griechischen Regierung bereits um eine Grabungslizenz auf der Peloponnes bemüht. Aber der Raub des trojanischen Schatzes und das daraus resultierende schlechte Ansehen bei der Archäologischen Gesellschaft in Athen schmälerten seine Chancen. Schliemann mußte sich, nach Bereinigung des Konfliktes mit der türkischen Regierung, zunächst um eine neuerliche Lizenz für Troja bewerben.

Voller Wut über die lahme Bürokratie in Athen war Schliemann schon vor zwei Jahren, 1874, in Begleitung seiner Frau Sophia nach Mykene gereist, hatte über Nacht ein Dutzend Arbeiter angeworben und im südöstlichen Teil der Akropolis 34 Suchgräben bis zu einer Tiefe von fünfeinhalb Metern graben lassen. Die sechstägige Raubgrabung – um eine solche handelte es sich schließlich, denn der Ausgräber konnte keine Genehmigung vorweisen – wurde am 2. März 1874 von der Polizei auf Weisung des Ministers für öffentliche Ordnung beendet. Die Ausbeute des Unternehmens, eine große Menge Tonscherben und eine schmucklose Stele, war eher bescheiden. Aber die Aktion hatte einen ungewollten Effekt: Sie bewies den Behörden, daß es in Mykene kaum etwas zu entdecken gab.

Es ist unwahrscheinlich, daß Schliemann diese Situation bewußt herbeigeführt hat, obwohl es ein Rätsel bleibt, warum der mittlerweile erfahrene Ausgräber seine Sondierungsgräben ausgerechnet durch den Südosten der Anlage zog. Immerhin bewirkte das eigenmächtige, erfolglose Vorgehen, daß Heinrich Schliemann zwei Monate später eine Grabungserlaubnis erhielt: »Die Ausgrabung der Akropolis von Mykene wird Herrn Schliemann erlaubt. Ebenso erhält er das Recht der Erstveröffentlichung der Entdeckungen. Über die Freilegung des Atreus-Grabens behält sich das Ministerium die Entscheidung für später vor. Mit der Beaufsichtigung der Ausgrabungen wird ein Aufsichtsbeamter (Ephoros) betraut. Mit ihm hat sich Schliemann über Beginn der Arbeit, Anzahl der Arbeiter usw. zu verständigen.«

Es dauerte zwei Jahre, bis Schliemann mit den Grabungen beginnen konnte. Denn noch immer nahm ihn der Schatz des Priamos und seine geplante Unterbringung in einem europäischen Museum erheblich in Anspruch. Damit nicht genug, signalisierte die türkische Regierung nach der großzügigen Abfindung von seiten Schliemanns, sie würde weitere Ausgrabungen in Troja durchaus unterstützen. Sogar der Großwesir Mahmud Medim-Pascha setzte sich persönlich für Schliemann ein.

TODFEIND STAMATAKIS

Aus den genannten Gründen zog es der Ausgräber jedoch vor, das Projekt Mykene in Angriff zu nehmen – trotz nahezu unannehmbarer Bedingungen. Zu diesen gehörte, daß Schliemann nicht mehr als 50 Arbeiter auf einmal einsetzen durfte. Der Grund war einleuchtend: 50 Arbeiter konnten leichter kontrolliert werden als 150. Und diese Kontrolle nahm ein von Kulturminister Georgios Milesses eingesetzter Beobachter, der Ephoros der Altertümer Panajotis Stamatakis, wahr.

Schliemann haßte Stamatakis vom ersten Augenblick an. Es machte den Ausgräber rasend, einen Aufpasser neben sich zu haben, der von früh bis spät jeden seiner Schritte verfolgte. Das Verhältnis der beiden war aufs äußerste gespannt, weil Schliemann sich an keine Abmachungen hielt. Schon am ersten Tag brachte er statt der vereinbarten 50 Arbeiter 63 zum Einsatz, zwei Wochen später schaufelten bereits 125 Männer, die er in den Dörfern Kutsopodi, Phichtia und Charvati angeworben hatte, in der mykenischen Erde. Hinzu kam, daß Schliemann mit Sophia am Grabungsort erschien und seine Frau als zweiten eigenständigen Grabungsleiter einsetzte, so wie er sich das immer gewünscht hatte. Ihre wichtigste Aufgabe sollte es jedoch werden, während der Ausgrabungen zwischen dem überkorrekten Griechen und dem ungestümen Amerikaner zu vermitteln.

Heinrich und Sophia hatten in dem nahen Dorf Charvati ein Haus und ein Pferd gemietet. Für Haus, Pferd und Futter zahlte Schliemann 162 Drachmen im voraus. Arbeiter bekamen 2 1/2, Ochsentreiber mit Gespann 8 Drachmen. Die Arbeiten begannen morgens um 6 und dauerten oft bis 21 Uhr. Aber auch dann war für Schliemann der Tag noch nicht zu Ende. Nicht selten stritt er mit Stamatakis bis 2 Uhr früh um irgendwelche Kleinigkeiten. Aber das war das Leben, das Schliemann liebte, Grabungen und Abenteuer und dazu noch Sophia in seiner Nähe. Schlaf brauchte er wenig, nicht mehr als 4 bis 6 Stunden.

Während Sophia die ersten Ausgrabungen ihres Lebens in einem schwarzen Kostüm und mit einem breiten Hut auf dem Kopf etwa hundert Meter westlich des Löwentores begann, um den verschütteten Eingang zu dem bereits bekannten Kuppelgrab der Klytämnestra freizulegen, hatte Schliemann ganz andere Dinge im Kopf. Ihm ging es vor allem darum, Agamemnons Grab und die letzten Ruhestätten seines Gefolges zu finden. Er wollte beweisen, daß der Führer des Achäerheeres vor Troja keine homerische Fiktion war. Und dabei ging der Ausgräber ebenso unkonventionell ans Werk wie fünf Jahre zuvor auf der Suche nach Troja.

Über Mykene und die Hinterlassenschaft der legendären Achäerkönige waren kaum weniger Legenden im Umlauf als über das homerische Troja. Vor allem die mächtigen Kuppelgräber der Ruinenstadt, die schon in klassischer Zeit leer standen, hatten zu unterschiedlichen Spekulationen geführt. Pausanias bezeichnete sie als »unterirdische Gebäude, in denen sich ihre Geldschätze befanden«. Eine irrige Ansicht, wie sich später herausstellen sollte; aber Schliemann glaubte Pausanias: »Als Beweis dafür, daß diese unterirdischen Prachtgebäude als Schatzhäuser gedient haben, führe ich an, daß Mykene und Orchomenos die einzigen Städte Griechenlands sind, die solche besitzen, und ebenfalls die einzigen, denen Homer das Epitheton ›goldstrotzend‹ gibt oder großen Reichtum zuschreibt.«

Schliemann weigerte sich, den Bewohnern der umliegenden Dörfer Glauben zu schenken, die den größten der unterirdischen Dome als »Grab des Agamemnon« bezeichneten. Zum einen hing er der Schatzhaus-Theorie an, zum anderen hielt er es für ausgeschlossen, daß ausgerechnet Agamemnon das größte und reichste unterirdische Gebäude hätte errichten lassen sollen.

»Das erhaltene Gebäude«, schreibt Schliemann in seinem Grabungsbericht, »war das größte Schatzhaus, und es trägt das Gepräge davon, daß es prachtvoll war. Sein Eingang war herrlich verziert und das Innere mit metallenen Platten bekleidet. Daher dürfen wir dem Atreus selbst, dem reichsten und mächtigsten König des goldstrotzenden Mykene, und keinem seiner Söhne, das größte erhaltene Schatzhaus mit der höchsten Wahrscheinlichkeit zuschreiben. Agamemnon verschwendete des Atreus Reichtum in der Expedition nach Kleinasien, brachte den größten Teil seiner Regierung im Ausland zu und kehrte arm und machtlos nach Hause zurück, so daß nach seinem Ableben Mykene nicht mehr als eine Stadt zweiten Ranges in der Argolis war. Unter diesen Umständen ist es unwahrscheinlich, daß Agamemnons Grab ein irgendwie prächtiges Denkmal war.«

MYKENISCHE FAMILIENVERHÄLTNISSE

Für den homergläubigen Schliemann gab es vor allem einen einleuchtenden Grund, warum für Agamemnon nicht das prächtigste aller mykenischen Gräber errichtet wurde. Agamemnon, Sohn des Atreus aus dem Geschlecht der Tantaliden, war mit Klytämnestra, der Tochter eines spartanischen Königs, verheiratet. Der Ehe waren drei Kinder beschieden: Iphigenie, Elektra und Orest. Während Agamemnon sich jahrelang im fernen Troja aufhielt, vergnügte sich Klytämnestra mit einem feurigen Liebhaber namens Aigisthos. Aber auch Agamemnon lebte nicht freudlos. Er nahm sich nach der Eroberung Trojas die Tochter von König Priamos, Kassandra, erst zur Sklavin, dann zur Geliebten und brachte sie heim nach Mykene. Dort warteten Klytämnestra und Aigisthos. Hinterlistig töteten sie Agamemnon und Kassandra. Daß sie dem ermordeten König nach ihrer Tat ein so prachtvolles Grab errichtet hätten, ist eher unwahrscheinlich.

Über Kassandras Grab wußte nicht einmal Pausanias etwas Konkretes auszusagen. Wörtlich schreibt er über seine Nachforschungen in Mykene: »Klytämnestra und Aigisthos wurden etwas entfernt von der Mauer begraben, innerhalb verwehrte man es ihnen, dort lagen Agamemnon selbst und die mit ihm Ermordeten.«

Geleitet von jenem Ausgräberinstinkt, der ihn schon in Troja auf die richtige Fährte geführt hatte, begann Schliemann innerhalb der Burgmauer, südlich des Löwentores, zu graben. Er begründete seine Entscheidung damit, daß Pausanias mit der von ihm erwähnten Mauer nicht die Stadtmauer von Mykene gemeint haben könne, sondern jenen Wall, von dem die Oberstadt umgeben war. Damit stellte sich Schliemann wieder einmal gegen die Meinung aller Gelehrten, von denen die Auffassung vertreten wurde, Agamemnon müsse irgendwo in der Unterstadt und Klytämnestra und Aigisthos außerhalb der Stadtmauern begraben sein. Schliemann glaubte Pausanias mehr als den Professoren: »Daß Pausanias einzig und allein die Mauer der Zitadelle im Auge hatte, davon zeugt seine Angabe, daß das Löwentor in der Mauer sei.«

Dieser kleine Hinweis schien bisher allen Forschern entgangen zu sein. Zehn Meter vom Löwentor entfernt begann Schliemann zu graben. Gleichzeitig arbeitete Sophia mit ihrer kleinen Mannschaft in Rufweite.

»Der Boden ist hart wie Stein!« klagte die Ausgräberin am Abend des ersten Tages. »Es kann ein halbes Jahr dauern, bis wir den Zugang zu dem Schatzhaus freigelegt haben.«

Heinrich machte eine wegwerfende Handbewegung. Ihm ging es nicht besser. Vom ersten Spatenstich an stieß er nur auf festgestampftes Gestein. Dazu die unerträgliche Hitze des Sommers. Die Arbeiten gingen äußerst langsam voran.

»Jetzt weiß ich endlich, was du in Troja durchgemacht hast«, meinte Sophia und schlug mit einer Klatsche nach den Mücken, die in großer Zahl das Haus in Charvati bevölkerten.

»Gottverdammte Plagegeister!« schimpfte Heinrich. »Aber längst nicht so schlimm wie in der Ebene von Troja«, fügte er hinzu. Dann schaufelte er aus einer Büchse Chinin in ein Glas, aus einer Flasche goß er Wasser hinzu. »Hier«, sagte er und schob das Glas über den Tisch, »die beste Vorbeugung gegen Krankheiten. Du kannst nicht genug davon nehmen.«

Sophia trank das Glas in einem Zug leer.

»Wie kommst du zurecht mit deinen acht Männern?« wollte Heinrich wissen.

»Es ist nicht einfach«, entgegnete Sophia, »sie lassen sich nur widerwillig von einer Frau kommandieren.«

»Ich weiß.« Schliemann machte ein ernstes Gesicht. »Wer nicht pariert, fliegt raus. Dabei kann ich es mir gar nicht leisten, auch nur einen Mann zu entlassen, im Gegenteil, ich brauche noch mehr Leute.«

»Aber das ist gegen die Verträge!« rief Sophia besorgt.

»Sicher.« Heinrich nickte. »Wir werden auch sonntags arbeiten. Ich zahle eine halbe Drachme mehr. Außerdem werde ich versuchen, neue Arbeiter anzuwerben.«

Während er redete, klopfte es an der Tür. Stamatakis trat ein. Schliemann verdrehte die Augen, aber Sophia versuchte ihren Mann gleich zu besänftigen, indem sie seine Hand nahm.

Panajotis Stamatakis war ein langer, hagerer Mann. Sein dunkles Gesicht und der buschige Schnauzbart verliehen ihm ein verwegenes Aussehen; dabei war Stamatakis alles andere als verwegen. Er war ein äußerst korrekter Beamter. Der Grieche trug das Grabungsbuch bei sich, in dem alle Arbeiten, vor allem aber die Funde aufgeführt waren. Stamatakis kam jeden Abend.

Ohne den Griechen auch nur eines Blickes zu würdigen, zeigte Schliemann auf eine Holzkiste in der Ecke des Raumes: »Ein paar Kupfermünzen, auf der einen Seite ein Herakopf, auf der anderen eine Säule, ein paar Tonscherben mit Zickzacklinien, das ist alles. Den Weg hätten Sie sich sparen können!«

Stamatakis nahm jedes einzelne Stück in Augenschein und notierte es in seinem Grabungsbuch. Dann verabschiedete er sich und ging.

»Ich kann den Kerl nicht ausstehen«, schimpfte ihm Schliemann hinterher.

»ICH FAND DIE GRÖSSTEN SCHWIERIGKEITEN«

Er zog die Lampe zu sich über den Tisch und begann in sein Tagebuch nachzutragen:

»Ich fand die größten Schwierigkeiten bei dem Löwentor, wegen der großen Blöcke, mit denen der Eingang versperrt war und die von den angrenzenden Mauern auf die Angreifer geworfen zu sein scheinen, als die Akropolis 468 v. Chr. von den Argivern erobert wurde. Die Versperrung des Eingangs muß aus jener Zeit stammen, denn der Schutt, in welchem die Blöcke liegen, ist nicht von einer Reihe aufeinander folgender Haushaltungen gebildet, sondern augenscheinlich nach und nach von den höheren Terrassen heruntergewaschen worden.

Beim Eintritt in das Tor, gleich links, brachte ich ein kleines Zimmer ans Licht, welches ohne Zweifel des vorhistorischen Torwächters Wohnung gewesen ist und dessen Decke von einer einzigen großen, dicken Steinplatte gebildet wird. Das Zimmer ist nur 4 1/2 Fuß hoch und würde nicht nach dem Geschmack unserer jetzigen Torwächter sein, aber im heroischen Zeitalter war Komfort unbekannt, besonders bei den Sklaven, und da er unbekannt war, wurde er nicht vermißt ...«

Heinrich legte die Feder beiseite. Er trommelte mit den Fingern auf die hölzerne Tischplatte.

Sophia sah ihren Mann fragend an: »Bist du enttäuscht vom bisherigen Verlauf der Ausgrabungen?«

»Enttäuscht? – Keineswegs. Eines ist mir schon jetzt in drei Fuß Tiefe klargeworden. Mykene ist nach der Zerstörung durch die Argiver wieder aufgebaut worden.«

»Aber haben nicht Strabon und Pausanias hier nur Ruinen vorgefunden? Haben nicht beide behauptet, Mykene sei nach der Zerstörung nicht mehr aufgebaut worden?«

Heinrich trat vor die Holzkiste mit den Tonscherben. »Dann haben sich Strabon und Pausanias eben getäuscht. Obwohl ich aus den Tonscherben die Zeit der Wiederbesiedlung von Mykene nicht genau bestimmen kann, vermute ich, weil keine Bruchstücke aus klassischer Zeit vorhanden sind und weil die bisherigen Funde aus makedonischer Zeit bis zum zweiten Jahrhundert stammen, daß Neu-Mykene zu Beginn des vierten Jahrhunderts vor Christus gegründet wurde. Aber eigentlich interessiert mich das überhaupt nicht.«

»Ich weiß«, antwortete Sophia, »du denkst nur an Agamemnon. Ich bin sicher, du wirst sein Grab finden.«

Heinrich streichelte Sophias Hand.

Der nächste Morgen. Kaum hatten die Ausgräber die Schuttschicht von Neu-Mykene durchstoßen, kamen Tierfigürchen und Bronzegegenstände, Räder und Pfeilspitzen aus Blei und Eisen zum Vorschein. Daneben auch Handmühlsteine, das Bruchstück eines Kammes und ein verziertes, durchbohrtes Knochenfragment, das Schliemann als Leier identifizierte. Die Spannung wuchs.

Der folgende Tag blieb wieder erfolglos. Bei den Ausgrabungen in Troja hatte Heinrich gelernt, daß man sich nicht entmutigen lassen durfte, wenn nach fundreichen Tagen der Erfolg erst mal wieder ausblieb. Schliemann trieb seine Arbeiter an, forderte höheren Einsatz, lockte mit Anhebung des Tageslohns um eine halbe Drachme, stellte noch mehr Arbeiter ein. Insgesamt schaufelten jetzt schon mehr als hundert.

Zwei Tage später: »In einer Tiefe von 10 bis 11 Fuß (ca. 3 bis 3,4 Meter), manchmal aber schon bei 6 1/2 Fuß (ca. 2 Meter) unter der Oberfläche decke ich kyklopische Hauswände auf, welche aus unbehauenen, ohne Lehm oder Zement zusammengesetzten Steinen bestehen und in einer Tiefe von 20 bis 24 Fuß (ca. 6,3 bis 7,5 Meter) unter der Oberfläche auf dem natürlichen Fels ruhen.« Das mußte das Mykene Agamemnons sein!

Funde und Mauerreste aus der klassischen Zeit Griechenlands fanden bei Schliemann nur wenig Interesse. Er suchte das homerische Mykene, das schon in klassischer Zeit versunken war. Eine Mauer aus dieser Zeit ließ er einreißen. Darüber kam es zur offenen Auseinandersetzung mit Panajotis Stamatakis.

»Das erlaube ich nicht«, rief Stamatakis erregt, »das ist gegen alle Vorschriften, Sie haben die Mauer ohne meine Erlaubnis abgetragen!«

Schliemann, gegenüber dem hochaufgeschossenen Ephoros ein Zwerg, schnaubte wütend: »Es geschah doch vor Ihren Augen! Wenn Sie den Überblick verloren haben, dann müssen Sie einen zweiten Ephoros hinzuziehen!«

»Ich brauche keinen zweiten Mann!« erwiderte Stamatakis. »Wenn Sie sich an die Verträge halten, komme ich ganz gut zurecht. Danach dürfen Sie nämlich nur mit der Hälfte der Arbeiter graben, die jetzt beschäftigt sind.«

Schliemann gab den Arbeitern ein Zeichen, ihre Tätigkeit einzustellen. »Ich habe die Nase voll«, knurrte er, »ich will nicht mehr.« Dann verschwand er mit 90 Männern in Richtung Charvati.

Der Ephoros wußte nicht, was er davon halten sollte. Als er am nächsten Morgen an der Grabungsstelle eintraf, waren die Arbeiten bereits wieder in vollem Gange. Schliemann war nicht da. Sophia beaufsichtigte die Grabungen. Beim Näherkommen stellte Stamatakis fest, daß inzwischen eine zweite Mauer aus klassischer Zeit weggebrochen worden war.

»Die Mauer!« stammelte der Ephoros fassungslos. »Schliemann hat schon wieder eine Mauer eingerissen.«

»Ja, er hat auch diese Mauer eingerissen«, bestätigte Sophia schnippisch. »Sie haben kein Recht, meinem Mann Vorwürfe zu machen. Er ist ein Gelehrter. Die Mauer stammt aus römischer Zeit und stört die weiteren Grabungen. Sie aber sind ein Ungelehrter, und ich möchte Sie bitten, Ihre Bemerkungen künftig zu unterlassen. Schliemann ist leicht erregbar, und wenn er böse wird, stellt er die Grabungen ein!«

Der überkorrekte Aufseher war dem Ehepaar Schliemann und dem eigenmächtigen Verhalten der beiden nicht gewachsen. Stamatakis an Kulturminister Georgios Milesses in Athen: »Sie müssen wissen, er reißt gern alles Römische und Griechische ein, damit die pelasgischen Mauern frei werden. Wenn wir griechische oder römische Vasen finden, sieht er sie mit Abscheu an, und wenn eine solche Scherbe in seine Hände kommt, läßt er sie fallen... Er behandelt mich, als wäre ich ein Barbar... Ist das Ministerium mit mir nicht zufrieden, so bitte ich mich abzuberufen; ich bleibe hier nur auf Kosten meiner Gesundheit. Wenn ich den ganzen Tag bis abends 9 Uhr bei den Ausgrabungen war, dann sitzen Schliemann und ich bis nachts 2 Uhr und schreiben die Sachen auf... Ich erlaube ihm auch, einige Sachen, die er näher studieren will, auf sein Zimmer zu nehmen... Für alle diese Erleichterungen, die wir ihm verschaffen, hat Schliemann dem Bürgermeister gesagt, er sei mit uns sehr zufrieden.«

GRABENKÄMPFE

Der Minister schaltete den Präfekten von Argos ein. Dieser solle, notfalls mit Polizeigewalt, verhindern, daß irgendwelche Mauern abgerissen würden, egal aus welcher Zeit sie auch stammten. Außerdem gab er Order, peinlich auf die Einhaltung der Verträge zu achten, also die Anzahl der Arbeiter zu beschränken und nicht an mehr als einer Stelle zu graben.

Der Präfekt von Argos bat den Bürgermeister des Ortes um Hilfe. Gemeinsam machten sie sich auf den Weg zum Grabungsfeld, um zwischen Stamatakis und Schliemann zu vermitteln. »Dies war aber unmöglich«, so der Präfekt in seinem Bericht an den Minister, »da Schliemann und Stamatakis nur gestritten haben. Schliemann will nicht weitergraben, wenn Stamatakis nicht ersetzt wird.«

In einem Telegramm forderte Kulturminister Milesses den Ausgräber auf, einzulenken und sich an die Verträge zu halten. Doch Schliemann weigerte sich, dessen Inhalt zur Kenntnis zu nehmen. Er griff zur Feder und schrieb Milesses einen bitteren Brief: »Herr Minister, ich unterziehe mich mit meiner Frau hier allen Strapazen, indem ich ununterbrochen mein Leben riskiere, da ich den ganzen Tag unter der brennenden Sonne stehe; ich gebe täglich hier 400 Francs weg aus reiner Liebe zur Wissenschaft und aus reiner Liebe zu Griechenland... womit ich Tausende von Ausländern herziehe. Deswegen ist Ihr Telegramm sowohl Ihrer unwürdig als auch unwürdig, von mir gelesen zu werden...

Viele Ungerechtigkeiten habe ich in Griechenland erlitten. Während alle anderen Altertümer aus Griechenland wegtragen, habe ich die unschätzbaren trojanischen Schätze hereingebracht... Überflüssig hinzuzufügen, daß kein anderer Versuch meinerseits in diesem Leben gemacht wird, um Griechenland nützlich zu sein.«

Es war Sophias Verdienst, daß Heinrich Schliemann seine Drohung nicht wahr machte und die Grabungen in Mykene nicht einstellte. Der jungen Frau, die sich zunehmend durch resolutes Auftreten an der Seite ihres Mannes Respekt verschaffte, gelang es sogar, die beiden Streithähne für ein paar Tage zu versöhnen. Sie erreichte bei Minister Milesses gewisse Zugeständnisse, was die Grabungsplätze und die Zahl der Arbeiter betraf, aber schon nach einer Woche kam es zur nächsten Auseinandersetzung.

Schliemann hatte endgültig genug. Am Abend setzte er folgendes Telegramm auf: »An Kulturminister Georgios Milesses, Athen. Beamter macht furchtbare Schwierigkeiten – stop – stelle Grabungen ein – stop – reise mit meiner Frau nach Amerika – Schliemann.«

Schliemann war nicht ernsthaft entschlossen, das Feld zu räumen. Aber, meinte er zu seiner Frau, das Telegramm werde seine Wirkung nicht verfehlen. Sophia sollte es zur Post bringen.

Sophia führte jeden seiner Befehle aus. Aber dieses eine Mal kamen ihr Zweifel. Wie sie die Situation einschätzte, würde der Minister Schliemanns Ankündigung akzeptieren. Dann wäre alles verloren.

Statt zur Post nach Nauplia reiste Sophia nach Athen. Das Telegramm zerriß sie. Sie wollte abermals mit Milesses verhandeln. Ihrem Mann Heinrich schickte sie ein Telegramm: »Muß zu Hause nach dem Rechten sehen. Brief folgt.«

In Mykene gingen derweil die Ausgrabungen weiter. Schliemann wechselte mit Stamatakis kein Wort mehr. Wenn sie sich etwas mitzuteilen hatten, geschah dies über einen der Aufseher. Schliemann war an verschiedenen Stellen bereits zehn Meter in das steinharte Erdreich vorgedrungen, aber vom Grab des Agamemnon fehlte jede Spur. Hatte er sich doch geirrt?

Sophia fehlte ihm. Er vermißte ihre aufmunternden Worte, die endlosen Gespräche und nächtlichen Diskussionen. Ohne sie hätte er schon längst aufgegeben. Als er am Abend nach Charvati zurückkehrte, schrieb er Sophia einen Brief: »Meine geliebte Frau, ich habe Deinen Brief und zwei Deiner Telegramme erhalten, woraus ich mit Bewunderung ersehe, daß Du das möglichste tust, um unseren Feind durch einen vernünftigen Menschen ersetzen zu lassen. Möge Pallas Athene Deine Schritte lenken und Deine Bemühungen mit Erfolg krönen! Die Nachricht, daß Du heute nicht kommst, macht mich ganz krank, denn ich habe Dich ganz sicher erwartet. Nun erwarte ich Dich auf alle Fälle heute in acht Tagen, denn die Arbeit hier ist ohne Dich zum absoluten Stillstand verurteilt!«

DAS GEHEIMNIS DER STEINRINGE

9. September 1876. Nachdem die Grabungen in die Tiefe keinen Erfolg gebracht hatten, legte Schliemann an anderer Stelle einen neuen Schnitt. Dabei stieß er schon in geringer Tiefe auf ringförmig in das Erdreich eingelassene Steinplatten. Dieser Plattenring verlief konzentrisch zu einem äußeren Ring von Steinen, dem der Ausgräber bisher keine Bedeutung beigemessen hatte. Der Durchmesser betrug etwa dreißig Meter. In dem Raum zwischen den beiden Steinreihen lag Schutt mit archaischen Tonscherben, darunter zahlreiche Bruchstücke von Hera-Figürchen aus Terrakotta.

Schliemann war nicht gerade glücklich über diese Entdeckung, denn er vermutete, die Plattenringe seien das Fundament eines zum Königspalast von Mykene gehörenden Gebäudes gewesen. Doch Schliemann suchte nicht den Palast, er suchte das Grab des Agamemnon. Seine anfängliche Enttäuschung verflog jedoch schnell, als dicht an dem inneren Steinring drei Grabstelen gefunden wurden. Keiner der etwa einen Quadratmeter großen Gedenksteine war mit Schriftzeichen versehen – ein erster Hinweis auf ihre Herkunft aus prähistorischer Zeit. Der erste aus weichem Kalkstein kam nur in Bruchstücken ans Tageslicht, doch er ließ sich leicht zusammenfügen. Das obere Drittel zierten geometrische Spiralen, in der Mitte erkannte man eine Jagdszene: ein Jäger auf einem von einem Pferd gezogenen Streitwagen, davor ein Jagdgehilfe mit einem Messer. Auch die beiden anderen Steine zeigten auffallende geometrische Muster und jeweils einen Jäger auf einem zweirädrigen Pferdewagen.

Schliemann in seinem Grabungstagebuch: »Bei genauer Prüfung der Skulpturen auf den Grabsteinen finde ich eine so staunenswerte Genauigkeit und Symmetrie in allen Spiralverzierungen, daß ich zu der Überzeugung komme, ein solches Werk konnte nur aus einer Künstlerschule hervorgehen, die seit Jahrhunderten in diesem Stil gearbeitet hatte. Dagegen aber sind die Menschen und Tiere so roh und ungenau dargestellt, als wären sie des uralten Künstlers erster Versuch, lebendige Geschöpfe darzustellen. Dennoch ist die Ähnlichkeit zwischen den Körpern der Tiere und denen der Löwen über dem Löwentor sehr groß; es ist derselbe Kunststil ...« War dies die richtige Spur?

In seinem Tagebuch sprach er sich selbst Mut zu: »Jetzt nur nicht den Mut verlieren! Was sind schon vier Wochen Arbeit! Denk an Troja! Du darfst jetzt nicht aufhören! Weiter!« Mut war nötig, denn die Annahme, nach den Grabsteinen würde er die dazugehörigen Gräber finden, erwies sich als trügerisch. Schliemann kam vielmehr zu der Erkenntnis, daß er nicht auf eine Begräbnisstätte, sondern auf eine Agora, einen Marktplatz gestoßen war. Die beiden konzentrischen Mauerringe rahmten einen befestigten Platz ein. Und in der »Ilias« gab es mehrfach Hinweise auf den »heiligen Kreis von ringsgeglätteten Steinen«, auf denen die Ältesten und Heroen Platz nahmen. Unter diesem Platz das Grab Agamemnons zu vermuten, das kam sogar einem Ausgräber wie Heinrich Schliemann, in dessen Phantasie beinahe alles möglich war, nicht in den Sinn.

Aus diesem Grund widmete er nun sein Hauptaugenmerk der Freilegung des von Sophia Schliemann in Angriff genommenen Kuppelgrabes der Klytämnestra und zweier Häuser nördlich und südlich des Mauerrings. Sein untrüglicher Ausgräberinstinkt ließ ihn die Arbeiten innerhalb der Agora aber nicht ganz einstellen. Schliemann beorderte eine kleine Mannschaft in das Areal mit dem Auftrag zu weiteren Sondierungen.

Als Sophia nach Mykene zurückkehrte, zeigte sich Heinrich ungewöhnlich gut gelaunt. Die Grabungsfunde boten dazu kaum Anlaß; aber auf Sophias Intervention hin hatte Minister Milesses den Ephoros von Mykene zum Einlenken gezwungen.

»Man muß diesen Leuten nur drohen«, meinte Heinrich. Er wußte nicht, daß Sophia sein Telegramm vernichtet hatte.

»Und Agamemnon?« erkundigte sich Sophia vorsichtig.

Heinrich schüttelte den Kopf. »Nichts. Nicht die geringste Spur.«

»Aber die Grabsteine! Es sind doch Grabsteine, oder?«

Schliemann zuckte die Schultern. »Am Anfang war ich ganz sicher. Aber nun? Vielleicht wurden die Steine erst in späterer Zeit hierhergebracht. Vielleicht befanden sie sich ursprünglich an einem ganz anderen Ort. Zweifellos sind die Grabsäulen älter als die Steine, aus denen die Ringmauern zusammengefügt sind.«

»Und wenn das Schatzhaus doch das Grab Agamemnons gewesen ist?«

»Ach was!« fiel Schliemann seiner Frau ins Wort. »*Etwas entfernt von der Mauer!* schreibt Pausanias. Diese Angabe trifft auf keines der Schatzhäuser zu. Außerdem sagt er ausdrücklich, daß sich in den unterirdischen Gebäuden die Goldschätze der Mykener befanden.« Sein Blick schweifte über das riesige Gräberfeld, das beinahe schon trojanische Ausmaße erreicht hatte.

Einsam und in sich gekehrt saß Schliemann in den folgenden Nächten im Schein einer Petroleumlampe vor seinen Karten, Plänen und Aufzeichnungen. Immer wieder las er Pausanias' Bericht über Mykene, griff zu Homers »Ilias« und versuchte beide Angaben miteinander zu vergleichen. Ein einziges Wort, vielleicht eine falsche Übersetzung, konnte der Schlüssel zum Erfolg sein.

In diesen einsamen Nächten vertraute sich Schliemann nur seinem Tagebuch an. Nicht einmal Sophia sollte wissen, wie verzweifelt er war. »Ich kenne«, notierte Heinrich im Schein der Laterne, »kein Beispiel in der Geschichte, daß eine Akropolis jemals als Begräbnisplatz gedient hätte, ausgenommen das kleine Gebäude der Karyatiden auf der Akropolis von Athen, welches das Grab des Kekrops, des ersten Königs von Athen, genannt wurde. Wir wissen jedoch jetzt mit Gewißheit, daß Kekrops ... ein reiner Mythos ist. Aber hier auf der Akropolis von Mykene sind die Gräber kein Mythos, sie sind eine handgreifliche Tatsache.«

DER KAISER VON BRASILIEN KOMMT

Am 9. Oktober unterbrach Schliemann die Arbeit in Mykene. Die türkische Regierung hatte den Ausgräber ersucht, umgehend nach Troja zu kommen. Dom Pedro II. de Alcántara, Kaiser von Brasilien und ein besonderer Freund von Kunst und Wissenschaft, hatte auf seinem Staatsbesuch in der Türkei den Wunsch geäußert, die Ausgrabungen von Troja zu besichtigen. Schliemann zögerte keinen Augenblick: Gab es eine bessere Werbung für ihn und seine Projekte als eine Führung des Kaisers aus dem exotischen Land über die Ruinen von Troja?

Während Sophia in Mykene die Stellung hielt, gelang es Heinrich, das Interesse des Kaisers für die homerischen Helden zu wecken. Er wolle, ließen Majestät wissen, auch noch, entgegen jeder Planung, Agamemnons Heimatstadt besichtigen.

»Der Kaiser kommt!« begrüßte Heinrich seine Frau, als er gegen Ende des Monats nach Charvati zurückkehrte.

»Wohin?« fragte Sophia.

»Hierher nach Mykene!«

Sophia schlug die Hände über dem Kopf zusammen. »Mein Gott, ein leibhaftiger Kaiser. Und wann?«

»Übermorgen. Wir werden Seine Majestät Dom Pedro de Alcántara zum Frühstück empfangen.«

»Hier in dieser armseligen Hütte?«

Heinrich lächelte vielsagend: »Nein, das wäre in der Tat eines Kaisers unwürdig. Ich habe eine bessere Idee. Im Schatzhaus der Klytämnestra, deiner ersten Ausgrabung.«

Die Aufregung stand Sophia ins Gesicht geschrieben. »Ich muß fort«, rief sie, »ich muß den Boden auskehren lassen, die Wände schmücken, Tische und Stühle herbeischaffen, mein Gott, mit wieviel Leuten kommt so ein Kaiser zum Frühstück? Fünfzig, hundert?«

Heinrich versuchte seine Frau zu beruhigen: »Keine Sorge. Dom Pedro hat seine Ankunft mit vier bis sechs Begleitern avisiert. Im übrigen ist er ein sehr umgänglicher und bescheidener Mann.«

Ungewöhnlich früh und von einem Tag auf den anderen verabschiedete sich der Sommer in der Argolis. Als Dom Pedro am Morgen des 25. Oktober in Mykene eintraf, setzten heftige Platzregen ein. Sophia hatte das Innere des Kuppelhauses mit Blumen und Kerzen geschmückt. Drei einfache Holztische waren mit weißen Tüchern bedeckt. Es gab Tee und Kaffee, Brot, Käse, Honig und Früchte aus den umliegenden Dörfern. Der Kaiser zeigte sich begeistert und küßte Sophia die Hand.

Bilder und Berichte von dem Ereignis gingen um die Welt. Wie einst die Grabungen von Troja erregte nun Mykene allgemeine Aufmerksamkeit, das homerische Mykene, die Heimat Agamemnons.

Trotz schlechten Wetters – Heinrich und Sophia und die Grabungsarbeiter standen oft bis zu den Knien im Schlamm – wollte

Schliemann nicht aufgeben, nicht ohne wenigstens eine Spur, einen kleinen Hinweis auf Agamemnon gefunden zu haben. Inzwischen hatte der November Einzug gehalten. Die Hoffnung auf besseres Wetter sank mit jedem Tag.

In lange Mäntel gehüllt, auf dem Kopf breitkrempige Hüte zum Schutz vor dem Regen, standen Heinrich und Sophia oberhalb des Mauerrings und verfolgten die Grabungsarbeiten.

»Wir sollten es gut sein lassen für dieses Jahr«, krächzte Sophia. Sie schleppte seit Tagen eine fiebrige Erkältung mit sich herum.

Schliemann schüttelte den Kopf: »Es wird kein nächstes Jahr geben, Sophidion. Wenn wir hier unsere Arbeiten ohne sichtbaren Erfolg einstellen, wird uns der Minister für 1877 keine Grabungslizenz erteilen. Dafür wird schon Stamatakis sorgen. Aber du, meine Liebe, solltest in den nächsten Tagen im Haus bleiben und dich schonen.«

Von nun an beaufsichtigte Schliemann die Arbeiten allein. Er hatte nur noch halb so viele Arbeiter im Einsatz wie zu Beginn der Grabungen. Seit Tagen schon häuften sich eher unbedeutende Funde: Ringe aus Bronze, ein Schwert, Bruchstücke bemalter Töpferwaren, ein kleiner Fisch aus versteinertem Holz, durchbohrte Kugeln aus Glas und Flußspat und kleine, linsenförmige Gemmen aus Achat, Onyx und Steatit. Das alles kam weit verstreut und eher zufällig zum Vorschein und gab nicht den geringsten Hinweis auf das Grab eines homerischen Helden.

EIN GRAB VERSINKT IM SCHLAMM

Anfang Dezember entdeckten die Ausgräber eine vierte Grabstele. War es Zufall, daß zur selben Zeit goldene Knöpfe und kleine verzierte Goldplättchen ans Tageslicht kamen? Gold verhieß immer einen noch bedeutsameren Fund.

Schliemann ließ die Stele nach Charvati bringen. Dann gab er Order, an der Fundstelle weiterzugraben. Schon nach einer Stunde stießen die Schaufeln und Hacken auf Widerstand. Schliemann mahnte zur Vorsicht. Langsam, ganz allmählich, kam ein steinernes Geviert von sieben Meter Länge und drei Meter Breite zum Vorschein.

Das Mauerwerk war nach oben hin offen und mit Schutt und Erde angefüllt. »Als ich tiefer grub, fand ich von Zeit zu Zeit schwarze Asche und darin sehr sonderbare Gegenstände: entweder einen hölzernen Knopf, bedeckt mit einem goldenen Plättchen mit sehr schönem Intaglio, oder einen aus Elfenbein geschnittenen Gegenstand in Form eines Widderhorns ... ferner andere Schmucksachen von Knochen oder kleine Goldblättchen.«

Die verstreuten Kleinfunde deuteten darauf hin, daß das Grab bereits ausgeraubt war. Regen setzte das aufgeschaufelte Grab unter Wasser. Mit Eimern förderten die Arbeiter aus viereinhalb Metern Tiefe Wasser und Schlamm. Nicht nur Sophia wurde krank, auch von den Arbeitern fiel einer nach dem anderen aus.

Das Grab endete keineswegs auf dem gewachsenen Fels, es war noch tiefer in das Gestein hineingeschnitten. Fünf Meter unter der Felsoberfläche, mehr als acht Meter unter dem Bodenniveau, wurde eine gleichmäßige Schicht Kieselsteine sichtbar. Diese ebene Schicht legte die Vermutung nahe, Grabräuber könnten noch nicht bis in diese Tiefe vorgedrungen sein.

Daraufhin entließ Schliemann mehr als die Hälfte seiner ohnehin kleinen Grabungsmannschaft. Je weniger Augenzeugen einer möglichen Entdeckung beiwohnten, desto besser. Mit bloßen Händen, Stein für Stein, wurden am folgenden Tag die Kiesel abgetragen. Stamatakis verfolgte die Arbeit mit Mißtrauen und Skepsis. Was sollte sich schon unter einer Schicht Kieselsteine verbergen? Schliemann ließ sich in seiner peniblen Arbeit nicht beirren. Er war auch der erste, der erkannte, daß sich in der Kieselschicht allmählich ein menschliches Skelett abzeichnete, einen Meter daneben ein zweites und schließlich ein drittes.

»Augenscheinlich«, schrieb Heinrich in seinem Grabungsbericht, »sind alle drei an derselben Stelle, wo sie lagen, gleichzeitig verbrannt. Die Masse von Asche von den Gewändern, die sie bedeckt, und dem Holz, das ganz oder teilweise ihr Fleisch verbrannt hatte, ferner die Farbe der unteren Steinschicht und die Merkmale des Feuers und Rauchs an der steinernen Mauer, welche auf dem Grund des Grabes alle vier Seiten bekleidete, können in dieser Hinsicht keinen Zweifel übrig lassen; ja, es fanden sich dort die unverkennbaren Beweise von drei verschiedenen Scheiterhaufen.«

Schliemann lag mit dieser Vermutung falsch. Bei der vermeintlichen Asche, in die die Skelette eingebettet waren, handelte es sich nicht um irgendwelche Verbrennungsreste, sondern um die Relikte von Holzbalken, mit denen das Grab ursprünglich abgedeckt war, und um die Überreste der hölzernen Totenbahren. Auf seine weiteren Forschungen hatte dieser Irrtum jedoch keinen Einfluß.

Es war unmöglich, bei dem andauernden Regen die vermeintliche Asche abzutragen. Tag und Nacht stürmte es, und die Grube wurde immer wieder mit Schlamm gefüllt. Am folgenden Tag nahm Schliemann einen glänzenden Schimmer auf den Skeletten wahr: Gold! »Auf jedem der drei Skelette fand ich fünf Diademe; sie sind von sehr dünnem Gold, 19 1/2 Zoll lang und in der Mitte 4 Zoll breit; alle laufen in spitzen Enden aus ...« Schliemann ließ das Grab abdecken.

Hatte Pausanias nicht von fünf Gräbern berichtet? Noch wußte Schliemann nicht, was er überhaupt entdeckt hatte. Er schickte Stamatakis zum Polizeichef von Nauplia und forderte Polizeischutz an. Am nächsten Tag traf eine dreiköpfige Wachmannschaft ein. Tagebucheintrag vom 6. Dezember 1876: »Zum ersten Mal seit ihrer Eroberung durch die Argiver im Jahre 468 v. Chr., also zum ersten Mal seit 2344 Jahren, hat die Akropolis von Mykene wieder eine Garnison, deren Wachtfeuer bei Nachtzeit in der ganzen Ebene von Argos sichtbar sind, uns an jene Wachtposten erinnernd, die unterhalten wurden, um Agamemnons Rückkehr von Troja zu verkünden, und an jenes Signal, welches Klytämnestra und ihren Geliebten vor dem Herannahen warnte ...«

Erschöpft und in der Gewißheit, daß sich kein goldgieriges Gesindel an den Grabungen vergreifen konnte, kehrte Schliemann zu Pferd nach Charvati zurück. Unterwegs wurde er von vier Studenten des Archäologischen Instituts in Athen aufgehalten. Einer von ihnen war Arthur Milchhöfer. Er sah Schliemann bei dieser Gelegenheit zum ersten Mal und ahnte noch nicht, daß er einmal in der »Deutschen Rundschau« einen vielbeachteten Nachruf auf Heinrich Schliemann schreiben würde.

»Ist ein Archäologe unter Ihnen, meine Herren?« rief Schliemann vom Pferd herab.

Milchhöfer entgegnete, sie seien Stipendiaten, und es würde ihnen zur Ehre gereichen, wenn sie sich die Grabungen in Mykene ansehen dürften.

»Sie hätten sich keinen günstigeren Zeitpunkt aussuchen können«, meinte Schliemann aufgeregt, »ich habe gerade ein Grab mit
drei menschlichen Skeletten entdeckt.«

»Etwa das Grab Agamemnons?«

Schliemann hob verlegen die Schultern. »Vielleicht, vielleicht
auch nicht.«

Nach Milchhöfers Beschreibung hatte Schliemann angeblich
»eine mittelgroße Gestalt in etwas vorgebeugter Haltung. Der stark
entwickelte Kopf zeigte frische Gesichtsfarbe; Haupthaar und
Schnurrbart waren kurz geschnitten.«

Als Nachtquartier stellte Schliemann den Studenten das einfache Haus eines Vorarbeiters zur Verfügung. Es war zwar wenig
komfortabel, aber so hatten die Studenten wenigstens ein Dach
über dem Kopf. Milchhöfer erinnert sich an die Einladung zum
Abendessen: »Um nichts besser oder schlechter erschien die von
ihm selber bezogene Hütte, deren einziger langgestreckter Raum
notdürftig durch Bretterwände in Küche, Schlafgemach und Wohnzimmer geteilt war; letzteres mußte zugleich als Bibliothek, Speise-
und Empfangssalon dienen. Hier versammelten wir uns alsbald zur
Abendmahlzeit, für welche der Herbst mancherlei willkommenes
Federwild geliefert hatte... Von den körperlichen Strapazen, die
Schliemann bereits seit der Glutzeit des Sommers in dieser Abge-
schiedenheit ertragen hatte, machte er kein Aufheben; weit schlimmer empfand er gewisse Schwierigkeiten, welche ihm die Griechen
bereiteten, sowie die mangelnde Anerkennung seitens der Deutschen... Mit Schliemann teilte seine Gattin Sophia die Beschwer-
den der Ausgrabungen. In Folge dessen hielt sie gerade jetzt ein
leichter Fieberanfall ans Bett gefesselt, und es blieb darum unsere
Bekanntschaft mit ihr eine solche von Ohr zu Ohr, da die dünne
Wand sie noch weniger als die Krankheit hinderte, mit ihrer klang-
vollen Stimme an unserer Unterhaltung teilzunehmen.«

Spät in der Nacht ging Schliemann mit seinen Gästen zum nahegelegenen Haus von Stamatakis, wo alle bisherigen Funde aufbewahrt wurden. Die jungen Männer bestaunten die Steinreliefs, Tonscherben und Goldfunde. Dabei fiel ihnen auf, wie der Grieche
Schliemann »mit unverhohlenem Mißtrauen, ja mit Nichtachtung
behandelte, daß wir uns eines peinlichen Gefühls nicht erwehren
konnten.«

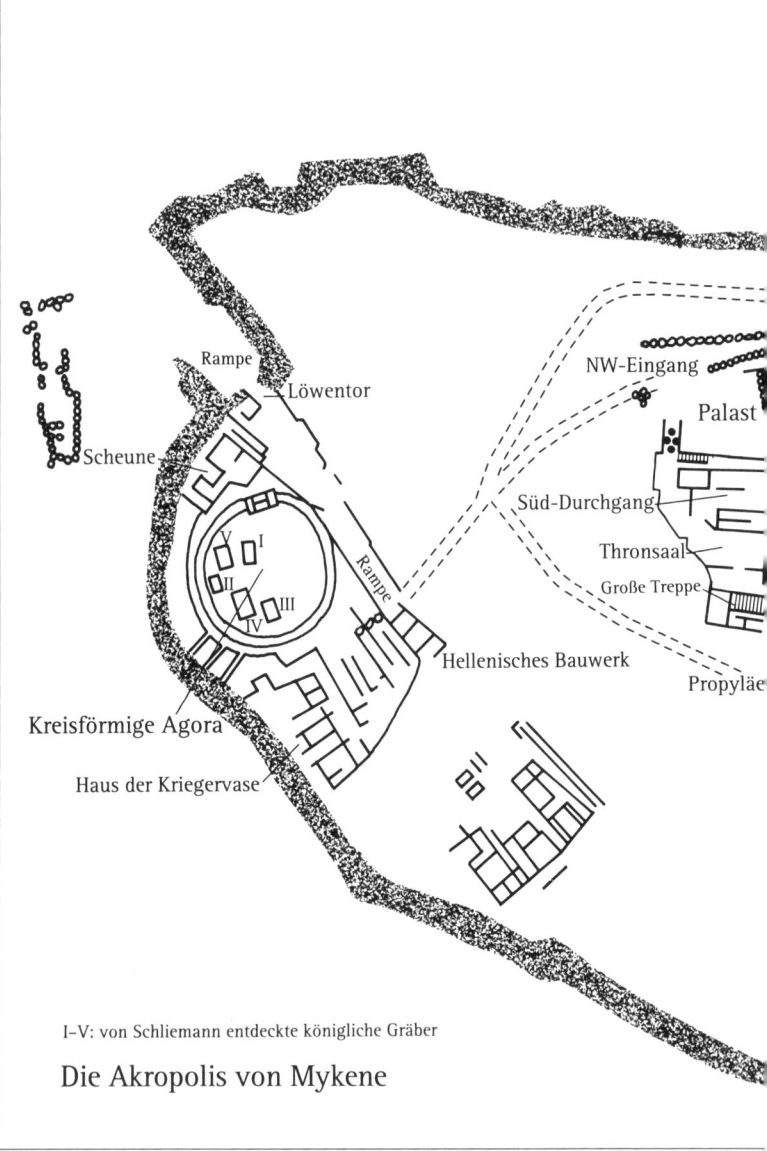

Rampe

Löwentor

NW-Eingang

Palast

Scheune

Süd-Durchgang

Thronsaal

V I

II

III

IV

Rampe

Große Treppe

Hellenisches Bauwerk

Propyläen

Kreisförmige Agora

Haus der Kriegervase

I–V: von Schliemann entdeckte königliche Gräber

Die Akropolis von Mykene

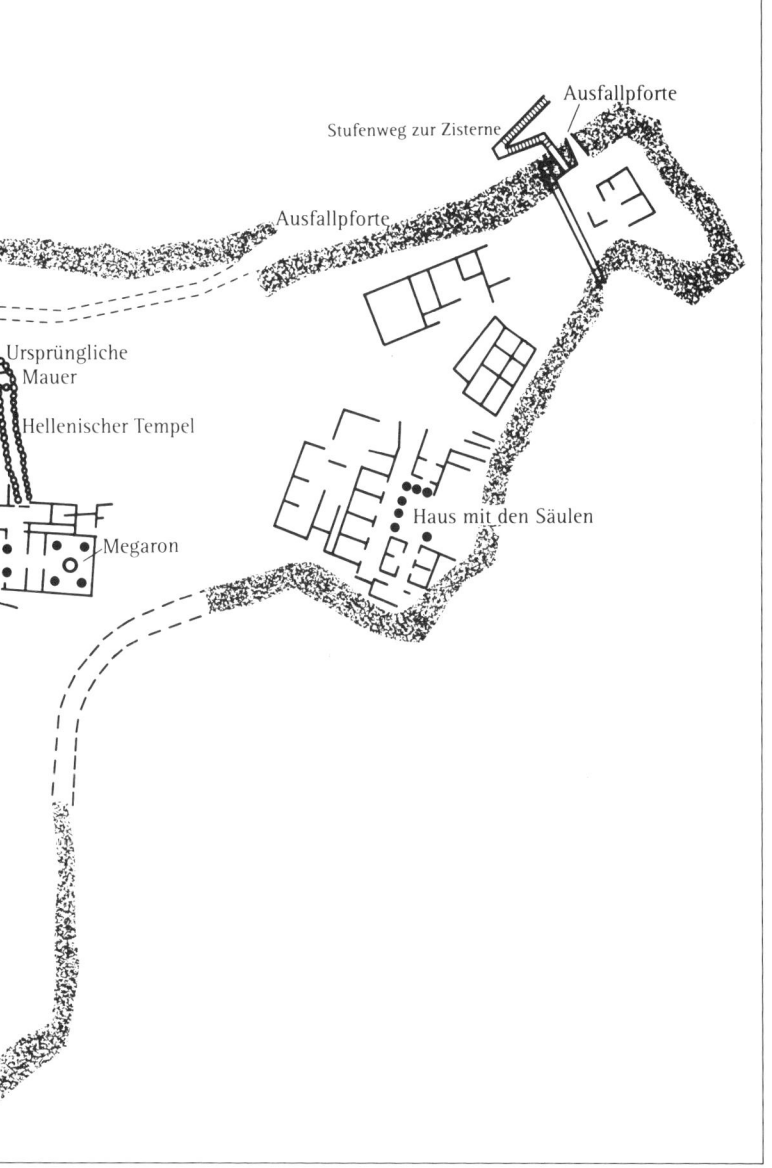

Ausfallpforte

Stufenweg zur Zisterne

Ausfallpforte

Ursprüngliche
Mauer

Hellenischer Tempel

Megaron

Haus mit den Säulen

Nach einem Picknick auf den »kyklopischen Mauerblöcken« von Mykene machten sich die Studenten am folgenden Tag auf den Rückweg nach Athen. Aber kaum hatte ihr Schiff den Hafen von Nauplia verlassen, schlief der Sturm, der Wochen gewütet hatte, ein und machte atemloser Windstille Platz. Eine ganze Woche trieb ihr Schiff hilflos im Argolischen Golf.

»FÜNF! ES MÜSSEN FÜNF GRÄBER SEIN!«

Zur selben Zeit – Schliemann war froh, daß Sturm und Regen nachgelassen hatten – stießen die Ausgräber innerhalb der Ringmauern auf ein zweites Grab. Es lag nur ein paar Schritte westlich des ersten und war nur etwa halb so groß. Die Erdformation ähnelte der des ersten Grabes, und die Kieselschicht legte auch hier die Vermutung nahe, daß das Grab noch nicht ausgeraubt war.

»Fünf! Es müssen fünf Gräber sein!« rief Schliemann beinahe beschwörend und dirigierte die Arbeiter mit gestrecktem Arm nach Süden. Es dauerte nicht lange, und ein drittes Grab kam zum Vorschein.

Das zweite und dritte Grab lagen gerade zehn Meter voneinander entfernt. Schliemann stand auf dem Mauerring und blickte in die Tiefe. Er verglich den Plan in seiner Hand mit der Wirklichkeit und zeichnete ein Kreuz auf das Papier. »Hier muß es sein«, murmelte er vor sich hin. Dann gab er Befehl, die Arbeiten am dritten Grab einzustellen und an der von ihm bezeichneten Stelle zwischen den Gräbern II und III weiterzuschaufeln.

Nicht zum ersten Mal zweifelte Stamatakis, der die Szene aus der Ferne beobachtete, an Schliemanns Verstand. Er begriff nicht, was in diesem Kopf vorging; er glaubte auch nicht an Pausanias' Hinweis. Sollte dieser Verrückte doch froh sein, daß er drei Gräber gefunden hatte! Doch Schliemann ruhte nicht eher, bis er, nach dem vierten, auch Mauerreste des fünften Grabes, nördlich des zweiten und westlich des ersten gelegen, entdeckt hatte. Aber würden alle diese Gräber so unversehrt sein wie das erste?

Mit der Aufdeckung der Gräber ließ sich Schliemann Zeit. Er wollte, daß Sophia zugegen war, wenn er das Gold von Mykene ans Tageslicht holte – sie sollte ihn bei der Arbeit unterstützen. Außerdem forderte er eine größere Wachmannschaft an, sechzig weitere

Arbeiter und einen Archäologen von der Archäologischen Gesellschaft in Athen.

Zwei Tage später erschien Sophia Schliemann in Begleitung des Vizepräsidenten der Archäologischen Gesellschaft, Spyridon Phendikles, an der Grabungsstelle. Phendikles fand anerkennende Worte für den Spürsinn des Ausgräbers. Und der wollte diesen Spürsinn sofort unter Beweis stellen.

Grab Nummer IV erschien Schliemann am interessantesten. Mit über sieben Metern Länge und sechs Metern Breite war es beinahe doppelt so groß wie die Gräber II und III.

Gemeinsam übernahmen Heinrich und Sophia das Kommando. Ein Dutzend Arbeiter, die zu äußerster Vorsicht angehalten waren, wühlte sich an der vorbezeichneten Stelle senkrecht in das Erdreich. In sechs Metern Tiefe dann der erste Hinweis: Sophia entdeckte einen trommelförmigen Opferaltar aus Stein, in der Mitte ausgehöhlt. Noch im Laufe dieses Tages gab der Schutt der Jahrtausende vier Bronzegefäße und ein mit einem Delphin verziertes Goldgefäß frei.

EIN TOTENSCHÄDEL MIT GOLDENER MASKE

Der folgende Tag: Es herrscht gespannte Ruhe. Der Lärm und das wilde Geschrei, das sonst die Grabungen begleitet, ist verstummt. Schliemann hat die Anzahl der Arbeiter in Grab IV noch einmal um die Hälfte reduziert. Zusammen mit Sophia liegt er seit den frühen Morgenstunden auf den Knien. Mit Löffeln, Messern und den bloßen Händen graben sie in der Kieselschicht, die gerade sichtbar geworden ist. Die Wachmannschaft hat das Areal abgesperrt. Schliemann blickt noch ernster drein als sonst. Er gräbt, wühlt, schaufelt wie in Trance, redet kein Wort. Nicht einmal Sophia bekommt Antwort auf ihre Fragen.

Das Beseitigen der Kieselschicht dauert eine Ewigkeit. Darunter heller, klumpiger Lehm. Das ist anders als in Grab Nummer I. Schaufeln treten in Aktion. Die Schicht ist nur eine Handspanne tief. Notiz im Grabungsbuch: »Bis ungefähr ein Fuß oberhalb der Kieselsteine ist die Ausgrabung nicht schwer, denn wir haben nur einfach unseren Arbeitern zu befehlen, hier oder dort zu graben.

Aber von da ab haben wir die Arbeit selbst zu verrichten, und diese ist äußerst schwierig und mühsam, besonders bei dem herrschenden regnerischen Wetter, denn wir können nicht anders als auf den Knien liegend graben, indem wir mit unseren Messern den Schutt und die Steine sorgfältig entfernen, damit nichts beschädigt wird oder verlorengeht.«

»Da!« Schliemann hält inne. Unter seinen Händen lösen sich Knochen aus dem Erdreich. Der Ausgräber nimmt ein Messer zu Hilfe. Er weiß, es ist beinahe aussichtslos, Knochen oder das Kalkgerüst, das davon übriggeblieben ist, zu bergen. Beim Aufheben, bei der geringsten Spannung zerfallen sie zu farblosem Pulver.

Während er mit der Freilegung des Skeletts beschäftigt ist, stößt Sophia unmittelbar daneben auf Grabbeigaben, Schwerter, Bronzegefäße, Fragmente von Schmuckstücken und schließlich – ihre Hände zittern – auf einen lebensgroßen Kuhkopf aus Silber und mit goldenen Hörnern.

Inzwischen hat sich Heinrich bis zum Kopf des menschlichen Skeletts vorgearbeitet. Die Werkzeuge, mit denen er das Antlitz des Toten säubert, verursachen einen metallenen Klang. Der Kopf ist auf seltsame Art unförmig. Wulstige Augenlider werden sichtbar, ein schmaler Nasenrücken tritt hervor, hohe Wangenknochen, ganz anders als bei einem Totenschädel. Es dauert Stunden, bis Heinrich erkennt: Der Kopf des Toten ist von einer goldenen Maske bedeckt. Tonnen von Gestein haben sie deformiert.

»Agamemnon!« sagt Schliemann leise. »Das muß Agamemnon sein.«

Eine lange schlaflose Nacht wiegt sich Schliemann in der Gewißheit, das Grab und das Skelett Agamemnons gefunden zu haben. Aber schon am folgenden Tag wird seine kindliche Begeisterung korrigiert. Der Grabschacht gibt ein zweites Skelett frei, schließlich ein drittes, ein viertes und – einen Tag später und in noch größerer Tiefe – ein fünftes. Dieses trägt die prachtvollste aller drei Goldmasken. Zwei Schädel sind ungeschützt.

»Ich habe mich geirrt«, stammelt Heinrich ergriffen. »Nicht das erste Gerippe war Agamemnon. Das hier muß Agamemnon sein!« Aber Schliemann ist zutiefst verunsichert, ja verzweifelt, denn weder Homer noch irgendein späterer Klassiker hat je von der Sitte berichtet, die Toten mit goldenen Masken zu begraben.

Eintrag in seinem Grabungstagebuch: »Leider waren die Schädel der fünf Personen so sehr beschädigt, daß keiner gerettet werden konnte. Die beiden Leichname, deren Kopf nach Norden gewandt war, hatten das Gesicht mit großen goldenen Masken von Repoussé-Arbeit bedeckt; die eine ist leider auf dem Scheiterhaufen und durch das Gewicht des Schuttes und der Steine so sehr beschädigt und die Asche sitzt so fest darauf, daß es unmöglich ist, eine gute Fotografie davon zu nehmen. Wenn man dieselbe aber einige Minuten lang betrachtet, so erkennt man die Gesichtszüge ziemlich gut. Die Maske stellt ein großes ovales junges Gesicht mit hoher Stirn, langer hellenischer Nase und kleinem Mund mit dünnen Lippen dar; die Augen sind geschlossen, und die Haare der Augenwimpern und Augenbrauen sind gut angegeben.«

Eine ganz andere Physiognomie weist die zweite Maske auf: ein rundes Gesicht, volle Backen, kleine Stirn, ebenso klein der Mund, dicke Lippen, die Augen geschlossen.

Auch die dritte Maske hat ihre Besonderheit. Schliemann wörtlich: »Eine dritte Maske von viel dickerem Goldblech bedeckt das Gesicht eines der mit dem Kopf nach Osten gewandten Gerippe. Diese Maske zeigt wiederum eine durchaus verschiedene Physiognomie; die Runzeln rechts und links oberhalb des Mundes und der Ausdruck des sehr großen Mundes mit dünnen Lippen lassen keinen Zweifel, daß wir hier das Porträt eines Mannes von vorgerücktem Alter haben. Sehr groß ist die Stirne und ebenso die Augen, die offen sind und bei denen sowohl die Wimpern als auch die Brauen fehlen. Unglücklicherweise ist die Nase etwas von den Steinen zerdrückt und verbogen.«

In mythomaner Einfalt hatte sich Heinrich Schliemann von den Helden Homers ein ganz anderes Bild gemacht. Was er hier fand, waren zutiefst menschliche Charaktere ohne die Ausstrahlung jener Göttlichkeit, die Agamemnon und seine Gefährten bisweilen beanspruchten. Diese Masken zeigten auch keinen idealisierten Heroentypus, sondern sterbliche Männer von ganz unterschiedlichem Aussehen.

TELEGRAMM AN DEN KÖNIG: AGAMEMNON GEFUNDEN

Trotz dieser Irritationen und Zweifel, die Schliemann zunächst nicht einmal seiner Frau Sophia mitteilte, blieb er bei seiner Behauptung, das Grab Agamemnons gefunden zu haben. Am 28. November 1876 gab er in Nauplia ein an König Georg I. von Griechenland adressiertes Telegramm auf: »In höchster Freude melde ich Ew. Majestät, daß ich die Gräber aufgedeckt habe, welche die von Pausanias vertretene Überlieferung als die Grabstätten von Agamemnon, Kassandra, Eurymedon und ihren Gefährten bezeichnete, die sämtlich beim Festmahl von Klytämnestra und ihrem Liebhaber Aigisthos ermordet wurden. Um sie herum zog sich ein doppelter Plattenring, der nur zur Ehre der genannten hohen Personen errichtet worden sein kann. Ich habe in den Gräbern unermeßliche Schätze gefunden, die in der Tat uralt sind und aus reinem Gold. Diese Schätze genügen, um für sich allein ein großes Museum zu füllen, welches das wunderbarste der Welt sein wird und welches während der künftigen Jahrhunderte Tausende von Fremden aus aller Welt nach Griechenland ziehen wird. Da ich aus reiner Liebe für die Wissenschaft arbeite, erhebe ich natürlich keinen Anspruch auf diese Schätze, die ich mit lebhafter Genugtuung vollständig an Griechenland übergebe. Wolle Gott, daß diese Schätze der Grundstein eines unermeßlichen Reichtums für die Nation werden.«

Das Leben hatte Schliemann schon lange jede Bescheidenheit genommen; aber es ist kaum vorstellbar, in welch überheblichem Ton der glückhafte Ausgräber das Telegramm an den König einen Tag später abgefaßt hätte. Denn am folgenden Tag, dem 29. November, machte Schliemann die größte von allen Entdeckungen in Mykene.

Seine Arbeiter hatten, während Schliemann noch mit Grab IV beschäftigt war, nördlich des ersten Grabes, unmittelbar an der Ringmauer, einen fünften Grabschacht entdeckt und mit der Aushebung begonnen. Natürlich erwartete Schliemann auch hier menschliche Skelette und Grabbeigaben zu finden; was aber dann in Grab V ans Tageslicht kam, das ließ sogar einen lauten Glücksritter wie ihn verstummen.

Ergriffen kniete Schliemann vor den im Zerfall begriffenen Gebeinen eines hochgewachsenen Mannes. Das darüberliegende Erdreich hatte das Skelett auf drei bis vier Zentimeter plattgedrückt; dennoch waren alle Einzelheiten zu erkennen. Nur der Schädel ragte wuchtig wie ein Stein aus dem Boden. Er war bedeckt mit einer Goldmaske, dicker, kunstvoller und besser erhalten als alle, die Schliemann bisher gefunden hatte. Heinrich rief Sophia zu Hilfe, und gemeinsam gingen sie daran, das goldene Antlitz zu reinigen. Als sie ihre Arbeit beendet hatten, fiel Schliemann in ein langes Schweigen. Er starrte, ohne ein Wort zu sagen, auf die goldene Maske.

»Ich glaube«, begann Sophia nach einer Weile, »wir denken beide dasselbe.«

Heinrich sah auf. »Was denkst du, Sophidion?«

»Ich denke, daß wir erst jetzt Agamemnon gefunden haben. *Das* ist Agamemnon!«

Schliemann nickte. »Du hast recht. Das ist Agamemnon.«

Die Maske zeigte ein gealtertes, bärtiges Antlitz mit einem langen, dünnen Nasenrücken. Die eng zusammenliegenden Augen waren geschlossen, die Brauen zurechtgestutzt und gekämmt. Schmale, aber pralle Lippen formten einen breiten Mund. Ein Backenbart reichte von Ohr zu Ohr, ließ aber das Kinn frei. Als einziger trug dieser antike Held einen gepflegten Schnurrbart, dessen dichte Enden halbmondförmig nach oben gebogen waren, als hätte er Pomade benutzt.

Das goldene Gesicht strahlte noch im Todesschlaf Autorität aus. Es vermittelte Willensstärke und Größe, obwohl der Kopf dieses Menschen ungewöhnlich klein war. Bei längerer Betrachtung wurde vor dem geistigen Auge ein stolzer, herrischer Mensch lebendig. Dies war einer der Übermenschen, wie Homer sie in seiner »Ilias« beschrieben hatte!

Innerhalb der Ohrläppchen entdeckte Schliemann auf beiden Seiten der Maske ein Loch. Vermutlich war darin ein Draht oder Faden befestigt, der die Maske auf dem Gesicht des Toten festhielt. In Anwesenheit seiner Frau unternahm Schliemann den Versuch, den Schädel mit der Maske aus der Erde herauszuheben. Sophia stieß einen kleinen, spitzen Schrei aus: Der Schädel zerfiel in Heinrichs Händen zu Staub.

Stumm und andachtsvoll knieten Heinrich und Sophia vor den letzten Zeugnissen menschlicher Hinfälligkeit. Es dauerte eine ganze Weile, bis Schliemann sich erhob und die Goldmaske nach oben reichte, wo sie Spyridon Phendikles in Empfang nahm. An eine Bergung des Skeletts war nicht zu denken, und so machten sich die Ausgräber daran, die zahlreichen Grabbeigaben aufzusammeln: eine Lanze und zwei Bronzeschwerter, einen prachtvollen Becher aus Gold mit breitem Blattmuster am oberen Rand und zwei Fischgrätenbändern am Sockel und in der Mitte, außerdem eine hellgrüne Vase in ägyptischer Art und ein hellrotes Vasenfragment mit weiblichen Brüsten.

Während sie noch im fünften Grab beschäftigt waren, näherte sich vom Tal her ein reitender Bote. Er brachte ein Telegramm des Königs von Griechenland.

Herrn Dr. Schliemann, Argos:
Ich habe die Ehre, Ihnen anzuzeigen, daß Seine Majestät der König Ihre Depesche erhalten und geruht hat, mich zu beauftragen, Ihnen zu danken für Ihren Eifer und Ihre Liebe zur Wissenschaft und Sie zu beglückwünschen zu Ihren bedeutsamen Entdeckungen. Seine Majestät hofft, daß Ihre Anstrengungen auch immer von Erfolg gekrönt sein mögen.

Der Sekretär Seiner Griechischen Majestät
A. Calinskis

Die förmliche Antwort des königlichen Sekretärs kränkte Schliemann. »Der König hat wohl nicht begriffen, was wir hier entdeckt haben«, brummte er.

DREI GERIPPE UNTER GOLD BEGRABEN

Er bereute es nun, daß er freiwillig jeden Anspruch auf das mykenische Gold abgetreten hatte. Denn er war noch lange nicht am Ende der Grabungen. Notiz aus seinem Tagebuch: »Da der Schlamm im ersten Grab bei schönem Wetter wieder angetrocknet war, so setzte ich dort die Ausgrabung fort und erreichte endlich den Grund des Grabes, welches an der Nordseite 17 1/2 (5,5 Meter), an der südöstlichen Seite 17 Fuß (5,2 Meter) tief in die Erde gehauen

ist... Die in diesem Grab enthaltenen drei Körper waren ungewöhnlich groß und schienen mit Gewalt in den kleinen Raum hin-
eingepreßt zu sein. Obwohl der Kopf des ersten Gerippes (von der
Südseite gerechnet) mit einer massiv goldenen Maske bedeckt war,
so zerfiel doch der Schädel, als er der Luft ausgesetzt wurde, und
außer den Beinknochen konnten nur wenige Knochen gerettet werden. Dasselbe war mit dem bereits im Altertum geplünderten zweiten Körper der Fall. Aber von dem dritten, am Nordende des Grabes gelegenen Körper war das runde Gesicht mit allem Fleisch
wunderbar unter der schweren goldenen Maske erhalten; man sah
keine Spur von Haar, jedoch waren beide Augen deutlich sichtbar,
ebenso der Mund, der unter der großen Last weit geöffnet war und
alle seine 32 schönen Zähne zeigte.«

Es hatte den Anschein, als wäre dieser auf Kindergröße ge-
schrumpfte mykenische Leichnam nach ägyptischem Vorbild mu-
mifiziert worden. Dafür sprach die gelblich-braune Farbe, die sich
deutlich von dem fahlen Grau der übrigen Skelette unterschied. Die
Last des Gesteins hatte auch diesen Körper auf eine Dicke von drei
Zentimetern zusammengepreßt. Auf der Brust lag eine mit Wellen-
mäandern verzierte Goldplatte, ein einfaches rundes Goldblatt ruhte auf der Stirne, zwei weitere befanden sich auf dem rechten Auge
und oberhalb der rechten Lende.

Schliemann mußte befürchten, daß der Körper unter dem Einfluß von Luft und Tageslicht zerfallen würde. Deshalb schickte er
nach dem Maler Perikles aus Nauplia. Der fertigte noch am selben
Tag ein Ölgemälde an. »Die Nachricht«, notiert Schliemann, »daß
der ziemlich gut erhaltene Körper eines Mannes aus dem mythi-
schen, heroischen Zeitalter, mit goldenen Schmucksachen bedeckt,
gefunden worden sei, verbreitete sich in Blitzesschnelle in der
ganzen Argolis, und Tausende kamen von Argos, Nauplia und den
Dörfern, um dieses Wunder zu sehen.«

Obwohl das Chaos in Grab Nummer I zunächst den Eindruck
erweckt hatte, es sei schon in alter Zeit ausgeraubt worden, kamen
gerade hier die größten Schätze zum Vorschein: über hundert
Goldknöpfe, kunstvoll verzierte Goldbecher, eine 20 Zentimeter
lange Goldquaste, Bronzeschwerter mit goldenen Griffen, runde
und rechteckige Goldplatten ohne erkennbaren Verwendungs-
zweck, ein winziges vasenartiges Gefäß aus Bergkristall, eine Sil-

berzange und zwei Teile einer silbernen Vase, ein hoher kelchartiger Trinkbecher aus Alabaster, eine gedrehte Terrakottavase und zwei Masken. Insgesamt erntete Heinrich Schliemann zwischen dem 23. November und dem 3. Dezember in den fünf Gräbern dreizehn Kilo Gold.

Wer, wenn nicht die mykenischen Könige, verfügte über so viel Gold? Und wer, wenn nicht Agamemnon, war der reichste und mächtigste unter ihnen? Von ihm sagt Homer in der Ilias (IX, 149-156):

Sieben geb ich ihm dort der wohlbevölkerten Städte:
Enope und Kardamyle auch und die grasige Hire,
Pherai, die heilige Burg, und die grünenden Au'n um Antheia,
Auch Aipeia, die schöne, und Pedasos, fröhlich des Weinbaus.
Alle sind nahe am Meere, begrenzt von dem sandigen Pylos,
Und es bewohnen die Männer, an Schafen reich und an Rindern,
Welche hoch mit Geschenk, wie einen Gott, ihn verehrten.
Und, dem Zepter gehorchend, ihm steuerten reichliche Schatzung.

Nun, da Schliemann die Gräber der homerischen Helden gefunden zu haben glaubte, nun, da er auf das Gegenstück in dem gewaltigen Puzzle der »Ilias« gestoßen war, konnte sich der Ausgräber in der Gewißheit sonnen, eine unbekannte Kultur entdeckt zu haben. Alle Gelehrten der Welt hatten bisher die Ansicht vertreten, der Trojanische Krieg habe sich nur im Kopf eines blinden Dichters zugetragen. Nun, glaubte Schliemann, müßten auch die letzten Zweifler überzeugt sein.

Nach Begutachtung der Skelettfunde und einer Zuordnung der Grabbeigaben zählte Schliemann die sterblichen Überreste von zwölf Männern, drei Frauen und zwei Kindern. Vermutlich waren alle zur selben Zeit ermordet und verbrannt worden. Gegen die Auffassung einiger Kritiker, er habe mehrere Königsgräber aus verschiedenen Zeiten entdeckt, führte Schliemann zunächst die gleiche Begräbnisweise der Toten und die stilistische Ähnlichkeit bei allen Schmuckfunden an. Er hielt es für unmöglich, »daß drei oder fünf unermeßlich reiche königliche Personen, die in langen Zeitabständen verstorben waren, in einem und demselben Grab zusammengeworfen seien.«

SCHLIEMANN WIRD VON ZWEIFELN GEPLAGT

Nach kritischer Begutachtung der zahlreichen mykenischen Funde und dem stilistischen Vergleich mit dem Schatz des Priamos kamen jedoch Zweifel auf. Stammten die Beigaben aus dem Grab Agamemnons wirklich aus derselben Zeit wie der Goldschmuck des trojanischen Schatzes?

»Das Fehlen der Ornamentation an den trojanischen Juwelen«, schrieb er, »die mit der Hand gemachte, unbemalte Töpferware mit eingepreßter oder eingeschnittener Ornamentation und endlich das Nichtvorhandensein des Eisens und Glases überzeugten mich, daß die Ruinen von Troja einem so hohen Altertum angehören, daß sie um viele Jahrhunderte älter sind als die Ruinen von Mykene ... Ich dachte daher, daß Homer nur aus einer alten, durch ihm vorangegangene Dichter bewahrten Tradition die Belagerung und Zerstörung Trojas gekannt und daß er, für empfangene Gunstbezeugungen, seine Zeitgenossen als handelnde Personen in sein großes Trauerspiel gestellt habe. Ich habe aber nie daran gezweifelt, daß ein König von Mykene mit Namen Agamemnon, sein Wagenlenker Eurymedon, eine Prinzessin Kassandra und ihre Begleiter in verräterischer Weise ermordet wurden ... Obwohl ich in diesen Gräbern in technischer Hinsicht eine sehr hohe Zivilisation erkannte, so fand ich hier doch, wie in Troja, nur mit der Hand gemachte oder uralte auf dem Töpferrad gedrehte Vasen und kein Eisen. Außerdem war die Buchstabenschrift in Troja bekannt, denn ich fand dort eine Menge Inschriften mit sehr alten zyprischen Schriftzeichen und in einer Sprache, die, soweit wir urteilen können, wesentlich der griechischen gleichkommt, während wir jetzt die Gewißheit haben, daß das Alphabet in Mykene unbekannt war ... Es mag in Mykene eine sehr hohe Zivilisation gegeben haben, während zur selben Zeit in Troja die Künste erst im Entstehen waren, und dessen ungeachtet mag die Schreibkunst mit zyprischen Buchstaben um mehr als tausend Jahre früher in Troja in Gebrauch gewesen sein, als das Alphabet in Griechenland bekannt geworden ist.«

Mit dieser Auffassung war Heinrich Schliemann in mehrfacher Hinsicht im Irrtum. Das mag seinen Ruhm als Historiker mindern (als der er ohnehin nie gelten wollte), seine Bedeutung als Archäologe wird dadurch kaum geschmälert. Schliemann, der eigensinnige Individualist, war auch als Forscher ein Einzelgänger. Gerade darin lag seine Größe, und er war sich dessen bewußt. Aus seinen Worten läßt sich mitunter schließen, daß er die Provokation sogar suchte: »Ich war, wie schon erwähnt, in dieser Beziehung im Widerspruch mit Leake, Dodwell, O. Müller, Ernst Curtius, Prokesch und anderen Reisenden ...« Tatsache ist: Erst Schliemanns Vorarbeit brachte die Diskussion um die mykenische Kultur und das trojanische Zeitalter in Gang.

Der Althistoriker Ernst Meyer, der vor dreißig Jahren Schliemanns Mykene-Bericht herausgab, meinte dazu: »So ist die Nachwirkung und Reichweite von Schliemanns Mykene-Grabung mindestens so bedeutsam wie seine mit letztem Einsatz geleistete Forschungsarbeit in Troja. Heute sprechen wir von der ägäischen Kultur, die die mykenische (helladische) und die minoische (kretische), die troische (westkleinasiatische) und die der ägäischen Inseln (kykladische) in sich zusammenfaßt und uns einen mächtigen Eindruck von der Kultur des östlichen Mittelmeerraumes, der umliegenden Festlandsgebiete und seiner Inseln vermittelt.«

Anders als in Troja, wo Schliemann sich um die Bergung des Priamos-Schatzes kümmern mußte, stellte der Ausgräber in Mykene nach der Entdeckung der Gräber die Arbeiten von einem Tag auf den anderen ein. Er hatte seinen Teil der Aufgabe gelöst. Die Verantwortung für die weitere Verbringung der Goldfunde nach Athen lud er Stamatakis auf.

Heinrich und Sophia verließen Mykene an verschiedenen Tagen, Sophia am 2. Dezember, Heinrich zwei Tage später bei Nacht und Nebel mit dem Dampfer von Nauplia aus. Die überstürzte Abreise der beiden auf getrennten Wegen gab Anlaß zu Spekulationen. Die Zeitung »Neologos Athenon« berichtete am 9. Dezember von der Einstellung der Grabungen und kündigte an, Panajotis Stamatakis werde die Schätze »in wenigen Tagen« nach Athen bringen, wo sie im Keller der Nationalbank verwahrt würden.

Schliemann, heißt es in dem Zeitungsbericht, sei in Begleitung von Professor Spyridon Phendikles abgereist. Von Charvati nach Nauplia hätten sie eine Kutsche benutzt. In ihrem Gepäck befand sich eine respektable Kiste mit der Aufschrift »Archäologische Gesellschaft«. Nach Auskunft des Zeitungskorrespondenten enthielt diese Kiste Tongefäße und Scherben, die dem Ausgräber von der

23 Das Gräberrund von Mykene zu Beginn der Ausgrabungen im Jahre 1876. Im selben Jahr stieß Schliemann hier auf fünf Schachtgräber mit Skeletten und goldenen Totenmasken. Seine Annahme, Gräber aus der Zeit des Trojanischen Krieges entdeckt zu haben, wurde später widerlegt. Die Gräber waren 300 Jahre älter. Der Holzstich stammt aus Schliemanns Mykene-Buch.

Archäologischen Gesellschaft, deren Vizepräsident Phendikles war, übereignet worden seien. Die Zeitung wörtlich: »Aber weil viele Leute nicht so recht daran glauben, wäre es recht und billig, wenn die Archäologische Gesellschaft zur Beruhigung der Öffentlichkeit eine offizielle Erklärung abgeben würde über den Inhalt der Kiste, wer ihn erhielt und warum.«

ALLE WELT SPRICHT VON MYKENE

Mit seinem ausgeprägten Sinn für Publizität verstand es Schliemann, Mykene und die Schatzfunde aus prähistorischer Zeit weltbekannt zu machen. Zwischen dem 27. September 1876 und dem 12. Januar 1877 veröffentlichte er in der Londoner »Times« insgesamt vierzehn seitenlange Grabungsberichte, außerdem fünf kürzere telegrafische Reports. Zeitungen in aller Welt druckten die Berichte nach.

Zum Ärger der Fachwissenschaftler verbreitete Schliemann natürlich nur seine eigenen Theorien, die sich aus seiner ausschließlichen Orientierung an den Werken Homers und der klassischen Autoren herleiteten. Bei näherer Betrachtung zeigte sich jedoch schon damals, daß vieles nicht recht zu diesen Theorien passen wollte. Doch Schliemann war nicht nur ein maßloser Phantast, zu seinen hervorstechenden Eigenschaften gehörte auch die Fähigkeit, Unpassendes, Ungewolltes, Ungeliebtes zu verdrängen.

Der Zufall wollte es, daß Panajotis Stamatakis im folgenden Jahr ein sechstes Schachtgrab aufspürte. Es war ebenso klein wie das zweite und lag nördlich des ersten Grabes innerhalb der Ringmauern. Es war schon in alter Zeit ausgeraubt worden. Menschliche Überreste fehlten ebenso wie bedeutende Grabbeigaben. Stamatakis entdeckte nur diverse Kleingegenstände aus Gold, Bronze und Alabaster.

Für Schliemann brach eine Welt zusammen. Pausanias hatte von *fünf* Gräbern gesprochen. Wer hatte sich geirrt? Pausanias oder Schliemann? Waren dies etwa doch nicht die Gräber der homerischen Helden?

Schliemann reagierte auf die Entdeckung von Stamatakis auf eine für ihn typische Art und Weise: Er hat den Namen Stamatakis bis zu dessen Tod nicht mehr erwähnt, Mykene wurde von Heinrich Schliemann nie mehr betreten.

Die Frage aber bleibt: Was hatten Heinrich und Sophia Schliemann wirklich ausgegraben?

In bezug auf das Alter seiner Funde irrte sich Schliemann in Mykene ebenso wie in Troja. Das Gräberrund nahe dem Löwentor stammte nicht aus der Zeit des Trojanischen Krieges, es war 300 Jahre älter und wurde im 16. Jahrhundert v. Chr. angelegt. Das bedeutet, keine der goldenen Masken verhüllte je das Gesicht Agamemnons oder eines anderen Heroen.

Schliemann entdeckte vielmehr Königsgräber. Sie bezeugen, über welche Reichtümer dieses Land schon drei Jahrhunderte vor dem Trojanischen Krieg verfügte. Anhand der Keramikfunde in den Gräbern wurde deren Entstehungszeit in die mittelhelladische bis späthelladische Epoche datiert, also in den Zeitraum von Mitte des 16. bis zum Beginn des 15. Jahrhunderts v. Chr. Demnach muß Schliemann die Gräber der ersten Könige von Mykene entdeckt haben.

Hatte Schliemann 1876 noch im Überschwang seiner Gefühle in der »Times« verkündet: »Ich habe das Grab, das die Überlieferung der Alten als das des Agamemnon bezeichnet, gefunden!«, so wurde er ein Jahr später unter dem Druck wissenschaftlicher Forschungsergebnisse kleinlaut: »Niemals ist mir eingefallen zu sagen, daß ich die Gräber des Agamemnon und seiner Gefährten gefunden habe. Ich habe einfach zu beweisen versucht, daß es die Gräber sind, welche von Pausanias als die jener Helden bezeichnet werden.«

Die Widersprüche, in die sich Schliemann verwickelte, waren ein gefundenes Fressen für alle, die ihm übelwollten. Wieder stand Ernst Curtius in vorderster Front der Kritiker. Der Olympia-Ausgräber besichtigte, kaum war Schliemann aus Mykene verschwunden, das freigelegte Gräberrund. Anschließend reiste er weiter nach Athen, um in der Staatsbank das mykenische Gold zu begutachten. Schließlich gab er eine vernichtende Stellungnahme ab. Die Goldmasken von Mykene, erklärte er, hätten nichts mit dem klassischen Altertum zu tun. Das Gold sei zu dünn, Agamemnon müßte ein bettelarmer Fürst gewesen sein. Aber vielleicht handele es sich bei dem Fund auch um einen byzantinischen Christuskopf.

Tiefer konnte der Professor aus Berlin den Entdecker von Troja und Ausgräber von Mykene nicht treffen. Schliemann tobte und beschloß, sich an dem verbohrten Altphilologen zu rächen. In einem Zeitungsartikel nahm Heinrich seinerseits die von Curtius geleiteten Ausgrabungen in Olympia unter die Lupe. Sie hätten, schrieb Schliemann, nichts Nennenswertes zutage gebracht, die deutsche Reichsregierung verschleudere in Olympia nur ihr Geld. Er selbst hätte mit einem Drittel des Aufwandes ein Vielfaches erreicht.

Damit verscherzte er sich auch die letzten Sympathien in den Reihen der Fachgelehrten. Sie werteten die Angriffe auf Curtius, den Papst der Altertumswissenschaft, als Sakrileg. Sogar Museumsdirektor Alexander Conze, der dem Ausgräber bisher mit Wohlwollen begegnet war, stellte nun Schliemanns Arbeit in Frage. Troja sei nicht Troja, sondern eine griechische Kolonie, und der Schatz des Priamos trage eher römische Merkmale.

Als hartnäckigster Gegner von allen erwies sich ein königlich-preußischer Hauptmann der Artillerie, ein geltungssüchtiger Psychopath namens Ernst Bötticher, der seinen erdienten Ruhestand mit schriftlichen Umtrieben in Postillen und Zeitschriften ausfüllte. Der selbsternannte Forscher nutzte Schliemanns Popularität und zog über seine Entdeckungen her, die er in den Blättern »Ausland« und »Zeitschrift für Ethnologie« als Humbug bezeichnete. Das vermeintliche Troja sei keineswegs das homerische Ilion, sondern ein riesiger Friedhof für Feuerbestattungen. Schliemann habe nicht Tempel und Paläste ausgegraben, sondern gemauerte Schachtgräber.

»Die schmählichen Aufsätze machen mich ganz krank«, gestand Schliemann seinem Freund Rudolf Virchow; und er begann sogar an dessen Freundschaft zu zweifeln. Schließlich war Virchow Herausgeber jener »Zeitschrift für Ethnologie«, in der diese Schmähungen erschienen. »Wenn jetzt Böttichers wahnsinnige Theorien in Deutschland gelten«, beklagte er sich, »und eine große Stadt unsterblichen Ruhms in einen elenden, namenlosen Begräbnisplatz verwandelt werden soll, dann schicke ich natürlich nichts mehr von den trojanischen Altertümern, denn Sie haben ja dann schon viel zu viel davon.«

Wieder einmal war Heinrich Schliemann maßlos enttäuscht von der unangemessenen Reaktion der Wissenschaftler auf seine Entdeckungen. »Ich glaube, daß ich für die Archäologie eine neue Welt entdeckt habe.« Diese Behauptung Schliemanns sollte erst später als richtig anerkannt werden.

Trotzdem ließ er sich nicht entmutigen. Schliemann lebte weiter in seiner eigenen, ihm heiligen Welt. Als Sophia 1878 den ersehnten Jungen zur Welt brachte, da gab er ihm den Namen jenes sagenhaften Königs von Mykene, dessen Schädel unter der Goldmaske in seinen Händen zerfallen war: Agamemnon.

XIII
TROJA UND TIRYNS: IRRTÜMER UND ENTTÄUSCHUNGEN

Alle bisherigen Versuche, ein Bild des homerischen Herrscherhauses zu entwerfen, mußten notwendigerweise bis zu einem gewissen Grade unbefriedigend
bleiben, weil Homer die Paläste seiner Helden nicht ausführlich beschreibt,
sondern nur gelegentlich kurze Notizen über dieselben gibt. Es blieben immer
noch viele Fragen übrig, auf welche auch der größte Scharfsinn der Homerforscher keine Antwort aus den Worten des Dichters herausfinden konnte.

Wilhelm Dörpfeld,
Assistent Schliemanns

Mit den Störchen kehrte Heinrich Schliemann Ende Februar 1879
in die Troas zurück. Eine einfache Überlegung trieb ihn erneut hierher: Mykene, die Heimatstadt Agamemnons, hatte eine gewaltige
Ausdehnung. War das einst mächtige Troja wirklich nur so klein?

Noch immer wußte Schliemann die Mehrheit der Wissenschaftler
gegen sich. Gewiß, der Glanz des trojanischen und des mykenischen
Goldes hatte ihn berühmt gemacht. Schliemann galt der breiten Öffentlichkeit als der Archäologe schlechthin; dennoch litt er sehr unter der Mißachtung der Fachkollegen. Um vor den Professoren bestehen zu können, brauchte er nicht Goldschätze, sondern historische
Beweise. Was die geschichtliche Einordnung von Troja betraf, vor
allem die Identifizierung bestimmter Bauwerke, so mußte er eingestehen, daß diese nur auf den Theorien eines Homergläubigen fußten.
Schliemann mußte neue, schlüssige Beweise finden.

Weil er wußte, wie schwierig das sein würde, richtete er sich auf
mehrjährige Ausgrabungen ein. Er hatte erst im Vorjahr, während
er auf die Erneuerung seiner abgelaufenen Grabungslizenz für Troja wartete, auf Ithaka mit neuen Grabungen begonnen und gehofft,
Spuren der ruhmreichen Vergangenheit des Dulders Odysseus, vielleicht sogar seine Burg zu finden. Aber er war nur auf ein paar »kyklopische Mauern« gestoßen und auf Tonscherben, die kaum einen
Hinweis gaben auf die Zeit, aus der sie stammten.

Nach erfolglosen Wochen war der Ausgräber, der während dieser Zeit im Hause des reichen Inselbewohners Aristides Dendrinos und seiner schönen Frau Praxidea wohnte, ohne neue Erkenntnisse abgereist. Und wie stets in ähnlichen Situationen hatte Schliemann sich in die Welt seiner Phantasie geflüchtet:

»Ich empfehle allen Bewunderern Homers Ithaka zu besuchen, denn gewiß nirgends in der griechischen Welt ist die Erinnerung an das heroische Zeitalter so lebendig und rein erhalten wie hier. Hier mahnt uns jeder kleine Meerbusen, jede Quelle, jeder Fels, jeder Hügel, jedes Olivenwäldchen an den göttlichen Dichter und seine unsterbliche ›Odyssee‹, und mit einem einzigen Sprunge fühlen wir uns über hundert Generationen hinweg in die glänzendste Periode griechischen Rittertums und griechischer Dichtkunst versetzt.«

Wissenschaftler und Professoren waren mit solchen Schwärmereien wenig zu beeindrucken. Für sie zählten Fakten. Um möglichst viele Experten zu überzeugen, sprach Schliemann großzügige Einladungen nach Troja aus. Auf dem Nordwestabhang des Hügels von Hissarlik baute er ein kleines Dorf. Errichtet wurden unter anderem ein Haus aus Stein mit Küche und Personalraum für Gäste, eine Baracke für zehn Gendarmen, die Schliemann zur eigenen Sicherheit und die seiner 150 Arbeiter engagierte, ein provisorisches Magazin für die jeweils neuesten Ausgrabungen, das auch als Speisesaal diente, und ein kleines Museum für die Funde, die später in den Besitz des türkischen Staates übergehen sollten.

SCHLIEMANN ÜBERTREIBT: EIN NEUER SCHATZ

Der 1878 neu ausgestellte Firman sah vor, zwei Drittel aller Funde dem Ottomanischen Museum in Konstantinopel zu überlassen. »Meine Arbeiten«, schrieb Schliemann in seinem Grabungsbericht, der 1881 unter dem Titel »Ilios« erschien, »galten jetzt vornehmlich der Aufdeckung des großen, westlich und nordwestlich von dem Tor gelegenen Gebäudes sowie der nordöstlichen Verlängerung des Torweges. Wie bereits erwähnt, hatte ich das große Gebäude immer für identisch mit dem Hause des letzten Königs oder Oberhauptes von Troja gehalten, weil in und dicht neben ihm nicht nur der große, von mir entdeckte Schatz, sondern auch die drei kleineren, von meinen Arbeitern unterschlagenen und dann von der türkischen Behörde konfiszierten Schätze, außerdem auch eine große Menge trojanischer Tongefäße aufgefunden worden waren; jetzt aber behauptete ich diese Identität noch bestimmter als früher; denn wieder habe ich in dem Hause und in seiner nächsten Umgebung drei kleinere und einen großen Schatz von goldenen Schmucksachen entdeckt ...«

Bei den von Schliemann aufgeführten »Schätzen« handelte es sich um Grabungsfunde – Tonscherben und Bronzewaffen –, die in ihrer Qualität nicht im entferntesten an den Schatz des Priamos heranreichten. Schliemann übertrieb, wie so oft, auch hier wieder, um den Ausgrabungen des Jahres 1878 mehr Gewicht zu verleihen. Kritisch betrachtet, waren die Funde dieses Jahres eher unbedeutend. Dafür gelang es Schliemann, eine beträchtliche Zahl von Mauer- und Gebäuderesten freizulegen, die etwas von der einstigen Größe Trojas erahnen ließen.

Er ging nun immerhin schon von drei übereinanderliegenden trojanischen Siedlungsschichten aus, und diese Erkenntnis blieb nicht ohne Auswirkungen auf den Fortgang der Arbeiten. Schliemann richtete sein Augenmerk jetzt auf die Mauern, die östlich und südwestlich des Skäischen Tores, nordwestlich und nördlich des Palastes des Priamos und östlich des großen Grabens nach Norden hin verliefen.

Dazu notierte er: »Da es von besonderer Wichtigkeit war, daß die Häuser der verbrannten Stadt erhalten blieben, grub ich die Ruinen der drei oberen Städte horizontal und Schicht für Schicht allmählich ab, bis ich auf den leicht erkennbaren kalzinierten Trümmerschutt der dritten Schicht stieß. Nachdem nun das ganze Terrain, das ich erforschen wollte, auf gleiche Höhe abgegraben war, begann ich an dem äußersten Ende der Fläche ein Haus nach dem anderen auszugraben und auf diese Weise allmählich nach dem nördlichen Abhange vorzugehen, wo der Schutt hinuntergeworfen werden mußte. So konnte ich alle Häuser der dritten Stadt ausgraben, ohne ihre Mauern zu beschädigen.«

Im darauffolgenden Jahr beschäftigte sich Schliemann mit der großen Ringmauer und den Heroengrabhügeln. Unter zwei großen und vier kleineren am Fuße des Hügels von Hissarlik gelegenen Tumuli vermutete der Ausgräber Schatzhäuser wie jene in Mykene.

Die Grabungserlaubnis für diese Hügel hatten der deutsche Gesandte, Graf Hatzfeld, und der englische Gesandte in Konstantinopel, Sir Henry Layard, erwirkt. Sie traf am selben Tag bei Schliemann ein wie die Zusage Professor Virchows, sich an den Grabungen in Troja zu beteiligen.

VIRCHOW UND SCHLIEMANN –
GLEICH UND SO VERSCHIEDEN

»Ein herrliches Zusammentreffen, ein glückliches Omen!« antwortete Schliemann dem Berliner Professor. »Denn wen in der Welt könnte die Exploration dieser Tumuli mehr interessieren als Sie, und wer könnte dabei der Wissenschaft mehr nützen als Sie? Wenn in den bis jetzt ausgegrabenen Heldengräbern kein Resultat erzielt ist, so ist bloß die Unerfahrenheit ihrer Forscher daran schuld, und mache ich mich anheischig, selbst in den bereits untersuchten Gräbern, wenn nicht mehr, wenigstens den Schlüssel zu ihrer Chronologie zu finden.«

Virchow kam Ende März zusammen mit Émile Burnouf von der École française nach Athen. Für Schliemann bedeutete die Ankunft der beiden Professoren so viel wie ein neuerlicher Goldfund. Virchow und Burnouf verliehen seiner Arbeit wissenschaftlichen Glanz. Virchow beschäftigte sich mit der Erforschung der botanischen, zoologischen und geologischen Verhältnisse in der Ebene von Troja. Burnouf, der sich auch als Maler und Ingenieur einen Namen gemacht hatte, zeichnete präzise Pläne und Karten und lieferte gemalte Ansichten der verschiedenen Grabungsstellen.

Virchow und Schliemann, diese zwei Männer, die gleichaltrig, beide klein und an den gleichen Dingen interessiert, aber vom Bildungsniveau und Charakter so verschieden waren, verstanden sich gut. Virchow war und blieb der einzige Mensch, dessen Kritik sich Schliemann zu Herzen nahm. Dem Professor gelang es, Schliemann etwas von seiner Homergläubigkeit abzubringen und seine Gedanken in realistischere Bahnen zu lenken. Wenn Heinrich nun nicht mehr vom »Skäischen Tor«, sondern vom »großen Tor« sprach, wenn er den »Palast des Priamos« nun als »Hauptgebäude« von Troja bezeichnete, so ist es das Verdienst des kleinen, bärtigen Mannes mit

24 Das Schatz-
haus des Minyas
in Orchomenos.
Schliemann glaub-
te Homer, der
Orchomenos als
»goldstrotzend«
wie Troja und My-
kene beschrieb,
und grub mit 120
Arbeitskräften,
zum Teil Frauen,
nach verborgenen
Schätzen. Aber
dem Unternehmen
war wenig Erfolg
beschieden. Ent-
weder hatte sich
Homer geirrt, oder
Grabräuber hatten
bereits ganze
Arbeit geleistet.

den listigen Äuglein hinter einer verbogenen Nickelbrille, das Verdienst des Anthropologen Rudolf Virchow.

Nach seiner Rückkehr von den Ausgrabungen in Troja hielt Professor Virchow vor der Gesellschaft für Anthropologie, Ethnologie
und Urgeschichte in Berlin einen vielbeachteten Vortrag. Darin bezog er zu Schliemanns Grabungsmethoden Stellung. Schliemanns
Schnitt- und Sondierungstechnik, die im Vergleich zu der bisher
geübten Verfahrensweise des schichtweisen Abtragens revolutionär
war, hatte in Fachkreisen größten Widerspruch provoziert. Virchow
verteidigte Schliemann sehr geschickt. Zweifellos, meinte er, habe
Schliemanns Grabungstechnik und der große Schnitt durch den
ganzen Hügel von Hissarlik in höchstem Grad zerstörend gewirkt
auf die oberen Schichten; dort seien Marmor- und Tempelreste aus
griechischer Zeit zum Vorschein gekommen.

Virchow weiter: »Indessen Herr Schliemann hatte kein Interesse für einen Tempel, der einer für ihn viel zu jungen Zeit angehörte, und ich kann sagen, nachdem ich einen großen Teil der Stücke
noch gesehen habe: ich bezweifle, wenn sie zusammengebracht

worden wären, ob für die Kunstgeschichte oder die Wissenschaft ein wesentlicher Gewinn dadurch erreicht wäre. Ich gestehe zu, es ist das eine Art Sakrileg gewesen; Herr Schliemann hat den Tempel mitten durchgeschnitten, die Baustücke sind auf die Seite geworfen und zum Teil wieder verschüttet worden, und es wird nicht leicht jemand in die Lage kommen, auch mit den größten Aufwendungen sie wieder zusammenzubringen. Aber unzweifelhaft, wenn Herr Schliemann in der Weise vorgegangen wäre, daß er von oben her Schicht um Schicht abgeräumt hätte, würde er bei der Größe der Aufgabe heute noch nicht auf den Schichten sein, in denen die Hauptsachen gefunden worden sind.«

Der Professor und der Schatzgräber arbeiteten in Troja so gut zusammen, daß Schliemann seinem Gast das Angebot unterbreitete, »alle bisherigen Geschäfte über den Haufen zu werfen« und zusammen mit ihm Troja bis auf den Grund sowie Tiryns, Sparta und Delphi auszugraben. Er versprach Virchow ein Honorar, das seinem Professorengehalt inklusive aller Nebeneinkünfte entsprach. Virchow lehnte ab. Er fürchtete wohl um seinen Ruf als deutscher Professor, wenn er bei einem zwielichtigen amerikanischen Millionär im Sold stünde.

Ihrer Freundschaft tat der abschlägige Bescheid keinen Abbruch. Davon zeugt eine 600 Briefe umfassende Korrespondenz der beiden Männer, die sich mit dem privaten Befinden der Familien, mit Wehwehchen und Krankheiten, Politik, vor allem aber mit archäologischen und historischen Problemen beschäftigt – ein Zeitspiegel der achtziger Jahre des vorigen Jahrhunderts.

Mit neuen Funden, darunter Ohrgehänge, Armbänder und mehrere Ketten aus Gold und Silber, kehrte Heinrich Schliemann nach Athen zurück. Er war jetzt 57 Jahre alt und hatte die damalige durchschnittliche Lebenserwartung eines Mannes bereits überschritten. In diesem Bewußtsein wurde Schliemann von neuem Tatendrang gepackt. Ohne Rücksicht auf die eigene Gesundheit und die seiner Frau wandte er sich Orchomenos zu, dem alten Herrschersitz des Königs Minyas. Orchomenos, unter dem Dorf Skripu gelegen und einst nach Theben die größte Stadt Böotiens, war die Hauptstadt der Minyer. Homer beschrieb sie als mächtig, und als einzige neben Troja und Mykene erhielt sie das Epitheton »goldstrotzend«.

Wieder wies ihm Pausanias den Weg, der in Orchomenos das unversehrte Schatzhaus des Minyas gesehen haben wollte. Doch dieses Schatzhaus, in der Art dem des Atreus in Mykene vergleichbar, hatte die Zeit nicht überdauert. Es war eingestürzt und geplündert worden. Um in das Innere zu gelangen, brauchte Schliemann 120 Arbeitskräfte. Zum ersten Mal engagierte er Frauen. Die arbeiteten für geringeren Lohn und gingen bei der Beseitigung des Schuttes behutsamer vor als Männer.

Trotz hohen Aufwands blieb die archäologische Ausbeute bescheiden. Schliemann, der bisweilen von dem Orientalisten Archibald Henry Sayce und seinem Hausarchitekten Ernst Ziller unterstützt wurde, konnte meist schon froh sein, wenn er am Abend ein paar schwarze oder rote Tonscherben begutachten konnte. Enttäuscht brach er die Grabungen ab.

ERSTE BEGEGNUNG MIT WILHELM DÖRPFELD

In Athen fand Schliemann die Bewerbung eines jungen Deutschen vor. Er hieß Dr. Wilhelm Dörpfeld und arbeitete für das Deutsche Archäologische Institut in Athen.

Dörpfeld? Schliemann hatte den Namen doch schon einmal gehört. War das nicht jener Dörpfeld, der in Olympia für Curtius gegraben hatte? Schliemann bestellte den Bewerber zu sich in sein »Iliou Melathron«.

Der hochgewachsene, schlaksige junge Mann wurde kleiner und kleiner, als ihn der griechisch gewandete Diener Bellerophon mit homerischen Sätzen willkommen hieß und über die dunklen Marmorstufen zum Eingangsportal geleitete. Von der mit weißem Marmor ausgekleideten Eingangshalle führte eine Treppe in weitem Bogen nach oben. Überall standen antike Vasen und Skulpturen herum. Jede Tür glich einem fürstlichen Portal, das Innere eines jeden Raumes einem Tempel.

Im Allerheiligsten, einem von Schliemanns Arbeitszimmern, empfing der Hausherr den Besucher eher höflich korrekt als freundlich. Von dem kleinen Mann ging die gleiche Kälte aus wie von dem großen »Iliou Melathron«. Aber ebenso wie das Haus wirkte auch der Mann auf eigenartige Weise faszinierend.

»Baumeister sind Sie, Herr Dörpfeld?« fragte Schliemann.

»Jawohl, Herr Doktor, bei Professor Adler studiert.«

»Und Sie haben für Curtius in Olympia gegraben?«

»Jawohl, Herr Doktor.«

»Berliner?«

»Nein, Herr Doktor. Geboren in Barmen.«

»Alter?«

»Achtundzwanzig, Herr Doktor.«

»In Ihrem Alter verdiente ich mein erstes Geld in Amerika, als Goldgräber.« Er machte eine lange Pause. »Und nun wollen Sie für mich arbeiten...«

»Ich glaube, ich könnte Ihnen von Nutzen sein.«

»So. Glauben Sie. Sie haben die Diskussion um Troja verfolgt?«

»Jawohl, Herr Doktor Schliemann.«

»Und wie denken Sie über Troja?«

»Nun ja. Viele zweifeln, ob die kleinen Hütten der dritten Schicht, die Sie in Ihrem Buch ›Ilios‹ als das homerische Troja beschrieben haben, wirklich die Häuser des König Priamos und seiner Söhne sein können.«

Schliemann nickte nachdenklich. »Wissen Sie was, Dörpfeld, ich habe da inzwischen auch so meine Bedenken. Je länger ich darüber nachdenke, desto unmöglicher erscheint es mir, daß Homer Ilion als eine große Stadt schildert, wenn es nur ein Dorf war. Deshalb will ich weitergraben.«

»Es wäre mir eine Ehre, Ihnen zur Seite zu stehen.«

Im Oktober 1881 erhielt Schliemann von der türkischen Regierung einen neuen Firman für Ausgrabungen in Troja. Die Lizenz beschränkte sich allerdings nur auf den Hügel Hissarlik. Außer Dörpfeld stellte Schliemann noch einen weiteren Architekten ein. Er hieß Joseph Höfler und stammte aus Wien. Dörpfeld brachte drei griechische Aufseher mit, die sich bei den Grabungen in Olympia bewährt hatten. Nikolaos Zaphyros, seit zwölf Jahren in Schliemanns Diensten, übernahm wieder die Oberaufsicht. Außerdem ließ Schliemann seine Köchin Jokaste und seinen Diener Ödipus aus Athen kommen.

1. März 1882. Unter der Leitung zweier Architekten, eines Oberaufsehers und dreier Aufseher begannen 160 Arbeiter mit dem Ausheben von insgesamt 250 Gräben und Schächten. Ziel des gigan-

tischen Unternehmens war es, Klarheit in die Schichtenfolge des Hügels von Hissarlik zu bringen. Nach langen Gesprächen mit seinem Assistenten Dörpfeld, der dem Ausgräber einerseits Bewunderung entgegenbrachte, ihm andererseits aber auch kritisch gegenüberstand, war Schliemann zu der Überzeugung gelangt, nur so könne die Schicht des homerischen Troja wirklich nachgewiesen werden.

Noch in seinem 1881 erschienenen Buch »Ilios« hatte Schliemann auf seiner ursprünglichen Ansicht beharrt, daß die Mauern, in denen er den vermeintlichen Schatz des Priamos gefunden hatte, dem Troja der homerischen Helden zugeordnet werden müßten. Virchow und Burnouf, vor allem aber der junge Dörpfeld hatten seine Meinung ins Wanken gebracht. »Ich fand es bald ganz unmöglich, mir vorzustellen«, schrieb er, »daß der göttliche Dichter, der uns mit der Zuverlässigkeit eines Augenzeugen und so ganz naturgetreu ein Bild nicht bloß von der trojanischen Ebene mit ihren Vorgebirgen, ihren Flüssen und ihren Heroengräbern, sondern von der gesamten Troas mit ihren zahlreichen und mannigfaltigen Stämmen und Städten, ihrem Hellespont, Kap Lekton und Ida, ihrem Samothraki und Imbros, ihrem Lesbos und Tenedos und ebenso mit den mächtigen Naturphänomenen, welche das Land bietet, entworfen hat, uns Ilios als eine große, anmutige, blühende, wohlbewohnte, gutgebaute Stadt mit breiten Straßen hätte schildern können, wenn sie in Wirklichkeit nur ein kleines Städtchen war, welches … kaum 3000 Einwohner gezählt haben kann. Nein, wäre Troja nur ein kleiner befestigter Burgflecken gewesen, wie es die Ruinen der dritten Schicht andeuten, so hätten ihn wenige hundert Mann in ein paar Tagen einnehmen können, und der Trojanische Krieg mit seiner zehnjährigen Belagerung wäre entweder frei erfunden oder er hätte nur eine geringe Grundlage gehabt.«

ZWEIFEL AM PALAST DES PRIAMOS

Schliemann glaubte nie daran, daß die Katastrophe eines so »kleinen Burgfleckens« von Homer, der so präzise Beschreibungen geliefert hatte, aufgegriffen und in gigantischer Vergrößerung wiedergegeben wurde. Troja war eine der bedeutendsten Städte im

Reich der Dardaner, und dieses Reich zählte zu den mächtigsten Kleinasiens. Die kärglichen Mauerreste, die er bisher als Palast des Priamos bezeichnet hatte, waren nicht von einem Ausmaß, das der Königsresidenz eines so großen Reiches zukam.

Der dreißig Jahre jüngere Dörpfeld war Schliemann von Anfang an von großem Nutzen. Der gelernte Architekt und Bauforscher hatte in Olympia wertvolle Kenntnisse erworben, vor allem war er ein genialer Zeichner und Kartograph. In Troja mußten nun die vielen Gräben, Mauern und Siedlungsschichten in ein System gebracht werden.

Drei Wochen nach Grabungsbeginn berichtete Dörpfeld seinem Vater nach Deutschland: »Die Ausgrabungen werden ganz anders gemacht als in Olympia, zum Teil, weil hier mehrere Städte übereinanderliegen und man daher immer die obere zerstören muß, wenn man die untere freilegen will, zum Teil aber auch, weil Herr Schliemann viel zu unruhig ist, um die Arbeiter an den einmal in Angriff genommenen Plätzen ruhig arbeiten zu lassen... Wir Architekten haben ihn aber allmählich an unsere olympische Ausgrabungsart gewöhnt. Wir kommen sehr gut mit ihm aus, und ich wüßte gar nicht, worüber ich mich beklagen könnte.«

Mit Bewunderung verfolgte Wilhelm Dörpfeld den Arbeitseifer seines sechzigjährigen Chefs: »Ich muß gestehen, ich habe noch nie einen so tätigen Menschen gesehen wie Herrn Schliemann. Es vergeht keine Minute, die er nicht angestrengt arbeitet. Er steht jeden Morgen um 4.30 Uhr auf und reitet zum Meer, wo er ein Bad nimmt... Um 7.30 Uhr erscheint er; er ist dann – mit Ausnahme einer Stunde von 12 bis 1 Uhr, die zum Mittagessen verwendet wird – ununterbrochen bis zum Sonnenuntergang tätig.«

Nach vier Wochen fand Dörpfeld seine Zweifel bestätigt: die dritte Schicht konnte nicht das homerische Troja sein. Als er dem Jünger Homers sein Urteil kundtat, bat dieser inständig, niemandem davon zu berichten. Schliemann fürchtete um seinen Ruf.

Dörpfeld konnte seine Überlegungen jedoch nicht für sich behalten. Unter dem Siegel des Stillschweigens schrieb er seinem Schwiegervater, dem Berliner Bauforscher Professor Friedrich Adler: »Die dritte, sogenannte verbrannte Stadt, welche Schliemann als Troja des Priamos bezeichnete, ist nur ein elendes Dorf, das nach der Zerstörung Trojas über den Ruinen der Akropolis erbaut

worden ist... Im Gegensatz zu den vielen kleinen Hütten der dritten Stadt besaß die Pergamos der zweiten Stadt, wie man schon
jetzt mit Sicherheit erkennen kann, nur etwa vier bis fünf Gebäude, genau, wie es Homer beschreibt.«

Heinrich Schliemann mußte endgültig erkennen, daß er sich geirrt hatte. Sein Irrtum betraf nicht die Lage Trojas an sich, sondern
nur die Tiefe der homerischen Schicht. Doch der Nachweis dieses
Irrtums hatte eine entscheidende Konsequenz: Er machte seine
Theorie vom Schatz des Priamos, den er im homerischen Troja gefunden zu haben glaubte, zunichte. Auch der von Homer beschrie-
bene Brand Trojas konnte nun nicht mehr als Argument dienen.
Dörpfeld wies anhand der neuen Ausgrabungen nach, »daß die
zweite Stadt in einer noch schrecklicheren Feuersbrunst unterging
als die dritte«.

»ICH HABE MICH GEIRRT«

Diese Erkenntnis traf Schliemann mehr, als hätte er sein gesamtes
Vermögen verloren. Der erste, dem er die Niederlage eingestand,
war Freund Rudolf Virchow. Wie sollte er sich nun angesichts der
wachsenden Kritik an seinen Forschungsergebnissen verhalten?
Schliemann am 1. Mai 1882 an Virchow: »Noch nie ist Ihre Gegen-
wart in der Welt irgendwo so notwendig gewesen wie jetzt hier...
Bitte recht sehr um Ihren Rat und Ihre Wünsche, aber um Geheim-
haltung...«

Ohne Virchows Antwort abzuwarten, wandte er sich wenige
Tage später an den Berliner Museumsdirektor Richard Schöne. Ein
gewagtes Unternehmen; denn mit Schöne verband ihn keine feste
Freundschaft wie mit Virchow. Er mußte damit rechnen, daß auf
diese Weise sein Irrtum publik würde. Aber ließ sich ein Irrtum wie
dieser überhaupt geheimhalten?

Schliemann mit dem Mut der Verzweiflung an Schöne: »Ich
habe mich geirrt in meinem Buch ›Ilios‹, als ich die untersten
Schuttschichten auf Hissarlik, deren Tiefe mehr als 7 Meter beträgt,
zwei aufeinanderfolgenden, sehr alten Ansiedlungen zuschrieb;
denn mein ausgezeichneter Architekt W. Dörpfeld hat mir nachgewiesen, daß diese Schichten die Überreste nur einer einzigen An-

siedlung sind. Und wiederum waren Virchow, Burnouf und ich im Irrtum, als wir annahmen, daß der tiefe Brandschutt der Überrest einer einzigen Stadt sei: mein Architekt Dörpfeld nämlich hat darin zwei Ansiedlungen deutlich nachgewiesen... Die große zweite Stadt, die eine Unterstadt hat und eine Burg mit zwei prächtigen Tempeln und zwei oder vier anderen richtigen Gebäuden, sprechen wir jetzt unbedenklich für das berühmte Ilion an, da sie vollständig dem Ilion Homers gleicht.«

Die Grabungen mit Dörpfeld bedeuteten für Schliemann zwar eine persönliche Niederlage, weil der junge Bauforscher durch seine präzise Arbeit alle Irrtümer aufdeckte. Doch nach wenigen Wochen gemeinsamer Arbeit gelangte Schliemann zu der Überzeugung, daß Dörpfelds Korrekturen der Sache eigentlich nur nützen konnten.

Der große Einsatz, mit dem Schliemann und Dörpfeld ans Werk gingen, rief den türkischen Aufseher, den der Minister für Volksaufklärung eingesetzt hatte, auf den Plan. Beder Eddin-Effendi beanstandete, daß Schliemann einen Fotografen beschäftigte und daß Dörpfeld mit Hilfe eines eigenen Meßtischs kartographische Aufnahmen anfertigte, die das bei Ausgrabungen übliche Maß weit überschritten. Geschürt wurde der Argwohn durch die explosive politische Lage. Eddins Verdacht, der Amerikaner und sein deutscher Assistent nutzten ihre Tätigkeit, um für den Kriegsfall Pläne der nahen Festung Kumkalé auszuarbeiten, blieb nicht ohne Konsequenzen.

In der Festung Kumkalé gab es einen Telegrafen. Den nutzte Eddin-Effendi, um Schliemann und Dörpfeld bei der Regierung in Konstantinopel anzuschwärzen. Djemal-Pascha, Militärgouverneur bei den Dardanellen, und der Großmeister der Artillerie in Konstantinopel, Said-Pascha, protestierten erfolgreich bei der Regierung, und die erteilte umgehend ein Fotografier-, Zeichen- und Meßverbot.

Es war eine groteske Situation: Sobald die Ausgräber ihre Häuser auf dem Hügel von Hissarlik verließen, wachte Eddin darüber, daß sie weder einen Mauergrundriß skizzierten, noch eine handschriftliche Notiz machten. »Ein Ungeheuer wie er«, wetterte Schliemann, »ist eine wahre Pest bei archäologischen Forschungen.«

Von März bis Juli 1882 mußten alle Zeichnungen und Skizzen

der wichtigsten Ausgrabungen aufgrund bloßer Beobachtungen aus dem Gedächtnis angefertigt werden. Maßangaben beruhten auf Schätzungen. Schliemanns Einspruch bei der Deutschen Botschaft in Konstantinopel blieb ohne Ergebnis, und selbst eine beim deutschen Reichskanzler Fürst Otto von Bismarck erwirkte Intervention brachte nur geringe Arbeitserleichterung. Danach durften Schliemann und Dörpfeld ihre Meßlatten und Maßbänder wenigstens in den ausgehobenen Gräbern, also unter der Erde, anlegen.

»Das Leben ohne Dich ist nicht auszuhalten«, schrieb Schliemann an seine Frau in Athen. Umgehend kam Sophia mit den Kindern Andromache und Agamemnon sowie einer Zofe nach Troja. Ihnen stand das neu errichtete Gästehaus zur Verfügung. Aber kaum waren sie in Troja eingetroffen, brach die Malaria aus. Schliemann schickte Frau und Kinder zurück nach Athen. Am 22. Juli teilte er seinem alten Freund Wilhelm Rust mit: »Meine Frau ist schon vor drei Wochen abgereist, und ich habe in Hissarlik zu lange fortgearbeitet, denn ich habe das furchtbare trojanische Malaria-Fieber gekriegt, gegen welches selbst Dosen à 30 Gran Chinin gar nichts vermochten ...«

DAS ENDGÜLTIGE AUS FÜR TROJA

Schliemann brach das Unternehmen Troja ab. Die Bedingungen, die von seiten der türkischen Regierung gestellt wurden, erleichterten seine Entscheidung. Der Sechzigjährige mußte außerdem ernsthaft um seine Gesundheit besorgt sein. Trotz allem – er konnte zufrieden sein mit dem Erreichten. Schliemann hatte weitere reiche Funde zutage gefördert; vor allem jedoch war es ihm mit Dörpfelds Hilfe gelungen, den Nachweis zu erbringen, daß Troja eine weit größere Ausdehnung hatte als ursprünglich angenommen. Sein Resümee nach der Grabungssaison 1882: »Wenn ich nun die Resultate meiner fünfmonatigen trojanischen Kampagne von 1882 rekapituliere, so habe ich bewiesen, daß es im fernen Altertum in der Ebene von Troja eine große Stadt gab, die einst in einer furchtbaren Katastrophe zerstört wurde; daß diese Stadt auf dem Hügel Hissarlik nur ihre Akropolis mit den Tempeln und wenigen anderen großen Gebäuden hatte, während sich ihre Unterstadt in östlicher, südlicher und westlicher Richtung auf der Baustelle des späteren Ilion ausdehnte, und daß diese Stadt folglich vollkommen der Homerischen Beschreibung der heiligen Ilios entspricht... Meine Arbeit in Troja ist jetzt für immer beendet; sie hat mehr als zehn Jahre gedauert – eine Zeitperiode, die mit der Legende der Stadt in einem gewissen Verhältnis steht. Wie viele Jahrzehnte lang ein neuer Streit darüber hinwüten mag, überlasse ich den Kritikern; das ist ihr Werk; das meinige ist vollendet...«

Er war noch nicht von seiner Krankheit genesen, da trieb es Schliemann wieder in die Ferne. Mit Frau und Kindern wollte er im mecklenburgischen Ankershagen noch einmal seine Jugendzeit lebendig werden lassen. Und obwohl es gewiß standesgemäßere Unterkünfte gegeben hätte, mußte es unbedingt das alte Pfarrhaus sein. Dort lebte inzwischen sein Vetter, der Pfarrer Hans Becker, mit seiner Familie. Der Pastor war von Schliemanns Absicht überhaupt nicht begeistert, obwohl ihm dieser 3000 Mark in Aussicht stellte für »vier Stuben im Pfarrhaus sowie Kost für meine Frau, mich, die Gouvernante, meine beiden Kinder und eine Wärterin«.

Becker ließ den Brief des spleenigen Millionärs unbeantwortet – vielleicht glaubte er nicht an die Ernsthaftigkeit des großzügigen finanziellen Angebots. Doch Heinrich setzte seinen Willen mit Hilfe seines alten Freundes Wilhelm Rust durch und verbrachte den Sommer in Ankershagen.

Er wurde argwöhnisch beobachtet von der Pastorentochter Auguste Becker. Auguste hatte viel Seltsames über den berühmten Mann gehört. Daß er aber dann *so* seltsam war, hatte sie nun doch nicht gedacht. So bereitete es den Kindern Schliemanns große Schwierigkeiten, sich mit dem Vater zu unterhalten, weil dieser aus Prinzip nur Altgriechisch sprach, während Andromache und Agamemnon nur das Neugriechische beherrschten. Einerseits verhielt sich der Selfmademillionär sehr großzügig und verteilte Geldgeschenke; auf Bettelei reagierte er jedoch äußerst empfindlich.

Die Schliemanns lebten bescheiden, aßen zu Abend nur Buchweizengrütze und standen, weil der Herr es so wollte, bereits morgens um vier auf. Dann ritt Schliemann drei Stunden aus und ging im Bornsee schwimmen. Nach dem Frühstück wandte er sich den Übersetzungen seiner Bücher »Troja« und »Ilios« zu und korrigierte die Druckfahnen, oder er schrieb Briefe mit spitzer Feder. Die Tin-

25 Tiryns. Die sieben Meter dicken und zwanzig Meter hohen Mauern dieser Stadt zeigten deutliche Ähnlichkeit mit Bauwerken in Troja und Mykene. Zusammen mit Dörpfeld begann Schliemann hier im März 1884 zu graben und legte einen prähistorischen Königspalast frei.

te pflegte er nicht wie üblich mit Streusand zu trocknen, sondern am heimischen Herd. »Streusand«, meinte der Doktor, »beleidigt den Empfänger.«

Im Pfarrhaus von Ankershagen hatte Heinrich Schliemann täglich Weggefährten und Bekannte von vor fünfzig Jahren zu Gast: Niederhöffer, Rust, Andreß und Minna, die Jugendfreundin. Aber auch die Geschwister und die weitverzweigte Verwandtschaft gaben sich an den Nachmittagen die Klinke in die Hand. Ihre Neugierde galt in erster Linie Heinrichs dunkeläugiger Frau Sophia, deren Bilder, auf denen sie den Goldschmuck aus dem Schatz des Priamos trug, um die Welt gegangen waren. Gesprochen wurde mit der Verwandtschaft nur Plattdeutsch.

Alle, die ihm in Ankershagen begegneten, wunderten sich über Schliemanns Rastlosigkeit. Der Sechzigjährige gab sich keine Minute dem Nichtstun hin. Sein Tag war bis ins kleinste verplant. Schliemann lebte mit der Präzision eines Uhrwerks. Stillstand war für ihn ein Fremdwort.

In Oxford nahm er im selben Jahr einen Ehrendoktortitel entgegen. Die Auszeichnung wurde ihm durch Vermittlung des Assyriologen Archibald Henry Sayce, mit dem ihn eine lose Freundschaft verband, zuteil. Sayce stammte aus Oxford und hatte für kurze Zeit an den Ausgrabungen in Troja mitgewirkt.

TIRYNS, DAS WERK DER KYKLOPEN

Auf der homerischen Weltkarte gab es nun nur noch zwei weiße Flecken, Tiryns und Kreta. Seine Pläne, im kretischen Knossos nach den Ursprüngen der troisch-mykenischen Kultur zu forschen, mußte Schliemann aus bürokratischen und materiellen Gründen zurückstellen. Also wandte er sich der südlich von Mykene gelegenen Burg- und Siedlungsanlage aus mykenischer Zeit zu.

Tiryns, etwa zwei Kilometer vom Argolischen Golf und vier Kilometer von Nauplia entfernt, reichte mit seinen Anfängen zurück bis ins 3. Jahrtausend. Die Mauerreste der wuchtigen Burganlage zeigten deutliche Ähnlichkeiten mit den kyklopischen Steinen von Mykene. Homer, Pindar und Pausanias fanden bewundernde Worte für das gigantische Mauerwerk. »Die Mauer aber«, schrieb Pausanias, »das einzige, was inmitten der Trümmer vollständig erhalten blieb, ist das Werk der Kyklopen. Sie ist aus rohen Steinblöcken zusammengesetzt, von denen jeder einzige so gewaltig ist, daß auch der kleinste nicht von einem Maultiergespann aus seiner Lage gebracht werden kann.«

Rätselhaft wie die Baumethode bei den ägyptischen Pyramiden bleibt die Technik, mit der in prähistorischer Zeit auf dem hohen Plateau bis zu zwanzig Meter hohe Mauern von sechs bis sieben Metern Dicke aufgetürmt wurden. Kein Wunder, daß das Volk die Errichtung dieser Wunderwerke göttergleichen Riesen zuschrieb, jenen ungeschlachten Kyklopen, die zwar übermenschliche Kräfte, aber nur ein einziges Auge mitten auf der Stirne hatten.

Am 17. März 1884 begann Schliemann zusammen mit Dörpfeld und sechzig Arbeitern aus Kophinion, Kutsion, Laluka Aria und Charvati zu graben. Der milde Winter hatte einem noch milderen Frühling Platz gemacht. In der Argolis blühten die Bäume, die Wiesen prangten üppig grün. Ein Hof, den er unterhalb von Tiryns angemietet hatte, war Schliemann zu schmutzig; deshalb stieg er mit Dörpfeld im »Grand Hôtel des Étrangers« in Nauplia ab. Wirt Georgios Moschas bot einen Sonderpreis für sechs Zimmer und Halbpension.

Schliemann war jetzt 62 Jahre alt, aber noch immer in erstaunlich guter Verfassung. Er stand täglich um 3 Uhr 45 auf, schluckte vier Gran Chinin und lief zum Hafen, wo ein Bootsmann wartete, um ihn aufs Meer hinauszurudern. Dort schwamm er zehn Minuten. Im Kaffeehaus »Agamemnon« trank er eine Tasse schwarzen Kaffees, dann ritt er die vier Kilometer nach Tiryns, um gegen acht zusammen mit Dörpfeld auf einem Säulenstumpf zu frühstücken: Brot, Schafskäse, Orangen und Retsina.

»Unsere erste große Arbeit war es«, schrieb Schliemann, »den Schutt bis zu dem...Fußboden abzugraben, der sich über das ganze hohe Plateau der Akropolis ausdehnte und mit eineinhalb Metern Ziegelschutt, eingestürztem Mauerwerk und Humus bedeckt war. Dabei stellte sich heraus, daß die von mir im Jahre 1876 gefundenen, aus großen Steinen ohne Bindemittel aufgeführten Mauern nur die Untermauern oder Fundamente eines riesigen Palastes waren.«

Außerdem sah Schliemanns Arbeitsprogramm für diese Saison die Abgrabung der mittleren Terrasse vor, wo Dörpfeld die Wirtschaftsgebäude der Akropolis vermutete. Hier lag der Schutt bis zu sechs Meter hoch. Auf der Suche nach Gebäuderesten in der Unterburg sollten ein Längs- und ein Quergraben gezogen werden. Und schließlich wollte Schliemann die an der Ostseite zum Palast hinaufführende Rampe freilegen. Dies erwies sich als das aufwendigste Unternehmen, weil riesige Steinblöcke, die von den Mauern gefallen waren, gesprengt und beiseite geschafft werden mußten.

Schliemann und Dörpfeld waren ein ideales Gespann. Schliemann schätzte die solide Arbeitsweise und das Fachwissen seines jungen Assistenten, und Dörpfeld bewunderte Schliemanns Erfahrung, vor allem aber seine ungezügelte, ausschweifende Phantasie, die kaum einen Gedanken ausließ, wenn es darum ging, Zusammenhänge zwischen der homerischen Welt und den aktuellen Ausgrabungen zu erkennen. Den jungen Dörpfeld faszinierte die Fähigkeit seines Chefs, Steine zum Reden zu bringen.

Kaum lösten sich die Umrisse des Palastes von Tiryns aus dem Trümmerschutt, kaum wurde der Grundriß eines großzügigen Innenhofs mit Säulenhallen und einem Opferaltar sichtbar, da sprang Heinrich Schliemann auf den größten der kyklopischen Steinblöcke, breitete die Arme aus, als wollte er fliegen, und deklamierte mit Pathos in der Stimme Verse aus Homers viertem Gesang der »Odyssee«:

Erstaunt nun sahen sie rings den Palast des göttlichen Herrschers:
Denn wie der Sonne Glanz umherstrahlt, oder des Mondes,
Strahlte der hohe Palast dem rühmlichen Held Menelaos...
Aber nachdem die Begierde des Tranks und der Speise gestillt war,
Sprach Telemachos drauf zu Nestors edelem Sprößling,
Nahe das Haupt hinneigend, damit die anderen nichts hörten:
Schaue doch, Nestors Sohn, du meiner Seele Geliebter,
Schaue das Erz ringsum, wie es glänzt im hallenden Hause,
Auch das Gold und Elektron, das Elfenbein und das Silber!
Also glänzt wohl Zeus dem Olympier drinnen der Vorhof.
Welch ein unendlicher Schatz! Mit Staunen erfüllt mich der Anblick.

EIN PALAST, WIE HOMER IHN BESCHRIEB

Die Palastanlage von Tiryns glich genau den Verhältnissen, wie sie
Homer bei der allgemeinen Schilderung königlicher Paläste beschrieb: ein Megaron, der Männersaal, dahinter ein kleineres Frau-
engemach, daran anschließend ein mit einer luxuriösen Badewan-
ne ausgestattetes Badezimmer. »Hoch lebe Pallas Athene«, jubelte
Schliemann in einem Brief an Rudolf Virchow, »unter deren Schutz
habe ich hier einen, die ganze obere Burg einnehmenden, vorhistorischen Palast aufgedeckt...«

Virchows Antwort, nicht weniger euphorisch: »Heil, dreimal
Heil!«

Dörpfeld hingegen meldete das Ereignis seinem Schwiegervater
Professor Friedrich Adler mit sachlicher Distanz: »Ich sitze auf den
alten Mauern von Tiryns...wo ich jetzt eifrig arbeite. Zahlreiche
Mauern, Pfeiler und Säulenbasen sind noch in situ... Du wirst über
die Regelmäßigkeit der Grundrisse erstaunt sein, und dann wird
man noch mehr staunen. Die Wände bestehen in ihren Unterteilen
aus Bruchsteinen mit Lehm, oben bestanden sie aus Luftziegeln.
Die Gemächer sind ganz angefüllt mit teils gebrannten, teils ungebrannten, teils nur leicht angebrannten Lehmziegeln. Die Parasta-
den [Türpfosten] und Ecken bestehen aus großen regelmäßigen
Blöcken, von den Säulen sind nur die großen Fundamentsteine erhalten mit einem angearbeiteten Kreise... Die noch in situ befindlichen Pfeiler aus je einem großen Stein...sind meist mit einer bo-

genförmigen Säge geschnitten und etwas windschief (ebenso wie viele Blöcke in Mykene). Alle Wände waren mit einem Kalkputz von 1-2 cm Stärke überzogen, der an einigen Stellen noch erhalten ist. Hunderte Stücke haben wir lose (von der Wand abgefallen) gefunden, und zwar mit schöner Malerei in Rot, Blau, Gelb, Weiß und Schwarz. Dargestellt sind alte Ornamente (z. B. eine fast genaue Kopie der Decke von Orchomenos mit Spiralen und Rosetten) ... Am wichtigsten ist aber ein Fries, der dem in Mykene gefundenen Fries aus Porphyr sehr ähnlich ist. Es ist ein großes Glück, daß fast alle Mauern noch etwa 0,5 m hoch erhalten sind und daß an allen Ecken große rechtwinklige Blöcke stehen ... Jetzt läßt sich der wichtige Grundriß mit großer Sicherheit herstellen.«

Die Ausgrabungen von Tiryns vermittelten zum ersten Mal eine Ahnung davon, wie ein Heroenpalast aussah. Bisher hatten die Paläste des Menelaos, des Odysseus und der anderen Helden nur in den Worten existiert, mit denen Homer einst die Gebäude beschrieb. Die trojanischen Mauern waren in dieser Hinsicht eine herbe Enttäuschung gewesen. »Wie klar«, meinte Dörpfeld in seiner 1886 erschienenen Beschreibung der Ausgrabungen, »tritt uns dagegen jetzt aus den Funden von Tiryns das Bild eines uralten Königshauses entgegen. Wir sehen die mächtigen Mauern mit ihren Türmen und Toren, können durch säulengeschmückte Propyläen das Innere des Palastes betreten, erkennen den mit Säulenhallen umgebenen Männerhof mit dem großen Altar, sehen weiter das stattliche Megaron mit seinem Vorsaal und seiner Vorhalle, besuchen sogar das Badezimmer und gewahren schließlich noch die Frauenwohnung mit einem besonderen Hof und zahlreichen Zimmern. Das ist ein Bild, wie es jedem Leser Homers zum Beispiel bei der Schilderung von Odysseus' Heimkehr und dem Freiermord vorschwebt ...«

In dieser Beschreibung macht sich bei dem eher nüchternen Bauforscher deutlich der Einfluß seines Lehrmeisters Schliemann bemerkbar. Der zog sich für zwei Monate von den Grabungen zurück und überließ Dörpfeld die Leitung. Eine ungewöhnliche, gänzlich unerwartete Entscheidung. Sie hatte mehrere Ursachen.

Schliemann hatte sein Leben lang Raubbau getrieben mit seinen Kräften. Nun fühlte er sich überfordert. »Ich bin erschöpft«, gestand er in einem Brief, »und ich habe den übermächtigen Wunsch, mich von den Ausgrabungen zurückzuziehen.« Im übrigen hatte Schliemann die Hoffnung aufgegeben, in Tiryns bedeutende Entdeckungen zu machen. Alle gefundenen Tongefäße, Becher und Bügelkannen wurden von Dörpfeld der Zeit *vor* dem Trojanischen Krieg zugeordnet. Auch deshalb schwand Schliemanns Interesse.

Für die Wissenschaft war die Freilegung des im späten 13. Jahrhundert v. Chr. errichteten Palastes aufregend genug. Immerhin gelang es Dörpfeld nachzuweisen, daß die gigantische Anlage um 1200 v. Chr. durch eine Erdbeben- und Brandkatastrophe von ungeheurem Ausmaß vernichtet wurde. Diese Katastrophe hatte auch in Mykene Spuren hinterlassen. Sie markierte das Ende einer bedeutsamen Epoche.

DAS REICH DES KÖNIG MINOS

Schliemanns Versuch, sich ganz von den Grabungen zurückzuziehen, scheiterte jedoch schon bald. Er konnte sich nicht damit abfinden, andere für sich graben zu lassen. Er wollte, er *mußte* weitergraben. »Die Götter«, schrieb er seinem alten Schulfreund Wilhelm Rust, »sind meine Zeugen, daß ich mit unendlichem Vergnügen mit der ganzen Familie den Sommer über in Neustrelitz zubrächte; aber meine Tage sind gezählt, und ich möchte so gerne noch Kreta explorieren, ehe es zu Ende geht...«

Selbst Schliemanns heftigste Kritiker, von denen es noch immer genügend gab, mußten erkennen, daß in den weit verstreuten Ausgrabungen des eigensinnigen Exzentrikers durchaus System steckte: Seine trojanischen Theorien ließen sich in Mykene weiterverfolgen; Mykenes große Zeit fand ihren Widerhall in Tiryns; was nun noch fehlte, war der Beweis, daß die homerische Sagenwelt ihren Ursprung in Kreta hatte.

Zusammen mit Dörpfeld reiste Heinrich Schliemann im Mai 1886 nach Kreta, um das Gebiet um Knossos, das Reich des König Minos zu erkunden, Land aufzukaufen und eine Grabungserlaubnis zu erwirken. Kreta gehörte damals noch zur Türkei. Der türkische Gouverneur der Insel, Sartinsky-Pascha, hatte zunächst keinen Einwand gegen die Pläne des Amerikaners. Ein bißchen Fremdenverkehr auf der öden Insel konnte nicht schaden. Allerdings, meinte er, müsse sich Schliemann mit dem Grundeigentümer des Hügels, auf dem nur ein paar alte Mauerreste zu sehen waren, einigen.

Auf dem Hügel standen – jedenfalls behauptete das der Besitzer – 2500 Olivenbäume. Deshalb erschien ihm eine Entschädigung von 100 000 Goldfranken angemessen. Das entsprach gut und gerne dem Zehnfachen des tatsächlichen Wertes. Schliemann lehnte ab. Weil ihm an Knossos jedoch sehr gelegen war, bat er den Vorsitzenden des kretischen Altertumsvereins und Direktor des Museums in Heraklion, den Arzt Dr. Joseph Chatzidakis, um Vermittlung. Chatzidakis kannte seine Landsleute und die Langsamkeit, mit der sie Entscheidungen trafen, und schickte Schliemann nach Hause.

Sein Gesundheitszustand war nicht mehr der beste. Schliemann litt an einer Erkrankung der Lunge, außerdem bereitete ihm sein altes Ohrenleiden wieder Schwierigkeiten. Deshalb fürchtete er den kalten Winter in Athen.

»Wir sollten den Winter in Ägypten verbringen«, meinte er zu Ehefrau Sophia, »in Luxor und Assuan herrscht ewiger Frühling. Die vornehme Gesellschaft aus ganz Europa versammelt sich dort zur Winterzeit.«

»Und die Kinder?«

»Die nehmen wir mit, samt Kinderfrau!«

Sophia hatte Bedenken, doch dann willigte sie ein. Heinrich war glücklich.

Am Tag vor der Abreise überraschte Sophia ihren Mann mit der Ankündigung: »Ich kann dich nicht begleiten. Du mußt allein reisen!«

»Aber warum, Sophidion?« fragte Heinrich enttäuscht. »Das Klima Ägyptens wird dir guttun, glaube mir!«

Sophia blieb hart: »Ich kann nicht und will nicht. Ich fürchte mich vor der stürmischen Seefahrt. Außerdem ist es nicht gut für die Kinder, so lange fort von zu Hause zu sein. Es ist besser, wenn du allein fährst.«

Schliemann hatte sich an die Eigenheiten seiner Frau gewöhnt. Seit ihrer letzten Schwangerschaft vor acht Jahren zeigte sie sich immer häufiger leidend. Virchow, schriftlich um Hilfe gebeten, diagnostizierte, offenbar handele es sich um ein chronisches Leiden.

26 Für seine Ägyptenreise Ende 1886 mietete Schliemann ein Hausboot samt 13 Mann Besatzung. Auf diese Weise erreichte er Ende Januar 1887 Abu Simbel. In einem Hausboot zu reisen war ebenso bequem wie kostspielig. Das hier abgebildete Schiff gehörte Schliemanns Freund, dem Engländer Henry Sayce.

Gegen die ausgebliebene Menstruation empfahl er heiße Fußbäder mit Senf und Eisentropfen, gegen Magenschmerzen das Auflegen einer »Eisblase« und die Einnahme verdünnter Schwefelsäure (»wenn möglich Hallersches Sauer aus der Apotheke, 1 Teelöffel auf 1 Glas Wasser«), außerdem kräftige tierische Nahrung, viel Eigelb, etwas Wein oder Bier und kalte Abreibungen des ganzen Körpers.

AUF DEN SPUREN DER PHARAONEN

Also begab sich Schliemann allein nach Ägypten. Er mietete ein komfortables Hausboot samt dreizehnköpfiger Besatzung. Für Landausflüge waren fünf Esel an Bord.

Gut erholt, erreichte er am 10. Januar 1887 Assuan, überwand zu Schiff die Nilkatarakte und traf Ende Januar in Abu Simbel ein. Seinem Freund Rust meldete er aus dem fernen Nubien:

»Obgleich ich die Nilreise schon vor achtundzwanzig Jahren gemacht habe, so ist mir doch fast alles neu in Ägypten und Nubien, denn die schweren Arbeiten, die ich seitdem gehabt habe, haben beinahe alles aus dem Gedächtnis verwischt. Vor allem muß ich Dir sagen, daß dies die herrlichste Reise ist, die man überhaupt in der Welt machen kann; der herrliche wolkenlose Himmel, die schöne Frühlingsluft, die goldene Ruhe, der unaufhörliche Wechsel der prachtvollsten Landschaften, die riesigen Tempel aus dem fernsten Altertum – alles dies wirkt wohltätig auf Geist und Körper...«

Während der dreimonatigen Ägyptenreise kaufte Schliemann eine Menge altägyptischer Funde und Ausgrabungen, darunter 300 Vasen, die er von Kairo aus an das Schliemann-Museum in Berlin schickte. Mehrere Wochen ankerte Schliemann mit seinem Hausboot vor Luxor, dem »hunderttorigen Theben« Homers. Bei angenehmen Temperaturen um 20 Grad besichtigte er die Tempel am Ost- und Westufer des Nils und vor allem die Pharaonengräber – soweit sie damals bekannt waren.

In Kairo erregte der erbärmliche Zustand der Königsmumien, die vor wenigen Jahren vom Tal der Könige in das Museum von Bulak gebracht worden waren, seinen Unwillen. »Im Namen der Wissenschaft«, schrieb Schliemann am 19. Februar an die Berliner Anthropologische Gesellschaft, »bitte ich Sie, Ihre Stimme laut werden zu lassen, daß etwas zur Erhaltung der im Bulak-Museum ausgewickelt liegenden Mumien so vieler großmächtiger Könige geschieht, wovon einige, wie zum Beispiel Thutmes III. und Ramses II., ihre Eroberungen über 36 Breitengrade ausdehnten, was eine Strecke ist wie die von Stockholm zu den ersten Katarakten des Nils bei Assuan. Es ist jammerschade, daß man diese Königsmumien überhaupt ausgewickelt hat; da aber der Frevel einmal geschehen ist, so muß ihnen doch irgendwelche Droge beigelegt werden, oder es muß irgend etwas anderes zu ihrer Erhaltung getan werden, denn sie verkrümeln sonst in wenigen Jahren. Ich meine, man soll sie in gläserne Särge legen und hermetisch verschließen.«

Wäre Heinrich Schliemann jünger gewesen, kein Zweifel, er hätte ein neues Leben als Ägyptologe begonnen. Das Pharaonenreich, eine hochstehende Kultur zu einer Zeit, als die Heroen der homerischen Sagenwelt noch lange nicht geboren waren, übte auf Schliemann eine starke Faszination aus. Aber Schliemann war 65; er spürte, daß seine Kräfte nachließen.

Dennoch verfolgte er einen grandiosen Traum, durchaus vergleichbar mit der Suche nach dem homerischen Troja: Schliemann wollte in Alexandria das verschollene Grab Alexanders des Großen finden.

Dörpfeld bekleidete inzwischen den Posten des Ersten Sekretärs des Deutschen Archäologischen Instituts in Athen, stand also für

27 Wüstenromantik vor dem Sphinx in Giseh. Zusammen mit Rudolf Virchow reiste Schliemann 52 Tage kreuz und quer durch Ägypten. Die gemeinsamen Tage, meinte er später, hätten seinen Freund um 20 Jahre verjüngt.

Grabungen in Ägypten nicht zur Verfügung. Deshalb griff Schliemann auf seinen alten Freund Virchow zurück, zu dem er vor zwei Jahren den Kontakt abgebrochen hatte. Grund war ein nichtiger Anlaß: Heinrichs und Sophias Tischplazierung während eines Kongresses der Anthropologischen Gesellschaft. Nun lud er Virchow, obwohl er damals das Ende ihrer Freundschaft »für alle Zeiten« beschworen hatte, zu einer Forschungsreise durch Ägypten und zu seinen Grabungen in Alexandria ein.

Virchow, dem der Zwist ohnehin nie ganz verständlich war, nahm die Einladung an, konnte aber erst vier Wochen später als Schliemann nach Ägypten reisen. Dieser begann im Januar 1888 die Suche nach Alexander mitten in der Stadt Alexandria am Ramleh-Bahnhof. Schliemann grub mit Erlaubnis der höchsten Regierungsstellen. Als er jedoch bis an die Fundamente einer christlichen Kirche vorstieß, kam es zum Konflikt. Die ägyptische Regierung ordnete die Einstellung der Grabungen an. Als Ersatz wurde dem Ausgräber ein Areal am Stadtrand zur Verfügung gestellt, unter dem der Palast der Ptolemäerkönige liegen sollte.

Schliemann wühlte sich zwölf Meter tief in den Wüstensand. Bis auf ein einziges bedeutsames Objekt war die Ausbeute dürftig. Als Virchow am 22. Februar in Alexandria eintraf, erklärte Schliemann dem Freund, er habe die Grabungen nach einem Sensationsfund bereits eingestellt. Bei dem Fund handele es sich um eine Marmorbüste von Kleopatra, der siebten dieses Namens, jener

Kleopatra, die einst Gajus Julius Cäsar und Marcus Antonius den Kopf verdrehte.

Wieder einmal gab es keine Augenzeugen für die Entdeckung, wieder einmal stellte Schliemann nach einem bedeutungsvollen Fund die Grabungen ein, und wieder einmal gab dieses Verhalten zu Spekulationen Anlaß, ob damals, im Januar 1888, alles mit rechten Dingen zugegangen war. Was immer auch geschah – ob Schliemann die Kleopatra-Büste eigenhändig ausgrub oder ob er das wertvolle Objekt einem Fellachen abkaufte –, der Fund zählt zu den wichtigsten aus dieser Epoche.

Zweiundfünfzig Tage reisten Schliemann und Virchow durch Ägypten. Es war für Schliemann die Wiederholung seiner Reise vom vergangenen Jahr, Bildungs-, Forschungs- und Erholungsreise zugleich. Von seinem Freund sagte Schliemann, die 52 Tage hätten ihn um 20 Jahre verjüngt, obwohl ihr Schiff unterwegs von Banditen beschossen wurde. Er selbst fühlte sich weniger gut. Das Lungenleiden, das er sich auf den zugigen Höhen von Hissarlik und Mykene zugezogen hatte, besserte sich auch im trockenen Klima Ägyptens nicht.

Anfang Mai kehrten Schliemann und Virchow nach Athen zurück. Im Reisegepäck des Ausgräbers befand sich die weiße Marmorbüste der Kleopatra. Schliemann gestand, er habe sich in das Standbild der legendären Königin regelrecht verliebt.

»Ich möchte Kleopatra bis zu meinem Ende in meiner Schreibstube stehen haben«, sagte er.

Er wußte nicht, daß das Ende näher war, als er glaubte.

XIV
DER TOD IN NEAPEL

Ich empfehle den Vollstreckern meines Testaments, meine Grabkammer mit
Motiven aus Orchomenos und Pompeji ausmalen zu lassen, vorher aber mit dem
Maler über diese Arbeit einen Vertrag abzuschließen.

Aus Heinrich Schliemanns Testament

»Pseustai hoi Kretes, eis aei pseustai!« (Die Kreter sind und bleiben
Lügner!). Wütend warf Schliemann den Brief von Dr. Chatzidakis
auf den Tisch.

Der Arzt aus Kreta schrieb, er habe die Forderung der Grund-
stücksbesitzer von Knossos auf 75 000 Francs heruntergehandelt,
erbitte ein Abschlagszahlung von 5000 bis 8000 Francs und eine
Vollmacht für weitere Verhandlungen. Schliemann selbst möge
vorerst von weiteren Kretareisen Abstand nehmen. Dadurch würde
der Grundstückspreis unnötig in die Höhe getrieben.

Das Ansinnen des Kreters war für Heinrich Schliemann zu
durchsichtig. Er fühlte sich übervorteilt, und das ging gegen seine
Ehre als Kaufmann. Schliemann hatte sich damit abgefunden, das
ganze Landgut, unter dem er den prähistorischen Palast der Könige von Knossos vermutete, zum immer noch überhöhten Preis zu
erwerben. Als er jedoch erfuhr, daß die Erbengemeinschaft bereits
zwei Drittel des Grundes verkauft hatte und daß Chatzidakis alle
Grabungsfunde für das Museum in Heraklion forderte, da gab
Schliemann auf. Er tat es schweren Herzens. Noch fünf Tage vor
seinem 67. Geburtstag hatte er seinem Freund Wilhelm Rust gestanden: »Ich möchte die Arbeiten meines Lebens mit einem großen
Werk schließen, nämlich mit der Ausgrabung des uralten, prähistorischen Palastes der Könige von Knossos in Kreta, den ich vor
drei Jahren entdeckt zu haben glaube.«

Das Scheitern seiner Kreta-Pläne kam Schliemann indes nicht

ungelegen; denn das Knossos-Projekt wurde ohnehin zu dieser Zeit von dem Wunsch, die zunehmende Kritik an seinen trojanischen Ausgrabungen zum Schweigen zu bringen, in den Hintergrund gedrängt. Ernst Bötticher, der pensionierte Artilleriehauptmann und erklärte Intimfeind Schliemanns, verstand es, den vor allem durch seine Zeitungsberichte weltberühmt gewordenen Ausgräber mit seinen eigenen Waffen zu attackieren. Sogar seriöse Blätter wie die »Kölnische Zeitung«, das »Deutsche Philologenblatt« und das »Correspondenzblatt der Deutschen Anthropologischen Gesellschaft« fanden Böttichers Haßtiraden druckenswert. Der Hauptmann tönte unablässig vom Schreibtisch, Troja sei eigentlich eine Totenstadt und habe in keinem Fall etwas mit der »Ilias« oder Homer zu tun. Das erschien vielen interessant genug, um den alten Querkopf auf wissenschaftlichen Kongressen herumzureichen und seine abwegigen Thesen zu diskutieren.

Durch Böttichers unsachliche Kritik fühlte sich Schliemann um sein Lebenswerk betrogen. Längst hatte er eingesehen, daß er verschiedenen Irrtümern unterlegen war, daß der Schatz des Priamos nicht der Schatz des Priamos war und daß die vermeintlichen Mauern der homerischen Paläste einer anderen Zeit zugeordnet werden mußten. Aber deshalb seine gesamte Troja-Theorie, die historische Existenz der homerischen Helden und den Kampf um Troja in Frage zu stellen, das erschütterte den Siebenundsechzigjährigen zutiefst, und er sann auf Rache.

Im Sommer 1889 reiste Heinrich Schliemann nach Paris. Alle Welt fand sich in diesem Jahr in der französischen Hauptstadt ein, denn Paris war Schauplatz der großen Weltausstellung; außerdem feierte man den 100. Jahrestag des Sturmes auf die Bastille. Die Hauptattraktion der Ausstellung war der eigens zu diesem Anlaß errichtete Turm, der zum Symbol dafür wurde, was ein einzelner, ein Bürgerlicher, zu leisten imstande ist, der sich von seinen kühnen Phantasien beflügeln läßt.

Gustave Eiffel hatte die spektakuläre Eisenkonstruktion mit einem finanziellen Aufwand von 7,8 Millionen Francs errichtet. Der französische Staat steuerte nur 1,5 Millionen Francs bei. Schon im ersten Jahr warf das technische Wunderwerk Gewinne ab, die in die Taschen von Eiffel und Co. flossen, welche über zwanzigjährige Nutzungsrechte verfügten. Noch vor der Eröffnung des Turmes bestieg Heinrich Schliemann das Bauwerk bis zur zweiten Terrasse, welche – wie er bewundernd feststellte – »viermal höher war als der Kirchturm in Ankershagen.«

MIT VIRCHOW IN PARIS

Eine Begegnung mit Virchow in Paris verlief unbefriedigend, weil der Berliner Professor zur Nachsicht gegenüber Bötticher riet. Er nannte ihn einen Verrückten und Spinner, über den kein Wort zu verlieren sei.

Virchow und Schliemann waren Ehrengäste des Internationalen Anthropologisch-Archäologischen Kongresses, der während der Weltausstellung in Paris stattfand. Eines Morgens erschien Schliemann in höchster Erregung vor dem Tagungsgebäude. Er schwenkte ein kleines Buch und hielt es Virchow unter die Nase.

»Was ist das, lieber Freund?« fragte Virchow verdutzt.

»Hier, lesen Sie! Lesen Sie!« Schliemanns Kopf lief dunkelrot an.

Der Titel des Büchleins lautete: »Le Troie de Schliemann, une Nécropole à incinération.« Verfasser Ernst Bötticher.

Virchow schüttelte den Kopf: »Der Mann ist gefährlicher, als ich dachte. Dazu gehört eine gute Portion Unverfrorenheit, zum Kongreß in Paris ein Buch in französischer Sprache herauszubringen. Der Zeitpunkt könnte nicht besser gewählt sein.«

»Schliemanns Troja, eine Feuernekropole!« geiferte Schliemann mit hoher Stimme. »Ganz Troja ein Friedhof! Vielleicht kann mir der Herr einmal erklären, wo die Trojaner *gelebt* haben, wenn Hissarlik ein Friedhof war!«

»Wir wissen beide, daß das Unsinn ist«, versuchte Virchow seinen Freund zu beruhigen. »Er ist nun einmal ein unverbesserlicher Querkopf.«

»Ein Querkopf? – Er verpfuscht mein Lebenswerk. Das lasse ich mir nicht gefallen!«

»Was wollen Sie tun, lieber Freund? Sie können ihm doch nicht den Mund verbieten!«

Schliemann zog die Schultern hoch. Er war ratlos. Die Affäre belastete den Ausgräber so sehr, daß er kaum noch Schlaf fand. Dann, am 13. September, der rettende Einfall. Brief an Freund

Virchow: »Ich ließ mit Jubel Pallas Athene dreimal hochleben, als mir beim Erwachen heute morgen um halb vier plötzlich das richtige Mittel einfiel, den Kerl auf ewig zum Schweigen zu bringen. Dies Mittel besteht darin, sofort die Vorbereitungen zur Fortsetzung der Arbeiten in Troja anzufangen, dort zwei Tramways zur Fortschaffung des Schuttes einzurichten, hölzerne Häuser, ganz so wie früher, zu bauen, mich mit einem Generalstab von Naturforschern, Architekten und Archäologen zu umgeben und Bötticher als Kollaborator zur Teilnahme aufzufordern.«

Die hohen Kosten des Unternehmens schreckten Schliemann nicht. Sorgen bereitete dem Ausgräber hingegen seine Gesundheit. Sein linkes Ohr war völlig taub, das rechte schmerzte, er litt unter unregelmäßig wiederkehrenden Gehörstörungen. Der ausgemergelte Körper des kleinen Mannes forderte seinen Tribut.

Schliemann hatte nie besondere Rücksicht auf seine Gesundheit genommen, im Gegenteil, er hatte seinem Körper stets das Letzte abgefordert und Krankheitssymptome schlicht ignoriert. Seit seinem 49. Lebensjahr verzeichnete Schliemann »ein Zittern in den Händen«. Ursache: ein Bandwurm. Der Parasit plagte Schliemann elf Jahre. Als er ihn durch Einsatz starker Medikamente vertrieb, hörte das Zittern der Hände auf.

Deutliche Abnutzungserscheinungen machten sich bei Schliemann im Alter von 61 Jahren bemerkbar. Nach der sechsten Grabungskampagne in Troja ließ er seinen Verleger Brockhaus wissen, er sei »furchtbar überarbeitet« und müsse »von aller Arbeit fern ausruhen, denn sonst bricht die Maschine zusammen«. Düstere Ahnungen hatte Schliemann zwar schon mit 53, vor den Ausgrabungen in Mykene, gehabt. »Meine Jahre sind gezählt«, äußerte er 1875; aber dann entdeckte er die Goldmaske des Agamemnon, und seine angeschlagene Gesundheit besserte sich innerhalb kurzer Zeit.

Zur Taubheit kamen nun große Schmerzen hinzu. Das Ohrenleiden machte Schliemann schon seit seiner ersten Amerikareise zu schaffen. Im Jahre 1864, während seiner großen Weltreise, hatte er sich auf Java einer Ohrenoperation unterzogen. Damals wurde in einer Klinik in Batavia eine Wucherung entfernt. Dasselbe Leiden plagte ihn nun wieder. Aber Schliemann fand keine Zeit für einen ärztlichen Eingriff. Er litt erbärmlich; aber Troja erschien ihm wichtiger.

»MIT 67 IST MAN KEIN JÜNGLING MEHR«

Das naßkalte Wetter, von dem die Troas für gewöhnlich im November heimgesucht wird, war Gift für Heinrich Schliemann. Aber weder Sophias Bitten noch die mahnenden Worte von Dörpfeld, Virchow und Humann, die ihr Erscheinen bei der Troja-Konferenz – so die offizielle Bezeichnung des Unternehmens – zugesagt hatten, vermochten Heinrich von seinem Plan abzuhalten.

Carl Humann, der Entdecker des Pergamon-Altars, wohnte im nahen Smyrna. Er kannte die Strapazen einer Grabungskampagne im Spätherbst und äußerte ernsthafte Bedenken:

»Mit 67 Jahren ist man kein Jüngling mehr, und es ist wahrlich erstaunlich, wie die Götter Ihnen wohlwollen, die Ihnen ewige Jugend verliehen zu haben scheinen. Sie dürfen den Göttern nur nicht entgegen arbeiten, indem Sie sich unnützer Weise über den Pyro-Nekro-Polo-Manen Bötticher ärgern. Der Herr ist in seinen Ideen offenbar verritten und versessen und wird Ihrer wie anderer Belehrung schwerlich zugänglich sein. Jetzt hat der Mann aber ein kolossales Verdienst dadurch, daß er die Ursache geworden, daß Sie Ihre Forschungen in Troja fortsetzen wollen. Dafür wird ihm viel vergeben werden...!«

Humann stellte seinem Kollegen Schliemann den besten Aufseher, Jannis Laloudis, zur Verfügung. »Derselbe ist immer ehrlich befunden worden, hat viel Autorität bei den Arbeitern, weiß dieselben gut zu disponieren, hat ein gutes Auge für den Wert der einzelnen und die demnach ihnen zukommende Bezahlung, führt die Listen, macht verständliche Zeichnungen, greift überall selbst mit an, macht Gipsabgüsse, versteht zu zimmern und ist von Hause aus Steinmetz aus Tinos.«

Schliemanns Absicht war es, seinen größten Feind und Kritiker Ernst Bötticher nach Troja zu locken, damit er sich unter Führung unabhängiger Sachverständiger an Ort und Stelle ein Bild machen konnte von den archäologischen Gegebenheiten. Doch Schliemann hatte zwei Dinge unterschätzt, die er eigentlich hätte kennen müssen: den troischen Herbst und den Starrsinn des pensionierten Hauptmanns.

Der Herbst brach mit heftigen Unwettern, eisigen Stürmen und Wolkenbrüchen herein, so daß Heinrich bei den Vorbereitungen zu seiner neuen Kampagne oft stundenlang knietief im Wasser waten mußte. Aus einem Brief vom 10. November 1889 an Sophia: »...Da das bereits aufgestellte Zelt das Wasser nicht abhielt, begab ich mich eilenden Laufes nach Hause. Aber der ganze Weg bis nach Çiblak glich einem tiefen und reißenden Strom, durch den ich...mit Mühe in eineinhalb Stunden die an sich kurze Strecke zurücklegte...«

Trotzdem traf Schliemann alle nötigen Vorbereitungen für die »kleine Hissarlik-Konferenz«, wie er das Unternehmen nannte. Er hatte für Bötticher beim Berliner Bankhaus Robert Warschauer & Co. 1000 Mark als Reisekostenpauschale hinterlegt. Bötticher wollte jedoch 7200 Mark. Erst als Dörpfeld, der gerade in Berlin weilte, drohte, er werde die unverschämte Forderung den Berliner Zeitungen mitteilen, akzeptierte der Hauptmann a. D. die angebotene Geldsumme.

EXPERTENTREFFEN AUF HISSARLIK

Neben Bötticher, Schliemann und Dörpfeld beteiligten sich an der Konferenz der Architekt Georg Niemann von der Wiener Akademie der Wissenschaften und der Archäologe und Kartograph Major Bernhard Steffen aus Berlin.

Schliemann selbst hielt sich bei der Zusammenkunft bewußt zurück. Er überließ Führungen und Erklärungen seinem Mitarbeiter Wilhelm Dörpfeld. Nach sechs Tagen harter Überzeugungsarbeit kam es in Anwesenheit der unabhängigen Zeugen Steffen und Niemann zu einer Aussprache mit Bötticher, bei der dieser auf seinen alten Ansichten beharrte, obwohl Dörpfeld ihm eine ganze Reihe von Irrtümern nachgewiesen hatte.

»Wenn Sie nicht einmal bereit sind«, meinte Dörpfeld, »das zu glauben, was ich Ihnen vor Augen führe, dann vergeuden wir alle hier nur unsere Zeit.«

Darauf Bötticher provozierend: »Ja, wenn Sie meinen...«

»Sie haben«, nahm Dörpfeld seine Rede wieder auf, »Herrn Schliemann und mich öffentlich beschuldigt, wir hätten unsere Pläne gefälscht und sogar Mauerreste beseitigt.«

Bötticher antwortete gereizt: »Das habe ich nur im Interesse der Aufhellung einer wissenschaftlichen Kontroverse gesagt. Ich sehe darin keine Beleidigung. Jedenfalls wollte ich weder Sie noch Schliemann beleidigen ...«

Da griff Schliemann in die Diskussion ein: »Herr Bötticher, ich verlange, daß Sie Ihre Beschuldigungen öffentlich zurücknehmen und um Verzeihung bitten. So öffentlich, wie Sie mich einen Lügner genannt haben!«

Der Hauptmann a. D. antwortete knapp: »Nein!«

Schliemann hatte keine andere Reaktion erwartet. Ebenso knapp erwiderte er: »Zwei Pferde stehen für Ihre Abreise bereit.«

Bötticher drehte sich um und ging ohne Gruß und ohne das vorbereitete Protokoll der sechstägigen Diskussion zu unterzeichnen.

Schliemann an Virchow: »Es war mir schrecklich zu sehen, wie er Dr. Dörpfeld, den ersten Mann der Welt für alte Architektur, immer wie einen dummen Lehrburschen behandelte und wie sich dieser, um nur zum Schluß zu kommen, alles gefallen ließ.«

Virchow an Schliemann: »Die Geschichte mit Bötticher geht allmählich noch über meine Vorstellungen von dem Charakter dieses Herrn hinaus. Mir schien darin eine gewisse Milderung zu liegen, daß aus vielen seiner Äußerungen ein gewisser Grad von Geistesstörung hervorschaute. Indes, ich habe ihn niemals gesprochen, und ich muß mich daher mit einem Urteil zurückhalten. Aber ich will nicht leugnen, daß dieser Zynismus doch zu groß ist, um sich noch mit einem normalen Geiste zu vertragen. Ich kann nur dazu raten, sich ferner mit ihm nicht einzulassen.«

Bötticher reiste nach Konstantinopel zurück und begann bereits dort erneut gegen Schliemann und Dörpfeld zu hetzen. Im »Levant Herold« veröffentlichte er einen weiteren Bericht, in dem er – »nach Prüfung der örtlichen Gegebenheiten« – seine Vorwürfe und Verleumdungen wiederholte.

Schliemann, beinahe völlig taub und gesundheitlich stark angegriffen, sah nur noch einen Weg, den störrischen Psychopathen Bötticher zum Schweigen zu bringen: Er mußte ihn und seine Behauptungen vor aller Welt lächerlich machen.

Für das Frühjahr lud er deshalb führende Männer auf dem Gebiet der archäologischen Forschung zu einer »Internationalen Trojanischen Konferenz« in die Troas ein. Wenn es ihm gelänge, ein Dutzend anerkannter Experten von seiner Sache zu überzeugen, würde kein Mensch mehr den dummen Zeitungsartikeln des abge-

28 Troja-Konferenz 1890. In der Mitte das Ehepaar Babin.
Der Ingenieur C. Babin, ein Grabungsexperte, vertrat die Pariser Académie
des Inscriptions et Belles Lettres. Rechts von Madame Babin Heinrich
Schliemann. Links von Monsieur Babin Wilhelm Dörpfeld.

halfterten Artilleriehauptmanns Glauben schenken. An Brockhaus
in Leipzig schrieb Schliemann am 21. Januar 1890: »Somit soll es
an Stimmen und Federn nicht fehlen, die Wahrheit gegen einen
halb wahnsinnigen Schmähschreiber zu verteidigen ...«

Auf Hissarlik ließ Schliemann ein recht komfortables Barackendorf für die zu erwartenden Gäste errichten – von den Arbeitern
bald »Schliemannopolis« genannt. Um die anstehenden Grabungsarbeiten zu beschleunigen, legte Heinrich zu den zwei schon bestehenden Gleisen der Feldeisenbahn ein drittes. Einladungen für das
am 25. März beginnende einwöchige Expertentreffen gingen nach
Griechenland, Deutschland, Frankreich, Amerika und in die Türkei.

Von einer nur kurzen Weihnachtspause abgesehen, verbrachte
Schliemann den Winter bei grimmiger Kälte – im Inneren seiner
Baracke herrschten oft null Grad – auf Hissarlik. Schliemann wußte natürlich, daß dies seiner Gesundheit höchst abträglich war; er
wußte aber auch, daß die Konferenz für ihn vielleicht die letzte
Möglichkeit sein würde, sich und sein Troja zu rechtfertigen.

STREITFALL TROJA

Zu dem Expertentreffen erschienen am 25. März auf Hissarlik: Geheimrat Professor Dr. Rudolf Virchow aus Berlin, der Geheime Sanitätsrat Dr. W. Grempler aus Breslau, der Professor der Archäologie Dr. F. von Duhn aus Heidelberg und Dr. Carl Humann, Direktor der Königlichen Museen in Berlin; aus Konstantinopel der Generaldirektor des Kaiserlichen Museums, Osman Hamdi-Bey; von den Dardanellen der amerikanische Konsul Frank Calvert; vom Smithsonian Institut in Washington der Direktor der American School of Classical Studies in Athen, Dr. Charles Waldstein; von der Académie des Inscriptions et Belles Lettres in Paris der Ingenieur C. Babin, der durch seine langjährigen Ausgrabungen mit M. Dieulafoy in Susa bekannt geworden war. An Ernst Bötticher war keine Einladung ergangen.

Die gelehrten Männer tagten eine Woche. Sie begutachteten – übrigens durchaus kritisch, obwohl sie alle auf Kosten Heinrich Schliemanns angereist waren – die trojanischen Ausgrabungen und unterzeichneten am 31. März 1890 die folgende

Erklärung

1. Die Ruinen von Hissarlik liegen auf der äußersten Spitze eines von Osten nach Westen streichenden Höhenzuges, der sich in die Skamanderebene vorschiebt. Dieser Punkt, von dem man die Ebene und jenseits derselben die Einfahrt in den Hellespont übersieht, erscheint vollkommen geeignet zur Anlage eines befestigten Platzes.
2. Man sieht dort Mauern, Türme und Tore, welche Befestigungswerke aus verschiedenen Epochen darstellen.
3. Die im Buch »Troja«, Plan VII, und »Ilios« (Französische Ausgabe), Plan VII, mit roter Farbe bezeichnete Umfassungsmauer der zweiten Ansiedlung besteht aus einem Unterbau von Kalksteinen, der meist mit Böschung angelegt ist; darüber erhebt sich eine senkrechte Mauer aus ungebrannten Ziegeln. An einigen Stellen der Umfassungsmauer ist sogar noch der Verputz auf diesem Lehmziegelbau erhalten. Kürzlich hat man drei Türme dieser Mauer aufgedeckt, die noch den Oberbau in Lehmziegeln tragen; dieselben liegen im Osten an einer Stelle, wo der Steinunterbau die geringste Höhe hat und es folglich am wenigsten nötig war, die Mauer durch Strebpfeiler zu verstärken.

4. Ein Querschnitt durch dieselbe Mauer, in der Verlängerung des Grabens XZ ausgeführt, bewies das Nichtvorhandensein von »Korridoren«, deren Existenz man behauptet hatte. Was die Ziegelmauer anbelangt, so ist das einzige Beispiel, das für die Annahme von Korridoren in den Mauern angerufen werden konnte, dasjenige an den dicht nebeneinander liegenden Mauern der Gebäude A und B. Aber hier gehören die beiden Mauern zu zwei verschiedenen Gebäuden.

5. Der Hügel Hissarlik hat niemals einen Terrassenaufbau dargestellt, bei dem sich die einzelnen Absätze nach oben hin verkleinerten, sondern es nimmt im Gegenteil jede höhere Bauschicht einen größeren Raum ein als die unmittelbar darunterliegende.

6. Die Untersuchung der einzelnen Schuttschichten hat zu folgenden Beobachtungen geführt: In der untersten Schicht sieht man nur einige parallele Mauern und findet darin nichts, was auf die Verbrennung von Leichen schließen ließe. Die zweite Schicht, die am meisten Interesse bietet, enthält Ruinen von Bauwerken, deren größte den Palästen von Tiryns und Mykene in jeder Beziehung gleichen. Die unmittelbar darauf folgenden Schichten bestehen aus Wohnungen, die in verschiedenen Zeiträumen übereinander gebaut wurden; eine große Anzahl von ihnen enthielt umfangreiche Krüge (Pithoi). In der obersten Schicht endlich sieht man die Fundamente griechisch-römischer Gebäude und zahlreicher Bauglieder dieser Zeit.

7. Die zahlreichen Pithoi, die wir in der dritten Schicht haben hervorkommen sehen, waren noch in ihrer ursprünglichen aufrechten Stellung, bald einzeln, bald in Gruppen. Mehrere enthielten größere Mengen von mehr oder minder verkohltem Weizen, Erbsen oder Ölsamen, aber niemals menschliche Gebeine, weder gebrannte noch ungebrannte. Die Wände dieser Pithoi tragen keinerlei Merkmale einer außergewöhnlichen Feuereinwirkung.

8. Im allgemeinen erklären wir, in keinem Teile der Ruinen irgendwelche Anzeichen gefunden zu haben, die auf Leichenverbrennung schließen lassen. Die Feuerspuren, die man in den verschiedenen Schichten, am stärksten aber in der zweiten, der »verbrannten Stadt« findet, rühren meistens von Feuersbrünsten her. Die Gewalt des Brandes in der zweiten Schicht war so groß, daß die rohen Lehmziegel zum Teil gebacken und an den Außenflächen selbst verglast sind. Auch sollen wir schließlich noch bezeugen, daß in den Werken »Troja« enthaltene Pläne vollständig dem Tatbestande entsprechen und

daß wir ganz und gar die Ansichten der Herren Niemann und Steffen teilen, wie dieselben in dem Protokoll der Konferenz vom 1.–6. Dezember 1889 wiedergegeben sind.

gez. Babin, Calvert, Duhn, Grempler, Hamdi-Bey
Humann, Virchow, Waldstein

Die Erklärung von Hissarlik war für Schliemann eine Enttäuschung. Sie bestätigte seine Troja-Theorie keineswegs und ließ viele Möglichkeiten offen. Allerdings stellte sie Schliemanns Auffassung auch nicht in Abrede. Verneint wurde nur Böttichers Feuernekropolen-These. Damit hatte der Ausgräber immerhin sein primäres Ziel erreicht.

Noch am selben Tag sandte er die Erklärung von Hissarlik an die Londoner »Times«, die »Kölnische Zeitung«, die »National-Zeitung Berlin«, die »Vossische Zeitung Berlin«, die »Tägliche Rundschau Berlin«, die »Freie Presse Wien«, die »Allgemeine Zeitung« in München und die »Berliner Philologische Wochenschrift«.

SCHLIEMANNS MERKWÜRDIGE VERWANDLUNG

Bis auf Virchow reisten alle Gelehrten ab. Virchow und Schliemann, die beiden Achtundsechzigjährigen, wollten noch den 1767 Meter hohen Götterberg Ida besteigen, nicht den Ida auf Kreta, sondern den südlich von Troja gelegenen Gebirgszug in Kleinasien, dessen Gipfel Gargaros als Ort der Vermählung von Zeus und Hera galt und wo Paris sein berühmtes Urteil fällte.

Virchow fiel das merkwürdige Verhalten seines Freundes zuerst auf. Er führte es zunächst wie alle, die Schliemann kannten, auf seine Taubheit zurück. Die war inzwischen so weit fortgeschritten, daß er alles zweimal und noch dazu in großer Lautstärke sagen mußte; daran hatte sich Virchow gewöhnt, und es störte ihn auch nicht weiter. Nun aber fing Schliemann an, wirr zu reden. Er begann jeden zweiten Satz mit dem homerischen Ausruf: »Hoch lebe Pallas Athene!« Damit nicht genug, faselte er von Begegnungen mit Göttern und von kostbaren Schätzen und Geschenken.

Nur widerwillig ließ sich Schliemann nach der Rückkehr vom

Berg Ida von seinem Freund Rudolf Virchow untersuchen. »Ich bin gesund! Mir fehlt nichts!« rief er mit erregter Stimme. »Ohrenschmerzen hatte ich schon immer, hoch lebe Pallas Athene!«

Virchow rückte nervös seine Brille zurecht. »Lieber Freund«, begann er vorsichtig, »Ihr linker Gehörgang ist völlig verschlossen. Ich vermute eine Wucherung. Und im rechten Ohr sieht es nicht viel besser aus. Haben Sie meine Worte verstanden?«

Schliemann nickte; aber Virchow zweifelte, ob seine Rede angekommen war.

Virchow erhöhte die Lautstärke: »Ich rate dringend zu einer Operation! Dringend! Eine solche Wucherung kann sich bis ins Gehirn ausdehnen.«

»Ich höre noch ganz gut!« erwiderte Schliemann hastig. »Hoch lebe Pallas Athene. Mir geht es gut. Mir ist es noch nie so gutgegangen. Wozu eine Operation? Es ist doch nur von Vorteil, wenn man nicht alles mitbekommt, was die Leute reden.«

»Im Ernst«, mahnte Virchow, »Sie sollten sich in Deutschland operieren lassen. Denken Sie an Ihre Frau und Ihre Kinder!«

»Operieren?« Schliemann starrte vor sich hin. »Hoch lebe Pallas Athene. Ich brauche keine Operation!«

Virchow ließ nicht locker: »Ich kenne Professor Hermann Schwartze in Halle. Er gilt als der beste Ohrenarzt der Welt ...«

»Keine Zeit. Ich muß Troja ausgraben. Vielleicht gehe ich später im Jahr nach Halle!«

Schliemann ahnte nicht, daß er mit dieser Starrköpfigkeit dem Tod die Tür öffnete. Er wußte nicht, daß die Wucherung bereits sein Gehirn angegriffen hatte.

Mit der Leitung der Ausgrabungen in Troja beauftragte er nun seinen Assistenten Dörpfeld. Noch einmal setzte er große Geldmittel ein, um *sein* Troja zu finden.

Es war zwar eine Enttäuschung für ihn, aber er hatte eingesehen, daß Dörpfeld recht hatte, wenn er das homerische Troja in der sechsten Schicht suchte. Die Grundmauern dieser Schicht waren weit mächtiger als jene, die Schliemann für das von ihm gesuchte Troja gehalten hatte; vor allem aber ähnelten sie im Aufbau den Mauern von Tiryns und Mykene.

Anders als Schliemann grub Dörpfeld nicht vom Hügel ins Tal, sondern umgekehrt, von der Ebene hügelwärts. Das hatte einen unschätzbaren Vorteil: Auf diese Weise konnte der Ausgräber vermeiden, eine andere Schicht zu durchstoßen, er konnte immer in der einen Schicht weitergraben.

Die Ausgrabungen in der Ebene machten deutlich, daß Troja weit größere Ausmaße hatte als von Schliemann angenommen. Allein der Umfang der Burgmauer betrug 540 Meter. Keramikfunde und Brandspuren lieferten den Beweis: Das homerische Troja gab es wirklich. Aber der Königspalast auf dem Gipfel des Hügels stammte nicht aus homerischer Zeit. Dieser Palast, die Pergamos von Troja, war in ihrer vieltausendjährigen Geschichte viele Male zerstört und an derselben Stelle aus denselben Steinen wieder aufgebaut worden. Keine Spur vom Palast des Priamos. Und der Schatz des Priamos?

Dörpfeld, dem Schliemann eines Abends im Juni diese Frage stellte, schüttelte nachdenklich den Kopf. Er wußte, nichts konnte den alten Schliemann mehr kränken als Zweifel am Schatz des Priamos. Deshalb zog er es vor zu schweigen.

Schliemann wußte das Verhalten seines Mitarbeiters richtig einzuschätzen und entgegnete: »Nun gut, dann ist es eben der Schatz des Herrn Schulze.«

»Der Schatz des Herrn Schulze« – das ist die einzige witzige Bemerkung, die von Heinrich Schliemann überliefert ist. Zeit seines Lebens war Schliemann ein todernster Mensch. Er hat nie gelacht, jedenfalls gibt es von ihm kein einziges Bild, auf dem auch nur ein Lächeln zu sehen wäre. Das legt die Vermutung nahe, daß dieser Ausspruch vielleicht doch nicht so humorig gemeint war. Denn gegen Ende des Jahres 1889 begann Heinrich Schliemann noch merkwürdiger zu werden, als er ohnehin schon war.

Er litt, offenbar als Folge der Wucherungen in seinem Kopf, unter Halluzinationen, ständig wiederkehrenden Todesgedanken und Anzeichen von Schizophrenie. Die späte Einsicht, ein Leben lang eine fixe Idee verfolgt zu haben, ließ ihn Dinge wahrnehmen, die es gar nicht gab. Mit sich und seinen Gedanken allein, durchstreifte er die trojanischen Höhen, begegnete Göttern und Helden und fand weitere Schätze, denen er überragenden Wert zuschrieb: vier Prunkbeile, keines von trojanischer Herkunft.

Seine Briefe verraten die Qualen, unter denen Heinrich Schliemann im letzten Lebensjahr litt. Resignation und übersteigertes

Geltungsbedürfnis, klarsichtige Zustände und Trugbilder, Geheimniskrämerei und Mitteilungssucht wechselten einander ab. Sein Verhalten nahm bisweilen groteske Formen an, die Äußerungsweisen eines Verrückten.

An Rudolf Virchow: »Als ich am 8. des Monats (Juli 1890) ... einen Schatz von unermeßlichem Wert fand, der selbst über die mykenischen Schätze weit erhaben ist, da warf ich mich voll tiefer Rührung aufs Antlitz und küßte demütig die Fersen der Göttin, sie inbrünstig um ihre fernere Gnade anflehend und herzlich für die bisherige dankend.«

Mit dem Schatz von unermeßlichem Wert meinte Schliemann die Beile. An Museumsdirektor Alexander Conze in Berlin richtete Schliemann in einem Brief ähnliche Worte: »So kam es denn, als ich Ende Juni die Göttin Pallas vor mir stehen und in den Händen die Schätze halten sah, ... daß ich in heftige Erregung geriet. Ungewollt fiel ich vor ihr auf die Erde nieder. Ich weinte vor Freude, streichelte und küßte ihre Füße ...«

Dem preußischen Kulturminister und dem Generaldirektor der Königlichen Preußischen Museen in Berlin schickte Schliemann »Geheimberichte« über den Fund der Äxte, und Virchow vertraute er an, nicht einmal seine Frau Sophia wisse von der neuen Entdeckung.

Ungewöhnlich mitteilsam zeigte er sich allerdings gegenüber dem griechischen König Georg I. Er habe, schrieb Schliemann, die Arbeiten in Troja fortgesetzt und eine Bürgerliste aus makedonischer Zeit entdeckt.

»Die Inschrift enthält eine erstaunliche Menge von unbekannten, hier zum ersten Mal vorkommenden Namen; so z.B. von Männernamen: Auiloupolis, Eikadias, Noumenios, Pythomarchos, Euthes, Protophles, Attinos; von Frauennamen: Skamandrodike, Lamprys, Nikogeris, Mykinna, Asinna ... Wie schön wäre es, wenn diese herrlichen Namen wieder eingeführt werden könnten. Denn jede Dame würde doch bestimmt stolz darauf sein, einen trojanischen Namen zu tragen und zum Beispiel Skamandrodike zu heißen.«

Und an Reichskanzler Fürst Otto von Bismarck: »Ew. Hoheit beehre ich mich zu melden, daß ich, durch die wütenden Angriffe meines langjährigen Schmähschreibers Hauptmann a.D. Bötticher dazu veranlaßt, die Ausgrabungen am 1. November vorigen Jahres

wieder angefangen und mit nur kurzer Unterbrechung im Winter
bis jetzt fortgesetzt habe ... Leider muß ich am 1. August die Arbeiten einstellen; sollte ich aber leben, so will ich sie am 1. März 1891
mit aller Energie fortsetzen ...«

DAS GEPLANTE ENDE

Dazu kam es nicht mehr. Schliemann, der seine eigene Biographie
geplant und diese Biographie auch gelebt hatte, der seit seiner Jugend die Hauptrolle in einem selbst erdachten Märchen spielte,
spürte, daß ihn diese Rolle nun überforderte. In seinen aufgequol-
lenen Gehörgängen dröhnten die Stimmen der Götter und Helden.
Mit ihnen war Schliemann allein. Akustisch nahm er seine Umwelt
kaum noch wahr. Die Euphorie, die ihn bei seinen Ausflügen in homerische Welten befiel, wurde zunehmend von Depressionen überlagert. Er dachte an das Ende.

Wie nicht anders zu erwarten, hatte Heinrich Schliemann auch
für den Fall seines Ablebens alles präzise und detailliert vorbereitet. Sein umfangreiches Testament lag, mehrfach aktualisiert, bei
einem Notar. Auf dem Athener Zentralfriedhof hatte Heinrich in
Sichtweite der Akropolis ein Grundstück erworben. Stararchitekt
Ernst Ziller, der Erbauer von »Iliou Melathron«, arbeitete seit fünf
Jahren an den Plänen für ein Schliemann-Mausoleum, das 70 000
Francs kosten sollte. Bei den Verlegern Brockhaus in Leipzig und
den Königlichen Museen in Berlin war die Pflege seines Namens
über den Tod hinaus geregelt. Sohn Agamemnon sollte sein Lebenswerk bewahren.

Sein Ruhm, das wußte Heinrich Schliemann, hatte ihn unsterblich gemacht. Da spielten Leben und Sterben nur mehr eine untergeordnete Rolle. Schädigungen seines Ruhmes fürchtete der kleine
große Mann gewiß mehr als den Tod.

Bei einer Untersuchung im Deutschen Hospital in Konstantinopel diagnostizierte Dr. von Mellingen Exostosen auf beiden Ohren.
Im linken Ohr lägen die Knochenauswüchse bereits so tief, daß das
Organ aufgegeben werden müsse. Das rechte müsse dringend ope-
riert werden.

Schliemann reagierte gelassen. Anfang September fragte er bei

Virchow nach, »ob und in welchem Grade Lebensgefahr damit verbunden ist, damit ich alles in größter Ordnung zurücklasse für den
Fall, daß ich nicht zurückkommen sollte«.

Virchow mahnte zur Eile. Dennoch vergingen noch beinahe
zwei Monate, bevor Schliemann sich zur Reise nach Halle entschloß. Die Operation am 13. November 1890 dauerte 105 Minuten.
Der Patient wurde mit Chloroform betäubt. Professor Schwartze
entschied sich dafür, beide Ohren zu operieren. Die Wucherung im
rechten Ohr entfernte der Arzt durch den Gehörgang. Im linken Ohr
war die Wucherung zu groß und zu weit fortgeschritten. Deshalb
trennte Schwartze das linke Ohr ab, meißelte die Wucherung heraus und nähte das Ohr wieder an.

Von großen Schmerzen gequält, meldete Schliemann zwei Tage
später den geglückten Eingriff. An Virchow: »Von der Operation
habe ich nichts gesehen oder gefühlt, außer dem Gestell, auf dem
ich mich hinlegen mußte und welches ganz den Gestellen glich, auf
denen die Leichen seziert werden...« Und an Brockhaus: »Natürlich
würde ich mich gar sehr freuen, Sie zu sehen, bin aber außerstande, Sie zu empfangen, da ich auf beiden Ohren taub bin und mein
Kopf mit dicken Bandagen umhüllt ist.«

Obwohl ihm sogar das Sprechen heftige Schmerzen bereitete, verließ Schliemann gegen den Willen der behandelnden Ärzte am 13.
Dezember die Klinik in Halle. Er reiste nach Berlin, um die neue Aufstellung der Schliemann-Sammlung im Museum für Völkerkunde zu
begutachten, traf sich mit Virchow am Sonntag zum Frühstück und
bestieg am Potsdamer Bahnhof den 13-Uhr-Fernzug nach Paris, um
bei seinem Agenten und Hausverwalter nach dem Rechten zu sehen.

Paris, 15. Dezember. Der Winter hatte ungewöhnlich früh eingesetzt. Durch die Straßen fegte ein eisiger Wind. Außentempera-
tur minus 18 Grad. Aus Eitelkeit trug Schliemann statt seines Ver-
bandes nur noch einen einfachen Schal um die Ohren. Mehr um die
Gesundheit seiner stets kränkelnden Frau besorgt als um die eigene, wandte er sich in einem Brief an Sophia – es sollte der letzte
sein: »Ich habe Deine sechs Briefe erhalten, freue mich, daß es Dir
gutgeht. Diese Nachricht ist mir die wichtigste. Endlich bist Du
wohl, hast einen gesunden Körper, kannst richtig laufen, ohne zu
ermüden. Andromache soll Dich jede Woche wiegen. Es ist mir unmöglich, Dir das große Tischtuch mitzubringen, ich habe keinen

Platz, wir kaufen es zusammen einmal hier in Paris. Das rechte Ohr, das ganz geheilt war, hat sich bei der Abreise aus Halle erkältet, weil ich vergaß, es durch Watte zu schützen. Darum bin ich wieder taub und werde deshalb morgen zum Arzt gehen. Ich bin sicher, daß es nichts Schlimmes ist und daß ich Mittwoch abend abreisen kann. Ich will zwei Tage in Neapel bleiben (Museum).«

Zwei Tage später an den Freund Rudolf Virchow:

»Hoch lebe Pallas Athene, ich höre wenigstens auf dem rechten Ohr wieder und hoffe, das linke wird sich auch erholen. Ihnen allen meine herzinnigsten Wünsche zum Weihnachtsfeste und zum Jahreswechsel. Möge das neue Jahr viel Segen und Freude in Ihre Familie bringen. Ich hoffe, heute abend nach Neapel abreisen zu können.«

Es war das letzte Lebenszeichen des alten Freundes.

DAS EINSAME STERBEN EINES KLEINEN MANNES

Was in aller Welt suchte Heinrich Schliemann in Neapel? Die Bahn-Schiffs-Verbindung von Paris über Neapel nach Athen war der schnellste Weg nach Hause. Schliemann hatte die Schiffspassage Neapel-Athen bereits gebucht. Auf der Bahnfahrt wurde er von großen Schmerzen gepeinigt. Er beschloß deshalb, in Neapel einen Arzt zu konsultieren und erst eine Woche später weiterzureisen. An Sophia schickte er ein Telegramm: »Wartet mit dem Weihnachtsfest auf mich – stop – ärztliche Hilfe erforderlich – stop – keine Sorge – stop – Henry.«

In Neapel mietete sich Heinrich Schliemann im »Grand Hôtel« ein. Er kannte den Besitzer Hauser seit vielen Jahren, und Hauser war es auch, der ihm den Arzt Dr. Cozzolino empfahl. Cozzolino wollte den Patienten in eine Klinik einweisen, aber Schliemann sträubte sich.

Tabletten und Spritzen besserten seinen Zustand für kurze Zeit. Kaum hatten die Schmerzen etwas nachgelassen, da befiel Schliemann eine seltsame Unruhe. Es hielt ihn nicht mehr in seinem Hotel.

»Ich möchte noch einmal Pompeji sehen!« sagte Heinrich zu seinem Arzt.

Der riet dringend ab: »Es ist kalt und windig! Ein Risiko in Ihrem Zustand.«

Schliemann ließ sich jedoch nicht von seinem Vorhaben abbringen, und Cozzolino entschloß sich, den eigensinnigen Patienten zu begleiten.

Zu zweit streiften Schliemann und Cozzolino am Heiligen Abend 1890 durch die menschenleeren zugigen Ruinen von Pompeji. Schliemann genoß den Ausflug in eine längst untergegangene Kultur wie einen Spaziergang im Frühling. Das Sprechen fiel ihm schwer. Und so trotteten die beiden Männer schweigend durch die ausgestorbene Stadt. Erst später kam Cozzolino zu Bewußtsein, daß sein schwerkranker Begleiter in den Ruinen der verschütteten Stadt den Tod suchte.

Einsam und geistesabwesend verbrachte Heinrich Schliemann den Weihnachtsabend im Foyer des Hotels. Ausdruckslos starrte er vor sich hin ins Leere. Er konnte nicht mehr sprechen. Von Zeit zu Zeit blickte er zum Hoteleingang, als erwarte er jemanden. Weihnachtslieder schallten durch das halbleere Hotel. Schliemann hörte sie nicht. Er war allein mit sich und seiner Vergangenheit. Und irgendwann erhob er sich und verschwand auf sein Zimmer.

In dieser einsamen Weihnachtsnacht im »Grand Hôtel« in Neapel muß sich sein Gesundheitszustand dramatisch verschlechtert haben. Am Morgen des ersten Weihnachtstages schlich Schliemann aus dem Hotel und machte sich zu Fuß auf den Weg zu Dr. Cozzolino. Nahe der Piazza della Santa Carità brach er auf der Straße ohnmächtig zusammen.

»Guarda, che c'è un ubriaco!« (ein Betrunkener), schimpften Passanten und alarmierten die Polizei. Die brachte Schliemann ins nächste Krankenhaus, wo man seine Aufnahme verweigerte. Der stumme Unbekannte trug weder Papiere noch Geld bei sich, nur ein ärztliches Rezept, ausgestellt von Dottore Cozzolino.

Cozzolino identifizierte den Mann als den großen Heinrich Schliemann, den Ausgräber von Troja, den Entdecker des Schatzes des Priamos. Zur selben Zeit erwachte Schliemann aus seiner Bewußtlosigkeit. Er machte Cozzolino unnachgiebig deutlich, daß er umgehend in sein Hotel gebracht werden wolle.

Vier Männer trugen den kleinen Mann durch die Halle des

(Mgl. N. 32)

GRATIS
STATO CIVILE

MUNICIPIO DI NAPOLI
STATO CIVILE

Estratto dal Registro degli atti di Morte dell' anno 1890
del *~~~ ~~~ ~~~*

L'anno milleottocento *~~~* , addì *~~~* *~~~* di *~~~* , a ore *~~~* meridiane *~~~* , e minuti _____ , nella Casa comunale.	Numero *813* *~~~ ~~~*

Avanti di me *~~~ ~~~ ~~~ ~~~ ~~~ ~~~ ~~~ ~~~* _____ Uffiziale dello Stato Civile
del Comune di *~~~ ~~~* ,
sono compars *~~~ ~~~* ,
di anni *~~~* *~~~* , domiciliat *~~~ ~~~* ,
e *~~~ ~~~* , di anni *~~~* ,
~~~ domiciliat o in *~~~* ,
_____ quali mi hanno dichiarato che a ore *~~~* meridiane *~~~* e minuti *~~~* di
~~~ , nella casa posta in *~~~ ~~~*
~~~ al numero *~~~* , è mort o
_____ *Enrico Schliemann* ;
di *~~~ ~~~* ; *~~~* ;
_____ ; residente in *~~~ ~~~* , nat o
in *~~~ ~~~* da *~~~ ~~~ ~~~* ;

29 Auszug aus dem Totenregister der Stadt Neapel im Jahre 1890.
Unter der laufenden Nummer 813 wird vom »Uffiziale dello Stato Civile«
am 27. Dezember 1890 der Tod des Enrico Schliemann bescheinigt.

¹ _____, domiciliato in _____, e da _____

_____, ¹ _____, domiciliata in _____

_____ ,³ _____

_____

A quest'atto sono stati presenti quali testimoni _____

_____ , di anni _____ ,³ _____ , e

_____ , di anni _____ _____

_____ , ambi residenti in questo Comune. Letto il presente

atto a tutti gl'intervenuti, _____

_____

_____

_____

La presente copia è conforme all'originale.

Annotata nel Registro al N.º *813*

_____

_____

Napoli *24 Dicembre* 189*0*

L' Uffiziale dello Stato Civile

Riscontrata

_____

_____

_____

_____

_____

»Grand Hôtel«. Sein Kopf hing schlaff nach vorn, das Gesicht war aschgrau, die Augen geschlossen.

Bezeugt wird der Vorgang von einem Hotelgast, der viele Jahre später zu Weltruhm gelangen sollte, von Henryk Sienkiewicz, dem Nobelpreisträger und Autor von »Quo vadis«.

Sienkiewicz beobachtete die Szene von einem Sessel in der Hotelhalle.

Da näherte sich Hauser: »Mein Herr, wissen Sie, wer der Kranke ist?«

»Nein«, erwiderte der Hotelgast.

Darauf Hauser geheimnisvoll: »Das ist der große Schliemann.«

»Armer, großer Schliemann!« meinte Sienkiewicz. »Er hat Troja und Mykene ausgegraben und sich Unsterblichkeit verdient – und jetzt liegt er im Sterben.«

Der Zustand Schliemanns war äußerst kritisch. Dr. Cozzolino bat den Klinikarzt Professor von Schroen ins »Grand Hôtel«. Der Professor diagnostizierte eine eitrige Entzündung beider Ohren, die bereits auf das Gehirn übergegriffen hatte, Hirnhautentzündung und halbseitige Lähmung.

In aller Eile berief der Professor ein Konsilium von sieben weiteren Ärzten ein. In einem Hotelzimmer neben dem Heinrich Schliemanns berieten die Ärzte, was zu tun sei. Nach mehrstündiger Beratung faßten sie den Entschluß: Trepanation – Schädelöffnung.

Die Operation kam nicht mehr zur Ausführung. Während die acht Ärzte berieten, starb Heinrich Schliemann im Hotelzimmer nebenan. Es war der 26. Dezember 1890, 15 Uhr 30. Der einsame Tod eines Einzelgängers.

»Schliemann ist tot.« Die Eilmeldung der Nachrichtenagenturen schien unfaßbar. Das Berliner Depeschen-Bureau »Herold« telegrafierte an Rudolf Virchow: »Erhalten soeben aus London folgende Meldung: Laut Neapel starb berühmter Archäologe Heinrich Schliemann plötzlich. Hirnentzündung mit Lungenkomplikation während Konsultation seiner Ärzte, die gerade Trepanierung beschlossen. Schliemann wollte Dienstag nach Athen abreisen. – Ersuchen Sie ganz ergebenst, uns gef. mitteilen zu wollen, ob Ihnen eine ähnliche Meldung zugegangen ist.«

Sophia Schliemann nahm die Todesnachricht mit Fassung entgegen. »Zu meinem bitteren Schmerz«, meinte sie zu Virchow, »gesellt sich noch der fürchterliche Gedanke, nicht bei ihm gewesen zu sein in seiner letzten Stunde. Hätte er mir doch geschrieben, daß er sich nicht wohl fühlte, wie freudig wäre ich zu ihm geeilt; aber nein, der Gute wollte mich nicht ängstigen und hatte stets so viel Glauben an seine starke Natur, daß er mir niemals schrieb, es gehe ihm nicht gut …«

DIE WELT NIMMT ABSCHIED VON EINEM GROSSEN MANN

Die Leiche Schliemanns wurde von Professor von Schroen einbalsamiert und in der Leichenhalle des englischen Friedhofs von Neapel aufgebahrt. Wilhelm Dörpfeld und Sophias ältester Bruder Panagios besorgten die Überführung nach Athen. Am 4. Januar 1891 fand im »Iliou Melathron« die Trauerfeier für den Ausgräber statt.

Die Inszenierung dieses Aktes hatte Schliemann noch zu Lebzeiten bis ins kleinste geplant: In der Mitte der Empfangshalle stand der offene Sarg. Am Kopfende eine Büste Homers. Im Sarg lagen zu beiden Seiten des Toten zwei Bücher: die »Ilias« und die »Odyssee«. Den Nachruf hielt Wilhelm Dörpfeld in einem Ton, den niemand von ihm gewöhnt war. Es klang, als rezitiere er einen Text, den ihm sein Meister noch in die Feder diktiert hatte.

In seinem Elysium wurden dem oft Geschmähten viele gute Worte zuteil. Der Kaiser des Deutschen Reiches und der König von Griechenland kondolierten. Die Botschafter Deutschlands, Amerikas, Frankreichs, Griechenlands und der Türkei bezeichneten den toten Schliemann als Landsmann, als einen aus ihrer Mitte, und jeder hatte auf seine Weise recht. »Schliemanns Name«, meinte Freund Virchow, »ist einer der populärsten bei allen Nationen geworden … Möge niemals vergessen werden, wie dieser im besten Sinne selbstgemachte Mann, nachdem er in langjähriger, harter Arbeit im Auslande reiche Schätze gesammelt hatte, den ganzen Rest seines Lebens dazu verwendete, mit den so gewonnenen Mitteln wissenschaftliche Aufgaben der schwierigsten Art zu lösen, und daß er den ihm selbst teuersten Teil seiner Entdeckungen, zugleich den einzigen, über den er frei verfügen konnte, dem Vaterlande in freiwilliger Schenkung dargebracht hat!

... Er hat Großes gewollt und Großes vollbracht. Er hat die Un-
gunst der äußeren Verhältnisse durch treue und umsichtige Arbeit
zu überwinden gewußt, und er hat in aller Bedrängnis des geschäftlichen Lebens die Ideale nicht aufgegeben, welche in die
Brust des Kindes gepflanzt waren. Was er erreicht hat, ist von ihm
durch eigene Kraft erzwungen worden. Unter allen Wechselfällen
ist er sich selbst treu geblieben. Seine einzige dauernde Sorge war
das Streben nach höherer Erkenntnis.«

Die Weisheit seiner 75 Jahre veranlaßte Schliemanns lebenslan-
gen Gegner Ernst Curtius zur Selbstkritik: »Man hat«, meinte er versöhnlich, »nicht selten sagen hören, daß die Fachgelehrten sich den
Arbeiten eines unzünftigen Mannes gegenüber vornehm ablehnend verhalten. Aber die Professoren, denen es im Herzen um die
Wahrheit zu tun ist, sollen und wollen keine abgeschlossene Kaste
bilden... Aber das ist gerade das hohe Verdienst unseres Schliemann, daß er wesentlich dazu beigetragen hat, den Bann zu lösen.
Man hört jetzt so häufig, das lebendige Interesse für das klassische
Altertum, welches die Zeiten von Lessing, Winckelmann, Herder
und Goethe beseelt hat, sei erloschen. Aber mit welcher Spannung
ist die ganze gebildete Welt diesseits und jenseits des Ozeans den
Schritten von Schliemann gefolgt! Haben wir nicht erlebt, daß,
wenn in der ›Times‹ ein Resultat seiner Entdeckungen angezweifelt
wurde, ein Meeting in London anberaumt worden ist, um sofort in
großer Versammlung die betreffende Frage zu verhandeln, als
wenn es sich um eine brennende Frage der Tagespolitik handelte?
Die Zahl der Jahrhunderte, welche zwischen uns und der Vergangenheit liegen, ist nicht maßgebend für die Bedeutung derselben in
bezug auf unser geistiges Leben. Das Fernste kann uns das Nächste, Wichtigste, geistig Verwandteste sein.

Schliemann selbst ist mit seinen Arbeiten von Jahr zu Jahr gewachsen, und die Ergebnisse seiner Arbeiten überragen bei weitem
alles, was er selbst im Auge gehabt hat. Wenn er der großen Menge des Publikums wie ein Zauberer erschien, der mit einer Wün-
schelrute umherging und die Plätze zu finden wußte, wo in dunk-
ler Tiefe die Goldschätze ruhten, so haben die Männer der
Wissenschaft ihm etwas zu danken, was über alle Einzelfunde weit
hinausgeht und in unsere gesamte Geschichtserkenntnis tief ein-
greift...

Viele Rätsel bleiben zu lösen. Troja selbst bleibt noch heute ein Schauplatz ernster Kontroversen; aber der Weg ist gebahnt, der Vorhang gelüftet, der Schleier hinweggezogen, der den Boden der homerischen Welt bedeckte. Das verdanken wir Heinrich Schliemann.«

Und der greise William Ewart Gladstone, der Schliemann um acht Jahre überlebte, meinte an Sophia gewandt: »Er hatte am Beginn seiner Arbeit gegen Unglauben und Gleichgültigkeit zu kämpfen; doch beides mußte wie Nebel vor der Sonne weichen, als sich zeigte, wie bedeutsam und wertvoll seine Entdeckungen waren. Die Geschichte seiner Kindheit und Jugend ist so bemerkenswert wie die seines späteren Lebens. Man sollte sie keinesfalls gesondert betrachten, denn sie wurde von Anfang bis zum Ende von einem einzigen Ziel bestimmt.«

Sophia Schliemann, die zeit ihres Lebens Kränkelnde, wurde mit 38 Jahren Witwe. Ihrem Mann folgte sie 42 Jahre später in den Tod. Um ihre Zukunft und die ihrer Kinder mußte sich Sophia nicht sorgen. Heinrich hatte in seinem Testament alles geregelt. Agamemnon Schliemann wurde Diplomat. Er lebte kinderlos bis 1954 als griechischer Gesandter in Paris. Andromache, verheiratet mit dem Athener Anwalt Leon Melas, starb 1962.

Der Schatz des Priamos aber, den Heinrich Schliemann dem deutschen Volk vermacht hat, ist viertausend Jahre nach dem Vergraben, hundertzwanzig Jahre nach seiner Entdeckung und fünfzig Jahre nach seinem letzten Verschwinden zum Streitobjekt zwischen den Völkern geworden.

ANHANG

(abgefaßt in neugriechischer Sprache, in deutscher Übersetzung von Luise Hallof)

Im Jahre eintausendachthundertneunundachtzig am zehnten Januar habe ich, der Bürger der Vereinigten Staaten von Amerika, Heinrich Schliemann, wohnhaft rechtmäßig in der Stadt Indianapolis im Staat Indiana (Vereinigte Staaten von Amerika) und mit Wohnsitz in Griechenland in meinem Haus in Athen, dieses Testament bei gesundem Verstand und Gedächtnis aufgesetzt und eigenhändig geschrieben unter folgenden Bestimmungen:

1. Ich setze zu meinen Erben ein meine vier Kinder, nämlich meine zwei Kinder aus erster Ehe, Sergej und Nadeschda Schliemann, und meine zwei Kinder aus zweiter Ehe, Andromache und Agamemnon Schliemann.

2. Ich vermache meinem Sohn Sergej Schliemann, geboren im September 1855, als sein Erbteil mein Haus in der Rue Aubriot Nr. 7, quartier du Temple, und mein Haus in der Rue de L'Arcade Nr. 33, quartier de la Madelaine, in Paris; dazu noch einmalig 50 000 Goldfranken.

3. Ich vermache meiner Tochter Nadeschda, geboren im Juli 1861, als ihr Erbteil mein Haus in der Rue de Calais Nr. 6 bei der Rue Blanche in Paris und meinen Besitz in der Buchanan Street Nr. 161 in Indianapolis im Staat Indiana; dazu noch einmalig 50 000 Goldfranken. Die Besitzurkunden für die oben genannten drei Häuser in Paris sind deponiert bei dem Notar Albert Laverne, Rue Taithout Nr. 13 in Paris. Ich erkläre, daß keines

dieser Häuser mit Schulden belastet ist. Die Besitzurkunde für meinen Besitz in Indianapolis befindet sich bei diesem Testament, und auch dieser Besitz ist nicht mit Schulden belastet.

4. Da die drei Häuser in Paris stets gut vermietet waren und da sie eine glänzende Einnahme brachten, rate ich meinem Sohn Sergej und meiner Tochter Nadeschda, sie nicht zu verkaufen, sondern unter der Verwaltung von Polynice Beaurain, Paris, 25. Chaussée d'Antin, zu belassen, der sie 23 Jahre hindurch zu meiner völligen Zufriedenheit verwaltet hat. Wenn meine Tochter Nadeschda den Besitz in Indianapolis verkaufen möchte, so soll sie einen Bevollmächtigten, der vom amerikanischen Konsulat bestätigt ist, an meine Bankiers L. von Hoffmann & Co. in New York schicken, die denselben bis jetzt durch ihren Agenten in Indianapolis verwaltet haben.

5. Die Adresse meiner Kinder Sergej und Nadeschda liegt bei der Bank J. E. Günzburg in St. Petersburg.

6. Ich vermache meinen beiden Kindern Andromache (geboren im Mai 1871) und Agamemnon (geboren im März 1878) als ihr Erbteil meinen ganzen übrigen beweglichen und unbeweglichen Besitz, der sich nach meinem Tode vorfindet, ausgenommen mein Haus »Iliou Melathron« und das dazugehörige Grundstück in der Panepistimion-Straße in Athen, da ich dieses Haus und das dazugehörige Grundstück mit aller Einrichtung, der Bibliothek und meinen Altertümern (ausgenommen die Sammlung der trojanischen Altertümer) meiner jetzigen Frau, Sophia Schliemann, geborene Engastromenos, vermacht habe kraft des Schenkungsvertrages unter Ziffer 31854, der durch den Notar Georgios Antoniades aufgesetzt wurde; er befindet sich bei diesem Testament.

Ich vermache meinen Kindern Andromache und Agamemnon das genannte Erbteil unter der ausdrücklichen Bedingung, daß sie die in diesem Testament festgelegten speziellen Legate gewissenhaft auszahlen und das nach der Auszahlung noch verbleibende Bargeld an meine Kinder Sergej und Nadeschda auszahlen.

7. Jekaterina, geborene Lyschin, war meine erste Frau. Ich habe mich von ihr scheiden lassen in Indianapolis im Staat Indiana im Juli 1869 nach der beigelegten Scheidungsurkunde, zu der bei-

gefügt ist meine amerikanische Bürgerrechtsurkunde. Ich vermache Jekaterina, geborene Lyschin, einmalig 100 000 Goldfranken; ihre Adresse kennt der Bankier Günzburg in St. Petersburg.

8. Zur Begleichung der Kosten für Lebensunterhalt und Erziehung von Andromache und Agamemnon setze ich bis zu ihrer
Volljährigkeit beiden je 7000 Goldfranken jährlich aus.

9. Ich gebe definitiv zur Sammlung Schliemann in dem Gebäude
des neuen Ethnologischen Museums in Berlin die ganze
Sammlung der trojanischen Altertümer, von denen sich die
Bronzegegenstände in zwei Schränken meines Büros befinden,
der ganze Rest in den vier Sälen bzw. Zimmern im Erdgeschoß
meines Hauses in Athen. Ich habe beizeiten vom griechischen
Ministerium die Erlaubnis erhalten, meine trojanische Sammlung außer Landes zu bringen. Das Original dieser Erlaubnis
ging an das Außenministerium in Berlin, die Abschrift befindet sich in dem ehernen Schrank in meinem Büro.

10. Ich vermache meiner Schwester Louise Pechel, Gattin des Martin Pechel in Dargun in Mecklenburg, einmalig 50 000 Goldfranken. Diese Summe ist an ihre Kinder auszuzahlen, wenn
sie vor mir stirbt.

11. An meine Schwester Doris Petrowsky in Röbel in Mecklenburg
einmalig 50 000 Goldfranken.

12. An meine Schwester Elise Schliemann, deren Adresse bei meinen anderen Geschwistern zu erfragen ist, einmalig 50 000
Goldfranken.

13. An Ernst Meincke in Neustrelitz in Mecklenburg einmalig
2000 Goldfranken.

14. An Frau Minna Richers in Friedland in Mecklenburg einmalig
5000 Goldfranken.

15. An Fritz Wachenhusen in Röbel in Mecklenburg einmalig
4000 Goldfranken.

16. An meinen Bruder Wilhelm [?] Schliemann in Berlin, Grün-
straße 16, 25 000 Goldfranken.

17. An Dr. Wilhelm Dörpfeld in Athen einmalig 10 000 Drachmen
in Banknoten.

18. An Prof. A. H. Sayce, Queen's College, in Oxford, England, einmalig 10 000 Goldfranken.

19. An Frl. Marie und Johanna Virchow in Berlin, Schellingstra-

ße 10, einmalig 10 000 Goldfranken, die zwischen ihnen geteilt werden sollen.

20. An die Berliner Gesellschaft für Anthropologie, Ethnologie
und Urgeschichte, deren Präsident Rudolf Virchow ist, einmalig 10 000 Goldfranken.

21. An mein Patenkind Briseis Koumantareos in Athen 5000
Drachmen in Banknoten.

22. An die Archäologische Gesellschaft in Athen einmalig 5000
Drachmen in Banknoten.

23. An das Evangelismos[-Krankenhaus] in Athen einmalig 1000
Drachmen.

24. An das Armenhaus in Athen einmalig 1000 Drachmen.

25. An das Waisenhaus »Hazikosta« in Athen einmalig 1000
Drachmen.

26. An die Einrichtung für bedürftige Kinder »Parnassos« in Athen
einmalig 1000 Drachmen.

27. An die Einrichtung für bedürftige Frauen in Athen einmalig
1000 Drachmen.

28. An jeden der Brüder meiner Frau, Joannes und Panagiotis Engastromenos, und an meinen Schwager Joannes Sunisios einmalig 5000 Drachmen (unter Drachmen verstehe ich immer
Banknoten).

29. Ich will, daß meine sterblichen Reste neben denen meiner Frau
Sophia, meiner Kinder und ihrer Nachkommen in einem Mausoleum auf dem höchsten Gelände des großen griechischen [Zen-
tral-]Friedhofs in Athen liegen sollen. Ich lege hier den Entwurf
des Architekten Ernst Ziller bei, zusammen mit dem Vertrag, den
ich mit ihm über den Bau des Mausoleums für 50 000 Drachmen
(Banknoten) geschlossen habe. Ich bin mit Ziller übereingekom-
men, die Decke des Grabgemaches als Kuppel (gewölbt) bauen zu
lassen. Ich empfehle den Vollstreckern meines Testaments, die
Grabkammer mit Motiven aus Orchomenos und Pompeji ausmalen zu lassen, vorher aber mit dem Maler über diese Arbeit einen
Vertrag abzuschließen. Es ist mein Wille, daß der Major Drosinos
die Aufsicht über die Arbeit an dem Grab hat. Im Falle er verhindert ist, sollen die Testamentsvollstrecker einen anderen
tüchtigen und treuen Aufseher bestellen.

30. Ich ordne an, daß vorrangig die in den §§ 2, 3 und 7 angewie-

senen Summen für Jekaterina frühere Schliemann und meine Kinder Sergej und Nadeschda auszuzahlen sind. Wenn nicht genügend Geld disponibel ist, sollen die [Testaments-]Vollstrecker [das Bankhaus] John Henry Schröder & Co. in London anweisen, soviel wie nötig von meinen bei ihm deponierten Wertpapieren zu verkaufen.

31. Gleichfalls sollen sogleich ausgezahlt werden die jährlichen Zahlungen aus § 8 sowie die Kosten für das Mausoleum Schliemann, wobei ich aber bestimme, daß alle diese Zahlungen aus meinen Einkünften und meinen fälligen und eingezogenen Wertpapieren geschehen sollen. So erhalten die Erben jährlich Zahlungen auf Rechnung und anteilig bis zur schließlichen Tilgung ihrer Legate.

32. Es ist mein Wille, daß mein Sohn Agamemnon ausschließlich zu seinem Teil mein Haus in Paris, Boulevard St. Michel 5, bekommt; gleichzeitig soll der Anteil von Andromache durch Geld oder Wertpapiere ausgeglichen werden.

33. Es ist mein Wille, daß die Vollstrecker meines Testaments sofort nach meinem Tode Abschriften meiner laufenden Rechnungen von den Bankhäusern J. E. Günzburg in St. Petersburg und Emile Erlanger & Co. in Paris einfordern. Betreffs des Restes meines Guthabens bei J. E. Günzburg will ich, daß es für die Zahlungen verwendet wird, die entsprechend den obigen Verfügungen an Jekaterina frühere Schliemann sowie an meine Kinder Sergej und Nadeschda zu tätigen sind. Das bei Émile Erlanger & Co. verbleibende Guthaben soll für die Auszahlung aller [anderen] Erben verwendet werden.

34. Die Einnahmen aus meinem Haus in Paris, Boulevard St. Michel 5, sollen den Testamentsvollstreckern zur Auszahlung der Erben zur Verfügung stehen. Mein Einnehmer für diese Gelder in Paris ist verpflichtet, die Mieteinnahmen aus dem genannten Haus alle drei Monate an [das Bankhaus] John Henry Schröder & Co. in London oder an Robert Warschauer & Co. in Berlin zu schicken; und ich bestimme hiermit, daß beide [Bankhäuser] auch künftighin die Treuhänder all meines Bargeldes und meiner Obligationen bleiben sollen mit Ausnahme meiner griechischen Aktien und Obligationen, die bei der Nationalbank Griechenlands deponiert bleiben sollen.

35. Die Gelder, die aus dem Verleih von Erbanteilen kommen, sollen deponiert werden bei [dem Bankhaus] John Henry Schröder & Co. in London und bei Robert Warschauer & Co. in Berlin zum Kauf von dauerhaften Wertpapieren (consolidés) zu 2 1/2 % Zinsen im Einverständnis zwischen den Vollstreckern meines Testamentes und den eingesetzten Vormündern meiner Kinder; für erstere bestimme ich, daß sie eine Abschrift dieses Paragraphen den genannten Bankhäusern zukommen lassen sollen.

36. Ich ernenne zum Einnehmer und Treuhänder meines Hauses in Paris, Boulevard St. Michel 5, den bereits genannten Polynice Beaurain, [wohnhaft] Paris, Chaussée d'Antin 25, und gestatte ihm, daß er eine Provision von 3 % der Reineinnahmen aus den Mieten einbehält; dafür verpflichte ich ihn, den Testamentsvollstreckern alle drei Monate die Rechnungen zur Kontrolle vorzulegen.

37. Zu Vollstreckern des vorliegenden Testamentes bestimme ich: in Athen die Herren Markos Renieres, Geschäftsführer bei der griechischen Nationalbank, Paulos Kallegas, Untergeschäftsführer derselben Bank, und Prof. Stefanos Streit; falls einer von diesen [Herren] vor der endgültigen Vollstreckung des vorliegenden Testamentes sterben sollte, sollen die Überlebenden einen anderen an seiner statt berufen. Diese drei [Herren] sind als Vollstrecker verpflichtet, nach 6 Monaten eine detaillierte Aufstellung zu liefern, was wem rechtmäßig zukommt. Zur Entlohnung ihrer Bemühungen bestimme ich für jeden von ihnen eine Entschädigung von 3000 Drachmen nach dem ersten Jahr und 2000 Drachmen pro Jahr für die übrige Zeit ihrer Tätigkeit. Diese haben dafür die Rechnungen [des Einnehmers] Beaurain und [der Bankhäuser] John Henry Schröder & Co. und Robert Warschauer & Co. genau zu prüfen. Die drei Testamentsvollstrecker bestimme ich auch nach meiner Gattin zu Vormündern meiner unmündigen Kinder; konkret bestimme ich wegen der Unerfahrenheit meiner Frau in Geldgeschäften ihr für die Vormundschaft der unmündigen Kinder die genannten Vollstrecker als Berater zur Seite und verfüge, daß ohne die Einwilligung der Vollstrecker meiner Frau nicht erlaubt werden soll, eines meiner Besitztümer zu verkaufen oder mit Hypotheken zu belasten. Außerdem darf dieselbe ohne

Einwilligung der Vollstrecker nicht [Geld] verleihen oder Leihen aufnehmen im Namen der Kinder noch Geldeintreibungen vornehmen, welche Rechnungen auch immer dafür vorliegen. Ich verfüge dies, damit die [ausgesetzte Summe] zur Erziehung [der Kinder] bis zur Volljährigkeit meines Sohnes Agamemnon reicht.

38. Wie oben im § 34 gesagt, sind meine griechischen Aktien und Urkunden deponiert in der Nationalbank von Griechenland; die Belege hierfür befinden sich im eisernen Safe meines Büros. Die Nationalbank behält auch die Zinsen ein; die Testamentsvollstrecker haben sie halbjährlich von ihr zu verlangen.

39. Um die Verletzung des vorliegenden Testamentes zu verhindern, bestimme ich, daß jedes von meinen Kindern, das die Gültigkeit und die Ausführung dieses [Testamentes] bestreiten will, des ihm hinterlassenen Erbteils verlustig gehen soll; daher hat sich jeder selbst die Schuld zu geben, wenn er nichts erbt.

40. Jeder, der das kraft des vorliegenden [Testamentes] ihm ausgesetzte Erbteil erhält, soll durch einen rechtskräftigen Akt bekunden, daß er mein Testament annimmt und keine [weiteren] Ansprüche auf mein Erbvermögen erhebt außer auf das, was ihm hinterlassen wurde. Ich bestimme nochmals, daß meine in § 6 genannten Erben zusammen mit den Vollstreckern und der Vormundschaftsberechtigten die festgesetzten Legate und Zahlungen an Sergej und Nadeschda gewissenhaft auszahlen.

41. Ich setze die Vollstrecker meines Testamentes in Kenntnis, daß entsprechend dem Vertrag, den ich mit den Verlegern Harper and Brothers in New York geschlossen habe, dieselben verpflichtet sind, mir 10 % vom Ladenpreis (prix de détail) der verkauften Exemplare meiner Bücher »Ilios« und »Troja« zu verrechnen; und daß entsprechend dem Vertrag, den ich mit den Verlegern Charles Scribner's Sons, New York, Broadway 743-745, geschlossen habe, dieselben verpflichtet sind, mir 12 % vom Ladenpreis der verkauften Exemplare meines Buches »Mykenae« und 10 % vom Einzelverkauf meines Buches »Tiryns« zu verrechnen. Ich setze ferner in Kenntnis, daß ich beteiligt bin mit der Hälfte des Gewinnes aus dem Verkauf meiner Bücher »Mykenae« und »Tiryns« bei dem Verleger John Murray, London,

Albemarle Street 50; dieser hat auch den Vertrieb meiner Schriften »Ilios« und »Troja«. Er hat mir 50 % Provision zu berechnen, der Rest vom Preis der beiden Schriften gehört mir. Dieser wie auch die beiden genannten [Verleger] in Amerika haben zweimal im Jahr die Abrechnungen vorzulegen. Ich setze ferner darüber in Kenntnis, daß ich beim Verleger F. A. Brockhaus in Leipzig an der Hälfte des Gewinnes [aus dem Verkauf] der deutschen Ausgaben meiner sechs Schriften »Mykenae«, »Orchomenos«, »Ilios«, »Reise in der Troas«, »Tiryns« und »Troja« beteiligt bin; außerdem ist bereits verhandelt worden über die Herausgabe eines weiteren Buches, das einen Überblick über alle meine Schriften enthalten wird. So hat Brockhaus insgesamt die Rechnung für die Hälfte des Gewinnes [aus dem Verkauf] dieser sieben Bücher vorzulegen. Er hat außerdem den Vertrieb meiner Schriften »Ithaka«, »Peloponnes und Troja«, »Trojanische Altertümer« (deutsch), »Trojanische Altertümer« (französisch) und den »Atlas der troischen Altertümer« (französisch), dessen Erlös mir zusteht nach Abzug der Provision.

41. Jedem meiner beiden in §§ 2 und 3 des vorliegenden Testamentes genannten Kinder Sergej und Nadeschda gebe ich außerdem je 50 000 Goldfranken.

42. Falls eine meiner Töchter verheiratet wird und ich ihr eine Mitgift geben will, muß der Gegenstand der Mitgift aus ihrem Erbteil genommen werden.

Ich habe mit eigener Hand dieses Testament verfaßt und aufgeschrieben in Athen am 10. Januar 1889.

Heinrich Schliemann

Testamentszusatz I
Ich bestätige mein eigenhändiges Testament vom zehnten Januar achtzehnhundertneunundachtzig durch diesen eigenhändig von mir verfaßten und unterzeichneten Zusatz, durch den ich dem Ethnologischen Museum zu Berlin zu der »Sammlung Schliemann« den hervorragenden weiblichen Marmorkopf vererbe, den ich im Megaron der Ptolemäer in Alexandria ausgegraben habe und der sich auf dem Kamin meines Arbeitszimmers befindet.

Athen am vierzehnten Januar des Jahres achtzehnhundertneunundachtzig.

Heinrich Schliemann

Testamentszusatz II
Ich bestätige mein eigenhändiges Testament vom zehnten Januar achtzehnhundertneunundachtzig und den eigenhändi-
gen Zusatz vom vierzehnten Januar achtzehnhundertneunundachtzig durch diesen eigenhändig von mir verfaßten und
unterzeichneten Zusatz, durch den ich dem hervorragenden
und hochgelehrten Georg von Streit, Sohn des Stefanos von
Streit, Professor in Athen, einmalig 10 000 Drachmen (Banknoten) vererbe. Ich annulliere gleichzeitig § 18 meines Testamentes, wonach ich an Prof. A. H. Sayce, Queen's College, Oxford, England, 10 000 Goldfranken vererbt hatte. Athen, am
zwanzigsten Januar achtzehnhundertneunundachtzig.

Heinrich Schliemann

HEINRICH SCHLIEMANN UND SEINE ZEIT

1822	geboren in Neubukow (Mecklenburg) am 6. Januar. *J. F. Champollion entschlüsselt auf dem Stein von Rosette die Hieroglyphen.*
1823	Umzug nach Ankershagen.
1831	Tod der Mutter.
1832	Amtsenthebung des Vaters. *Tod Goethes.*
1833–1836	Gymnasium in Neustrelitz. Wechsel zur Realschule.
1836–1841	Handelslehre in Fürstenberg. 1841: Handelslehre in Hamburg. Schiff-bruch vor der holländischen Küste. *Daumier und Renoir geboren.*
1842–1846	Lehrling, Buchhalter bei B. H. Schröder in Amsterdam. Fremdspra-chen-Studium, Russisch.
1847	Eigenes Handelshaus in St. Petersburg. *Liebig erfindet Fleischextrakt. Paul von Hindenburg geboren.*
1850–1852	Geschäftsreise und Aufenthalt in Amerika.
1852	Heirat mit Jekaterina Petrowna Lyschina (Kinder Sergej * 1855, Natalija 1858–1868, Nadeschda * 1861). Filiale in Moskau. *Napoleon III. wird Kaiser von Frankreich.*
1855	*Alexander II. wird Zar von Rußland.*
1858–1859	Orientreise.
1864	Auflösung der Firma in St. Petersburg. *Karl Marx gründet in London »Erste Internationale«.*
1864–1866	Studium an der Sorbonne in Paris (Sprachen, Literatur, Philosophie). Weltreise Ägypten, Indien, China, Japan, Amerika.

1867	1. Buch »La Chine et le Japon au temps présent« in frz. Sprache. *Erste Rohrpost in Paris. USA kaufen Alaska von Rußland für 7,2 Millionen Dollar.*
1868	Erste Reise auf den Spuren Homers: Griechenland und Kleinasien. Auf Hissarlik fällt der Entschluß, Troja auszugraben.
1869	Schliemann will Archäologe werden. 2. Buch »Ithaka, der Peloponnes und Troja«. März: Schliemann wird US-Bürger. In Abwesenheit Promotion an der Universität Rostock. Heirat mit Sophia Engastromenos (Kinder Andromache 1871–1962, Agamemnon 1878–1954). *Tolstoi: »Krieg und Frieden«.*
1879	Wohnsitz Athen. Tod des Vaters. Erste Probegrabung auf Hissarlik. *Schlacht bei Sedan. Lenin geboren.*
1871–1873	1. bis 3. Grabungskampagne in Troja. 30. Mai 1873: Schatz des Priamos entdeckt. *1873: Napoleon III. stirbt in England. Drei-Kaiser-Bündnis Deutschlands mit Österreich und Rußland.*
1874	3. Buch »Trojanische Altertümer«. Illegale Versuchsgrabung in Mykene. Prozeß um den Schatz des Priamos. *Gründung des Deutschen Archäologischen Instituts in Athen.*
1875	Vortragsreisen in Europa. Prozeß endet mit Abfindung an die Türkei. Begegnung mit Rudolf Virchow. Kleinere Grabungen in Italien und Sizilien. *Ernst Curtius gräbt mit Wilhelm Dörpfeld in Olympia.*
1876	Mykene: Fünf Schachtgräber entdeckt. Goldmaske des Agamemnon.
1878	4. Buch »Mykenae«. *Ausgrabungen Humanns in Pergamon.*
1878–1879	4. und 5. Grabungskampagne in Troja. Mitarbeit von Virchow.
1880–1881	5. Buch »Ilios«. Einweihung des Hauses »Iliou Melathron«. Schenkung der Trojanischen Sammlung an das deutsche Volk. 6. Buch »Orchomenos«. 7. Buch »Reise in der Troas«. *Erste elektrische Straßenbahn in Berlin. Zar Alexander II. ermordet. Emil Brugsch findet Grab mit 40 Königsmumien.*
1882	6. Grabungskampagne in Troja (mit Wilhelm Dörpfeld). *Großbritannien besetzt Ägypten.*
1884	8. Buch »Troja«. Grabungen in Tiryns. Streit mit Hauptmann Bötticher. Knossos-Pläne scheitern. *Beginn der deutschen Kolonialpolitik.*
1886	9. Buch »Tiryns«. Grabung Orchomenos mit Dörpfeld. Große Ägyptenreise. *Tod Ludwig II. von Bayern. Freiheitsstatue in New York errichtet. Erstes Automobil in Deutschland.*
1888	Grabung in Alexandria. Ägyptenreise mit Virchow. *Wilhelm II. wird deutscher Kaiser. Nansen durchquert Grönland.*
1889	Kretaaufenthalt. Erste Troja-Konferenz. *Affäre Mayerling. Erste Automobilausstellung in Paris.*
1890	Zweite Troja-Konferenz. 7. Grabungskampagne in Troja. 10. Buch »Bericht über meine Ausgrabungen in Troja im Jahre 1890«. Mit Virchow durch die Troas. 13. November: Ohrenoperation in Halle. 26. Dezember: Tod in Neapel. *Tod Vincent van Goghs.*

DIE FAMILIE SCHLIEMANN

1. Ehe *Ernst* Johann Adolf Schliemanns (1780–1870) mit Luise Therese Sophie
Bürger (1793–1831)

Kinder:
Johann Joachim Heinrich (1814–1822)
Karoline Luise Elise Auguste (1816–1890)
Sophie Friederike Anna Dorothea (1818–1912)
Friederike Juliane Wilhelmine (1819–1883)
Johann Ludwig Heinrich Julius (6. 1. 1822–26. 12. 1890)
Karl Friedrich Ludwig Heinrich (1823–1850)
Franz Friedrich Ludwig Theodor (1825–1826)
Maria Luise Helene (1827–1909)
Paul Friedrich Ulrich Heinrich (1831–1852)

2. Ehe *Ernst* Schliemanns mit Sophie Behnke (1814–1890)
Kinder:
Karl (1839–1842)
Ernst (1841–1899)

1. Ehe *Heinrich* Schliemanns mit Jekaterina Petrowna Lyschina
Kinder:
Sergej (1855–?)
Natalija (1858–1868)
Nadeschda (1861–?)

2. Ehe *Heinrich* Schliemanns mit Sophia Engastromenos
Kinder:
Andromache (1871–1962)
Agamemnon (1878–1954)

Verwandtschaft:
Christian Ludwig *Friedrich* Schliemann, Kalkhorst, Bruder des Vaters,
Onkel von *Heinrich*
Magdalena Schliemann, Ehefrau Friedrichs, Heinrichs Tante
Adolph Schliemann, Vetter von Heinrich
Ferdinand Schliemann, Vetter von Heinrich
Sophie Schliemann, Cousine von Heinrich
Luise Schliemann, Cousine von Heinrich
Hans Becker, Vetter von Heinrich

ÄGÄISCHE UND GRIECHISCHE GESCHICHTE

2600–2000 v. Chr.	Frühminoische Zeit, frühhelladische Periode, westkleinasiatische Kultur (Schichten I–V von Troja).
2000–1550	Mittelminoische Zeit (älteste Teile der Paläste von Knossos, Mallia, Phaistos). Mittelhelladische Periode.
1800	Trojanische Schicht VI.
1550–1150	Spätminoische Zeit (Palastanlagen Knossos, Phaistos, Hagia Triada, Mallia, Archanes, Kato Zakro). 14.–13. Jh. v. Chr. spätmykenische Periode (Kuppelgräber). Um 1200 Zerstörung der Schicht VII A

	von Troja (Trojanischer Krieg). Späthelladische (frühmykenische) Periode (Schachtgräber von Mykene).
800–500	Archaische Zeit. Griechische Kolonisation.
	776 Neuordnung der Olympischen Spiele. Adelsherrschaft. Könige in Sparta und Kyrene. In Athen die neun Archonten.
740	Sparta wird zur Vormacht auf dem Peloponnes.
621	Drakons Gesetzgebung in Athen.
594	Verfassung des Solon in Athen.
560–510	Tyrannis in Athen (Peisistratos und seine Söhne Hippias und Hipparch). Polykrates auf Samos.
520	Tempelbauten auf der Akropolis von Athen.
509	Kleisthenes: neue Gesetzgebung.
500–336	Klassische Zeit.
493–490	Feldzug der Perser gegen die Griechen.
490	Der Athener Miltiades besiegt die Perser bei Marathon.
480	Siege gegen die Perser bei den Thermopylen und Salamis.
477–404	Athen an der Spitze des Attischen Seebundes.
444–429	Blütezeit Athens (Perikles).
415	Ende der athenischen Vorherrschaft.
356–336	Philipp II. von Makedonien (Vater Alexander des Großen) schafft den makedonischen Einheitsstaat und gründet ein Balkanreich, dem Griechenland angegliedert wird (338 Niederlage der Griechen bei Chaironeia).
336–323	Alexander der Große gründet sein Weltreich.
333	Schlacht bei Issos.
323	Tod Alexander des Großen. Diadochenkämpfe.
215–205	Erster Makedonischer Krieg. Philipp V. gegen die mit Rom verbündeten Äoler, Spartaner und Pergamon.
200–197	Zweiter Makedonischer Krieg.
171–168	Dritter Makedonischer Krieg. Sieg der Römer bei Pydna, Makedonien wird in vier Republiken aufgeteilt.
149	Erhebung Makedoniens.
148	Makedonien und Griechenland unter römischer Herrschaft.

DIE ORIGINALAUSGABEN VON SCHLIEMANNS BÜCHERN

1 La Chine et le Japon au temps présent, Paris 1867
2 Ithaka, der Peloponnes und Troja, Leipzig 1869
3 Trojanische Alterthümer. Bericht über die Ausgrabungen in Troja, Leipzig 1874.
   Atlas trojanischer Altertümer, Leipzig 1874 (Abbildungsband)
4 Mykenae. Bericht über meine Forschungen und Entdeckungen in Mykenae und Tiryns, Leipzig 1878
5 Ilios. Stadt und Land der Trojaner, Leipzig 1881
6 Orchomenos. Bericht über meine Ausgrabungen im böotischen Orchomenos, Leipzig 1881
7 Reise in der Troas im Mai 1881, Leipzig 1881
8 Troja. Ergebnisse meiner neuesten Ausgrabungen auf der Baustelle von Troja, in den Heldengräbern, Bunarbaschi und anderen Orten der Troas im Jahre 1882, Leipzig 1884
9 Tiryns. Der prähistorische Palast der Könige von Tiryns, Leipzig 1886
10 Bericht über die Ausgrabungen in Troja im Jahre 1890, Leipzig 1891

QUELLENANGABEN

Die Quellen werden innerhalb der jeweiligen Hauptkapitel nur beim ersten Auftreten genannt.

I. MAI 1945: BERLIN BRENNT
Kunstschätze im Bergwerksstollen: Mechthilde Unverzagt, Jahrbuch Preußischer Kulturbesitz; John Toland, Adolf Hitler
Eine Hiobsbotschaft jagt die andere: Heinrich Fraenkel, Roger Manvell, Goebbels
Das Drama im Bunker Friedrichshain: Otto Kümmel, Bericht über die von den Staatlichen Museen zu Berlin getroffenen Maßnahmen zum Schutze gegen Kriegsschäden vom 11.11.45, Archiv des Deutschen Archäologischen Instituts
Sieger und Besiegte: Günter Schade, Neue Museumskunde 2/85, Jg. 28; Irene Kühnel-Kunze, Bergung – Evakuierung – Rückführung
Das Dunkel lichtet sich: Klaus Goldmann, Antike Welt 4/1994

II. DER BEGINN EINER GROSSEN KARRIERE
Schiffbruch vor der holländischen Küste: Ernst Meyer (Hg.), Heinrich Schliemann, Briefwechsel
Die Abenteuer des Telemach – auf russisch: Emil Ludwig, Schliemann

III. BLAUE RUBEL, GOLDENE DOLLARS
Mißglückter Heiratsantrag: Ernst Meyer (Hg.), Heinrich Schliemann. Selbstbiographie; Ernst Meyer (Hg.), Heinrich Schliemann. Briefwechsel
Zwei Wochen hilflos im Atlantik: Shirley H. Weber, Schliemann's first visit to America

IV. FLUCHT VOR SICH SELBST
Szenen einer Ehe: Ernst Meyer (Hg.), Heinrich Schliemann. Selbstbiographie

Das Wunder von Memel: Ernst Meyer (Hg.), Heinrich Schliemann. Briefwechsel
Warum Schliemann zum Workaholic wurde: Emil Ludwig, Schliemann
Im chinesischen Theater von Shanghai: Franz G. Brustgi, Heinrich Schliemann; Wolfgang Richter, Heinrich Schliemann. Dokumente seines Lebens

V. DER SPÄTE STUDENT UND DIE LIEBE
Verzweifeltes Angebot: eine Josefsehe: Emil Ludwig, Schliemann; Ernst Meyer (Hg.), Heinrich Schliemann. Briefwechsel

VI. AUF DEN SPUREN DER HEROEN
Wo Nausikaa Odysseus fand: Heinrich Schliemann, Ithaka, der Peloponnes und Troja

VII. EIN NEUER MENSCH, EIN NEUES LEBEN
»Herr Bischof, haben Sie keine Frau für mich?«: Emil Ludwig, Schliemann

VIII. EINE EHE ZU DRITT: HOMER, SOPHIA UND HEINRICH
Liebe – vorerst nur schriftlich: Emil Ludwig, Schliemann
Schliemanns zweite Heirat: Wolfgang Richter, Heinrich Schliemann. Dokumente seines Lebens
Curtius hält Homer für einen Phantasten: Philipp Vandenberg, Das versunkene Hellas

IX. DER TROJANISCHE SCHATZ
Agamemnon und Hektor mit Schaufel und Besen: Heinrich Schliemann, Trojanische Altertümer
Schliemann will Athen verlassen: David A. Traill, Priam's Treasure

X. WIE DER SCHATZ NACH DEUTSCHLAND GELANGTE
Ein Geschenk an das deutsche Volk: Emil Ludwig, Schliemann; Joachim Herrmann, Die Korrespondenz

ALLGEMEINE BIBLIOGRAPHIE

Bölke, Wilfried: Heinrich Schliemann und Ankershagen, Mitteilungen aus dem Heinrich-Schliemann-Museum Ankershagen 2, 1988

Bölke, Wilfried und Crepon, Tom: Heinrich Schliemann, Odyssee seines Lebens, Berlin 1990

Boveri, Margret: Tage des Überlebens. Berlin 1945, München 1970

Brustgi, Franz Georg: Heinrich Schliemann. München 1971

Calder, William: Heinrich Schliemann nach hundert Jahren, Frankfurt/M. 1990

Calder, William und Traill, David A. (Hgg.): Myth, Scandal and History, Detroit 1986

Cobet, Justus: Schliemanns Troja, Essen 1991

Deuel, Leo: Heinrich Schliemann, München-Wien 1979

Döhl, Hartmut: Heinrich Schliemann, Mythos und Ärgernis, München – Luzern 1981

Dörpfeld, Wilhelm: Bericht über die im Jahre 1893 in Troja veranstalteten Ausgrabungen, Leipzig 1894

Dörpfeld, Wilhelm: Troja und Ilion, Athen 1902

Easton, Donald F.: The Schliemann Papers, in: The Annual of the British School of Archaeology at Athens 77, 1982

Fraenkel, Heinrich und Manvell,
Roger: Goebbels, Köln 1960

Goldmann, Klaus: ... das Schliemann-
Gold vor Augen. Protokoll einer
Dienstreise nach Moskau, in: Antike
Welt 4, 1994

Grimm, Hans: Heinrich Schliemann
und Rudolf Virchow in heutiger
Sicht, Mitteilungen aus dem Heinrich-Schliemann-Museum Ankershagen 1, 1987

Herrmann, Joachim: Heinrich Schliemann. Wegbereiter einer neuen
Wissenschaft, Berlin 1990

Herrmann, Joachim: Die Korrespondenz zwischen Heinrich Schliemann
und Rudolf Virchow 1876/90, Berlin
1990

Homer: Ilias, übertragen von Johann
Heinrich Voss, München 1957

Homer: Odyssee, übertragen von
Johann Heinrich Voss, Stuttgart und
Augsburg 1860

Italiander, Rolf: Berlins Stunde null
1945, Düsseldorf 1979

Kiau, Rolf: Die Hilfe der Sowjetunion bei der Wiedereröffnung der
Museen 1945/46, Berlin o.J.

Korres, Georgios Styl.: Heinrich Schliemann. Ein Leben für die Wissenschaft, Berlin 1990

Kühnel-Kunze, Irene: Jahrbuch Preußischer Kulturbesitz, Sonderband 2,
Bergung – Evakuierung – Rückführung. Berlin 1984

Kulturministerium Griechenlands
(Hg.): Troja, Mykene, Tiryns, Orchomenos, Heinrich Schliemann zum
100. Todestag, Athen-Berlin 1990

Lilly, Eli: Schliemann in Indianapolis,
Indiana Historical Society, Indianapolis 1961

Luce, J. V.: Archäologie auf den Spuren
Homers, Bergisch Gladbach 1975

Ludwig, Emil: Schliemann. Die Geschichte eines Goldsuchers, Berlin-
Wien-Leipzig 1932

Meyer, Ernst (Hg.): Briefe von Heinrich
Schliemann, Berlin–Leipzig 1936

Meyer, Ernst: Heinrich Schliemann.
Kaufmann und Forscher, Göttingen
1969

Meyer, Ernst (Hg.): Heinrich Schliemann, Briefwechsel, Berlin 1953

Meyer, Ernst (Hg.): Heinrich Schliemann. Selbstbiographie, bis zu seinem Tode vervollständigt, Wies-
baden 1955

Milchhöfer, Arthur: Erinnerungen an
Heinrich Schliemann, in: Deutsche
Rundschau 1891

N. N.: Berliner Schicksal 1945 – 1952.
Amtliche Berichte und Dokumente,
Berlin 1952

Niederland, W. G.: Das Schöpferische
im Lebenswerk Heinrich Schliemanns im Lichte psychoanalytischer
Forschung, in: Carolinum 32,
1966 – 67

Pausanias: Beschreibung Griechenlands, übertragen von Ernst Meyer,
Zürich 1954

Richter, Wolfgang: Heinrich Schliemann. Dokumente seines Lebens,
Leipzig 1992

Schade, Günter: Die Berliner Museumsinsel – Zerstörung, Rettung,
Wiederaufbau, Berlin 1986

Schade, Günter: Weltschätze der
Kunst – der Menschheit bewahrt,
in: Neue Museumskunde 2/85,
Jahrgang 28

Siebler, Michael: Troja – Homer –
Schliemann, Mainz 1990

Stoll, Heinrich Alexander: Der Traum
von Troja, Berlin 1957

Stoll, Heinrich Alexander: Abenteuer
meines Lebens. Heinrich Schliemann erzählt, Leipzig 1960

Stoll, Heinrich Alexander: Auf den
Spuren der Antike, Berlin 1974

Stone, Irving: Der griechische Schatz,
München 1976

Toland, John: Adolf Hitler, Bergisch
Gladbach 1977

Traill, David A.: Priam's Treasure.
Schliemann's Plan to make Duplica-
tes for Illicit Purposes, in: Myth,
Scandal and History, Detroit 1986

Traill, David A.: Schliemann's »Dream
of Troy«, in: Classical Journal 81,
1985

Unverzagt, Mechthilde: Materialien
zur Geschichte des Staatlichen
Museums für Vor- und Frühgeschichte..., in: Jahrbuch Preußischer
Kulturbesitz XXV., Berlin 1988

Vandenberg, Philipp: Auf den Spuren

unserer Vergangenheit, München 1977

Vandenberg, Philipp: Das versunkene Hellas, München 1984

Virchow, Rudolf: Erinnerungen an Schliemann, in: Gartenlaube, Berlin 1891

Weber, Shirley H.: Schliemann's First Visit to America 1850 – 51, Cambridge Mass. 1942

Zengel, Eva: Die Geschichte der Schliemann-Sammlungen, in: Das Altertum 36, 1990

PERSONEN- UND ORTSREGISTER

BILDNACHWEIS

Das versunkene Hellas
978-3-404-64070-6

Das fünfte Evangelium
978-3-404-12276-9

Der Schatz des Priamos
978-3-404-61423-3

Philipp VANDENBERG

Der Meister des archäologischen Thrillers

Der Fluch des Kopernikus
978-3-404-12839-6

Das Pharao-Komplott
978-3-404-11883-0

Der Pompejaner
978-3-404-11366-8

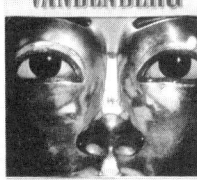

Die größten Abenteuer der Archäologie

Philipp Vandenberg
AUF DEN SPUREN UNSERER
VERGANGENHEIT
Sachbuch
256 Seiten
ISBN 978-3-404-64180-2

Hier wird die faszinierende Geschichte jener Männer lebendig, die in verlassenen Wüsten und abgelegenen Tälern nach den Spuren unserer Vergangenheit suchten. Die Gräber, Tempel und Städte, die sie ausgruben, sind heute Reiseziele zahlreicher Touristen. Doch wer kennt schon die Namen ihrer Entdecker? Nur wenige von ihnen wurden so berühmt wie Heinrich Schliemann oder Howard Carter.

Philipp Vandenberg beleuchtet die Schicksale von vierzehn Männern, deren Entdeckungen weltbekannt sind. Was waren das für Männer? Berufene oder Besessene? Versponnene Gelehrte oder verrückte Globetrotter?

Bastei Lübbe Taschenbuch